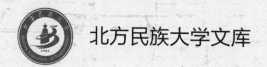 北方民族大学文库

阿拉伯国家概况

Overview of Arabia Countries

王瑛 等 ◎著

经济管理出版社
ECONOMY & MANAGEMENT PUBLISHING HOUSE

图书在版编目（CIP）数据

阿拉伯国家概况/王瑛等著. —北京：经济管理出版社，2017.9
ISBN 978-7-5096-5261-9

Ⅰ.①阿…　Ⅱ.①王…　Ⅲ.①阿拉伯国家—概况　Ⅳ.①K937.1

中国版本图书馆 CIP 数据核字（2017）第 228444 号

组稿编辑：杨国强
责任编辑：杨国强　张瑞军
责任印制：黄章平
责任校对：王淑卿

出版发行：经济管理出版社
　　　　　（北京市海淀区北蜂窝 8 号中雅大厦 A 座 11 层　100038）
网　　址：www. E-mp. com. cn
电　　话：(010) 51915602
印　　刷：玉田县昊达印刷有限公司
经　　销：新华书店
开　　本：720mm×1000mm/16
印　　张：22
字　　数：400 千字
版　　次：2017 年 9 月第 1 版　2017 年 9 月第 1 次印刷
书　　号：ISBN 978-7-5096-5261-9
定　　价：68.00 元

前　言

后危机时代，新的世界政治和经济秩序正在各国之间的博弈中慢慢形成。相关国家和区域的势力在进行着合纵连横。中国和阿拉伯国家在新的世界政治经济形势下又开始携手。2014 年 6 月 5 日，中阿合作论坛第六届部长级会议在北京召开，习近平主席作了题为《弘扬丝路精神　深化中阿合作》的重要讲话。习主席指出，中阿是共建"一带一路"的天然合作伙伴，弘扬丝路精神，就是要坚持合作共赢，不断深化全面合作、共同发展的中阿战略合作关系。上述讲话精神是新一届中央政府对我国与阿拉伯国家重要关系的首次政策宣示，也是我国全方位外交政策的重要组成部分，为中阿关系未来发展带来了新的活力。

2016 年新年伊始，习主席又将年度首访定在沙特阿拉伯、埃及和伊朗等三个中东国家，旨在落实推进"一带一路"，传承中国与阿拉伯和伊斯兰世界的传统友谊。中阿关系正经历着有史以来最好的时期。中阿有效合作的前提是"懂阿知阿"。为此，有必要编纂《阿拉伯国家概况》一书，系统介绍阿拉伯世界的基本情况。因此，在经济管理出版社的大力支持下，我们组织团队编著了《阿拉伯国家概况》一书。

本书具有以下几个特点：

第一，内容的系统性和全面性。本书系统、全面地介绍和分析了阿拉伯国家地理、历史、宗教、政治、经济、教育、文学和民族性格、民族传统、民俗风情等各个方面的情况，并侧重对埃及、沙特阿拉伯、约旦、阿拉伯联合酋长国、阿尔及利亚、苏丹、也门等主要阿拉伯国家的自然环境、社会历史、政治外交、经济结构、文化教育及其与中国的经济外交关系等方面进行了较为系统的介绍和简要的分析。此外，在介绍各国国情等基础知识的同时，突出了经贸、投资等领域情况的介绍与分析。相关经济贸易投资数据援引自国际权威机构发布的报告，力求数据翔实、权威。

第二，全面性与典型性相结合。本书前七章系统介绍了阿拉伯国家的总体情况，第八章重点介绍了埃及、沙特阿拉伯、约旦、阿拉伯联合酋长国、阿尔及利亚、苏丹、黎巴嫩、也门、利比亚等国的情况。上述国家都是阿拉伯世界历史悠久、人口众多、文化积淀深厚、在地区乃至世界上有一定影响力的国家。通过对这些国家国情的了解，可以达到窥斑见豹的效果。

第三，兼顾了知识的趣味性和应用性。本书在各章节都添加了一些实用的小知识，在增加趣味性的同时，也让读者更进一步了解阿拉伯国家的历史文化、礼仪习俗，便于在实际经贸往来中活学活用。

本书是一项集体创作的"产物"，凝聚了北方民族大学阿拉伯语学院、阿拉伯研究中心全体教师和研究人员的智慧和汗水。全书的主题设计、框架安排、任务分工、科研组织、统稿审稿由王瑛负责。第一章由王瑛编著，第二章由马生坚编著，第三章由田仲福编著，第四章、第五章由杨亮亮编著，第六章、第七章由马迁编著，第八章由赵莺、田仲福共同编著，游正飞、杨艳、杨飞飞等同学参与了资料和数据的收集与整理工作。

本书也是北方民族大学校级科研项目"'一带一路'背景下阿拉伯国家概况研究"的最终研究成果，在此特别感谢北方民族大学对本书顺利出版的大力支持。经济管理出版社杨国强编辑为本书的编辑和出版付出了许多努力，在此表示感谢。此外，本书在编撰过程中还直接或间接引用、参考了其他研究者的相关研究文献，在此也对上述文献的作者表示诚挚的谢意。

由于编者水平有限，书中不当和疏漏之处在所难免，肯请广大读者批评指正。

北方民族大学外国语学院/阿拉伯研究中心

2017 年 4 月

目　录

第一章　阿拉伯世界与阿拉伯国家

第一节　阿拉伯国家的界定与划分

阿拉伯国家分布在亚洲的西南部、非洲的北部和东北部，亦简称为西亚北非地区。整个阿拉伯世界西面濒临大西洋，南部与非洲多国接壤，北面隔地中海与欧洲相望，并和土耳其接壤，东部和东北部与伊朗为邻，东南部濒临阿拉伯海。阿拉伯国家总面积约为 1400 万平方千米，占全球陆地面积的 1/10，比整个欧洲还大。从大西洋沿岸到阿拉伯半岛的波斯湾（阿拉伯人称阿拉伯湾），东西全长约 7000 千米，是地球圆周长的 1/6。根据阿拉伯联盟的统计，阿拉伯世界现有 22 个国家，包括巴勒斯坦、约旦、叙利亚、黎巴嫩、沙特阿拉伯、伊拉克、也门、科威特、阿拉伯联合酋长国、卡塔尔、巴林、阿曼 12 个西亚国家；阿尔及利亚、摩洛哥、突尼斯、利比亚、苏丹、埃及 6 个北非国家；非洲西部的毛里塔尼亚；非洲东部的吉布提、索马里、科摩罗。需要特别说明的是，伊朗主体民族为波斯人，不属于阿拉伯国家，但与伊拉克同属于以什叶派穆斯林掌权的国家。土耳其主体民族是土耳其人，也不是阿拉伯国家。

历史上，阿拉伯人习惯把阿拉伯世界分为两大部分，即把位于亚洲的阿拉伯国家称为"马什里格"，意思为"东部"；把位于非洲的阿拉伯国家称为"马格里布"，意思为"西部"和"日落之地"。

【资料】马格里布

"马格里布"（Maghrib Arabī，مغرب عربي），阿拉伯语意为"日落之地"，宋代《诸蕃志》译为"默伽猎"，其含义较多：其一，摩洛哥的国家名称；其二，阿拉伯世界西部地区摩洛哥、阿尔及利亚、突尼斯三国的总称；其三，阿拉伯世界区域组织的名称，即"阿拉伯马格里布联盟"，这个组织共有5个成员国，除了上述三国外，还有利比亚和毛里塔尼亚；其四，泛指阿拉伯世界的西部地区。

第二节　中东地区及其战略地位

一、中东地区的界定

"中东"并不属于正式的地理术语，而是地缘政治概念，源于欧洲中世纪后期的西欧国家，根据距离欧洲的远近，可分为近东、中东和远东。在世界政治经济全球化的影响下，逐渐混为一体的近东和中东，今被统称为中东。

关于中东的地域范围，国内外学术界众说纷纭。相对传统的中东"十八国说"认为，其地域范围包括埃及、叙利亚、黎巴嫩、约旦、以色列、伊拉克、巴勒斯坦、也门、沙特阿拉伯、科威特、阿拉伯联合酋长国、卡塔尔、巴林、阿曼、土耳其、伊朗、塞浦路斯和阿富汗18个国家。"西亚北非说"则将中东的地域范围扩展到了23国，即在18国的基础上加上了北非5国（阿尔及利亚、突尼斯、利比亚、摩洛哥和毛里塔尼亚）。

随着全球化的不断深入，国际政治视野也发生了较大改变，以地缘政治属性和国家宗教角度定义的"大中东"概念随之产生，其地理范围不仅包括传统"十八国"，也扩延至东到非洲东北部红海沿岸的苏丹、索马里、厄立特里亚，北到中亚的土库曼斯坦，南至南亚的巴基斯坦，以及中东其他国家。这些国家在地理位置上与"十八国"联系密切，且和中东的大部分国家同属伊斯兰国家。美国更是提出了"大中东"的概念，以其全球战略为指导，将大中东的范围划定在除阿盟22个[①]成员国之外，还包括土耳其、以色列、伊朗、阿富汗、巴基斯坦等27个国家和地区。

【资料】近东、中东、远东的划分

所谓近东、中东、远东，都是西欧国家以其所在地区通向亚洲的海上路

---

① 阿尔及利亚、阿拉伯联合酋长国、阿曼、埃及、巴勒斯坦、巴林、吉布提、卡塔尔、科威特、黎巴嫩、利比亚、毛里塔尼亚、摩洛哥、沙特、苏丹、索马里、突尼斯、叙利亚、也门、伊拉克、约旦、科摩罗。

径——西地中海一带为基点，对东方广大地区的称呼。"近东、中东、远东"之说约出现于欧洲各殖民—帝国主义国家向外特别是向东方扩张的早期，而开始盛行于19世纪，相沿使用以迄于今。

顾名思义，"近东、中东、远东"中"近、中、远"均是相对字眼，仅有大致范围，没有明确界限，在划分上属于地缘政治的地理范畴，其范围随时代、称说者的立脚点、使用者的意图和目的等进退、盈缩变化不定。中东的界定如上文所示，近东与远东的界定如下：

近东，最初指地中海东部地区，亦说"近东者，奥斯曼帝国之谓也"，将其与奥斯曼帝国等同使用，也指欧洲的巴尔干半岛国家（原南斯拉夫、阿尔巴尼亚、希腊、保加利亚、罗马尼亚）、亚洲的地中海沿岸国家（土耳其、叙利亚、黎巴嫩、巴勒斯坦、约旦）和东地中海岛国塞浦路斯。"一战"后，由于巴尔干半岛的复杂性，巴尔干半岛被从近东中剔除，列入了"东南欧"或"南欧"的范围。

远东，一般指远离西欧的亚洲东部地区，主要包括我国的东部、日本、朝鲜、韩国、菲律宾，以及俄罗斯的太平洋沿岸地区，有时也把东南亚各国列入远东范围之内。

二、中东地区的战略地位

中东地处"一湾两洋三洲四峡五海"之地，具有得天独厚的战略地位。"一湾"即波斯湾，"两洋"即印度洋和大西洋，"三洲"指亚洲、欧洲和非洲，"四峡"指土耳其海峡、直布罗陀海峡、曼德海峡和霍尔木兹海峡，"五海"为里海、黑海、地中海、红海和阿拉伯海。其中：波斯湾是世界最大的石油输出地区，其石油出口量占世界的60%以上，其流向主要为日本、西欧和美国等地；波斯湾的东南即是世界经济发展的石油大动脉、掌控载油船只进出的唯一通道——霍尔木兹海峡；土耳其海峡是沟通黑海和地中海的唯一航道；直布罗陀海峡位于伊比利亚半岛与摩洛哥之间，是出入地中海和大西洋的唯一海峡；曼德海峡是连接红海和亚丁湾、印度洋的咽喉要塞；苏伊士运河更是连接红海和地中海，沟通亚、非、欧三大洲之间最为便利的水上航道。

经典地缘政治学视角下，中东地区的战略地位是无可替代的。马汉的"海权理论"认为，海上力量是国家战略力量中最为关键的力量，要想控制世界，就必须控制世界那些重要的海域和航道。中东被多个国际重要海域包围，并拥有许多重要的航道。麦金德的"心脏地带学说"将心脏地带的地缘政治意义归纳为三句世人熟知的名言，其中，"世界岛"是指欧、亚、非三大陆。由于其连成一体，从世界整体看，只是一个大岛而已，所以称为"世界岛"，而中东位于欧、亚、非三大陆的结合部，是"世界岛"的"十字路口"。在麦金德的"心脏地带学说"基础上产生，并有别于其理论的"边缘地带学说"却认为，要想控制世界，就必须控制边缘地带，而其所说的"边缘地带"其中就包括中东地区。美国前总统艾森豪威尔说："单从地理的角度上讲，世界中没有比中东战略地位更重要的地区。"西方国家另有观点认为，控制欧洲，就能控制世界，而控制中东，才能控制欧洲。上述观点充分表明，要想在世界战略中占据优势，就必须占据中东地区。美国著名战略家布热津斯基曾这样说过："中东，在地缘政治上是重要的，因为中东必将更直接地联结欧亚大陆东西两端最富裕、最勤劳的运输网。"

【资料】麦金德的"三句名言"

谁控制了东欧，谁就统治了心脏地带；

谁控制了心脏地带，谁就统治了世界岛；

谁控制了世界岛，谁就统治了世界。

——哈尔福德·麦金德

哈尔福德·麦金德爵士（Halford J. Mackinder，1861~1947年）是在牛津大学首开地理课程的英国政治地理学家，曾任伦敦经济学院院长、英驻南俄高级专员、英国国会议员、英国航运委主席、英国枢密院顾问兼帝国经济委主席、皇家地理学会会长等多种职务。

《民主的理想与现实》一文中，麦金德根据对海洋大国进入能力的重新评价，把枢纽地区的范围向西扩大，使用"心脏地带"（Heartland）代替原来"枢纽地区"（Pivot-area）。同时将"心脏地带"与东欧的地缘政治意义归纳为三句名言：

谁控制了东欧，谁就统治了心脏地带；

谁控制了心脏地带，谁就统治了世界岛；

谁控制了世界岛，谁就统治了世界。

其中，世界岛是指欧、亚、非三大陆。由于其连成一体，从世界整体看，只是一个大岛而已，所以称为"世界岛"。东欧是俄国从心脏地带进入中欧、德国进入心脏地带的通道，其重要性可想而知。

第三节　主要的阿拉伯国家间组织

一、阿拉伯国家联盟

1945 年 3 月 22 日，埃及、黎巴嫩、沙特阿拉伯、叙利亚、伊拉克、约旦和也门 7 国代表在开罗举行会议，签订《阿拉伯联盟宪章》，联盟正式成立，简称阿拉伯联盟或阿盟，至今其成员国共 22 国，包括：阿尔及利亚、阿拉伯联合酋长国、阿曼、埃及、巴勒斯坦、巴林、吉布提、卡塔尔、科威特、黎巴嫩、利比亚、毛里塔尼亚、摩洛哥、沙特、苏丹、索马里、突尼斯、叙利亚、也门、伊拉克、约旦、科摩罗。该宪章规定，阿盟总部永久定为开罗，主要组织机构有首脑会议、联盟理事会和秘书处，现任秘书长艾哈迈德·阿里·阿布·盖特于 2016 年 3 月当选。各成员国加入阿盟的时间如表 1–1 所示。

表 1–1　各成员国加入阿盟时间

成员国	加入时间
埃及、伊拉克、约旦、黎巴嫩、沙特阿拉伯、叙利亚	1945 年 3 月 22 日
也门	1945 年 5 月 5 日
利比亚	1953 年 3 月 28 日
苏丹	1956 年 1 月 19 日
摩洛哥、突尼斯	1958 年 10 月 1 日
科威特	1961 年 7 月 20 日
阿尔及利亚	1962 年 8 月 16 日
阿拉伯联合酋长国	1972 年 6 月 12 日
巴林、卡塔尔	1971 年 9 月 11 日
阿曼	1971 年 9 月 29 日
毛里塔尼亚	1973 年 9 月 26 日
索马里	1974 年 2 月 14 日
巴勒斯坦解放组织	1974 年
吉布提	1977 年 4 月 9 日
科摩罗	1993 年 11 月 20 日

资料来源：维基百科。

【资料】 阿盟秘书长：艾哈迈德·阿里·阿布·盖特

艾哈迈德·阿里·阿布·盖特（Ahmed Ali Abul Gheit, أحمـــــدأبوالغيط），1942年6月12日出生于开罗，1964年获得埃及艾因沙姆斯大学商学学位，1965年开始从事外交工作，曾在前总统萨达特执政期间参与了埃以戴维营和平协商；盖特曾先后在埃及驻罗马、莫斯科、纽约等地的使领馆工作，1999年，盖特被任命为埃及常驻联合国代表；2004~2011年，盖特担任穆巴拉克政府的外交部长，穆巴拉克政权倒台后，盖特远离了政坛。2016年3月10日，阿盟宣布任命埃及前外交部长艾哈迈德·阿里·阿布·盖特为第八任秘书长，于2016年7月正式上任。

（一）阿盟的宗旨

阿盟的宗旨是密切成员国之间的合作关系，协调彼此的政治活动，捍卫阿拉伯国家的独立和主权，全面考虑阿拉伯国家的事务和利益，各成员国在经济、财政、交通、文化、卫生、社会福利、国籍、护照、签证、判决的执行以及引渡等方面进行密切合作，成员国相互尊重国家的政治制度，彼此之间的争端不得诉诸武力解决，成员国与第三国缔结的条约和协定对其他成员国无约束力。

阿盟自成立后陆续缔结了一系列加强阿拉伯国家独立和主权、维护阿拉伯国家各方面合作的条约、协定，在协调成员国之间的政治活动，捍卫阿盟的利益，密切成员国的合作关系，维护本地区石油国权益，支持巴勒斯坦人民的正义事业等诸多方面发挥了重要作用。阿盟的建立对于阿拉伯内部稳定和世界和平具有十分重要的意义。

（二）阿盟的主要决策机构

1. 阿盟首脑理事会

阿盟首脑理事会是最高权力机构，由全体成员国代表组成，可应成员国要求召开特别首脑会议或紧急首脑会议，其拥有阿拉伯合作领域所有事务的决策权与终审权，是一个"全能型"的权力机构。

自1964年起，阿拉伯民族所经历的诸多事件和变化往往需要阿拉伯国家的国王和元首呼吁召开首脑会议作出决定。2000年10月，阿拉伯领导人又在开罗特别会议上批准了《阿盟首脑会议机制化宣言》，规定每年定期召开一次阿盟首脑理事会会议，自此阿拉伯国家首脑会议成为阿盟合法、独立的决策机构。

阿盟首脑会议亦被称为"阿拉伯论坛"，是阿拉伯国家联盟作出主要政治决定的中心论坛。它由阿盟秘书长和其成员国的国家元首组成，每年举行一次例会，会议持续两天。首脑会议的主要职能是从宏观上确定阿盟的指导方针，对涉及阿拉伯世界政治、经济、文化、外交、军事、宗教等利益的关键性事务进行组织、协调并作出决定，使理事会的决策与执行更加具有权威性、方向性和全面性，同时提高理事会的工作效率。实际运行中，首脑会议仅对阿拉伯事务提出框架和建议，具体工作则由理事会进一步落实，而理事会所审议的重大问题，均要上报首脑会议。虽然阿盟首脑会议不直接颁布条例和指令，但它握有实质性的终审权，其在决策中的作用不容忽视。

2. 部长级（外长）理事会

由全体成员国外长组成，下设数个委员会，负责讨论、制定、执行和监督相关的阿拉伯共同政策，制定阿盟各机构的内部条例并任命阿盟秘书长，制定阿盟的大政方针，处理秘书长或成员国提交的议题，研究各专项委员会和组织递交的报告，决定与国际组织的合作方式，研究阿盟的行政和财政事务。每年 3 月和 9 月举行例会，也可应两个以上成员国的要求随时召开特别会议或紧急会议，协商一致通过的决议对所有成员国均有约束力；财政和管理问题上，获 2/3 多数通过后才对全体成员国有效。

3. 经济社会理事会

经济社会理事会由成员国有关部长或其代表组成，致力于实现阿盟在经济和社会领域制定的目标，以及与此相关的宪章和条约所规定的目标，并负责监督其运作情况。此外，也有权建立或撤销某一专项组织，并负责监督各专项组织执行宪章规定的任务。其下设 17 个专门组织和机构。

4. 秘书处

秘书处是阿盟的常设行政机构和理事会及各专项部长理事会的执行机构，负责处理宪章所赋予的事务，协调阿拉伯共同事业各专业领域的组织和机构。秘书处设秘书长 1 人，副秘书长和秘书长顾问组成"秘书处委员会"协助其工作，委员会在秘书长主持下每半个月召开一次会议，或应秘书长要求召开会议。其中，秘书长是负责秘书处及其附属机构、驻外使团和中心工作的最高长官，协调秘书处各机关和部门的工作，跟踪阿盟理事会决议，其由阿盟首脑理事会选举和任免，任期 5 年，可连任。

（三）阿盟的决策程序

通常情况下，先由部长会议、委员会、成员国提交议案，后在理事会磋商中形成决议。若决议属于阿拉伯重大问题范畴，则要提交首脑会议进行集体审议。

一项提案一经拟定和前置磋商后，须在阿盟的相关机构进行表决，对那些比较重要、必须实行投票表决的决议案，阿盟会根据不同的政策实施两种不同的表决形式：一是"特定多数"投票制，阿盟遵从绝对平等的原则，一国一票，在其主要政策领域，尤其是内部行政上多采用多数投票制；二是"一致同意"投票制，阿盟多在进行政治、经济、外交与安全等涉及阿拉伯事务，尤其是涉及一国的权利决策时使用"一致同意"，即须由全体一致通过的决议才能生效，实际上是"一票否决制"，由此也导致阿盟经常议而难决，甚至议而不决，一定程度上延缓了阿盟的一体化进程。

（四）阿盟的一体化进程

由于阿拉伯国家各国政治制度、经济发展水平、文化发展的差异，宗教矛盾、民族纠纷以及区域发展的不平衡，各国又出于自身利益的考虑，难以很好地执行阿盟所通过的有关决议，阿盟的一体化道路注定充满曲折和艰辛。在经贸合作方面，不管是阿盟内部的贸易额，还是阿拉伯国家之间的投资额，在阿拉伯国家的对外贸易和对外投资中所占的比重都很小。一方面，许多阿拉伯国家缺乏资金，纷纷制定各种优惠政策来吸引外资；另一方面，海湾石油输出国把大量的外汇资金投向西方发达国家的证券市场，而不愿意投资比较落后的阿拉伯国家。

二、海湾合作委员会

海湾阿拉伯国家合作委员会（Gulf Cooperation Council for the Arab States of the Gulf, GCC）简称海湾合作委员会或海合会，1981 年 5 月在阿拉伯联合酋长国阿布扎比成立，其总部设在沙特阿拉伯首都利雅得，成员国包括阿拉伯联合酋长国、阿曼、巴林、卡塔尔、科威特、沙特阿拉伯。成员国总面积 267 万平方千米。2001 年 12 月，也门被批准加入海湾合作委员会卫生、教育、劳工和社会事务部长理事会等机构，参与海湾合作委员会的部分工作，2011 年，海合会决定接纳约旦和摩洛哥入会。

（一）海合会的宗旨

海合会的宗旨：加强成员国之间在一切领域内的协调、合作和一体化；加强和密切成员国人民间的联系、交往与合作；推动六国发展工业、农业、科学技术，建立科学研究中心，兴建联合项目，鼓励私营企业间的经贸合作。

（二）海合会的主要组织机构

1. 最高理事会

最高理事会为海合会的最高权力机构，由成员国元首组成，即六国首脑会议，每年举行一次例会，主席由各国元首按国名（英文）字母顺序轮流担任，任期 1 年。

2. 部长理事会

部长理事会由成员国外交大臣（部长）或代表他们的其他大臣组成，系执行机构，每三个月举行一次例会。主席由各国按国名字母顺序轮流担任，任期 1 年。

3. 秘书处

秘书处为海合会常设机构，总部设于沙特阿拉伯首都利雅得，由秘书长和负责政治事务、财经事务及军事事务的 3 名助理秘书长主持工作。秘书长按国家名称（阿文）字母顺序轮流担任并由最高理事会在首脑会议期间任命，任期 3 年。

4. 专门委员会

设有经济社会发展委员会、商业金融合作委员会、工业合作委员会、石油合作委员会、文化合作委员会和防务合作委员会。

（三）海合会自成立以来所做的工作

海合会自成立以来，每年 11 月或 12 月轮流在六国首都召开首脑会议。海湾合作委员会首脑会议已先后发表了《科威特宣言》、《阿布扎比宣言》、《麦纳麦宣言》、《多哈宣言》，并通过了《海湾合作委员会与其他国家、地区集团和国际组织发展关系和进行谈判的长期战略》等一系列文件。此外，六国的外交、国防、内政、石油和财经等大臣（部长）还定期或根据需要召开会议，对政治、经济、军事、外交等方面的重大问题进行商讨，以协调立场，采取联合行动。

由于海合会成员国都是石油输出国，经济发展状况和经济结构比较接近，所以成员国之间的相互贸易和经济合作发展较快。随着海合会关税同盟的建立，海合会国家组成了一个关税区，对内消除尚存的各种贸易壁垒，实现成员国之间贸易的真正自由化；对外实行统一的关税，目前海合会关税同盟的统一对外关税是 5%。

2004 年 7 月 4~7 日，海湾合作委员会六国财经大臣和海湾合作委员会秘书长联合代表团访华，7 月 6 日，中国和海湾合作委员会在北京签署《经济、贸易、投资和技术合作框架协议》，并启动自由贸易区谈判。根据协议，中国和海湾合作委员会将成立经贸合作联合委员会，正式启动双边经济磋商机制。协议还包括鼓励双边经济、贸易、投资和技术合作；探讨扩大贸易和推动贸易自由化的途径和手段；为扩大贸易交往创造条件；鼓励相互间资本流动；鼓励经贸团组互访和建立经济、贸易、投资和技术合作联委会等内容。2016 年，中海自贸区谈判时隔 6 年后重启，2 月 29 日至 3 月 3 日双方正式举行第六轮谈判，双方就服务贸易、投资、经济技术合作以及货物贸易遗留问题等内容进行了深入交流，并原则上实质性地结束货物贸易谈判，力争在 2016 年内达成一个全面的一揽子协议；5 月 8~10 日，中海自贸区第七轮谈判在广州举行，中国商务部副部长王受文与海合会自贸谈判总协调人、沙特财政副大臣巴兹分别率团出席谈判。中国和海湾阿拉伯国家合作委员会（海合会）第九轮自贸区谈判也已于 2016 年末在沙特阿拉伯首都利雅得举行。

三、阿拉伯石油输出国组织（OAPEC）

1968 年 1 月 9 日，科威特、利比亚和沙特阿拉伯三国在贝鲁特创建阿拉伯石油输出国组织，总部设在科威特城。成员国共有 11 个，包括阿尔及利亚、利比亚、巴林、埃及、伊拉克、科威特、卡塔尔、沙特阿拉伯、叙利亚、突尼斯、阿拉伯联合酋长国。其中，突尼斯自 1986 年以来在其本身要求下，其成员国资格一直被冻结。

阿拉伯石油输出国组织的宗旨是协调成员国间的石油政策，协助交流技术情报，提供培训和就业机会，探讨成员国之间在石油工业方面进行合作的方式和途径，利用成员国的资源和潜力，建立石油工业各个领域的联合企业，维护成员国的利益。

阿拉伯石油输出国组织的主要组织机构包括：最高权力机构为部长理事会，由各成员国的石油部长组成，理事会主席由成员国每年轮流担任，每年召开两次会议；执行局由各成员国副部长组成；秘书处的秘书长任期 3 年，按理事会和执行局制定政策处理日常事务，下设经济、技术、石油开采和生产、新闻信息、公关管理和财政等部门；另设有仲裁法庭，由正副庭长和 5 名法官组成。

阿拉伯石油输出国组织已与阿盟、海湾合作委员会等地区的经济和社会组织，欧盟、联合国开发计划署、联合国环境规划署、联合国贸发会议、伊斯兰发展银行等政府组织以及国际能源机构等非政府组织建立了联系，参加各种形式的讨论会，并与非阿拉伯国家的组织举办了多次讨论会。

四、马格里布联盟

1989 年 2 月 17 日，摩洛哥、阿尔及利亚、突尼斯、利比亚和毛里塔尼亚 5 国元首在摩洛哥的马拉喀什签署条约，正式宣布成立阿拉伯马格里布联盟，简称马格里布联盟或马盟。其宗旨是协调成员国之间的社会发展和经济合作，最终实现经济一体化和阿拉伯统一。但自 1995 年以来，由于摩洛哥和阿尔及利亚在西撒哈拉问题上发生严重分歧，马盟的各项活动基本陷于停顿状态。近年来，受经济全球化浪潮的冲击，要求重新启动马盟建设进程和加强经济合作的呼声日益强烈，马盟的常设机构和一些专门委员会相继恢复运作，但作为马盟最高决策机构的元首委员会至今尚未恢复。

第二章　阿拉伯国家历史概况

第一节　中古简史（7 世纪初伊斯兰教诞生至 16 世纪末）

一、穆罕默德与伊斯兰教的产生

概括来说，阿拉伯历史主要分为三个时代：①赛伯伊—希木叶尔时代，至公元 6 世纪告终。②蒙昧时代（贾希里耶时代），从广义层面讲这一时代是指从人祖亚丁诞生直到穆罕默德奉命为伊斯兰教的先知。但狭义的说法只指伊斯兰教兴起之前的 100 年。③伊斯兰时代，主要是伊斯兰教兴起直到现在。本章着重对伊斯兰教的产生及穆罕默德的生平做出介绍。

伊斯兰教的创始人穆罕默德（约 570~632 年），全名为穆罕默德·本·阿卜杜拉·本·阿卜杜勒·穆塔利·本·哈希姆，大约 570 年生于麦加古莱氏部落的哈希姆家族。穆罕默德的童年悲惨，出生前两个月父亲阿卜杜拉去世，6 岁时母亲阿米娜病故，8 岁时祖父阿卜杜勒·穆塔里布离世，其后由伯父阿布·塔利卜抚养，做过贵族的牧童，熟悉农村和游牧民族的生活，12 岁时随伯父的商队北上叙利亚、美索不达米亚、埃及，南下也门等地经商，南来北往、历经寒暑，得以广泛接触社会，接触不同部落和不同文化，沿途的社会逸事、风土人情、民间习俗、政治变迁等加深了他对社会问题与社会发展等社会知识和自然知识的了解。其后穆罕默德为麦加诺法勒族富孀赫蒂彻经商，并俘获其芳心，二人于 596 年结婚。婚后穆罕默德的社会地位和经济条件得到改善，使其有条件远离喧嚣进行思索。

【资料】"可靠者"——穆罕默德

相传，某年麦加天房冲毁重建时，各部落首领为成为将克尔白的黑石放回原处的人而争执不休，经过各部落商议，穆罕默德被选为仲裁人。穆罕默德思考后，将自己的斗篷平铺于地，再把圣石安放在斗篷上，由各部首领或代表分别握紧斗篷的一角，共同将圣石抬至克尔白的中央，交由穆罕默德安放到位。穆罕默德的智举赢得了各部落的赞美和敬佩，"可靠者"（Al-Ameen）的美名传播开来。

穆罕默德阅历广泛，社会经验丰富，并十分熟悉犹太教、基督教及其他宗教的思想。他根据当时的阿拉伯的社会状况和民族特点，创立了伊斯兰教。610 年（伊斯兰教历 9 月 27 日），穆罕默德以"先知"开始在麦加进行传教活动，即第一次天启。穆罕默德把古莱氏部落的主神安拉奉为宇宙的唯一之神，而他则是安拉派遣的最后使者、信仰的先知，要求人们放弃多神教和偶像崇拜，信仰唯一全能的神——安拉，并无条件服从安拉的使者。

【资料】第一次天启

据《布哈里圣训实录》载，610 年赖买丹月（9 月）的某夜，穆罕默德在希拉山洞潜修冥想时，安拉派遣天使吉卜利勒首次向他启示了《古兰经》文——"你当奉你的创造主的名义而宣读，他曾用血块创造人。你当宣读，你的主是最尊严的，他曾教人用笔写字，他曾教人以人所未知。"（《古兰经》96：1-5）。此后，穆罕默德便以"真主的使者"和"先知"的身份开始传播伊斯兰教，踏上了他作为安拉的使者而劝导世人走上伊斯兰正道的艰难旅程，历时 23 年。

穆罕默德最初传教是秘密进行的，初期皈依的信徒也不多，三年后穆罕默德逐渐公开传教，众人纷纷皈依，信仰真神安拉。不过伊斯兰教宣扬的一神信仰引发了多神教徒，尤其是社会上层、商人和高利贷者的担忧，他们诋毁穆罕默德，斥诉伊斯兰教为异教邪说，并多方迫害穆斯林，伊斯兰教在麦加的发展受到极大的限制。

622 年 7 月 16 日，经过缜密的思考和计划后，穆罕默德决定离开麦加，去叶斯里布（后改名为麦地那），9 月 24 日，穆罕默德历经坎坷后，终于抵达叶斯里布。此次迁徙史称"希吉拉"，622 年也被后来的欧麦尔哈里发定为伊斯兰教历元年，622 年 7 月 16 日为伊斯兰教教历元年。

【资料】"希吉拉"

穆罕默德秘密离开麦加后，古莱氏贵族派兵追杀穆罕默德。相传此时穆罕默德和阿布·伯克尔正藏身于苏尔山的山洞，当追兵赶到洞口时，发现有蜘蛛结网，里面还有一只野鸽孵蛋，认为洞里不可能藏人，便离开了。穆罕默德在山洞里藏了三天三夜，后于622年9月24日（伊历元年3月16日）进入麦地那。

伊斯兰教在麦地那得到了迅速的传播，并得以发展和壮大。穆罕默德在麦地那号召穆斯林不分民族、部落、家庭和地区界限，在共同信仰的基础上，由迁士、辅士以及不同氏族部落的穆斯林，组织命名为"吾麦公社"意为"信仰安拉的民众"，并以盟约的形式，签订了《麦地那宪章》，建立了政教合一的政权。穆罕默德积极倡导"穆斯林皆兄弟"的思想和精神，以教友式的兄弟关系突破了传统部落和氏族的血统关系，解除了氏族成员对本氏族忠诚的义务，而以宗教和地区为社会组织的基础。同时公社也是组织严密、为伊斯兰而战的武装团体，社团中没有僧侣，没有教阶组织，没有中央教廷，安拉具有至高无上的权威，主宰一切，穆罕默德是安拉派遣的使者，是安拉在大地上的合法代理人，掌握着最高的宗教权力和世俗权力。在同贵族的战争中，他多次获得胜利，力量逐步壮大。

624年，穆罕默德率穆斯林袭击自叙利亚回麦加的古莱氏贵族的商队。两军激战于麦地那西南的白德尔。穆罕默德以少胜多，大获全胜。白德尔战役的胜利对麦地那政权的巩固，穆罕默德在半岛上的宗教、政治、军事地位的确立有着重要作用，也标志着伊斯兰政权和力量具备了同半岛统治力量相抗衡的实力。

【资料】《麦地那宪章》

《麦地那宪章》（*Sahifah al-Madinah*）又称"麦地那盟约"（Mu—ahadah al-Madinah，或 Hilf al-Madinah），为622年伊斯兰教先知穆罕默德为处理麦地那穆斯林公社内外关系所主持制定的政治纲领，其涉及内容广泛，对政权性质、关系准则、方针政策等都做出了规定，具有法律效力。

麦加一直是阿拉伯半岛的宗教中心和政治中心，麦加当局的政治立场对半岛局势变化的影响举足轻重。628年，穆罕默德在"禁月"期间进入麦加，迫使麦加当局不得不与之进行谈判，双方签订协议，停战10年，并同意来年穆斯林来麦加朝觐等。该协议为穆罕默德占领麦加奠定了基础，同时也宣告了麦加当局首次承认穆罕默德的政治地位和麦地那伊斯兰政权。

630 年 1 月，穆罕默德兵临麦加城下，迫使麦加当局和贵族改变信仰，接受伊斯兰教，并确认穆罕默德的领袖地位，穆罕默德得以率军和平进入麦加。穆罕默德把麦加定为伊斯兰教的圣地，捣毁克尔白内外的 360 尊偶像崇拜物，改克尔白天房为伊斯兰教的清真寺并定为伊斯兰教朝觐的中心，清真寺周围被列为禁地，非穆斯林不得入内。征服麦加是伊斯兰教在阿拉伯半岛上取得的决定性胜利，它标志着半岛从此进入伊斯兰教时代。

为进一步扩大伊斯兰教传播范围，巩固伊斯兰政权的疆界安全，穆罕默德亲率 3 万军队主动出击，北上宣教，沿途许多部落纷纷皈依伊斯兰教并接受麦地那政权的领导，其他信奉基督教和犹太教的部落也与伊斯兰政权签订和约，缴纳人丁税，接受伊斯兰政权的保护。此次北上军事行动被史称为"和平征战"。

631 年，半岛南部的哈达拉毛地区、阿曼地区的部落也纷纷派出代表团来麦地那，表示皈依伊斯兰教。由于来麦地那的代表团数量较多，史称 631 年为"代表团年"。

经过"和平征战"和"代表团之年"，伊斯兰教已在阿拉伯半岛占统治地位，半岛已基本统一。

632 年 6 月 8 日，穆罕默德率 10 万穆斯林到麦加朝觐，在阿拉法特山盛大庆典上，穆罕默德发表了生前最后一次纲领性重要讲话，以安拉的名义宣布了伊斯兰教的胜利，史称"辞朝演说"。"辞朝演说"标志着穆罕默德传教使命的完成，进一步阐明了伊斯兰教的原则和纲领，对其后伊斯兰教的传播和发展具有深远的指导意义。朝觐回到麦地那后不久，穆罕默德因病逝世。

二、四大哈里发时期

穆罕默德去世后，伊斯兰阿拉伯政权的元首称哈里发，意为继承穆罕默德职位或伊斯兰政权的"继任者"，哈里发集国家的军事、政治和宗教等大权于一身。四任哈里发也叫四大正统哈里发，分别指艾卜·伯克尔（632~634 年在位）、欧麦尔·本·赫塔布（634~644 年在位）、奥斯曼·本·阿凡（644~656 年在位）、阿里·本·艾比·塔利卜（656~661 年在位）。

（一）艾卜·伯克尔哈里发时期（632~634 年）

穆罕穆德死后无男嗣，且无指定继承人和遗嘱，各方围绕穆罕默德的继任者斗争不断，后经"迁士"和"辅士"协商，资历深、威望高、功勋卓著的艾卜·伯克尔被推举为第一任哈里发。

【资料】哈里发权力之争

"迁士"最早信奉伊斯兰教，追随穆罕默德南征北战，资历最老，"辅士"是麦地那的贵族，鼎力支持穆罕默德的传教活动，忠心耿耿，是战胜麦加的中坚力量，"迁士"和"辅士"合称"圣门弟子团"，二者都为伊斯兰政权的建立立下了汗马功劳，是建国功臣，不过二者在谁继承穆罕默德职位上意见不一："迁士"认为，自己是穆罕默德同族，又最先承认穆罕默德使命的，继任人应从他们中选出；"辅士"宣称，没有他们对穆罕默德和伊斯兰教的支持和帮助，就不会有伊斯兰教的今天，因而主张穆罕默德的继任人从他们中选出。经过激烈的争论后，各派的观点渐趋统一，选举了资历深、威望高、功劳卓著的艾卜·伯克尔为伊斯兰阿拉伯历史上第一任哈里发。争夺哈里发权力的斗争对后世影响深远。它开党派倾轧之端、肇教派纷争之始，不少重大的政治问题和残酷的流血事件都和它密切相关。

艾卜·伯克尔于公元 573 年生于麦加，早年经商，家产丰厚，皈依伊斯兰教后紧随穆罕默德从事宗教传播和建立伊斯兰政权的工作，深受穆罕默德的赏识，被穆罕默德称为"忠实的朋友"。艾卜·伯克尔在位的两年中，指挥穆斯林武装，平定了国内的叛乱，将阿拉伯半岛上的居民重新集聚在伊斯兰教的旗帜下，掀起了阿拉伯人向北方大规模的军事扩张浪潮。

艾卜·伯克尔继位要解决的首要问题是巩固穆罕默德建立起来的统一的政权。穆罕默德去世后，除麦加、麦地那及其附近地区外，不少部族拒不承认麦地那的领导权，抗缴天课，艾卜·伯克尔先礼后兵，劝说无果后果断采取军事行动，严惩反叛者，用武力维护了伊斯兰教的统治地位，半岛复归统一。

国内的经济危机和社会矛盾是艾卜·伯克尔要解决的又一重要问题。伊斯兰阿拉伯政权的建立并未根本扭转半岛的经济，人民贫病交困，各部落仍有再次分裂的可能，为化解危机，艾卜·伯克尔决定大规模向北方扩张。633 年，艾卜·伯克尔派出万人大军，兵分三路，拉开了北上军事行动的大幕。阿拉伯军队在死海南边打败拜占庭军队，拜占庭皇帝希拉克略组织反击，艾卜·伯克尔派遣"安拉之剑"哈立德亲率八百精兵急行军增援，哈立德横跨大沙漠，直插敌后的大马士革，与其他穆斯林军队对拜占庭军形成合围，634 年 7 月，穆斯林军队在"艾季纳代因战役"中大获全胜。

634 年 8 月 23 日，艾卜·伯克尔去世。

(二) 欧麦尔哈里发时期 (634~644 年)

欧麦尔于 583 年生于麦加古莱氏部落阿迪义家族，是麦加有声望的贵族商人，他在穆罕默德传教的关键时刻皈依伊斯兰教。入教后，他跟随穆罕默德转战南北，为伊斯兰教政权的巩固、阿拉伯帝国疆土的扩大做出了卓著贡献，被称为"阿拉伯帝国的真正奠基人"、"信士们的长官"等。欧麦尔在位期间，组织了对叙利亚、巴勒斯坦、伊拉克、波斯和埃及等地的征战，在一系列立法和国家制度的建立上做出了重要贡献。

欧麦尔对叙利亚发动强大攻势，大马士革于 635 年 9 月陷落；636 年 8 月 20 日，雅穆克河谷一战，哈立德全歼拜占庭军，阿拉伯人乘胜挥师南下，于 638 年占领耶路撒冷。至此，叙利亚全部被征服。

占领叙利亚后，欧麦尔加强了对两河流域的占领。637 年 5 月 31 日阿拉伯军总司令赛尔德与波斯首相鲁斯塔木在卡迪西亚激战 4 天，鲁斯塔木战死，赛尔德乘胜追击，北渡底格里斯河，于 6 月占领萨珊[①]首都泰西封，640 年占领胡泽斯坦，641 年攻克摩苏尔，642 年尼哈温一役，波斯军惨败，伤亡 10 万人以上，波斯国王叶兹德吉尔三世逃往中亚，651 年被木鹿附近的一个磨坊主杀死，萨珊王朝灭亡。

与此同时，欧麦尔也加强了对战略要地埃及的侵占。公元 639 年，阿慕尔率军队沿着巴勒斯坦至埃及的古代著名通道——滨海路线进军埃及，639 年夺取阿里什，640 年攻占埃及东部门户法拉马仪及其他重要城市，641 年 4 月攻克巴比伦堡，641 年 11 月，亚历山大港投降。埃及落入阿拉伯人手中。阿慕尔把巴比伦堡定为埃及地区的首府，取名"福斯塔特"，并建造了非洲大陆第一座清真寺——阿慕尔清真寺。此外，为开辟由埃及到阿拉伯半岛的近道，加强对埃及的统治，阿慕尔疏浚古代的法老运河，把巴比伦堡北边的尼罗河与红海西岸苏伊士城连接了起来。

欧麦尔的军事扩张有其重要的影响：其一，阿拉伯帝国疆域得以大幅扩张，向北推进到土耳其边境和地中海东岸，东面波斯帝国灭亡，西面拜占庭势力在叙利亚和埃及等地退出；其二，为伊斯兰教的传播创造了有利条件，伊斯兰教正是以欧麦尔征服的尼罗河三角洲和两河流域下游为基地，才发展成为世界性宗教的，也为阿拉伯帝国的建立打下了基础，为西亚、北非广大地区的阿拉伯化以及

---

① 萨珊王朝或萨桑王朝（波斯语：ساسانیان；英语：Sassanid Empire），也被称为波斯第二帝国，是最后一个前伊斯兰时期的波斯帝国，国祚始自公元 224 年，651 年严灭亡。

阿拉伯—伊斯兰文化的形成和发展提供了前提。

在军事上取得巨大胜利的同时，欧麦尔不断根据形势的发展制定切合实际的政策，建立必要的制度，以牢固确立对半岛和征服地区的统治。军事进攻是政治扩张的手段，政权稳固为军事胜利创造了必要条件。

欧麦尔借鉴波斯与拜占庭的管理模式，创建档案局，对人口进行登记注册；制定论功行赏的奖惩制度，规定了上至迁士、辅士，下至普通穆斯林的年金收入等级；制定了战利品分配原则和新占领土与公共财产的使用法则等制度。

【资料】狄万制度

欧麦尔采用波斯的狄万制度，确立了阿拉伯统治者的经济特权地位。狄万制度规定，把国库结余作为年金，分配给全国的穆斯林。穆罕默德家属领取的年金最多，他的妻子阿伊莎每年得1.2万迪尔汗（银币），在花名册上是第一名；迁士和辅士领取的年金按信教先后而有所不同，平均每人得4000~5000迪尔汗；氏族部落成员的年金，依照战功的大小而定，普通战士可得200~600迪尔汗。

欧麦尔极力实行伊斯兰化和阿拉伯化。首先，欧麦尔继任哈里发的次年就开始驱逐异教徒，犹太教徒、基督教徒纷纷逃离阿拉伯半岛。其次，欧麦尔给被征服地区的人民提出了三种选择：①归信伊斯兰教，可免除包括人头税在内的一切贡税；②立约投降，保留原有信仰，作为顺民保护，交纳各种赋税；③抵抗者被杀，战俘沦为奴隶，或以现金赎身。迫于政治和军事上的压力，占领区居民多改信伊斯兰教，伊斯兰教也发展成世界性的宗教。

欧麦尔也充实和发展了伊斯兰教律，使之更好地体现统治阶级的意志，更大地发挥维护新政权秩序的作用，被誉为"立法的栋梁"。欧麦尔在处理新的教律问题时，如无《古兰经》经义和《圣训》可循，便"揆情度理"，根据他自己或教律学家的意见作出决定。后世采用这种方法立法的，被称为伊斯兰立法的"意见派"，欧麦尔即为此派的创始人。

此外，欧麦尔还创立了伊斯兰教历法，一直沿用至今。历法制定时，起初纪元定为穆罕默德的出生、为圣、迁移或是去世的意见不一，最终定纪元于穆罕默德迁移麦地那那一年，即622年7月16日星期五为元年元旦。

644年11月3日，欧麦尔在麦地那清真寺率众举行晨礼时，被波斯叛徒刺杀身亡。其军事扩张和创建的一系列国家制度，为建立阿拉伯帝国打下了坚实基础，被誉为"伊斯兰国家的第二位奠基者"。

（三）奥斯曼哈里发时期（644~656 年）

奥斯曼·本·阿凡于 574 年生于古莱氏部落的倭马亚家族，是信教早、资历老并深受穆罕默德器重的穆斯林元老。欧麦尔遇刺身亡后，奥斯曼被推举为第三任哈里发。

奥斯曼时期兵强马壮，更建立了令人生畏的海军，阿拉伯人东征波斯，西征北非，持续对外扩张，极度扩大了阿拉伯帝国的版图。649~650 年穆斯林大将军瓦里德·伊本·奥格巴占领波斯东部的呼罗珊，打通了中亚阿姆河地区的大门，其后穆斯林大军继续东进阿富汗，于 652 年征服了北面的阿塞拜疆和亚美尼亚，为进一步向东部和东南部进军奠定了基础。与此同时，647~648 年，新任埃及总督阿卜生拉·伊本·赛尔德率军西进，占领了突尼斯东部，拜占庭人退到班泰雷利亚半岛。此外，阿拉伯帝国以亚历山大港为基地和以叙利亚为基地的两支海军多次发动海战，不断蚕食拜占庭的疆域，649 年，阿拉伯海军攻占了拜占庭帝国的海上屏障——塞浦路斯岛，652 年掠夺了地中海中的西西里岛，655 年，两支阿拉伯海军主力同拜占庭 500 多艘战舰激战，拜占庭海军遭受重创，史称"船桅战役"。

【资料】船桅之战

655 年，拜占庭皇帝君士坦斯二世得悉阿拉伯叙利亚总督穆阿维叶准备从海上进军直指君士坦丁堡后，便亲率由 500 多艘战舰组成的拜占庭舰队，与穆阿维叶率领的叙利亚、埃及舰队（共计 200 艘战舰）激战于菲尼克斯附近的列西亚海岸。由于数量上的劣势，阿拉伯舰队逐渐处于被动状态，然而，阿拉伯旗舰用强大钩爪勾住拜占庭的战舰，然后集中己方战舰形成堡垒，登上对方战舰进行突击战，把海战变成了肉搏。

拜占庭海军遭受重创，其舰队被完全摧毁，君士坦斯二世仅以身免，而阿拉伯人也付出了极大的代价，不得不暂停进攻，进行休整。

奥斯曼在位时期最终编定了伊斯兰教圣典《古兰经》。穆罕默德在世时忙于征战，未编经典，初由子弟们零散写出。穆罕默德死后，历任哈里发便开始了整理工作，到奥斯曼时，确定以萨比特整理的古兰经第一官方手抄本为蓝本，参考其他手抄本内容，确定了古兰经正式本共七部，一直沿用至今，而其他民间手抄本则被焚毁。

奥斯曼政权末期，各种社会矛盾激化：奥斯曼任人唯亲为人诟病，官员的腐败奢侈风气渐渐盛行，经济衰退也导致了民众不满，最终引发了国内政治动荡。

埃及、伊拉克等地发生暴乱；阿里及其同党也组织了反对奥斯曼的什叶派，在叙利亚、伊拉克、库法、巴士拉、埃及等地，积极进行反奥斯曼的活动，大力宣传阿里应为哈里发的主张。反叛者来到麦地那，包围奥斯曼住宅，656 年 6 月 17日，奥斯曼被破门而入的反对者刺杀。

【资料】奥斯曼之死

抗议者围困奥斯曼的寝宫，要求惩罚贪官恶徒，罢免埃及、巴士拉和库法的总督，同时要求奥斯曼退位。面对抗议者的强烈要求，奥斯曼答应严惩贪官，追缴流失的国库钱财，同意撤换三地总督，不过拒绝退位。抗议者见奥斯曼未答应全部要求，便将其软禁于寝宫。此后，奥斯曼派人给驻叙利亚总督穆阿维叶送信，让他火速领军来救驾，不过信件被抗议者截获，656 年 6 月 17 日，抗议行为升级为武装行动，抗议者破门而入刺杀了奥斯曼。

奥斯曼被杀，使得阿拉伯政权内部意见分歧完全公开化，各派之间的矛盾日趋尖锐，争夺权位的斗争达到了白热化程度，帝国第一次全面内战由此拉开了序幕。

(四) 阿里哈里发时期 (656~661 年)

阿里·本·艾比·塔利卜生于古莱氏部落的哈希姆家族，是穆罕默德的堂弟和女婿，是第二个信仰伊斯兰教的人，以勇敢善战而崭露头角，享有威信，奥斯曼被刺死后，656 年 6 月 24 日，阿里被推举为第四任哈里发。

阿里继任哈里发面临的首要难题是内战问题，以避免他们争夺哈里发地位。

首先是解决泰勒哈和祖拜尔代表的麦加势力。泰勒哈和祖拜尔反对奥斯曼但也不拥立阿里作为哈里发，同时穆罕默德的遗孀阿伊莎也支持泰勒哈和祖拜尔，甚至公开反对阿里担任哈里发，麦地那各派力量错杂，政局趋于动荡。阿里决定迁都，北上库法，泰勒哈、祖拜尔和阿伊莎采取紧逼行动，率军随阿里北上。656 年 12 月 9 日，阿里与追兵在巴士拉城外遭遇，阿里打败了阿伊莎等人的联军，祖拜尔和泰勒哈战死，阿伊莎被擒，史称"骆驼战争"。[①]战后，阿里充分显示了宽宏的政治胸怀，他厚待了被俘的阿伊莎，把她送回麦地那，并让她继续享受元首夫人的待遇，而对跟随泰勒哈、祖拜尔死于战场的穆斯林士兵也给予了厚葬。

---

① 因阿伊莎所骑的骆驼而得名，那只骆驼成为反叛战士的旗帜，战后被送回麦地那。

"骆驼战争"后，国家表面暂时趋于稳定，阿里宣布库法为新都，意味着哈里发国家的政治中心已经北移。为进一步巩固政权，阿里撤换了奥斯曼任命的大部分官员和总督，要求留任者必须表白政治立场，宣誓效忠。但倭马亚家族代表——叙利亚总督穆阿维叶拒不听命，并以追查刺杀奥斯曼的凶手，严惩同谋的名义威逼阿里，"不交出杀害依法任命的先知继任者的凶手，就接受同谋犯的地位，从而丧失哈里发的资格"。①阿里决定采取军事行动。657 年 7 月 26 日，两军在幼发拉底河右岸的绥芬平原上决战。当阿里即将取胜时，穆阿维叶令将士枪挑《古兰经》，高呼让安拉判决。阿里采纳主和派的意见，同意用和平方式解决问题。阿里与穆阿维叶的议和，引起了阿里内部的分裂，大批主战派离开阿里，另组哈瓦利吉派，其口号是"除真主的调解外，绝无调解"，致使阿里军队实力大大削弱。阿里无法容忍哈瓦利吉派的分裂做法，劝说无果后于 659 年以武力进攻哈瓦利吉派聚集地，致使哈瓦利吉派四处逃散，残存的哈瓦利吉派蓄意进行报复。

661 年 1 月 24 日清晨，哈瓦利吉派成员在库法暗杀了阿里，终结了阿里哈里发的生涯，也终结了四大哈里发时代。从艾卜·伯克尔到阿里，阿拉伯人的版图已经跨出亚洲，形成一个横跨亚非两大洲的帝国。历史学家把四任哈里发划为一个时期，主要理由是这个时期的哈里发是选举产生的，不是继承制。因此，历史上也称它是阿拉伯帝国的共和时期。

三、倭马亚王朝时期（661~750 年）

阿里遇刺的同年，穆阿维叶（661~680 年在位）被拥立为哈里发，定都大马士革，开创了伊斯兰阿拉伯帝国史上的新时期——倭马亚王朝。倭马亚王朝崇尚白色，中国历史书称其为"白衣大食"。在阿拉伯帝国史上，倭马亚王朝是高度中央集权的国家，是纯粹的阿拉伯人统治的政权，是阿拉伯帝国疆土最辽阔、最完整的时期，也是伊斯兰化、阿拉伯化取得显著成效的时期。

（一）倭马亚王朝的内战和巩固

穆阿维叶继任哈里发后，帝国内派系对立，局势动荡。然而，凭借高超的政治手段，穆阿维叶既成功地安抚了盟友——阿慕尔，令其重掌埃及政权，同时又软硬兼施，说服了被拥立为哈里发的阿里之子——哈桑主动退位，化解了各种反对势力。由于穆阿维叶的威望和出色政绩，阿拉伯帝国内部的派系斗争渐趋缓

---

① [美] 希提. 阿拉伯通史（上册）[M]. 北京：商务印书馆，1979.

和，没有出现公开冲突或者另立中央的武装反抗活动。

679年，穆阿维叶提名他的儿子叶齐德为哈里发继承人。穆阿维叶把各省的部落代表招到大马士革，要他们对叶齐德宣誓效忠，开哈里发世袭的先例。680年，穆阿维叶逝世，叶齐德继任哈里发，部分阿拉伯贵族拒不承认其统治，阿里次子侯赛因也拒绝承认叶齐德继任哈里发的职位。680年10月10日，侯赛因和200名警卫被包围在库法西北约25英里的卡尔巴拉，他们拒绝投降，最后被全部歼灭，侯赛因的头颅被割下来，送到大马士革献给叶齐德，史称"卡尔巴拉事件"。

【资料】什叶派

　　侯赛因的牺牲成为什叶派的起源，伊斯兰教内部严重分裂，什叶派发展为与逊尼派誓不两立的一大宗教派别和政治派别。什叶派穆斯林认为侯赛因是殉道者，他们高呼"为侯赛因报仇"的口号号召人们起来推翻倭马亚王朝。

"卡尔巴拉事件"后不到两年，祖拜尔之子阿卜杜拉在麦加被拥戴为哈里发，公开扯起反抗旗帜，反对叶齐德继任哈里发。叶齐德采取强硬手段，主动出军镇压，很快占领麦地那，不过在围攻麦加时叶齐德驾崩，倭马亚王朝突然退兵，阿卜杜拉趁势对外扩张，不仅在希贾兹地区称哈里发，还向半岛南部、伊拉克甚至叙利亚派出自己的代表，阿拉伯内部分裂，形成了两个哈里发对立的政局。

685年，倭马亚王朝哈里发经多次更迭后，阿卜杜·马立克（685~705年在位）登位。对于反动势力，阿卜杜·马立克严厉镇压。先派兵进剿了"为侯赛因报仇"的什叶派，摧毁其活动基地；紧接着又派遣铁腕将军哈查只讨伐阿卜杜拉，消灭了反动政权。倭马亚帝国复归统一，政局重新趋于稳定。

（二）倭马亚王朝的对外扩张和阿拉伯帝国的形成

8世纪初，倭马亚王朝的政权巩固以后，阿拉伯军队开始东征西扩，大规模对外扩张。

东线上，倭马亚王朝以巴士拉为基地，兵分两路，大举东侵。664年，占领喀布尔，10年后，越过乌浒河，侵入中亚；706~709年，征服布哈拉及其周围地区；710~712年，征服撒马尔罕和花剌子模；713~715年，深入药杀河流域。至此，阿拉伯人完全征服了河外地区，并在那里建立了穆斯林政权。另一支阿拉伯军队于710年攻占莫克兰。711~712年，占领信德。713年，侵入南旁遮普的著名佛教圣地木尔坦。阿拉伯人在进行军事征服的同时竭力在中亚传播伊斯兰教，使大量中亚佛教徒变成穆斯林。布哈拉、撒马尔罕和花剌子模逐渐发展为阿拉伯文化发达的大城市。

西线上，穆萨·伊本·努赛尔率军以摧枯拉朽之势，迅速席卷中马格里布和西马格里布，夺取丹吉尔，经过30多年的反复搏斗，阿拉伯人终于成为地中海南岸的主人；711年7月，阿拉伯军在詹达湖岸边击败西哥特2.5万人后长驱直入，占领了马拉加、科尔多瓦和西哥特首都托莱多；阿拉伯军队甚至越过比利牛斯山深入法兰西境内，不过在普瓦提埃战役中失利，退回西班牙。

至8世纪中叶倭马亚王朝后期，阿拉伯帝国的版图西临大西洋的比斯开湾，东至中亚河外地区，与印度河和中国边境接壤，成为地跨亚、非、欧三大洲的庞大封建军事帝国，对世界历史的发展产生重大而深远的影响。

（三）倭马亚王朝的政治经济与社会发展

为加强对疆域的掌控，倭马亚哈里发重划行政区域，九大省区被精简为五大行政区，分别为：①非洲西北行政区，即今马格里布地区、西班牙地区和西西里岛等地区；②埃及行政区；③亚美尼亚与阿塞拜疆行政区，包括小亚细亚东部、今伊拉克中部和北部地区；④希贾兹行政区，包括阿拉伯半岛中部和南部地区；⑤伊拉克行政区，即以库法为中心，管理波斯和今巴基斯坦、阿富汗以及印度河等区域。此外，叙利亚—巴勒斯坦由哈里发直接统治。行政区域的精简使得权力高度集中，有效地控制了权力的弱化与分散。

倭马亚时期，中央集权制度日趋完善，官员职责分明。倭马亚王朝哈里发集行政、宗教和军队权力于一身，各行政区设立总督、法官和税务长。税务长由哈里发委任，直接对哈里发负责；总督掌行政区内军政大事；法官则司伊斯兰教义和法律。

军队建设上，自阿卜杜·马立克时期起，倭马亚王朝开始实行义务兵役制，形成志愿军和雇佣军两大类。雇佣军也称"常备军"，由国家按月供给粮饷；志愿军只在服役期间领取粮饷。

宗教政策上，为稳定政局，鼓励更多的人信奉伊斯兰教，帝国规定只要信奉伊斯兰教，即可享受税收减免（只需缴纳济贫税）。其结果导致信奉伊斯兰教的人数急剧增加，国库收入却大大减少。因而政策执行时往往对阿拉伯穆斯林兑现，对非阿拉伯穆斯林则不兑现。此举引发非阿拉伯穆斯林的不满，迫使哈里发修改税制，新税制规定：皈依伊斯兰教者可豁免人丁税，但土地税人人都必须缴纳，不得豁免。新规保证了国库的正常收入。

赋税政策上，土地税成为国家岁入的最重要来源。土地税的征收大体实行"密萨哈"制（Misahah），即无论土地耕种与否，均根据已知的面积征收固定的地税。

倭马亚王朝政权趋于稳固后，哈里发阿卜杜·马立克推行阿拉伯化运动，帝国境内实行统一的阿拉伯文字和阿拉伯货币。规定国家文件往来、公函发布、学校课本一律要用阿拉伯文；规定帝国境内只准使用帝国所铸造的阿拉伯货币——金币第纳尔、银币迪尔汗等其他形形色色的各种货币一律废除。

倭马亚王朝封建等级森严，政治地位和社会地位由宗教信仰、宗教血统和经济地位决定，社会人群被分为贵族、平民、顺民和奴隶4个等级。

此外，倭马亚王朝时期阿拉伯语言、文化研究与发展取得了显著成效，为阿拉伯科学与文化大大繁荣奠定了坚实基础。同时，以收集历史资料和宗教故事、确定阿拉伯人血统为主要内容的历史学研究也迈出了重要步伐，伊斯兰建筑的发展更是进入了重要阶段，伊斯兰标志性建筑——清真寺的建筑风格在吸收了古代百家建筑风格的基础上独成一体，耶路撒冷清真寺的圆顶、倭马亚清真寺旁的宣礼塔已经成为伊斯兰标志性的建筑风格。

（四）倭马亚王朝的灭亡

倭马亚王朝后期，围绕争夺哈里发位置[①]而发生的王室内部争斗、部族与部族之间的矛盾、不同民族之间的矛盾、宗教派别之间的矛盾以及统治者腐朽没落的生活、人民对腐败统治制度的不满情绪激增等因素加速了倭马亚王朝的衰亡。

倭马亚王朝后期政局动荡，风雨飘摇。哈里发宫廷内部争斗激烈，王位更迭频繁，最后10年先后经历了5位哈里发执政，所属的重要地区伊拉克、呼罗珊、叙利亚、埃及、马格里布、半岛南部等地先后爆发了民众起义。

728年，中亚粟特人起义。739年，哈瓦利吉派在北非发动柏柏尔人起义，烽火遍及马格里布各地，人数达30万，直到742年起义才被镇压下去。什叶派在库法和巴士拉的反抗活动异常活跃。747年6月，艾卜·阿拔斯以减轻赋税为号召，在呼罗珊起义，伊拉克的哈瓦利吉派也乘机起事，呼罗珊省会木鹿陷落；749年，伊拉克首府库法守将投降，同年10月艾卜·阿拔斯在库法被拥戴为哈里发，松散的反抗力量形成了联合统一战线。750年1月，起义军和政府军在底格

---

① 穆阿维叶改哈里发的选举制为世袭制的合法性一直存在质疑，部族之间、王室成员之间的互相倾轧、明争暗斗也在所难免。历史上倭马亚王朝共有十四位哈里发，不过成功传位于其子的只有四位。

里斯河的支流大萨卜河沿岸进行大决战，倭马亚军队主力被击溃，阿拔斯人直趋叙利亚。750 年 4 月，占领大马士革；8 月，倭马亚王朝最后一位哈里发被杀死，倭马亚王朝灭亡。

四、阿拔斯王朝时期

阿拔斯王朝（750~1258 年）历时 500 多年，是阿拉伯帝国历史上时间最长的王朝，共传位 37 代哈里发，同时也是阿拉伯帝国历史上的鼎盛时期，是阿拉伯帝国社会与文化发展的昌盛时期，是伊斯兰阿拉伯文化体系形成时期。

（一）阿拔斯王朝统治的巩固

艾卜·阿拔斯登位后对倭马亚王朝的皇亲国戚采取强硬手段，赶尽杀绝，史称"屠夫"，[①] 倭马亚王朝哈里发希沙木之孙阿卜杜勒·拉赫曼逃到西班牙，并建立国家，史称后倭马亚王国。艾卜·阿拔斯仅执政 4 年，于 754 年病逝，其弟艾卜·哲耳法尔（754~775 年在位）继为哈里发，自称"曼苏尔"，意为"胜利者"，曼苏尔富于谋略，消灭叛乱，铲除异己，是阿拔斯王朝真正的奠基人。其在位的 21 年，先成功地巩固了自己的政权和王位，建造新都巴格达，接着在确保伊斯兰教为国教、阿拉伯语为国语的基础上，大胆引进波斯统治体制和波斯文化，起用非阿拉伯穆斯林，创多元文化之先例，并制定符合帝国发展的方针政策，为阿拔斯王朝的全面兴盛打下了扎实的基础。775 年 10 月 7 日，曼苏尔死于赴麦加朝觐的途中。

（二）阿拔斯王朝的政治外交与经济发展

阿拔斯王朝政治仿效波斯，实行高度封建专制。哈里发集政教两权于一身，具有最高权威。哈里发之下，以宰相的职权为最大：除王储的确定外，一切行政及宗教事务，宰相均可秉承哈里发意旨处理；宰相也有权对各省总督的任免提出意见，报哈里发批准。宰相下面分设管理各种事务的部，称做"狄万"，主要有财政、邮政、司法、军政、警务、商务、农业、工业等部，各部有大臣及秘书若干人。

8 世纪中叶到 9 世纪中叶，处于鼎盛时期的阿拔斯王朝对外采取"远交近攻"的政策：东向上，帝国军队于中亚怛罗斯战役（751 年）中击败中国唐朝军队，成功夺取中亚大部分地区的控制权后，便很快同中国修好；西向上，和查理

---

① 夺得政权后，艾卜·阿拔斯以赴宴的名义邀请倭马亚哈里发家族的成员 80 多人，并于宴会期间突然将他们杀害。

曼大帝结盟,集中全力进攻拜占庭,哈伦·赖世德曾两次亲征,迫使拜占庭缴纳贡赋和人丁税。

阿拔斯王朝时期的经济发展进入昌盛时期,工业、农业、商业均呈欣欣向荣之势。阿拔斯的工业以纺织业、手工制造业、造纸业、玻璃制造业等为核心,其中纺织业生产工艺高,产品精美,品种丰富,闻名世界,尤以各类地毯、挂毡、斗篷、头巾、服装等产品最为著名。阿拔斯王朝高度重视农业发展,奖励农织,兴修水利,开河筑坝,改造农田,主要农作物有小麦、大麦、水稻、棉花、甘蔗、亚麻等。国内工农业的发展与巩固同时也促进了对外商贸的展开:东面,阿拔斯王朝的外贸呈扇形发展,分别与中国[①]、印度、印度尼西亚、俄罗斯等地进行通商贸易;西面,阿拉伯商人的商贸活动覆盖了马格里布地区和西班牙,其经营的商品非常丰富,有地毯、挂毡、纺织品、日用品、手工艺品等,其中椰枣、蔗糖、布料、绸缎、玻璃器皿、家具、弓箭、珠宝等是上等商品。

【资料】 *极尽奢华的王室*

阿拔斯王朝是经济鼎盛时期,阿拔斯王室极度富有和奢侈。哈里发麦蒙(813~833年在位)举行婚礼时,大办宴席,宴会场所金碧辉煌,珠光闪烁。新人脚下站的是一条用金子织成、用珍珠和蓝宝石镶嵌的席子,照明用的香烛重达200磅,婚礼期间洒向新人的不是鲜花,而是1000颗硕大无比的珍珠。此外,参加婚礼的来宾都收到了名贵的麝香丸,每份麝香丸中藏有一张礼券,或是田产1份,或是奴隶1名等。

917年,哈里发穆克塔迪尔(908~932年在位)接待君士坦丁七世的使节时,动用16万骑兵、步兵和100头狮子组成的仪仗队。庞大的接待仪式、富丽堂皇的宫殿让异国使节感到了帝国的威严和富有。

(三) 阿拔斯王朝的社会文化和科学发展

阿拔斯王朝政局的稳定和经济的发展,为阿拉伯的文化发展和科学研究创造了良好条件,宗教、文学、哲学、史学、地理学、天文学、医学等都取得了显著成果。

宗教上,6部经典性《圣训实录》的面世为伊斯兰教义学、教律学的发展提供

---

① 中国与阿拉伯的正式关系是在四任哈里发时期就建立的。

了重要依据，同时正统派的四大教法学派也先后诞生。

阿拉伯文学中的诗歌、小说、散文等百花齐放，涌现出白沙尔·伊本·布尔德、艾卜·努瓦斯、艾卜·阿塔希叶、艾卜·阿里·麦阿里等著名诗人；名著《一千零一夜》（又译《天方夜谭》）也于此时期基本成型；以押韵和辞藻华丽为特征的阿拉伯散文在阿拔斯时代也达到了完美阶段，巴士拉人哈利利（1054~1122 年）是阿拉伯散文集大成者，他的《麦嘎麻特》（《丛儿》）"在七百多年内，被认为是阿拉伯文学宝库中仅次于《古兰经》的著作"。

哲学研究上，肯迪（801~873 年）、法拉比（870~950 年）、伊本·西奈（980~1037 年）和伊本·鲁世德（1126~1198 年）等哲学家引领着阿拔斯哲学的深入发展。

史学研究上，以泰伯里（838~923 年）、麦斯欧迪（957 年卒）和伊本·艾西尔（1160~1234 年）为代表的史学家成果丰硕，对阿拉伯史学界影响巨大。

阿拉伯对外扩张和伊斯兰教对外传播极大促进了阿拔斯王朝地理学的发展，"东方穆斯林最伟大的地理学家"雅古特（1179~1229 年）出版了代表作《地名辞典》，其内容涉及面广，包括历史学、自然科学等都有论述。

天文学上，天文学家完成了地球子午线一度之长的测算，并计算出地球的圆周为 20400 阿拉伯里（1 阿拉伯里等于 2353.2 公尺）；著名天文学家艾卜·赖哈尼·穆罕默德·比鲁尼（973~1050 年）撰写的《麦斯欧迪天文学和占星学原理》、《占星学入门解答》等著作对地球的经纬度、地球的旋转等都有较深的研究和论述。

医学上，享有"伊斯兰医学家中最伟大、最富于独创性，而且著作最多的人物"称号的名医拉齐（865~925 年）撰写了《医学集成》、《精神疗法》等医学著作，在世界医学史上占有重要地位；哲学家兼医学家伊本·西奈的名著《医典》是西方医学研究的指南和欧洲各医科大学的教科书，被翻译成多国文字出版。

数学上，大师花拉子密（780~850 年）的数学研究成果，受到世界数学家们的敬佩，其代表作《积分和方程计算法》是中世纪欧洲各大学的主要数学教科书之一。今天世界通用的"阿拉伯数字"也和花拉子密的传播及研究有重要关系。

此外，阿拔斯王朝时期的炼金术、绘画、艺术、音乐、美术、建筑等领域也取得了显著成效，达到了较高的水平，为人类科学的发展作出了重大贡献。

（四）阿拔斯王朝的灭亡

阿拔斯王朝的衰亡是长期积累的渐进过程，是帝国发展老化、内外交困的必然历史结果。具体而言，阿拔斯王朝内部中央集权弱化、领土被分割，民族矛盾和派别矛盾尖锐，统治腐败且社会悬殊日益扩大，加之外部入侵等均导致了阿拔斯王朝的覆灭。

中央集权弱化，领土被分割。阿拔斯王朝建立初期，其欧洲领土就被后倭马亚王朝所控制，建国不到 100 年，拥有军事实力的封建主相继割地自立，摆脱阿拔斯政权的控制，史载的独立王朝有塔希尔王国（820~872 年）、萨法尔王国（867~903 年）、突伦王朝（868~905 年）、法蒂玛王朝（909~1171 年）、哥疾宁王国（962~1186 年）、布韦希王朝（945~1055 年）等，其中什叶派人建立的法蒂玛王朝和后倭马亚王朝与阿拔斯王朝三足鼎立，极大制约了阿拔斯王朝政治、经济和军事的发展。

民族矛盾和派别矛盾尖锐。多民族的阿拔斯王朝并未能以统一的伊斯兰教化解不同民族、不同血统、不同传统思想的矛盾，以致阿拉伯人、阿拉伯穆斯林与非阿拉伯人、非阿拉伯穆斯林矛盾重重。此外，阿拔斯王朝内部联盟的派系复杂，什叶派建立法蒂玛王朝以对抗阿拔斯王朝，盖尔麦兑派、易司马仪派等也采取过武装行动以期摆脱阿拔斯王朝的统治。

统治腐败且社会悬殊日益扩大。阿拔斯王朝统治集团的生活、道德和政治腐败达到令人发指的地步，阿拔斯王朝也一直加强对农民、手工业者和奴隶的残酷剥削，致使封建主与民众间的矛盾处于不断恶化之中，反抗斗争此起彼伏。进入 9 世纪，人民起义更是遍及帝国全境，其中声势最为浩大的有巴贝克起义、黑奴起义和卡尔马特起义。

13 世纪中叶，蒙古大军以摧枯拉朽之势向西扩张，1258 年 2 月，巴格达被攻陷并惨遭劫掠，哈里发被杀，阿拔斯王朝灭亡。

五、奥斯曼帝国时期

（一）奥斯曼帝国的兴起与扩张

奥斯曼土耳其人原是一支游牧的突厥部落。13 世纪初，蒙古人西侵时，土耳其人被迫迁徙，依附于罗姆苏丹国。1299 年，奥斯曼（1258~1326 年）趁罗姆苏丹国分裂之时，正式宣布土耳其独立，奠定了奥斯曼帝国的雏形。其后，土耳其人东征西讨，日渐兴盛。

14 世纪末，土耳其人占领巴尔干的绝大部分；1453 年，灭拜占庭，迁都君士坦丁堡，改其名为伊斯坦布尔；15 世纪末，几乎整个小亚细亚和巴尔干半岛都已纳入奥斯曼帝国的版图；16 世纪上半叶，土耳其人攻占了匈牙利和南高加索的一部分。

自奥斯曼帝国苏莱曼一世起，土耳其人也陆续征服了阿拉伯各地区。至 1517 年，叙利亚、黎巴嫩、巴勒斯坦完全纳入奥斯曼帝国的版图。1517 年 1 月，土耳其人攻入开罗，马穆鲁克王朝灭亡，所辖麦加和麦地那成为奥斯曼帝国的属地。1534 年 11 月，苏莱曼一世不战而攻下巴格达。1547 年，土耳其海军大将皮里·赖伊斯占领亚丁。1551 年，占领马斯喀特，并一度围攻葡萄牙人控制的霍尔木兹。1568 年，埃及长官司南帕夏攻入南阿拉伯，占领也门。

极盛时期，奥斯曼帝国势力达亚欧非三大洲，领有东南欧、巴尔干半岛之大部分领土，北及匈牙利和斯洛文尼亚。

（二）奥斯曼帝国的政治经济与社会文化

奥斯曼中央政权充分利用有利的地理条件，有计划地统一开辟边境自由贸易区，大力扶持和促进对外贸易和过境贸易，工商业曾达到一定的繁荣程度。东方的丝绸、香料、瓷器经由这里输往西欧，而西欧的毛织品等也借道传输中亚等地，帝国则从转口贸易中获利匪浅。对外贸易的活跃促进了国内城市经济生活的繁荣和生产专门化的发展。帝国境内伊斯坦布尔、萨洛尼卡、大马士革、巴格达、开罗和其他古老城市的熟练工匠制造出各种手工业品，纺织、武器制造、造船等行业较为发达。

奥斯曼帝国军队采用十进位制的基本建制，不同的首领分别称十人长、百人长、千人长。而素丹统领的禁卫军是国家的精锐部队，其士兵都是从邻国购买来的奴隶，禁卫军接受严格的宗教教育和军事训练，对素丹忠心耿耿。

奥斯曼帝国信奉伊斯兰教，君士坦丁堡的宫殿、学校、医院和桥梁等伊斯兰建筑不计其数，且规模宏大，一些建筑物不仅色彩亮丽，更有一种富丽堂皇的视觉效果。

奥斯曼的文化发展和科学研究基本上处于停滞不前状态，与阿拉伯帝国时期相比，其研究成果无论是数量还是质量都难以媲美。奥斯曼统治时期也被部分史学家称为阿拉伯历史上文化发展的衰弱时期。

奥斯曼帝国共传位 36 代素丹。由于帝国疆域辽阔，民族众多，各类矛盾犬牙交错，帝国的统治政策不得人心。事实上，从 16 世纪下半叶开始，帝国就渐渐趋于衰弱。到了后期，帝国更是奄奄一息，各地民众纷纷起来，摆脱土耳其人的统治，西方列强也想从它那里攫取土地，帝国的疆域日渐缩小。

【资料】

四任哈里发年表

（1）艾卜·伯克尔（632~634 年在位）

（2）欧麦尔·本·赫塔布（634~644 年在位）

（3）奥斯曼·本·阿凡（644~656 年在位）

（4）阿里·本·艾比·塔利卜（656~661 年在位）

倭马亚王朝哈里发年表

（1）穆阿维叶（661~680 年在位）

（2）叶齐德一世（680~683 年在位）

（3）穆阿维叶二世（683~684 年在位）

（4）麦尔旺一世（684~685 年在位）

（5）阿卜杜·马立克（685~705 年在位）

（6）瓦利德一世（705~715 年在位）

（7）苏莱曼（715~717 年在位）

（8）欧麦尔二世（717~720 年在位）

（9）叶齐德二世（720~724 年在位）

（10）希沙木（724~743 年在位）

（11）瓦利德二世（743~744 年在位）

（12）叶齐德三世（744 年在位）

（13）伊卜拉欣（744 年在位）

（14）麦尔旺二世（744~750 年在位）

阿拔斯王朝哈里发年表

（1）艾卜·阿拔斯（750~754 年在位）

（2）曼苏尔（754~775 年在位）

（3）麦赫迪（775~785 年在位）

（4）哈迪（785~786 年在位）

（5）拉希德（786~809 年在位）

（6）艾敏（809~813 年在位）

（7）麦蒙（813~833 年在位）

（8）穆耳台绥木（833~842 年在位）

（9）瓦西格（842~847 年在位）

（10）穆台瓦基勒（847~861 年在位）

（11）孟台绥尔（861~862 年在位）

（12）穆斯台因（862~866 年在位）

（13）穆耳台兹（866~869 年在位）

（14）穆海台迪（869~870 年在位）

（15）穆耳台米德（870~892 年在位）

（16）穆耳台迪德（892~902 年在位）

（17）穆克台菲（902~908 年在位）

（18）穆格台迪尔（908~932 年在位）

（19）嘎希尔（932~934 年在位）

（20）拉迪（934~940 年在位）

（21）穆台基（940~944 年在位）

（22）穆斯台克菲（944~946 年在位）

（23）穆帖仪（946~974 年在位）

（24）塔伊耳（974~991 年在位）

（25）卡迪尔（991~1031 年在位）

（26）卡义木（1031~1075 年在位）

（27）穆格台迪（1075~1094 年在位）

（28）穆斯台兹希尔（1094~1118 年在位）

（29）穆斯台尔什德（1118~1135 年在位）

（30）拉希德（1135~1136 年在位）

（31）穆格台菲（1136~1160 年在位）

（32）穆斯覃吉德（1160~1170 年在位）

（33）穆斯台耳兑耳（1170~1180 年在位）

（34）纳绥尔（1180~1225 年在位）

（35）扎希尔（1225~1226 年在位）

（36）穆斯坦绥尔（1226~1242 年在位）

（37）穆斯台尔绥木（1242~1258 年在位）

科尔多瓦后倭马亚王朝埃米尔年表

（1）阿卜杜·拉赫曼一世（756~788 年在位）

（2）希沙木一世（788~796 年在位）

（3）哈克木一世（796~822 年在位）

（4）阿卜杜·拉赫曼二世（822~852 年在位）

（5）穆罕默德一世（852~886年在位）

（6）孟迪尔（886~888年在位）

（7）阿卜杜拉（888~912年在位）

科尔多瓦后倭马亚王朝哈里发年表

（1）阿卜杜·拉赫曼三世（912年起，929年称哈里发，至961年在位）

（2）哈克木二世（961~976年在位）

（3）希沙木二世（976~1009年，1010~1013年在位）

（4）穆罕默德二世（1009~1010年在位）

（5）苏莱曼（1009~1010年，1013~1016年在位）

（6）阿卜杜·拉赫曼四世（1016~1018年在位）

（7）阿卜杜·拉赫曼五世（1018~1023年在位）

（8）穆罕默德三世（1023~1025年在位）

（9）希沙木三世（1027~1031年在位）

穆拉比特国王年表

（1）优素福（1090~1106年在位）

（2）阿里（1106~1143年在位）

（3）塔什芬（1143~1146年在位）

（4）伊卜拉欣（1146年在位）

（5）易司哈格（1146~1147年在位）

穆瓦希德国王年表

（1）阿卜杜·穆明（1130~1163年在位）

（2）艾布·雅各布（1163~1184年在位）

（3）艾布·优素福（1184~1199年在位）

（4）穆罕默德·纳赛尔（1199~1214年在位）

（5）艾布·雅各布二世（1214~1223年在位）

（6）艾布·穆罕默德（1223~1224年在位）

（7）阿卜杜拉（1224~1227年在位）

（8）叶海亚（1227~1229年在位）

（9）艾卜·阿莱（1229~1232年在位）

（10）阿卜杜·瓦希德（1232~1242年在位）

（11）艾卜·哈桑（1242~1248年在位）

（12）艾卜·哈夫斯（1248~1266年在位）

（13）艾卜·阿拉·瓦西格（1266~1269 年在位）

法蒂玛王朝哈里发年表

（1）马赫迪（909~934 年在位）

（2）卡义姆（934~946 年在位）

（3）曼苏尔（946~952 年在位）

（4）穆伊兹（952~975 年在位）

（5）阿齐兹（975~996 年在位）

（6）哈基姆（996~1021 年在位）

（7）扎希尔（1021~1035 年在位）

（8）穆斯坦绥尔（1035~1094 年在位）

（9）穆斯台阿里（1094~1101 年在位）

（10）阿米尔（1101~1130 年在位）

（11）哈菲兹（1130~1149 年在位）

（12）扎菲尔（1149~1154 年在位）

（13）法伊兹（1154~1160 年在位）

（14）阿迪德（1160~1171 年在位）

阿尤布王朝世系表

（1）萨拉丁（1169~1193 年在位）

（2）阿齐兹·伊马德丁（1193~1198 年在位）

（3）曼苏尔·穆罕默德（1198~1199 年在位）

（4）阿迪德一世（1199~1218 年在位）

（5）卡米勒·穆罕默德（1218~1238 年在位）

（6）阿迪德二世（1238~1240 年在位）

（7）萨利赫（1240~1249 年在位）

（8）沙杰拉特·杜尔（1249~1250 年在位）

（9）穆耳沙木·突兰（1250 年在位）

（10）艾什拉弗·穆萨（1250~1252 年在位）

马穆鲁克素丹世系表

（1）艾伊贝克（1252~1257 年在位）

（2）努尔丁·阿里（1257~1259 年在位）

（3）古突兹（1259~1260 年在位）

（4）拜伯尔斯（1260~1277 年在位）

（5）白勒凯（1277~1279 年在位）

（6）赛拉米什（1279 年在位）

（7）盖拉温（1279~1290 年在位）

（8）哈利勒·艾什拉夫（1290~1293 年在位）

（9）纳赛尔（1293~1294 年，1298~1308 年，1309~1340 年）

（10）怯的不花（1294~1296 年在位）

（11）拉斤（1296~1298 年在位）

（12）拜伯尔斯（1308~1309 年在位）

（13）艾卜·伯克尔（1340~1341 年在位）

（14）吉祝格（1341~1342 年在位）

（15）艾哈迈德（1342 年在位）

（16）易司马仪（1342~1345 年在位）

（17）卡米勒·舍阿班（1345~1346 年在位）

（18）穆扎法尔·哈吉（1346~1347 年在位）

（19）哈桑（1347~1351 年，1354~1361 年在位）

（20）萨利赫（1351~1354 年在位）

（21）穆罕默德（1361~1363 年在位）

（22）艾什拉夫·舍阿班（1363~1376 年在位）

（23）阿拉丁·阿里（1376~1381 年在位）

（24）萨利赫·哈吉（1381~1382 年，1389~1390 年在位）

（25）扎希尔·赛福丁（1382~1389 年，1390~1398 年在位）

（26）纳赛尔·纳赛尔丁（1398~1405 年在位）

（27）曼苏尔·伊兹丁（1405~1406 年在位）

（28）哈里发·阿迪勒（1406~1412 年在位）

（29）穆艾叶德·谢赫（1412~1421 年在位）

（30）穆扎法尔·艾哈迈德（1421 年在位）

（31）扎希尔·赛福丁（1421 年在位）

（32）萨利赫·纳斯尔丁（1421~1422 年在位）

（33）艾什拉夫·赛福丁（1422~1438 年在位）

（34）阿齐兹·哲马鲁丁（1438 年在位）

（35）赛福丁·哲格麦格（1438~1453 年在位）

（36）曼苏尔·法赫鲁丁（1453 年在位）

（37）赛福丁·伊那勒（1453~1460 年在位）

（38）穆艾叶德·什哈卜丁（1460~1461 年在位）

（39）赛福丁·胡什盖得木（1461~1467 年在位）

（40）赛福丁·雅勒贝（1467 年在位）

（41）扎希尔·帖木儿不花（1467~1468 年在位）

（42）赛福丁·嘎伊特贝（1468~1495 年在位）

（43）纳赛尔·穆罕默德（1495~1498 年在位）

（44）扎希尔·干骚（1498~1499 年在位）

（45）艾什拉夫·占伯拉特（1499~1500 年在位）

（46）干骚·奥里（1500~1516 年在位）

（47）艾什拉夫·突曼贝（1516~1517 年在位）

奥斯曼帝国统治者世系表

（1）奥斯曼一世（1299~1326 年在位）

（2）吴尔汉（1326~1359 年在位）

（3）穆拉德一世（1359~1389 年在位）

（4）巴叶济德一世（1389~1401 年在位）

（5）穆罕默德一世（1401~1421 年在位）

（6）苏莱曼（1403~1410 年在位）

（7）穆萨（1401~1413 年在位）

（8）穆拉德二世（1421~1451 年在位）

（9）穆罕默德二世（1451~1481 年在位）

（10）巴叶济德二世（1481~1512 年在位）

（11）赛里木一世（1512~1520 年在位）

（12）苏莱曼一世（称哈里发）（1520~1566 年在位）

（13）赛里木二世（1566~1574 年在位）

（14）穆拉德三世（1574~1595 年在位）

（15）穆罕默德三世（1595~1603 年在位）

（16）艾哈迈德一世（1603~1617 年在位）

（17）穆斯塔法一世（1617~1618 年，1618~1622 年在位）

（18）奥斯曼二世（1618 年在位）

（19）穆罕默德四世（1622~1640 年在位）

（20）伊卜拉欣（1640~1648 年在位）

（21）穆罕默德五世（1648~1687 年在位）

（22）苏莱曼二世（1687~1691 年在位）

（23）艾哈迈德二世（1691~1695 年在位）

（24）穆斯塔法二世（1695~1703 年在位）

（25）艾哈迈德三世（1703~1730 年在位）

（26）马哈茂德一世（1730~1754 年在位）

（27）奥斯曼三世（1754~1757 年在位）

（28）穆斯塔法三世（1757~1774 年在位）

（29）阿卜杜·哈米德一世（1774~1789 年在位）

（30）赛里木三世（1789~1807 年在位）

（31）穆斯塔法四世（1807~1808 年在位）

（32）马哈茂德二世（1808~1839 年在位）

（33）阿卜杜·麦吉德一世（1839~1861 年在位）

（34）阿卜杜·阿齐兹（1861~1876 年在位）

（35）穆拉德五世（1876 年 5 月 30 日至 8 月 31 日在位）

（36）阿卜杜·麦吉德二世（1876~1909 年在位）

（37）穆罕默德六世（1909~1918 年在位）

（38）穆罕默德七世（1918~1923 年在位）

第二节　近现代简史（17 世纪至第二次世界大战前）

一、17~19 世纪：奥斯曼帝国的衰落

奥斯曼帝国自崛起始，历经了 16~17 世纪的强盛与中兴，18 世纪开始衰落，步入 19 世纪时已老态龙钟，加之帝国殖民主义的介入和挑衅，阿拉伯国家的局势复杂多变。奥斯曼帝国的衰落主要表现在封建制度的衰落、对外关系的失利和阿拉伯各国各民族的民族解放斗争三方面。

（一）封建制度的衰落

17 世纪末，奥斯曼帝国的危机席卷社会生活的各个方面：经济崩溃、国家机关腐败、中央命令形同虚设、军纪涣散、文化衰落。

奥斯曼的危机根源于封建主义的解体，封建生产关系阻碍了生产力的进一步发展，导致现存生产力的破坏。农业生产是奥斯曼的经济基础，而商品货币关系和外贸的发展助长了封建剥削者对农户的掠夺，导致农村十室九空，田园荒芜，半数以上耕地变成"死地"。此外，农村严格执行连环保制，农户亡故，其应纳赋税则由相邻的农户代为负担，致使农村遭受更严重的破坏。

农村经济愈凋敝，各封建集团争夺封地和领地的斗争愈激烈。大封建主掠夺小军事采邑领主的土地，并逃避服军役，而小军事采邑领主也拒绝服军役，军事采邑呈现出向世袭个人封地转化的趋势。奥斯曼帝国强盛的基础——军队也遭到破坏。

此外，奥斯曼对其地方属地的控制权也面临崩溃。奥斯曼帝国在马格里布的政权从未巩固过，即使在 16 世纪权力鼎盛时，其对阿尔及利亚、突尼斯和的黎波里的宗主权亦不明确。17 世纪中期，阿尔及利亚仅隶属帝国，实际上却是独立的封建国家；1705 年，突尼斯的土耳其官员侯赛因·本·阿里建立新王朝，仅名义上臣属于奥斯曼帝国；1711 年起，的黎波里由出身叶尼舍里的卡拉曼利王朝统治，实际上完全独立于土耳其政府之外。

(二) 对外关系的失利

15~16 世纪，奥斯曼帝国是欧洲军事最强盛的国家，其由叶尼舍里步兵和西帕希骑兵组成的军队被誉为无敌常胜军。18 世纪，奥斯曼帝国开始衰落，军事落后，而欧洲手工业发展，军事日益强盛，使奥斯曼帝国由胜利转向失败，由进攻转向防卫，由扩张转为领土丧失。其对外关系的失利主要表现在奥土战争和俄土战争。

奥地利、俄国等国对奥斯曼帝国的侵略与斗争归根结底是商品经济发展的结果，新兴的经济形态越来越不满足于现状。奥地利的商人想为其不断增长的出口贸易寻求一个不冻港，极力想拥有亚得里亚沿岸及多瑙河流域；俄国商品经济的发展，要求一个不冻港作为出口，以便向欧洲输出商品，其目标便锁定在黑海和巴尔干半岛，尤其是黑海的出口——博斯普鲁斯海峡、达达尼尔海峡和伊斯坦布尔。奥地利和俄国在巴尔干的扩张很大程度上具有重合性，二者具有小冲突，但并不妨碍它们在瓜分奥斯曼土耳其问题上相互勾结。此外，英国和法国也力图确立对伊斯坦布尔及其海峡，对埃及、阿尔及利亚、突尼斯、叙利亚和伊拉克的控制。

各国对奥斯曼帝国的觊觎产生于 18 世纪，充分膨胀于 19 世纪，资本主义愈向前发展，列强对阿拉伯地区和国家的利益谋求愈强烈，其瓜分奥斯曼帝国的斗争亦愈加激烈。17 世纪后期到 20 世纪初，奥斯曼帝国的衰落与帝国内各民族的民族解放运动高潮以及欧洲大国瓜分奥斯曼帝国斗争相关的国际矛盾，即统称为国际关系史上所谓的"东方问题"。

【资料】奥土战争与俄土战争

奥土战争是奥地利和土耳其为争夺东南欧和中欧的霸权而进行的一场旷日持久的战争，前后持续近 3 个世纪。奥土战争削弱了土耳其的实力，加速了昔日威风不可一世的土耳其的衰亡，并最终促进了多民族的奥地利帝国的形成，欧洲各国也得以趁机瓜分土耳其。

俄土战争是 17~19 世纪俄国与奥斯曼土耳其之间为争夺高加索、巴尔干、克里米亚、黑海等进行的一系列战争，战争断断续续前后共长达 241 年，平均不到 19 年就有一次较大规模的战争，其中重要的有 10 次，双方在第一次世界大战中的交战和土耳其在俄国内战中的干预通常也被认为是第 11 次和第 12 次俄土战争。俄土之间的战争是欧洲历史上最长的战争系列，奥地利、英国、法国、波兰、罗马尼亚、保加利亚等国也先后参与其中。俄土战争使得俄国扩大了疆土，土耳其进一步衰落。

（三）阿拉伯各国各民族的民族解放斗争

奥斯曼帝国长期的封建压迫激起了内部各民族的反抗，农民和封建主的斗争与民族解放运动相结合，并紧密交织，其起义和暴乱作为帝国的基本阶级矛盾，反映了封建主和农民之间的矛盾；作为主要的民族矛盾，又反映了奴役者和被压迫民族之间的矛盾。它具有双重性质：反对封建压迫，是受到被奴役民族支持的人民运动，具有阶级斗争性质，又是被压迫民族的运动，具有民族解放性质。

前期的人民反封建运动中，以 1415~1418 年巴德尔金·西马维为首的起义[1]和 16~17 世纪之交卡尔·西济吉为首的起义[2]声势最为浩大。中后期反抗奥斯曼

---

[1] 巴德尔金·西马维领导的起义遍及从巴尔干到东阿纳托利亚的辽阔地区。巴德尔金猛烈抨击剥削者，宣扬人民平等，宣传消灭阶级压迫，财产共有，号召"一切宗教信仰和民族的劳动人民团结一致"，提倡在起义队伍中，穆斯林应与基督教徒和犹太教徒并肩作战，土耳其人应和希腊人、斯拉夫人携手战斗。

[2] 16~17 世纪，卡尔·西济吉率领的起义遍及巴尔干、小亚细亚、北叙利亚和伊拉克。起义者夺取了巴格达并占领多年。阿拉伯的费拉路和贝都因人与土耳其农民、小西帕西阶层，甚至某些帕夏一起参加起义。反土耳其的解放运动主要中心是巴尔干、外高加索和阿拉伯国家。

土耳其帝国的运动中心主要集中在黎巴嫩、埃及、巴基斯坦、伊拉克、叙利亚等国。无数起义、连绵暴乱，以及封建内讧，削弱了奥斯曼帝国。土耳其政府统治的土地处于封建无政府状态。阿拉伯人、希腊人、库尔德人、亚美尼亚人、斯拉夫人的人民运动和起义，震荡着帝国腐朽的封建统治，反动的、业已过时的奥斯曼封建制度濒于崩溃的边缘。

【资料】 中后期阿拉伯诸国的反抗斗争

　　黎巴嫩的反抗运动于1613年达到高潮，埃米尔法赫鲁丁二世发动起义，带领黎巴嫩全民参加战斗，但最终失败；17世纪30年代初，法赫鲁丁二世又发动起义，但依然失败，被俘后作为人质被送到伊斯坦布尔；1635年，黎巴嫩又一次爆发骚乱，法赫鲁丁二世被绞死。法赫鲁丁二世之后，黎巴嫩反对土耳其压迫的抵抗斗争一直在继续，以马阿尼德为首的黎巴嫩贵族集团和出身谢哈卜氏族的埃米尔相继领导黎巴嫩的反抗运动。1711年艾因达拉战役中，土耳其遭到毁灭性打击，此后较长时间未敢再干涉黎巴嫩的内部事务。

　　1711年，马穆鲁克粉碎叶尼舍里，推翻了波尔特的地方官，埃及整个政权转移到马穆鲁克埃米尔手中，埃及成为半独立国，仅把土耳其素丹看成是名义上的宗教和政治宗主。其间，埃及的分立主义和民族自觉充分萌芽，为埃及的真正独立奠定了良好的基础，而阿里贝伊作为埃及运动中的关键人物，立下了汗马功劳：平定暴乱和封建分立，将上下埃及联合于自己的统治之下，征服汉志，并控制了红海贸易。

　　16~18世纪，伊拉克的贝都因人和半定居的农民为捍卫自己拥有土地的权利，拒绝向波尔特缴纳赋税，不断反对奥斯曼封建统治。被奥斯曼帝国统治的3个世纪中，伊拉克发生过几十次较大的起义，最大的一次是1651年伊拉克南部封建氏族西亚布人领导的起义。起义者夺取了巴士拉，并占有巴士拉毗邻地区和城市数年，1669年，西亚布人起义被土耳其平定。

　　1690年，阿拉伯氏族蒙塔费克起义，起义席卷幼发拉底河中下游盆地，起义者占领巴士拉，土耳其人始终未能完全平息这一起义，蒙塔费克利用伊朗沙赫的支持，于整个18世纪对土耳其人进行了顽强抵抗。

　　18世纪末，南伊拉克兴起人民运动新浪潮，被巴格达帕夏布尤克·苏莱曼镇压。

二、19~20 世纪阿拉伯诸国的殖民化与反抗斗争

19 世纪，奥斯曼帝国进一步瓦解，阿拉伯诸国反对土耳其的斗争越发激烈，同时欧洲资本主义迅速发展，阿拉伯地区受其奴役的程度加强，阿拉伯手工业陷于毁灭性的破产境地，阿拉伯国家和地区的经济生态遭到极大破坏。此外，欧洲列强加强了对阿拉伯各国及土耳其内政的直接干预，埃及问题、黎巴嫩问题、巴勒斯坦"圣地"问题、突尼斯"改革"问题等都被国际化，欧洲列强又都着手直接侵占并瓜分阿拉伯各国，面临侵略的阿拉伯各民族展开了英勇的反侵略斗争。

（一）法国入侵埃及

路易十六时期（1774~1792 年在位），法国便已蓄谋侵占埃及，将富饶的埃及作为其殖民地。1789 年法国资产阶级革命结束，拿破仑督政府利用革命军对"反法同盟"用兵并节节胜利，将反干涉的正义战争变成了非正义的侵略战争，实行对外军事扩张。

1798 年 2 月，法国制定了入侵埃及的详细计划；4 月，拿破仑受命为侵埃的东方军团司令，任务是占领埃及，开凿苏伊士运河，控制红海航道，切断英印联系的东西通道，向东扩张；5 月，拿破仑率领战舰 350 艘、军队 3.5 万人，从土伦出发，远征埃及；6 月，攻占马耳他，经克里特岛，直指埃及；7 月 1 日，法军在亚历山大登陆；7 月 13 日，法军与埃军交战，埃军大败；7 月 21 日，法军逼近开罗，法埃交战，埃军大败；7 月 24 日，法军进入开罗。

面对侵略，埃及奋勇反抗，除了汇集起的马穆鲁克大部队，更有由埃及人民组成的散布于全国的、采取游击战的小股队伍。1798 年 10 月，开罗市民起义反抗法军占领，起义者出其不意地袭击了法军的机关，杀死卫戍司令官，猝不及防的法军匆忙撤离开罗。之后，拿破仑指挥镇压起义，起义失败。1800 年 3 月，法军重新被起义人民驱逐出开罗。与此同时，农民和游牧者组成的小股部队不断袭击法国巡逻队，破坏法国交通线，杀害占领区当局的军需官和收税员，不断对法军进行袭扰。

1798 年 9 月，奥斯曼帝国谢里姆三世向法国宣战，并与俄奥订立同盟条约，共同"反法"。另外，根据和土耳其政府的协定，1798 年 8 月英国向埃及派兵，英国海军上将纳尔逊率领的英舰，开入埃及地中海沿岸的阿布基尔湾，前来阻击的法国 15 艘守备舰队仅 4 艘得救逃往马耳他岛，其余军舰被盗毁、沉没或被英国人夺取。英国舰队切断了海路，使法军失去与国内的联系，远征命运，

前途未卜。

面对埃及军民的反抗斗争和"反法同盟"的压力以及英军切断海路，法军率部北上，进入小亚细亚，试图与叙利亚的封建统治者联系，但遭拒绝。1799 年 2 月，拿破仑率 3 万大军占领阿里什、加沙、雅法、海法，3 月中旬，逼近阿卡，4 月 16 日，在加利利·法沃尔山下，拿破仑击败了大马士革的 2 万马穆鲁克[①]。但在北上途中的阿卡碰得头破血流。英军和谢里姆三世的第一批正规军参战，援助贾兹扎尔帕夏，打退拿破仑多次进攻。此时，法军中鼠疫流行，拿破仑决定退回到埃及。向叙利亚进军以彻底失败告终。

1801 年 10 月 9 日，法国与奥斯曼帝国签订和约。法国失去了埃及、马耳他和具有首要战略意义的伊奥尼亚群岛。1802 年 3 月 27 日，英法签订《亚眠和约》，埃及被承认是奥斯曼帝国的一部分，英军应撤离埃及。

（二）埃及沦为英国殖民地

苏伊士运河是由英国通往印度的必经之地，自 1869 年开通之日起，英国就将对埃及进行殖民统治定为迫切的任务。

埃及修建苏伊士运河及其项目被迫大量举债，与国外银行签署了一系列债约。仅 1862~1873 年的 11 年中，埃及向英国银行借款总额约 6800 万英镑。外债给埃及财政带来致命影响。国家铁路、税收和易司马仪的领地都被作为抵押。为了弥补债务利息，易司马仪逐年提高税收。国家收入的 80% 左右用来支付债券和债务的利息，所剩资金不敷需求。易司马仪不得不寻求新的收入来源，采取发放内债的办法，但未达到目的。日益恶化的财政状况，迫使易司马仪出售属于埃及的苏伊士运河股份。1875 年 11 月交易达成，埃及 4 亿法郎的股票以 1 亿法郎的贱价全部卖给英国，英国得以控制苏伊士运河公司，这是它侵占埃及的第一步。

1876 年 4 月 8 日，易司马仪停止支付国库券，埃及宣布财政破产，英法作为债权国接管财政大权，分别对埃及收入和支出实行"双重监督"。

1878 年 8 月，列强要求易司马仪放弃直接管理国家事务，并由列强的代言人组成"欧洲内阁"，英国人里维尔斯·威尔逊是其真正领导人。"欧洲内阁"使欧洲人控制了埃及的财政且管理整个埃及，埃及完全失去独立性，变成了英法的殖民地。"欧洲内阁"激起了埃及人民各阶层的强烈反抗。

---

① 马穆鲁克是中世纪服务于阿拉伯哈里发的奴隶兵，后来逐渐成为强大的军事统治集团，并建立了自己的布尔吉王朝，统治埃及达 300 年之久。

1881年初，埃及秉承英国人的旨意，继续大量裁减埃及籍下级军官，引起军人强烈反抗。艾哈迈德·奥拉比领导的爱国陆军仁人志士和先进知识分子提出了"埃及归埃及人管"，并依靠士兵和广大农民群众的拥护，把消灭外国银行家和封建地主的统治作为任务。1881年9月，开罗戍军闯进宫廷，要求反动政府辞职、实施宪法、召开国会。埃及反动统治当局迫于形势，暂时予以答应。

1881年12月埃及召开国会，迫于局势发展，反动政府当局不得不任命巴卢迪出任首相组阁，奥拉比出任陆军大臣，组成以祖国党为主的政府，奥拉比成为内阁实际领导人。巴卢迪组阁后立即公布了《1882年宪法》，规定内阁向议会负责，议会有权讨论国家预算。此举削减了"双重监督"的权力，英法十分恼火，决定进行公开的武装干涉。

1882年5月，英法两国向巴卢迪提出联合备忘录，无理要求内阁放逐奥拉比，并借口保护外侨，派舰队到亚历山大港。英法的武装干涉激起埃及各阶层的不满，各阶层纷纷举行集会，要求英法舰队撤出亚历山大港，保留奥拉比的职务，归还被外国人和本国封建主夺去的土地。英法傀儡当局被迫恢复了奥拉比的职务。

此时法国忙于镇压突尼斯人民反抗且面临德国威胁，无暇他顾，法舰于7月10日撤出亚历山大港，英法对埃及的"双重监督"变成了英国对埃及的独占。

1882年7月10日，英国向埃及发出"最后通牒"，限24小时内交出炮台，遭到拒绝。11日，英舰炮击亚历山大港，12日，英军攻陷亚历山大港；8月20日，英军突袭苏伊士运河区，连陷塞得港、伊斯梅利亚港和苏伊士港等地，并以伊斯梅利亚港为据点，向开罗进犯；9月15日，英军进占开罗。奥拉比和巴卢迪被俘，埃及人民的反英斗争失败。英国扶持的傀儡政府重新上台，埃及沦为英国的殖民地。

（三）阿尔及利亚沦为法国殖民地

位于北非的阿尔及利亚成为法国在马格里布扩张的第一个牺牲品，寻求新市场是法国入侵阿尔及利亚的主要原因，法国提出所谓海盗行为和债务清偿问题，并借口"扇击"事件，对阿尔及利亚进行了海上封锁。1830年5月25日，法国军政部长德·布尔蒙率领3万大军进军非洲，于6月14日在阿尔及利亚附近登陆；7月5日，法军进入阿尔及利亚，对阿尔及利亚展开了疯狂的掠夺和血腥的镇压。

法国殖民者的掠夺和压迫，导致阿尔及利亚农村严重的经济灾难。1868~

1870 年，连年灾荒，人们以草根树皮为生。饥荒伴随着霍乱，成千上万的人丧生。殖民地和宗主国之间矛盾加剧。年复一年，起义此起彼伏。1871 年 3 月，阿拉伯人和柏柏尔人部族起义，其领袖是卡利比亚地区的统治者穆罕默德·毛克拉尼。毛克拉尼团结 30 个部落，组织起一支 2.5 万人的队伍，起义的主要力量不是归附毛克拉尼的封建主，而是农牧民；4 月 8 日，拉赫马尼亚教派参加起义，在其影响下约有 250 个部落参加反侵略圣战；5 月，毛克拉尼在战斗中牺牲，他的弟弟继任领导，起义持续了 7 个月，它越出了卡利比亚，席卷霍德纳，延及谢尔谢勒地区，并深入到撒哈拉，囊括 60 万农牧民的广大地区。由于法国占领军人数增加，形势发生变化，1872 年 1 月，抵抗力量的最后两个据点图古尔特和瓦格拉失守，起义被镇压。

（四）突尼斯沦为法国殖民地

19 世纪 70 年代开始，法国加强对突尼斯的侵略，但其妄图把突尼斯转变为殖民地的企图遭到了英国和意大利的抵抗。1878 年柏林会议决定了突尼斯的命运：英国和德国同意法国对突尼斯的占领，以推迟法国军阀所梦想的复仇威胁，并使法国与英国和意大利产生冲突。

法国屡次试图使突尼斯承认法国的保护，都未得逞。1881 年 4 月，原集中于阿尔及利亚的法国陆军以抵御阿尔及利亚边境的部落侵袭为借口入侵突尼斯，并于 1881 年 5 月包围突尼斯王宫，迫使穆罕默德·萨多克贝伊以法国保证他本人安全为交换条件，签署了条约，史称《巴尔杜条约》。根据条约规定，突尼斯和法国之间的一切条约和协定"均予以确认并重新生效"。法国资本家获得在突尼斯的投资和特权不受侵犯的充分保证；"凡法军当局认为有必要占领的据点均可占领"；法国总督将监督条约履行情况，"并就双方一切共同事务，充任法国政府与突尼斯当局之间的中介人"；突尼斯贝伊不得与其他国家建立直接联系或缔结独立的国际条约等。

除土耳其与意大利外，列强都承认法国对突尼斯的占领。条约签署后不久，突尼斯全国，特别是南方，人民纷纷起义。起义中心是斯法克斯城。游牧部落与斯法克斯的居民在圣战口号下联合起来。1881 年 7 月 2 日，起义首领卡伊德阿里·本·哈利发率领数千名骑士进入斯法克斯城。起义席卷突尼斯中部和南部地区，规模愈来愈大，一直蔓延到北部的贝贾地区。起义军与法军进行了顽强斗争。法军经过野蛮炮轰，于 7 月底占领斯法克斯城，至年底才征服突尼斯全境，但南部地区的抵抗运动一直延续到 1883 年。

1883 年 7 月，法国又迫使穆罕默德·萨多克的继承者阿里贝伊缔结新的法突协约。协约中突尼斯正式被称为"保护国"。协约肯定了 1881 年的《巴尔杜条约》，同时规定，贝伊有责任"进行法国政府认为必要的行政、财政和司法改革"；突尼斯政府又被迫借款以抵偿国债，解散国际财政委员会，使法国独揽突尼斯的财政管理。协约实行的结果是，突尼斯完全失去了自主权，在"保护国"名义下，沦为法国的殖民地。

（五）摩洛哥沦为法国殖民地

摩洛哥位于非洲西北部，扼大西洋通地中海的门户，具有重要的战略地位。从 15 世纪起，西欧列强开始侵占摩洛哥领土，到 16 世纪，西欧列强几乎控制了整个摩洛哥大西洋沿岸地区，并向内地侵袭。欧洲列强中，法国对于侵占摩洛哥表现出了最大的积极性。

1870 年起，法国就占领了毗邻阿尔及利亚的摩洛哥地区，但法国吞并整个摩洛哥却遭到了其他列强的反对；1901~1902 年，法国对摩洛哥加以不平等条约，其中一条指出，苏丹承诺接受法国的"协助"与"合作"，以剿灭东摩洛哥的叛乱部落。法国即以此为借口，开始将军队调往摩洛哥。同时，法国与意大利、英国和西班牙都签订了密约，法国约定不反对意大利占领的黎波里，不要求英国军队撤出埃及，并且把摩洛哥北部交由西班牙保护，而三国都对法国的摩洛哥占领给予了同意，俄国以及法国的同盟国对此也未表示异议；法国在摩洛哥的扩张影响到了德国的利益，1906 年初，阿尔海西罗斯会议召开，英国、俄国和其他列强坚决反对德国对摩洛哥的讹诈，会议承认了法国在摩洛哥的"特殊利益"，且在摩洛哥经济和警政方面由法国主导；一年后，法国借口法国医生被刺军事入侵摩洛哥，其间摩洛哥爆发多次反抗斗争，均被镇压，至 1912 年，法国通过《非斯条约》和《马德里条约》确定了对摩洛哥的保护关系。

（六）利比亚沦为意大利殖民地

意大利刚完成统一，资产阶级为寻求海外销售市场，开始酝酿一系列殖民计划，利比亚是其中重要的目标。

1887 年，意大利与英国和奥匈帝国签订关于维持地中海原状的协定，旨在反对法国对的黎波里和摩洛哥的谋求；意大利还同奥地利和西班牙签署了类似的秘密协定。意大利侵占利比亚的意图得到英、德、奥、西的准许。

1900 年，意大利与法国订立在北非划分势力范围的协定，意大利同意法国在摩洛哥的行动自由，法国承认意大利对利比亚的要求。1909 年 10 月，意大利与俄国以交换照会的形式达成协议，意大利同意对俄国军舰开放黑海海峡，换取俄国对它夺取利比亚的友好立场。

1911 年 9 月，土耳其为了防止意大利的侵略，准备派遣军队到利比亚。意大利先发制人，向土耳其发出最后通牒，声称"的黎波里正处于毫无秩序和无人过问的状态"，"由于这一地区与意大利海岸相近"，所以不能容忍，并声称其"合法"活动遭到土耳其政府的反对，为了保护自己的尊严和利益，意大利决定军事占领的黎波里塔尼亚和昔兰尼加。

1911 年 9 月 29 日，意大利向土耳其宣战。意军在的黎波里、胡姆斯、班加西和德尔纳等城市登陆后，于 1911 年 11 月 5 日宣布兼并的黎波里，处于意大利的"完全与绝对的统治之下"。

1911 年 11 月，意大利宣布兼并利比亚，这未能迫使土耳其媾和，炮轰土耳其达达尼尔海峡工事及其他港口，也未能使其屈服。之后，由于巴尔干半岛新的战争威胁和国内日益严重的危机，土耳其政府才被迫以牺牲利比亚为代价，结束对意战争。

1912 年 10 月 15 日，土意两国在洛桑缔结了一项秘密的预备和约，规定由土耳其素丹颁布一项特别敕令，宣布赐予利比亚居民以全部自治权；10 月 18 日，两国正式签署了《洛桑条约》，尽管和约中土耳其没有承认意大利对利比亚的主权，只是约定召回自己的军队和所委派的官吏，但是实际上认可了意大利对利比亚的侵占。

（七）亚洲阿拉伯诸国沦为殖民地

与已成为殖民主义侵略牺牲品的阿尔及利亚、突尼斯、埃及、摩洛哥、利比亚不同，亚洲的阿拉伯诸国——叙利亚、黎巴嫩、巴勒斯坦、伊拉克等国直到第一次世界大战之前仍属于奥斯曼帝国的领土，处于土耳其的枷锁之下，随奥斯曼帝国一起成为外国资本主义的半殖民地和经济附庸。

法国资本在叙利亚和黎巴嫩占统治地位，法属资本有 19 世纪末和 20 世纪初所铺设的铁路、贝鲁特海港以及各城市的公营企业和纺丝厂，同时，黎巴嫩为法国丝织工业提供原材料。

英国资本在伊拉克占统治地位，英国公司垄断了底格里斯河的航业，英国商人掌控了伊拉克的对外贸易。

德国资本获得建筑横穿土耳其、叙利亚和伊拉克的巴格达铁路承建权后，试图在这些国家确立优势。德国在某些地区建立了大批农业殖民地；计划着伊拉克的广泛殖民地化；德国与法国和英国争夺叙利亚和伊拉克的市场。

亚洲阿拉伯诸国向半殖民地和经济附庸的转化导致了手工业者和农民对国外

市场和商业高利贷资本的依赖关系，加剧了二者的破产。除受欧洲资本主义压迫之外，亚洲阿拉伯诸国还受到土耳其专制制度的压迫。

三、20世纪初至"二战"前阿拉伯国家的独立与国家体系的基本形成

20世纪初，殖民主义和封建主义的压迫越发严重，阿拉伯国家的民族主义开始觉醒，爆发了诸如伊朗立宪革命、青年土耳其革命运动等。随着第一次世界大战后土耳其奥斯曼帝国、俄国、德意志帝国和奥匈帝国的纷纷陨落，且意大利忙于国内战争、美国孤立主义抬头后置身事外，英法成为阿拉伯国家"一战"后的两个主宰者。作为战胜国的英法帝国主义者背信弃义，不顾战争期间对阿拉伯人民的"独立"许诺，以所谓"委任托管"方式，将原来隶属于奥斯曼帝国的阿拉伯各行省和属地加以瓜分：英国占领了土耳其、伊拉克和巴勒斯坦，埃及沦为它的"保护国"；法国占领了叙利亚和黎巴嫩，并继续保持对摩洛哥、突尼斯、阿尔及利亚的殖民统治；利比亚仍由意大利占领；至于阿拉伯半岛，英国则通过它在伊拉克和外约旦扶植的傀儡政权以及汉志的哈希姆家族，对红海沿岸地区进行控制并不断向半岛腹地渗透，而波斯湾则早已是英国的"内湖"。英法帝国主义和阿拉伯国家的矛盾进一步激化。

此外，战争也促进了阿拉伯各国社会经济和阶级关系的变动。由于帝国主义忙于战争，在某种程度上放松了经济上的控制，特别是它们不断增加对殖民地国家的军事订货，商品和资本输出相对缩减，促使阿拉伯各国的民族工业和民族资本主义取得新发展。新兴的民族资产阶级及其知识分子，在一些国家已登上政治舞台。工人阶级也有所壮大，其他阶级和阶层的觉悟也在提高。阿尔及利亚的"阿尔及利亚人"、突尼斯的"自由宪政党"、苏丹的"白旗联盟"、埃及的"华夫脱党"等民族主义组织如雨后春笋，纷纷成立，为阿拉伯国家民族解放运动新高潮的到来准备了经济基础、阶级基础和组织基础。

"一战"后阿拉伯国家发生了民族主义运动的第一次高潮，叙利亚、黎巴嫩、伊拉克和埃及发生了反对殖民统治、争取民族独立的运动；马格里布地区出现了抗击西法武装侵略的里夫共和国，阿尔及利亚、突尼斯、利比亚和苏丹也兴起了武装斗争和群众运动，以反抗法意英的殖民统治；阿拉伯半岛则出现了由现代沙特国家的奠基者伊本·沙特领导的反对外来干涉、统一民族国家的斗争。阿拉伯国家独立的民族国家体系正在成型。

（一）华夫脱运动和埃及的名义独立

"一战"时期，埃及作为英国的实际控制地，经济凋敝，人民生活在水深火热之中，"一战"结束后，萨阿德·柴鲁尔会同两位民族主义者向英国提出废除军事法和保护国制度、埃及参加巴黎和会并独立等一系列要求，英国以不能与一个非官方团体讨论为由加以拒绝，柴鲁尔意识到要领导和控制同英国的谈判，必须组织一个得到群众支持的正式代表团。

在民族主义者的积极推动下，华夫脱党于 1918 年 11 月 23 日正式成立。其党纲第二条明确声明华夫脱党的目的是"用合法、和平的手段，即同英国谈判的手段来实现埃及的完全独立"。华夫脱党一方面发出《向列强的呼吁书》、《向温盖特的要求》，一方面在群众中广泛宣传，呼吁群众在委托书上签名以支持华夫脱党代表埃及人民同英国谈判埃及独立问题。华夫脱党的行动遭到政府的极力阻挠。此后，华夫脱党又向驻埃外国代表散发自己的要求，还写信向威尔逊总统呼吁，请他帮助华夫脱党出席和会。华夫脱党去伦敦或巴黎的要求虽屡次遭到拒绝，但华夫脱党的影响越来越大。

1919 年 1 月，巴黎和会开幕后，华夫脱党的活动越来越活跃，埃及陷入无政府状态，为阻止埃及民族运动的发展，英军于 3 月 8 日逮捕并流放柴鲁尔和其他 3 名华夫脱党领导人。此举引发了遍及全国的大规模游行示威和罢工罢课。4 月初，英国确知巴黎和会已认可埃及为英国的保护国后释放柴鲁尔；4 月 11 日，柴鲁尔前往巴黎和会；4 月 22 日，威尔逊总统正式承认英国在埃及的保护制度；6 月，《凡尔赛条约》规定埃及为英国的保护国。

埃及寄予巴黎和会希望的破灭加深了其对英国的仇视，华夫脱党向英国派来埃及调查动乱的米纳尔调查团示威，暴力行为和暗杀事件接连发生，埃及的几任亲英首相也受到了暴力袭击的威胁。

1921 年，在柴鲁尔的赞同下，亚甘·阿德里·亚昆于 1921 年 3 月组建新内阁，阿德里邀请柴鲁尔参加对英谈判的代表团，柴鲁尔提出他参加谈判的条件是先废除军事法，终止保护制度。7 月 1 日，阿德里率政府代表团前往英国参加谈判，然而英国外交大臣寇松提出的方案顽固维护英国在埃及的殖民特权。此时埃及国内反英游行和反对阿德里政府的示威活动此起彼伏。英国为早日压服埃及接受了提案，再次逮捕并流放柴鲁尔。

1921 年亚甘·阿德里·亚昆辞去首相职务，代理首相哈利克·萨尔瓦特同意组阁，但提出英国立即承认埃及是一个独立自主国的先决条件。1922 年 2 月 28 日，艾伦比从伦敦回到开罗后以英国政府的名义发表声明，宣布终止保护国制度，承认埃及是一个独立的主权国家。但同时提出"四项保留条件"：第一，保留英国对埃及交通线的控制；第二，借口"保卫埃及不受外国侵略"，保留英国对埃及国防的监督权；第三，保护在埃及的外国人的利益和少数民族的利益；第四，保留对苏丹的共管现状。埃及成为名义上的独立国家，但要实现真正的独立，还需埃及人民进一步努力。

1923 年 3 月，以宫廷大臣雅赫雅·伊卜拉希姆为首的新政府宣告成立，两周后，柴鲁尔获释，其他政治犯也被释放；4 月 19 日宣布了埃及新宪法，几天后又通过了选举法。

宪法规定埃及是君主立宪制的自由独立国家，立法权属于国王和议会，议会分为两院制，上院议员任期 10 年，下院议员任期 5 年。宪法给予国王极大权力，他有权选择和任命首相（第 38 条）；推迟议会开会（第 39 条）；解散内阁和议会（第 49 条）；指定上议院议长和 2/5 的上议院议员等。宪法规定，非埃及人不得担任埃及政府官员，但因条约和习惯而得到的外国既得利益不受宪法影响。

埃及宪法是妥协的产物，对原宪法草案的许多修改，引起立宪主义者的抗议。尽管如此，埃及人民经过艰苦斗争毕竟从殖民状态向独立、自由大大前进了一步。宪法宣布埃及为独立的君主立宪国家，标志着非洲现代史上第一个民族独立国家的诞生。1924 年大选中华夫脱党获胜后建立的柴鲁尔内阁，标志着华夫脱运动的胜利。

英国不能容忍柴鲁尔内阁关于真正独立的要求，于 11 月利用埃军总司令兼苏丹总督李斯塔克在开罗被刺事件，迫使柴鲁尔辞职，组成亲英内阁。但华夫脱党要求英军及英国顾问撤出埃及和保卫苏伊士运河等完全独立的谈判，一直在进行。1927 年 8 月，纳哈斯继已故的柴鲁尔成为华夫脱党领袖。经过同英国政府的多次谈判，1930 年 1 月，组成了纳哈斯内阁。但坚持独立原则的纳哈斯内阁又被迫下台。1930 年 6 月由伊斯梅尔·西德基内阁所取代。1935 年 9 月西德基在和国王的争斗中下台。国王迫于压力同意恢复 1923 年宪法。1936 年 5 月，华夫脱党赢得大选，纳哈斯再次组阁。

1936 年 8 月 25 日，纳哈斯同英国签订《英埃同盟条约》，其要点是：英国在 1937 年《蒙特鲁公约》（即《关于海峡制度的公约》）确认黑海的海峡通行和航运自由的原则后取消治外法权；结束英军对埃及的军事占领；苏伊士运河区的英军待埃军有保卫运河能力时再撤走；英埃双方以 1899 年 11 月 19 日协定为基础共管苏丹。议会以 202 票对 11 票通过这一条约。它标志着华夫脱运动的基本结束。

此条约虽然宣布英国军队正式结束对埃及的占领，取消英国在埃及的治外法权，但英国仍享有在埃及的驻军权，并继续保留英国对埃及外交的指导权。事实上，英国仍保持着对埃及的控制。

（二）沙特王国的独立

20世纪初的阿拉伯半岛仍处于四分五裂状态，在19世纪殖民活动的高潮中，半岛东岸和南岸的各个酋长国大多因被迫与英国人签订条约而沦为其保护国，半岛的内陆地区由一些互相敌对的王公和部落酋长统治着。

面对内忧外患，沙特家族的伊本·沙特肩负起了复兴沙特的使命。1902年，伊本·沙特在科威特酋长的支持下，率领几十名追随者深夜潜入利雅得杀死当地警备司令阿季兰，夺回利雅得；1902~1904年伊本·沙特政府统一全境；截至1910年，伊本·沙特占据盖西姆绿洲；1913年伊本·沙特夺取哈萨，获得出海口，也取得了同英国的接触，沙特政权在阿拉伯半岛中部和东部地区的地位得到巩固；1915年，英国利用内志同拉西德人战斗的失利，以及伊本·沙特担心土耳其的海上进攻和英国封锁内志而置其困境的心理，迫使伊本·沙特同英国在达林岛签订《英国—内志条约》。根据条约，英国承认沙特家族现有的统治地位，但内志承担一系列单方面的义务约束：内政外交完全置于英国控制之下；英国依约每年付给伊本·沙特6万英镑的补助金，提供部分武器和弹药。这一条约标志着内志成为英国的"保护国"。

"一战"期间，内志基本上未卷入战争。为了巩固重建的政权，也出于为统一沙特国家进行必要的物质和思想准备的长远战略考虑，伊本·沙特早在战争爆发前就开始着手处理内志国内面临的主要矛盾，即游牧民和部落割据问题，最终成功削弱了半岛游牧社会的无政府状态，促进了游牧社会的生产发展，抵御了外来的侵略，为沙特阿拉伯现代国家的诞生奠定了基础。

"一战"后，中东地区蓬勃发展的民族解放运动和反对英法殖民统治的高潮，分散和削弱了英国的力量，为伊本·沙特的统一活动创造了条件。1924年，伊本·沙特着手征服英国支持的半岛西部哈希姆家族控制下的汉志，尽管面临英国多种阻挠，1925年12月汉志被并入内志，1926年初，伊本·沙特被拥戴为"汉志、内志及归属地区国王"。1927年5月，英国被迫同伊本·沙特签订了《吉达条约》，"承认汉志、内志及其归属地国王陛下全面绝对的独立"，同时废除了《英国—内志条约》。《吉达条约》标志着现代沙特阿拉伯新国家的诞生。

沙特王国独立后的主要任务是巩固中央集权制，加速经济建设，反对国内分裂势力和外来干涉。1926年8月，伊本·沙特率先在汉志颁布了《汉志王国约法》，用宪法形式首先确定了汉志是一个"内政外交独立的伊斯兰咨议君主制国家"，并建立了由外交、内政和财政大臣组成的负有政治责任的汉志大臣会议，废除土耳其统治时期的行政区划，打破原有部落界线，将汉志划分为 14 个统一的埃米尔区，每个埃米尔区的内部事务由国王任命的行政长官负责，同时还逐步统一了司法和税收制度。

1932 年 9 月，伊本·沙特颁布"统一阿拉伯王国各个地区"的诏令，汉志机构的职能向社会经济较落后的内志等地扩展，汉志的政府各部与内志宫廷各府合并，形成一套全国统一的行政机构和管理制度，国家更名为"沙特阿拉伯王国"。

（三）其他阿拉伯诸国争取独立的斗争

阿拉伯国家和地区长期受帝国主义和封建主义的压迫和奴役，于 20 世纪爆发了大规模的阿拉伯民族大起义，矛头直指土耳其。民族主义领导人制定了一个备忘录，提出建立一个北到梅尔辛和阿达纳一线，南抵印度洋，东邻波斯，西接红海、地中海的独立阿拉伯国家，并寄希望于同英国的谈判。1915 年 7 月 15 日至 1916 年 1 月 30 日，麦克马洪和谢里夫·侯赛因共交换八封信件讨论大起义，史称"麦克马洪—侯赛因通信"，按照谈判结果，"英国承诺在大战胜利结束后建立一个阿拉伯国家，其疆界是：北面从亚历山大勒塔起，向东到伊朗边境，然后向南到波斯湾为止，即包括整个阿拉伯半岛，但英属亚丁以及大马士革、霍姆斯、哈马和阿勒颇等地以西的叙利亚地区除外"。双方还议定在政治上、军事上相互援助，英国在需要时承认一个阿拉伯人的哈里发。这一协议成为英国和阿拉伯人合作的基础。

阿拉伯起义军在英国的协助下迅速打败德土联盟，1917 年 7 月，起义军占领亚喀巴；12 月，英军攻占耶路撒冷；1918 年 1 月，起义军进抵约旦，土军全线溃退；9 月 30 日，费萨尔的先头部队顺利进入大马士革，组建阿拉伯政府；10 月底，叙利亚全部重镇被占领；1918 年 12 月 30 日，摩得洛斯停战协定签署，阿拉伯起义军天真地以为赢得了自由，但英法等帝国主义不会轻易断送自己的殖民地，已被宣布为叙利亚国王的费萨尔被法军赶下王位，英国为争取费萨尔支持，让其担任伊拉克的国王，而将外约旦的王位送给其长兄阿卜杜拉；1924 年侯赛因刚自称哈里发，伊本·沙特就把他从麦加赶了出来，建立独立的阿拉伯大帝国的愿望最终落空，阿拉伯民族大起义失败。

阿拉伯民族大起义虽未实现预想目标，但推动了阿拉伯民族独立运动的进一步发展，1926 年黎巴嫩宣布成立共和国，1932 年伊拉克以独立国家身份加入国际联盟，阿拉伯民族大起义也成为"二战"后阿拉伯国家纷纷宣布独立或从名义独立走向实际独立的起点。

第三节　当代简史（第二次世界大战至今）

"二战"对阿拉伯国家的冲击是巨大而深刻的。战争带来了军队人员减少、物资匮乏、通货膨胀、生活紧张、经济恶化、投机盛行、政治动荡以及各种各样的社会和文化的动乱。战争同时也促进了民族主义思想的发展、成熟和民族主义分子的崛起、壮大，加快了起源于"一战"后的民族解放运动的进程，阿拉伯国家获得了不同程度的独立。阿拉伯现代国家体系进一步完善。此外，由于中东重要的战略地位和丰富的石油宝藏，英法在中东的垄断地位又受到美苏的巨大挑战，大国在中东的争夺加剧，开辟了战后东西方两大阵营进行"冷战"的中东阵地。

一、埃及的革命和现代化

"二战"后，埃及民族解放运动出现新高潮，要求实现民族独立和政治民主，反对英国的占领和亲帝国主义封建王朝的斗争更加激烈。

（一）埃及"七·二三"革命和纳赛尔时代

1946年2月21日，开罗10万群众举行示威游行，强烈要求废除奴役埃及的《英埃同盟条约》，撤出英国在埃及的驻军；1951年10月15日，在全国人民要求真正的民族独立的呼声下，议会通过决议，废除《英埃同盟条约》；1952年1月26日，华夫脱党政府宣布与英国断交；法鲁克国王利用开罗群众示威游行，制造了所谓焚烧外国企业的"纵火案"，迫使华夫脱党辞职，亲帝国主义的阿里·马赫尔上台。马赫尔宣布全国戒严，血腥镇压群众革命运动。

国王法鲁克专制独裁，侵吞国库，政府腐败，贪污成风，政治经济生活严重失控。1949年预算赤字为1400万埃镑，1950年和1951年为3000万埃镑。国民收入的一半掌握在占全国5‰的人手中，王室和1万多大地主占有全国耕地的1/3，外国人占1/10。埃及人民迫切要求改变这种不合理的社会现象。

在这种形势下，埃及必须在反帝斗争的同时，进行一场反对封建王朝的革命。以纳赛尔为首的"自由军官组织"就成了这场运动的组织者和领导者。

1952年7月22日午夜11点，"自由军官组织"在纳赛尔的率领和指挥下开始采取行动，迅速逮捕了法鲁克王朝的高级军官，到 23 日凌晨，革命指导委员会成功占领开罗，宣告反对王室的专制暴政和国家的腐败统治，埃及军队起义；7 月 26 日，亚历山大宫被包围，正在度假的法鲁克国王被迫退位，其子福阿德二世继位。尽管先后由前首相阿里·马赫尔和纳吉布将军组成了新政府，但实际掌权的是革命指导委员会副主席纳赛尔。

"七·二三"革命揭开了埃及真正独立和现代化建设的新时期。革命指导委员会宣称其是三位一体的革命：一个摆脱国王及其腐败制度建立共和国的法国式革命；一个反对英国占领的美国式革命；一个对古老文化的社会经济方面进行改造使其再生的土耳其凯末尔式革命。

1952 年 9 月 9 日，埃及《土地改革法》公布，其规定：没收王室土地，征收超过 200 费丹限额的大地主土地，征收的土地按照 30 年分期赎买（年息 3%）的方式分配给缺地的农民，其数额为地租价值的 10 倍。土地被征收前，地主应按平均税率的 5 倍纳税，但可以把 5 费丹为一块的土地，卖给持地不足 10 费丹的农民。禁止土地转租。政府要求分到土地的农民组织合作社，并协助农民购买农业机器、肥料、牲畜、良种及提供贷款。

同年 12 月 10 日，政府宣布废除 1923 年宪法，组织 50 人的委员会制定与革命目标相适应的宪法。该委员会通过决议，确立埃及为共和制。1953 年 6 月 18 日，埃及共和国宣布成立，纳吉布将军为埃及第一任总统兼总理，纳赛尔为副总理兼内政部长。革命指导委员会将在三年过渡期执政，此后建立议会制政府。

新政府要求英军撤离苏伊士运河区，并解决苏丹问题。英国政府首先在苏丹问题上让步，允诺苏丹于 1956 年独立；在苏伊士运河问题上，直到 1954 年 7 月 27 日才草签一份英埃协定；10 月 19 日，纳赛尔代表埃及政府与英国正式签订协定，废除 1936 年英埃条约，规定英军于 1956 年 6 月 18 日全部撤离埃及领土。

此后，纳赛尔和纳吉布之间在继续革命问题上出现分歧，进而引起激烈斗争。纳赛尔主张经济独立和不参加侵略性的军事集团或联盟；纳吉布则希望与保守的宗教组织穆斯林兄弟会及一些政治团体和解，力图加强埃及与西方帝国主义之间的不平等联系。1954 年 11 月 14 日，纳吉布被革命指导委员会解除职务，纳赛尔成为代总统；1956 年 7 月，纳赛尔正式就任伊斯兰阿拉伯埃及共和国的总统。

为加强国家政治主权和实现经济独立，打破外国资本对埃及经济的控制和发展民族资本，纳赛尔首先对外国资本采取了强硬的国有化措施。1956 年 7 月 26 日，纳赛尔宣布将苏伊士运河收归国有，而英国对埃及进行经济制裁和联合以色列人侵埃及都无济于事，埃及成为运河的主人；之后，纳赛尔将英国、法国、澳大利亚在埃及的银行、保险公司和贸易机构收归国有，或由民族私人资本购买；1957 年 4 月，外国资本家所有的电报、电话和无线电广播等电讯企业均被收归国有；1960 年 2 月，纳赛尔又将英国资本经营的国家银行接管，改组为中央银行。

在帝国主义进行封锁的时期内，苏联的经济、技术援助很大程度上促进了埃及经济的发展和纳赛尔政权的巩固，但埃及也渐渐陷入苏联的控制之中。

1961 年 7 月，纳赛尔正式宣布埃及选择"自由、公正和富裕的""阿拉伯社会主义"的发展道路。1961 年 7 月至 1964 年 3 月间，政府公布一系列法令，在全国范围内推行"社会主义道路"。

农业方面，进一步实行土地改革和合作化。1961 年，将每户土地限额规定为 100 费丹，被征收的土地约有 100 万费丹。1963 年，取消了没收超额土地应付的赎金，对缺地农民分得的土地削价 3/4 出售。农村的土地所有权发生了明显变化。政府号召和鼓励农民建立合作社，重视农业投入，提高产量，培育良种，增加化肥，农业产值从 1952 年的 4.59 亿埃镑增加到 1965 年的 7.42 亿埃镑。

工业方面，其成就空前。1957~1967 年，建立了大约 800 个工厂和其他企业，冶金、机械、石油、化学工业发展迅速，钢铁、水泥、化学制品、电器设备、喷气飞机和火箭都能生产；1960~1964 年，实行第一个五年计划，国民经济年增长率为 7%，世界瞩目的阿斯旺高坝工程在苏联援助下于 1970 年完成。

国有化方面，国家掌握了一切银行和保险公司、大中企业和全部对外贸易与运输业。

社会福利政策方面，制定 7 小时工作日制和最低工资标准制，实行职工残废救济金和养老金制，规定企业将所得纯利的 25%发给职工，实行公费医疗、生活基本品价格补助、初中免费教育等。

纳赛尔的阿拉伯民族主义深深地影响了阿拉伯世界，纳赛尔被视为阿拉伯的民族英雄，纳赛尔时代的埃及在阿拉伯世界起着核心和领导作用。1958 年，叙利亚和埃及组成阿拉伯联合共和国，1961 年，叙利亚退出；对峙以色列，纳赛尔是不承认、不谈判和不和解的"三不"政策，1967 年 6 月的埃以战争中，由于纳赛尔的错误判断，失去了全部西奈半岛，致使纳赛尔曾引咎辞职，这次失败带给纳赛尔的沉重精神创伤也使他于 1970 年 9 月过早地离开人世。

纳赛尔时代末期的悲剧色彩表现在 1967 年后的经济停滞。除了埃以军事对峙、军费负担沉重和"六五"战争的损失外，经济政策与措施失误也是重要原因。例如：实现国有化过程中打击面过宽，挫伤了中小资本家的积极性；片面发展工业，尤其是重工业，经济发展不协调；中央对企业管制过死，官僚主义严重；国营企业经营不善，经济效益低等。到 20 世纪 60 年代末期，财政陷入严重困难。

(二) 萨达特时代的埃及

萨达特继任总统后，大胆调整纳赛尔时代的政策。1971 年 5 月的纠偏运动中，消除纳赛尔培养的"权力中心"，逮捕萨布里等亲苏实权派势力，释放错捕的政治犯。萨达特主张开放民主，倡导言论自由，取消新闻检查，实行多党制，缓和了政府与其他政治组织的关系；1972 年 7 月，萨达特在一周之内驱逐 1.7 万苏联军事人员；1976 年 6 月，废除《埃苏友好合作条约》，取消苏联在埃及的一切特权，摆脱了苏联的控制。

在处理埃及与以色列关系问题上，萨达特采取"以战求和"的政策，取得了重大突破。1973 年，他不顾外力阻挠发动著名的"十月战争"，打破了以色列不可战胜的神话；1974 年 1 月至 1975 年 9 月，在美国斡旋下，埃及同以色列先后订立两国军队脱离接触协议；1977 年 11 月，萨达特访问了耶路撒冷，直接和以色列总理贝京会谈，并在以色列议会上发出和平呼吁；1978 年 9 月，在美国参与下同以色列签订《戴维营协议》；1979 年 3 月 26 日，签订了《埃以和约》，双方认为："他们建立的正常关系包括正式承认、外交、经济关系，取消经济制裁"；1980 年 2 月，埃以正式建交，互派大使，整个西奈半岛复归埃及。

萨达特与以色列历史性的和平行为引起了不同的国内外反应。国内部分知识分子认为是妥协行为，穆斯林极端派则斥之为背叛。国外阿拉伯世界反应尤为激烈，阿拉伯国家联盟谴责埃及的决议，总部迁出埃及，并停止埃及盟员资格；除阿曼、苏丹和索马里外，其他大多数阿拉伯国家与埃及断交，甚至对埃及进行经济制裁，使得埃及在阿拉伯世界中处于孤立地位。

在经济领域，萨达特采取由国家垄断逐渐向自由经济过渡的方针。1973 年，议会抵制了政府把国营企业资本的 49% 以股票形式出售给私人和阿拉伯投资者的计划；1974 年，政府正式宣布实行经济开放政策，大力吸引外资，发展私营企业，促进国营企业。《阿拉伯和外国资本投资及自由区法令》规定对外资不实行国有，不没收，不查封，在 5 年内免除外资的利润所得税，允许外资自由汇出利润。纳赛尔时代被监管的地主和资本家的财产发还本人，增加对私人的贷款，在所得税、关税方面优惠私营者。萨达特的经济政策一定程度恢复和发展了埃及经济，国民生产总值从 1971 年的 56.77 亿埃镑增至 1975 年的 170.55 亿埃镑，1979

年再增至 217.54 亿埃镑。

不过萨达特的经济政策也带来了通货膨胀和贸易赤字，忽略国内吸收能力，造成效益低、消费大、债台高筑，更加依赖外援和进口，社会贫富差别扩大，引起下层群众不满。20 世纪 70 年代末，国内出现了许多反对派，尤其是穆斯林极端组织，与政府势不两立。萨达特对反对派采取强硬措施，解散宗教组织，查封报刊。1981 年 9 月，逮捕几千人；10 月 6 日，在纪念十月战争胜利 8 周年的阅兵式中，萨达特被潜伏在受阅军队中的穆斯林极端分子所枪杀，副总统穆巴拉克就任总统。

（三）穆巴拉克时代的埃及

穆巴拉克采取综合治理、循序渐进的方针。在实行全国紧急状态、打击颠覆活动的同时，提出了为埃及利益而团结合作的"埃及第一"的口号。为此，释放了 1981 年 9 月被萨达特逮捕的绝大部分人士；开放民主，允许反对党出版刊物，与各界人士广泛对话；改革议会选举制，以政党比例代表制取代多数代表制；1983 年废除限制群众罢工和集会自由的法令。

穆巴拉克吸取了 30 年来埃及经济建设的经验教训，针对纳赛尔时代中央集权下的"封闭型经济"和萨达特时代的"大开大放型经济"的利弊，调整经济政策，制订了 1982~1983 年和 1986~1987 年国民经济发展计划。其要点是：扩大国营企业经营管理权，使之享有国家给私营企业的一切优惠；鼓励私人资本向生产部门投资；调整出口政策，使进出口合理化；鼓励垦荒，提高农产品收购价；紧缩国家机关开支，削减物价补贴，整顿自由区，打击非法投机商；发起反对铺张浪费和营私舞弊运动，惩治经济犯罪活动。五年计划头两年经济增长率达 7%~7.5%，1984~1985 年国民收入达 237.85 亿埃镑，人均国民收入达 497.5 埃镑（约合 710 美元），财政赤字下降 50%。

1985 年以后，由于世界石油价格暴跌，海湾劳务市场紧缩，导致埃及石油与侨汇收入锐减。20 世纪 80 年代末，埃及外债高达 500 多亿美元，许多国家终止向埃及贷款。

20 世纪 90 年代初发生的海湾危机，给中东地区和世界经济造成了极大损失，然而却为埃及经济复苏带来机遇。埃及参加了以美国为首的多国部队解放科威特的军事行动。埃及的立场受到美国等西方国家和海湾合作委员会国家的赞赏，先后有多个国家、国际金融机构恢复对埃及贷款或向埃及提供紧急援助。美国、沙特阿拉伯、科威特、阿拉伯联合酋长国、卡塔尔及其他一些国家免去埃及债务达 250 多亿美元，大大减轻了埃及还本付息的负担和资金短缺的压力。

1991 年 5 月，在国际货币基金组织指导下，埃及着手经济改革。其主要目标是：稳定汇率，控制通货膨胀，削减预算赤字，恢复宏观经济稳定，并对经济结构进行深层次的调整。为此，埃及政府采取了以下重要措施：开放外汇金融市场，允许非官方金融机构从事外汇业务，开放信贷利率，增设普通消费税等间接税，大幅度削减政府补贴，提高政府服务和能源价格，放宽国内私人和外国人投资限制，取消 105 种埃及不能生产的外国产品的进口限制。

埃及政府把国营企业的改革作为经济改革的重点来抓。国企在埃及经济中占有很大比例，多年来由于管理体制和经营方面的各种原因，许多国企经济效益差，亏损严重，成为政府财政的沉重包袱，极大地制约了埃及经济发展。为加速国企改革，政府采取了三大措施：①为刺激国企发展生产积极性，国家逐步减少对国企的保护和补贴，扩大企业自主权，自负盈亏，政府只向企业征税；②实行股份制，向企业职工或社会出售企业部分股权；③实行国企私有化。

通过改革，20 世纪 90 年代中期埃及基本实现宏观经济稳定，外汇储备由 20 世纪 80 年代末的 20 亿美元增加到 1996 年的 190 亿美元，汇率基本保持稳定，预算赤字由 1990 年占国民生产总值的 20% 下降到 1996 年的 1.3%，通货膨胀率自 1991 年的 21% 下降到 1996 年的 7.4%，国民经济保持低速稳定增长态势。

在对外政策上，穆巴拉克政府把埃及民族利益放在首位，同时注意适当平衡。它遵守《戴维营协议》和《埃以和约》，但不放松对以色列的警惕和必要斗争。1982 年 4 月 25 日，收回整个西奈半岛；改变萨达特向美国一边倒的做法，缓和同苏联的关系，于 1984 年互派大使；在同阿拉伯各国关系上，强调埃及民族利益，也关心阿拉伯的民族利益；支持巴勒斯坦，谴责以色列侵略黎巴嫩；在两伊战争中支持伊拉克，逐渐改善了同其他阿拉伯国家的关系；1989 年 5 月，埃及重返阿拉伯国家联盟。埃及在阿拉伯世界的地位和声望不断提高。

二、苏丹的独立和社会问题

(一) 苏丹独立

"二战"后，随着阿拉伯民族解放运动的高涨，苏丹国内的政治力量迅速发展。苏丹毕业生大会是一支强大的政治力量，1945 年 8 月，毕业生大会执委会通过一项要求英军撤离苏丹及建立苏丹埃及联邦的决议，但由于其内部的四分五裂，决议未付诸实行；此时期苏丹共产党秘密成立，为避免受到迫害，长期以"苏丹争取民族解放运动"的名义开展活动，积极领导斗争，争取苏丹独立；1947 年，苏丹第一个工会——铁路工人工会诞生，之后又出现了诸如印刷工人、码头工人等各种行业的工会；1950 年 11 月，苏丹工人工会联合会成立，号召苏丹工人不仅参加改善经济状况的斗争，而且参加争取民族解放的斗争。

埃及 1952 年"七·二三"革命的胜利，为苏丹独立创造了条件。1953 年 2 月 12 日，在埃及人民和苏丹人民的双重压力下，英国与埃及签订协议，承认苏丹独立，不过协议规定，在实现独立前，有一个为期 3 年的过渡时期，此期间应建立自治议会和民族自治政府，英国总督继续享有最高权力，以后由苏丹人民自决。

1953 年 11 月，苏丹举行自治议会选举，由兄弟党和与其接近的党派组成的民族联合党，获得议会多数席位，成立了以伊斯梅尔·阿扎里为首的民族自治政府；1955 年 12 月，自治议会通过苏丹独立的决议，成立苏丹共和国；1956 年 1 月 1 日，苏丹正式独立，英国总督离开苏丹，苏丹人民走上了独立、自主的道路。第一届政府以民族联合党为主，阿扎里任总理。

独立的苏丹政府对外奉行中立政策，积极争取外援和资金，制定了经济发展计划，力求改变贫穷落后状况。然而，由于政党纷争，独立后的苏丹政局一直不稳，政府更迭频繁，社会改革和经济建设进程受到影响，1957~1961 年的第一个五年计划没有完成，1961/1962~1970/1971 年的十年经济社会发展计划还未执行完，就被一次新的革命所取代。

（二）"五·二五革命"和苏丹发展进程

1969 年 5 月 25 日，以尼迈里上校为首的自由军官阵线发动政变，推翻了阿扎里政府，组成了革命指挥委员会和内阁，改国家名称为苏丹民主共和国，尼迈里任革命指挥委员会主席、国防部长兼武装部队最高司令，史称"五·二五革命"。

革命成功后，尼迈里下令解散一切政党，于 1971 年进行"组织革命"，即选举总统，建立人民议会，制定永久宪法，同年 10 月，尼迈里当选总统，并兼任总理。

1972 年 1 月，尼迈里领导成立了"社会主义联盟"（简称"社盟"），是国内唯一合法的政治组织，包括农民、工人、知识分子、民族资产阶级和士兵。"社盟"政治局为国家最高决策机关，"社盟"在全国有许多基层组织，作为组织群众和动员群众的工具。

经济领域，尼迈里推行纳赛尔的社会主义措施，对植棉场、大工业企业和金融业实行了国有化；1970 年执行了"五年发展计划"，总投资为 4.33 亿苏丹镑，每年经济增长 4%~5%；到 70 年代中期，全国有 900 家企业，国营或部分国营的占 65%。此外，鉴于埃及总统萨达特的经济开放政策，尼迈里也对国营经济进行调整，鼓励外资和私人投资办企业，允许外国银行重新营业。1980 年，颁布《投资鼓励法》，在征税、关税和其他方面提供优惠，为进一步吸引和利用外资创造条件；政府还强调混合经济，许多国营企业改为私营；1983 年，宣布对交通部门实行私有化，私有范围进一步扩大。

"五·二五"革命后，与以前相比，苏丹的经济取得了一定进步，但发展速度缓慢，人口增长率高，国家仍比较贫困，是联合国最不发达国家成员之一。有许多具体问题尚未解决，如资金短缺、建设基金多半依靠外援、外债负担太重、基础设施落后、技术力量薄弱、经营管理不善等。20 世纪 80 年代后，苏丹经济难以运转，出现危机。

面对日趋恶化的经济和不稳定的政局，受伊斯兰复兴思潮的影响，尼迈里试图通过在苏丹推行伊斯兰化，强化其政权的合法性，以期巩固其统治，并换取海湾阿拉伯伊斯兰产油国的援助，渡过难关，结果非但未能解决经济问题，反而导致了更加严重的社会政治问题。1985 年 4 月，在尼迈里出国求援之际，国防部长兼武装部队最高司令达哈卜将军发动政变，解除了尼迈里的总统职务，组成临时过渡政府，宣告停止尼迈里发动的伊斯兰化运动，得到全国大多数人民的拥护，尼迈里亡命国外。

（三）巴希尔时代与苏丹的伊斯兰化道路

达哈卜将军的临时政府重新审核尼迈里时期颁布的法令，废除宗教特别法庭，积极消除尼迈里政权的影响。政治上达哈卜主张实行多党制和议会民主，释放因反对尼迈里政权而被捕的各界人士，还政于民。1985 年 4 月 22 日，成立以贾祖利·达法拉为总理的文官过渡政府，并将国名改为"苏丹共和国"。

1986 年 4 月，苏丹全国大选，获胜的乌玛党（99 席）与民主联合党（63 席）联合执政，乌玛党领袖萨迪克·马赫迪出任总理，"伊阵"的席位（51 席）仅次于上述两党，名列第三，成为苏丹政坛不可忽视的一大势力，"伊阵"是一个激进的伊斯兰主义组织，它强烈谴责尼迈里推行伊斯兰法不力，在其政治纲领中明确宣布："伊阵"的奋斗目标是在苏丹建立一个真正的伊斯兰政权，全面实施伊斯兰法，推进社会的伊斯兰化。

"伊阵"的激进路线很难与政府的温和政策合拍，1989 年 3 月，"伊阵"因不满政府的现行政策断然退出政府，引发政治危机；6 月，在"伊阵"的秘密策划下，第八步兵旅旅长奥马尔·巴希尔准将以拯救国家为口号发动军事政变，推翻民选政府，成立以巴希尔为主席的政权机构——"救国革命指挥委员会"（简称"革指会"），史称"救国革命"。

巴希尔执政后，宣布解散议会、内阁及地方政府，取缔一切政党，停止各种非官方新闻媒体的活动，组建以他为总理的军政府。巴希尔政权以结束南方战争、实现国内和平和发展经济为施政纲领。1992 年 2 月，成立临时议会，其成员全部由巴希尔任命；1993 年 10 月 16 日，"革指会"自动解散，巴希尔改任国家总统，不设总理，由他直接领导内阁；1996 年 3 月，举行救国革命以来首次总统与议会选举，巴希尔当选总统，哈桑·图拉比当选议长。

政治上，巴希尔忠实遵循"伊阵"路线，大力推行伊斯兰化政策，把全面实施伊斯兰法作为救国安民的根本大计。1990 年 12 月 31 日，巴希尔在苏丹独立 35 周年之际宣布将在苏丹再次推行伊斯兰法；次年 3 月，正式宣布在北方各省实施伊斯兰刑法。

对外政策上，苏丹带有浓郁的伊斯兰主义色彩。1991 年 4 月，为加强国际伊斯兰主义力量的团结，协调反对美国、以色列及伊斯兰国家亲美世俗政权行动，苏丹牵头在喀土穆召开阿拉伯伊斯兰人民大会。年底，伊朗总统拉夫桑贾尼应邀访问苏丹，拉夫桑贾尼许诺，在维护伊斯兰化方面向苏丹提供一切帮助和经验。巴希尔则认为，伊朗伊斯兰革命是苏丹救国革命的希望和追求，同意和伊朗一同"输出革命"。此外，苏丹在其境内建立特种营地，训练宗教激进分子，并为阿拉伯各国宗教极端分子提供庇护所。埃及、阿尔及利亚、突尼斯、厄立特里亚等国谴责苏丹支持这些国家的反政府宗教组织从事恐怖活动；1993 年 8 月，美国将苏丹列入支持恐怖活动国家名单；1995 年 6 月，埃及指控苏丹卷入刺杀参加非洲统一组织首脑会议的埃及总统穆巴拉克未遂事件；埃塞俄比亚则指控苏丹为该事件的幕后策划者，并窝藏了 3 名嫌疑犯，向联合国安理会提出控诉；1996 年 1 月 31 日，联合国安理会通过了要求苏丹引渡 3 名嫌疑犯和不再支持、庇护恐怖主义分子的 1044 号决议，由于苏丹不履行决议，安理会又通过了对苏丹实行外交制裁的 1054 号决议和实行限期航空制裁的 1070 号决议。苏丹在国际社会的处境日趋孤单。

2000 年 1 月，借某些内阁成员辞职之机，巴希尔进行内阁大改组，并对各州州长重新任命，使内阁成员和州长基本上都换成他的支持者，此举表明巴希尔已放弃伊斯兰道路而转向更加开放的国家发展道路；3 月苏丹宪法法院对图拉比指控巴希尔解散议会违反宪法一事进行仲裁，结果支持总统举措具有法律效力；为调解巴图矛盾而成立的党内 7 人委员会，也支持总统的行动；5 月 6 日，巴希尔解除图拉比全国大会总书记和议长的职务，将其逐出权力中心。2000 年 12 月 31 日，巴希尔在全国大选中再次当选为国家总统，2001 年 2 月 5 日，巴希尔总统和平事务顾问易卜拉欣·塔希尔当选为新一届议会议长。

经济上，1999 年 5 月，巴希尔新政府颁布新的投资法案，鼓励本国和外国投资者来苏丹投资，对国内企业采取减免税收举措，并对农业税和出口税也进行政策性减免，提高了企业及生产者的积极性。巴希尔政府积极与外国石油公司合作勘探、开发苏丹石油资源，石油勘探、开发工作取得较大进展，有开发价值的油田遍布苏丹东西南北中。1999 年 8 月，苏丹正式对外出口石油，为苏丹经济复兴增加了新鲜血液。苏丹人民对本国经济发展前景信心倍增，对巴希尔政府寄予厚望。

巴希尔政权的内外政策得到了国际社会的认可。2001 年 9 月，联合国安理会取消了 1996 年对苏丹实行的两项制裁措施。

三、利比亚的独立和发展

（一）利比亚的独立

第二次世界大战为利比亚人民提供了摆脱意大利殖民统治的有利时机。"二战"期间，流亡国外的利比亚革命者提出了"建立独立、统一的利比亚"的口号，他们多次举行会议，通过决议，宣布昔兰尼加和的黎波里塔尼亚成立萨努西埃米尔国，筹划组建临时政府。1943 年初，英法军队占领的黎波里，德意军队被驱逐出利比亚，美军则利用战时环境进驻的黎波里附近的惠勒斯机场，并建立了美国在非洲最早的空军基地，"二战"结束时，利比亚仍处于英法等国的军事占领下，未获得独立。

利比亚人民为争取民族独立继续进行着斗争。1946 年 9 月，"的黎波里塔尼亚委员会"向阿拉伯国家联盟递交了一份备忘录，抗议英法在利比亚实施的军事和政治管理措施。委员会以利比亚人民的名义，提出了下列要求：①利比亚完全独立；②利比亚的领土应完整无缺；③利比亚加入阿拉伯国家联盟。备忘录集中反映了利比亚人民渴望独立和统一的意愿。

1947 年 2 月，同盟国对意和约签订，意大利放弃对利比亚的一切权利和要求，然而由于利益纠葛，帝国列强未能就利比亚问题达成一致；1949 年 5 月，英、意、法等国向联合国提交了所谓的"贝文—斯福拉计划"，其目的在于满足英国、意大利、法国，并在较小程度上满足美国的要求，其主要内容是：由英国托管昔兰尼加，意大利托管的黎波里塔尼亚，法国托管费赞，利比亚将在 10 年之后经联合国大会同意再获得独立。

"贝文—斯福拉计划"引起利比亚各阶层的愤怒，11 月，的黎波里 6 万人参加大规模示威游行，反对侵略瓜分计划；以民族主义者巴希尔·萨达维为领导的代表利比亚主要政治力量的"的黎波里塔尼亚国民大会党"，坚决反对外国资本控制、干涉利比亚内政，要求取消列强在利比亚的军事基地和撤出军队，要求给予利比亚独立地位。

由于利比亚人民的坚决斗争，以及国际社会特别是阿拉伯和亚洲国家的同情与支持，"贝文—斯福拉计划"被否决；1949 年 12 月 21 日，联合国通过了规定利比亚在 1952 年 1 月 1 日前独立的决议；两周后，任命联合国助理秘书长、荷兰人艾德里安·佩尔特为联合国驻利比亚特派专员，建立了一个由佩尔特负责的利比亚委员会（通称十人委员会）；1951 年 3 月，利比亚临时政府成立；10 月，国民议会批准了佩尔特和占领当局共同拟制的宪法草案；12 月 24 日，利比亚宣布独立，组成了以伊德里斯·萨努西为国王的利比亚联合王国。

（二）卡扎菲时代

1969 年 9 月 1 日，以卡扎菲为首的自由军官组织，趁伊德里斯·萨努西在土耳其马尔马拉海岸度假之机，发动军事政变，一举推翻了伊德里斯王朝的统治。卡扎菲在其政变宣言中声称，为了履行利比亚人民自由的意志，为了真正响应利比亚人民再三发出的要求变革、亟欲革命和进击的呼吁，摧毁了反动、落后、衰败的政权。9 月 8 日，阿拉伯利比亚共和国诞生。

卡扎菲上台后，提出在利比亚建设"社会主义"、"消灭剥削"的理论，并冠以"人民的"、"伊斯兰的"、"真正的"、"标准的"名义，以区别于其他社会主义的思潮和派别。实际上，卡扎菲的社会主义完全是纳赛尔的"社会主义"模式以及他自 1973 年以来发动的所谓"文化革命"和"人民革命"形式与内容的混合体。

对外政策方面，同纳赛尔一样，卡扎菲坚持反帝、反殖、反犹太复国主义，主张发展同伊斯兰国家的关系，实现阿拉伯和伊斯兰世界的统一。但卡扎菲想称霸阿拉伯世界，插手别国事务，同邻国关系紧张，同美苏关系也发生了重大变化。1970 年以来，收回了美国在利比亚的空军基地，废除了前国王与美国签订的军事和经济技术合作协定，还发生了示威者焚烧美国驻利比亚使馆的事件等。1986 年，美国政府曾两次采取了打击利比亚的重大军事行动。卡扎菲称美国是阿拉伯世界的头号敌人。利比亚同苏联的关系发展迅速。卡扎菲把苏联看作"有着共同目标的朋友"，曾先后三次访苏。1975~1985 年，苏联向利比亚出售了 160 亿美元的武器，派驻利比亚的苏联军事专家和顾问达 1400 多人。在诸如中东问题、阿富汗问题、柬埔寨问题、乍得问题等重大国际问题上，两国立场吻合或接近。

自 20 世纪 80 年代末期以来，利比亚的对外政策有所调整。虽然卡扎菲仍强调阿拉伯和伊斯兰世界的统一，但基本上停止了向外输出伊斯兰革命的宣传和做法，停止了向世界各地的伊斯兰圣战组织提供财政支持等。同时与周边国家的关系也有很大改善，先后同突尼斯等十多个非洲国家复交，结束了与乍得的长期军事冲突。此外，卡扎菲还试图与美国进行对话，缓和双边关系，并且在洛克比空难事件上同有关方面采取了合作态度。1999 年 4 月 5 日，利比亚将洛克比空难事件的两名嫌疑犯交给联合国，联合国安理会随后发表主席令，宣布暂停对利比亚实行的航空封锁、武器禁运和外交限制等制裁。但美国仍坚持对利比亚实施石油禁运。2000 年 3 月，美国领事代表团抵利访问，两国关系出现转机。

四、阿尔及利亚的独立和发展

（一）阿尔及利亚的独立

"二战"后，阿尔及利亚仍处于被奴役的地位，法国不愿放弃殖民统治，并试图通过暴力和改良手段来维持和加强它的势力。阿尔及利亚国内要求独立的呼声越发强烈。1945 年 5 月，阿尔及利亚各大城市军民纷纷举行庆祝反法西斯战争胜利和要求实行独立的和平示威游行，遭到法国血腥镇压和屠杀；1946 年 11 月，处于地下状态的阿尔及利亚人民党扩建成为"争取民主自由胜利党"，提出了进行武装斗争的主张，并为武装斗争作舆论宣传的准备；1947 年末，全国掀起了 10 万人参加的反帝运动，此后，几乎每年都爆发罢工和示威游行，1951 年，罢工次数达 250 次，人数约 35 万；1953 年，君士坦丁煤矿工人罢工长达 4 个月。

由于法国变本加厉地推行殖民统治，1954 年阿尔及利亚爆发了全民族反对法国殖民的武装起义。

1954 年 8 月，由"争取民主自由胜利党"中分离出一批比较激进的青年党员，组成"团结与行动委员会"，同年 11 月 1 日，在团结与行动委员会的领导下，3000 多名爱国志士在东南部的奥雷斯山区以及其他十多个地方同时打响了反法武装斗争的第一枪，揭开了阿尔及利亚民族解放战争的序幕。

不久，团结与行动委员会为了集聚全国的反法力量，团结各党派团体，筹建了民族统一战线组织——"阿尔及利亚民族解放阵线"。3 个主要的民族主义组织——争取民主自由胜利党、拥护阿尔及利亚宣言民主联盟和伊斯兰教贤哲会——都参加了民族解放阵线。民族解放阵线是阿尔及利亚民族解放运动的主要政治机构和领导起义的核心。经过两年的艰苦奋战，革命根据地从奥雷斯山区逐步向外扩展，形成了东部、西部和中部战区，起义队伍扩充为阿尔及利亚民族解放军。面对法国殖民主义的围剿，起义者同心同德、团结一致，屡次挫败法国，使革命根据地也得到扩大。由于阿尔及利亚人民的英勇斗争，法国殖民军从1955~1959 年共消耗 80 多亿美元，死伤达到 50 万人，法国政府的六届内阁相继垮台，为摆脱困境，法国被迫于 1960 年与临时政府谈判，谈判异常艰难，阿尔及利亚人民在谈判桌上坚持原则，面对法国的军事小动作也毫不畏惧，法军内外交困，最终与临时政府签订《埃维昂协议》，承认阿尔及利亚人民的自由权利，承认阿尔及利亚实现独立，主权、领土完整和人民统一的权利，阿尔及利亚承认法国有开采撒哈拉石油、使用米尔斯克军事基地的权利。7 月 1 日，阿尔及利亚举行了全国公民自决投票；7 月 3 日，正式宣告独立；9 月 25 日，制宪会议宣布国名为"阿尔及利亚民主人民共和国"。

（二）阿尔及利亚独立后的发展

独立之初，阿尔及利亚困难重重，政府采取一系列应急措施治理国家。1963年，发布了"三月法令"，肯定和支持阿尔及利亚劳动者在原法国人撤离后遗弃的工厂和农场中实行"自治管理"，国家委派经理参加领导，使这些瘫痪的企业维持了自身的运转。同时开始实行土地改革，着手建立由国家控制的国营公司，并对外资仍占统治地位的能源、工矿企业实行国有化。在政治方面，通过了第一部宪法，规定实行总统制，民族解放阵线是唯一的政党，并选举本·贝拉担任总统。但由于民族解放阵线的领导层是由代表不同政治主张的派别组成的，他们在如何建设民族国家和民族经济等重大问题上存在严重分歧，这就导致各派别之间在战争期间暂时缓和的矛盾在独立后日趋尖锐。1965 年 6 月 19 日，国防部长布迈丁发动"革命调整"的政变，推翻了本·贝拉政府。

布迈丁上台后，民族解放阵线的政治局和中央委员会被解散，成立革命委员会，布迈丁任主席。革命委员会之下，组成新政府，布迈丁任总理。他宣布，新政权的目标是，重建革命原则，结束国内分歧，建立以健全的经济为基础的"真正的社会主义社会"。其执政期间，政局稳定，国民经济取得了令人瞩目的发展。据世界银行统计，国内生产总值从 1960 年的 27.4 亿美元增长到 1983 年的 472亿美元，人均收入由独立时不到 300 美元增长到 1983 年的 2320 美元，成为非洲大陆人均收入超过 2000 美元的为数有限的国家之一。初步形成了一个以碳化氢工业为基础，包括采掘、钢铁、机器制造、建材、纺织和食品加工等部门在内的工业体系。

1978 年底，布迈丁逝世，原奥兰军区司令本·贾迪德·沙德利被选为民族解放阵线总书记、共和国总统。沙德利政府主张扩大民主，力求团结，缓和同反对势力的关系；强调要消除经济发展失调和不平衡的现象，优先注意和处理社会经济问题，把发展重点转到农业、水利、教育和社会设施等方面，以满足人民群众的需要。

由于国内骚乱等内忧以及石油危机等外患，1989 年 2 月，阿政府宣布取消一党制，实行以多党为中心的政治改革，同时决定于 1991 年举行首次多党议会选举。一直处于地下的"伊阵"得以公开亮相，并在地方宪政和国民议会第一轮中赢得胜利，大有夺取国家政权之势。为阻止"伊阵"，沙德利总统被迫辞职，同时军政领导人磋商后决定取消第二轮国民议会选举，成立由 5 人组成的最高国务委员会接管国家政权，"伊阵"不甘心，发动反政府游行示威和流血冲突，1992 年 2 月，阿最高国务委员会颁布紧急状态法；3 月，宣布"伊阵"为非法组织，强令其解散，同时大规模逮捕"伊阵"领导人和骨干，"伊阵"反政府的活动不得不从公开转入地下。然而阿尔及利亚暴力恐怖事件不断，1992 年 6 月，其国家最高委员会主席布迪亚夫遇刺身亡，阿里·卡菲被推举为新主席；8 月，阿政府颁布反恐怖法，组建反恐委员会，清剿极端暴力组织。

1994 年初，泽鲁阿勒就任阿尔及利亚总统。由于阿国内各种矛盾尚未解决，伊斯兰激进组织生存和活动的土壤仍然存在，伊斯兰极端势力的暴力活动也没有停止。因此，如何维护国家的政治稳定是阿政府长期面临的问题。

五、突尼斯的独立与发展

(一) 突尼斯的独立

"二战"后，法国背信弃义，违背战时许诺突尼斯的诺言——战后给予突尼斯独立自由，继续在突尼斯推行殖民统治。突尼斯人民为争取民族解放和国家独立，又开始了抗争。

1945~1947 年，迫于国际形势，法国对突尼斯实施第二次改革：首先，增加了突尼斯人在大议会的名额，规定突尼斯人和法国人以相等代表人数组成大议会，但大议会的咨询职能未变。其次，法国在 1947 年 8 月颁布法令，建立了突尼斯内阁会议，内阁首相（其权力受秘书长节制）和其中的 5 名部长为突尼斯人。政府秘书长则被明确规定必须是法国人，总揽一切事务。

1945~1947 年的改革并未改变突尼斯殖民地的性质，突尼斯极为不满，突尼斯共和党和新宪政党先后提出内容大致相同的纲领，要求取消保护制度，通过直接普选选举国民议会，组织突尼斯政府等。1951 年 12 月 21~23 日，突尼斯工人阶级举行声势浩大的总罢工，强烈抗议法国政府的顽固殖民立场，罢工遭到血腥镇压，此后，突尼斯人民反迫害的政治罢工与抗议活动此起彼伏，同时，突尼斯各地开展游击活动：散发传单，炸毁铁路，截断通信电网，制造爆炸事件，袭击法国的军警人员，焚烧法国殖民者的庄园等民族运动。1954 年末法国被迫与突尼斯谈判；1955 年 6 月 3 日，签订了关于内政自治的《法突协定》，然而协定是建立在突尼斯从属于宗主国的基础上，没有废止关于突尼斯保护国的条约；1955 年 11 月，新宪政党召开代表会议，会议赞同关于内政自治的协定，但指出最终目标是通过和平的手段实现完全独立；1956 年 1 月，新宪政党全国委员会又通过了关于取得独立的决议，布尔吉巴开始同法国谈判；3 月 20 日，签订了《法突联合议定书》，议定书规定，法国正式承认突尼斯独立，1881 年以来法突之间签订的所有条约和协定中与突尼斯新地位冲突的条款被废止。

（二）突尼斯独立后的发展

突尼斯独立后，以新宪政党领袖布尔吉巴为首组成新政府。新政府对法国殖民者留下的国家机关进行全面清洗和改组，大批殖民者的代理人和封建贵族代表被逐出国家机关，同时新政府也采取措施削弱君主的势力，通过议会和宪法来限制贝伊的最高批准权，规定贝伊必须对议会宣誓效忠，必须任命多数党领导人为内阁首相，并允许政府以贝伊的名义颁布法令，使贝伊成为名义上的国家元首。1957 年 7 月，新宪政党政权巩固后，议会宣布废黜君主制，成立共和国，布尔吉巴当选为总统，1976 年，议会又通过宪法修正案规定："鉴于布尔吉巴对突尼斯人民的贡献，宣布他为终身总统。"

经济上，新政府采用计划和财政部长制定的"萨拉赫计划"，此计划旨在发展国家垄断企业、控制对外贸易，对农业实行十年"合作化"（1962~1971 年）；新宪政党还提出了"社会主义"纲领，并因此改名为"社会主义宪政党"，其纲领指出："实现'新宪政党的社会主义'或'突尼斯的社会主义'，即'爱国主义加突尼斯传统'，通过社会各阶层的对话，采取集私人、国家、集体于一体的所有制，使突尼斯成为一个民主的社会主义国家。"

"萨拉赫计划"下，工业得到快速发展，1960~1970 年年均增速为 8.2%，而农业"合作化"遭到失败，农业生产大幅度下降。1970 年，政府宣布停止"萨拉赫计划"，提出了"有限制的自由经济"政策，放松了对私营企业的控制，促使国营、合营和私营经济的共同发展；随后，又颁布法令和条例，鼓励私人资本的扩大和外国人在突尼斯直接投资办企业。1972~1981 年第二个十年发展计划被称为"自由开放的十年"。

政府不断根据突尼斯社会发展状况逐步调整自己的政策，到 20 世纪 80 年代初，经济取得可喜的发展。1961 年国内生产总值 7.7 亿美元，1983 年达到 70.2 亿美元，人均收入为 1290 美元，并且成为非洲大陆经济发展较快的国家之一。特别应该指出的是，突尼斯政府非常重视教育经费的支出，用于教育和职业培训方面的投资占行政预算的 40%。

进入 20 世纪 80 年代中期后，突尼斯经济形势逆转。其主要原因，除受世界石油价格暴跌影响外，还因气候异常造成农业连年歉收；突、利关系曾一度破裂，突尼斯在利比亚工作的大批侨民被驱赶回国，侨汇收入锐减，城市人口增长过快，基础设施建设摊子铺得过大，工矿企业管理混乱，生产效益低下等，致使经济严重衰退。1986 年，国内生产总值增长率由 1980 年的 8.1% 降至 1.7%，外汇储备截至同年 7 月仅 0.1 亿美元；1987 年，所欠外债达 72 亿美元，占国民生产总值 60% 以上。面对上述情况，突尼斯政府进一步强化对经济发展政策的调整。1986 年，公布《经济振兴和改革计划纲要》，强调重视农业的发展，加大对农业的投入，调整工业结构和扶持有竞争性的外销产品；实行自由化和公有化经济政策，发挥市场机制的作用等。20 世纪 90 年代以来，年均经济增长率回升到 4.2%，人均收入约 2000 美元，1997 年国内生产总值 190 亿美元。此外，突尼斯还加强了同欧盟的联系。1995 年 7 月，突尼斯在地中海南岸国家中率先与欧盟签署联系国协议。该协议将促进突尼斯同欧盟在政治、经济、文化和社会等方面的合作与发展。

六、摩洛哥的独立和发展

（一）摩洛哥的独立

"二战"后，摩洛哥通向民族独立的道路上有法国、西班牙和美国三重阻力，摩洛哥人民争取独立的斗争异常艰苦。

面对"二战"后阿拉伯各国人民争取解放的新高潮，法国殖民当局为了维持其在摩洛哥的统治，对摩洛哥人民采取了欺骗与武力镇压相结合的策略。摩洛哥识破了法国的伎俩，进行了多种斗争。1947 年 9 月，独立党向联合国提交了一份备忘录，要求"立即结束法国的统治，摩洛哥应在穆罕默德·本·尤素福素丹陛下的主持下建立一个民主立宪制的独立国家"；素丹本人也多次致函法国总统，要求修改关于保护制的条约，代之以新的法摩协定，法国政府当即拒绝；拉巴特和卡萨布兰卡举行了支持素丹要求的示威游行；独立党和共产党加强自己的活动，在城乡进行广泛的宣传和演说，揭露和抨击法国的殖民罪行。法国实行白色恐怖政策，几十万人被逮捕、流放，有的遭到屠杀，冤狱遍及全国；独立党和共产党被取缔，领袖被投入牢房；1953 年 8 月，素丹尤素福被废黜并流放。然而摩洛哥的示威游行依然不断。

由于摩洛哥人民长期而坚决的斗争，法国被迫在 1955 年 11 月同意素丹复位，于 1956 年 3 月 2 日承认摩洛哥独立。"独立宣言"确认保护国的条约"不再符合当代生活的要求，也不再能调整法摩关系"，摩洛哥必须"享有外交权和拥有一支军队"；4 月 7 日，西班牙也被迫承认摩洛哥独立，并同意摩洛哥国家领土完整的原则；1957 年 8 月，摩洛哥正式定国名"摩洛哥王国"。尤素福改称摩洛哥国王穆罕默德五世。1961 年，国王逝世，哈桑二世继位。1960 年和 1969 年，摩洛哥先后收复了丹吉尔的主权和西班牙占领的南部伊夫尼"保护地"。

(二) 摩洛哥独立后的发展

自 20 世纪 50 年代末，摩洛哥开始致力于本国的经济建设，制定了一系列发展民族经济的政策：废除殖民者对土地的永久使用权和长期租用权；铁路、海关、重要矿山一律收归国有；逐步接管法国人经营的企业，建立国营和公私合营的企业，鼓励私人投资；实施保护民族经济的关税政策，对进出口贸易、银行和保险业实行"摩洛哥化"等。同时，摩洛哥还执行了几个三年和五年发展计划，这些计划大部分强调发展农业。政府免征农业生产资料进口税，稳定农业税率，提高农产品收购价格，并免除农业收入的其他一切捐税等，促进了农业的发展；工业以采矿业为支柱，采矿业占工业总产值的 1/3 左右，工业发展水平在非洲名列前茅，摩洛哥还是世界上最大的磷酸盐出口国。1960~1970 年，摩洛哥国内生产总值年均增长率为 4.4%，1971~1980 年为 5.2%。1982 年，国内生产总值达 147 亿美元，人均 687 美元，在非洲属于收入较高的国家。

20 世纪 80 年代，摩洛哥进入经济调整时期。由于自 1979 年开始，摩洛哥连年遭受 30 年来最严重的旱灾，农业歉收，粮食减产，再加上工农业发展不够协调，国家干预经济过多，以及经济发展计划不切实际等原因，经济发展困难加剧。1983 年，摩洛哥政府在国际货币基金组织和世界银行的建议和配合下，全面开展了以紧缩为中心的调整计划；1985 年，摩洛哥政府宣布对经济实行私有化政策；1988 年，国家资产私有化立法工作被列入议会首要议题，与此同时，贸易政策在 80 年代也开始了从进口替代向促进出口的转变，磷酸盐化工产品、加工食品和纺织品的出口增长很快，1990 年，制成品出口占全部出口总额的52.3%，成为新的制成品出口国。

20 世纪 90 年代中期后，摩洛哥在稳定宏观经济和经济自由化方面取得进展，特别是由于严格执行预算政策、货币政策，通胀率呈下降趋势。不过失业、贫富悬殊、社会财富分配不公、债务沉重等问题仍是摩洛哥政府不能回避的首要问题。

七、叙利亚的独立和发展

（一）叙利亚的独立和动荡政局

"二战"期间，叙利亚当局逐渐为德意委员会所控制。1941 年 6 月，英军和自由法国军队从外约旦和巴勒斯坦进入叙利亚，叙委任统治权被让给法国；1943年 8 月，民族联盟在选举中获胜，该党领袖被选为总统；1944 年，苏联、美国先后承认叙利亚独立；1945 年下半年，叙利亚人民掀起了反对法国增兵的抗议浪潮；1946 年 4 月 17 日，英法军队撤出叙利亚，叙利亚独立。

叙利亚独立后，面临着复杂而艰难的政治、经济和军事问题。

1946 年 6 月，议会通过劳动法，维护了工人一些基本利益；1947 年 12 月，禁止叙利亚共产党活动；1948 年，议会拒绝批准 1947 年政府同美国公司签订的石油管道工程和同法国签订的财政协定；当法郎贬值时，叙利亚发行了自己的货币叙利亚镑。

叙利亚政府反对成立犹太复国主义国家，并派军队参加了巴勒斯坦战争。战争的失败、政府的腐败、以色列的威胁和西方帝国主义势力的渗透，使政局动荡。1949 年 3 月 30 日，以叙军总参谋长胡斯尼·扎伊姆上校为首的军人集团发动政变，推翻政府。扎伊姆政府废除封号，将宗教基金置于政府的监督之下；鼓励妇女不戴面纱，给予妇女选举权；把国家的空地分给穷苦农民。扎伊姆政府禁止游行集会，解散议会，取缔政党，批准同美国签订的石油管道工程协定，延长法国发行叙利亚货币的让租期限，以及将法语与阿拉伯语置于同等地位等措施，引起民族主义的不满。

扎伊姆执政仅 5 个月便被萨米·欣纳威上校发动政变推翻，扎伊姆被处死。但欣纳威主张同伊拉克合并，遭到以艾迪卜·希沙克利上校为首的军人集团的反对，1949 年 12 月 9 日，希沙克利以叛国罪将欣纳威逮捕；希沙克利利用"监督权"控制议会选举的阿塔西政权；1951 年 12 月 28 日，希沙克利通过政变直接掌权；1953 年 7 月，提出新宪法，希沙克利成为总统兼总理；1954 年 1 月，阿特拉什素丹领导德鲁兹人举行反政府起义；2 月，阿勒颇驻军起义，波及许多城市；阿塔西被宣布为总统，希沙克利逃亡国外。

1954 年 3 月，阿塔西总统宣布实施 1950 年宪法。人民党、国民党、阿拉伯复兴社会党、国家社会党均可参加议会选举，此外新政权反对艾森豪威尔主义。

1956 年 7 月，叙利亚议会通过决议，同埃及谈判建立联合共和国；1957 年底，埃及副议长萨达特应邀率代表团到大马士革，通过建立联合议会的决议；1958 年 2 月 1 日，叙利亚和埃及领导人在开罗通过组成"阿拉伯联合共和国"的决议；2 月 5 日，纳赛尔和库阿特利同时在两国议会宣布阿拉伯联合共和国成立，纳赛尔为总统，库阿特利为副总统；1961 年 9 月 28 日，军队与一些持不同政见者在叙利亚发动政变，纳赛尔派军队镇压无效之后，次日宣布承认叙利亚人的独立要求。

1963 年 3 月 8 日，亲复兴党的青年军官发动政变，复兴党政权建立。以萨拉丁·比塔尔为首的新政府在国内开始推行国有化措施和土地改革政策。1963 年 5 月，将全部银行收归国有，对国内最大的投股公司"五人公司"恢复国有化，私人股份受到限制。1964 年，阿勒田的棉纺厂被接管；政府成立军事法庭，对任何阻挠、破坏国有制的人进行审判和处罚。1964 年 4 月 25 日，政府颁布临时宪法，宣布叙利亚的政体是社会主义民主共和国。1965 年，主要的制造厂和加工厂、公用事业、本国和外国石油公司及许多进出口商行都收归国有，进出口业务统统置于国家监督之下。截至 1966 年初，许多社会主义措施都已出台。

然而由于复兴党内部的分裂，1966 年 2 月，加迪德将军和复兴党激进派军人发动政变，逮捕和关押了阿弗拉克、比塔尔、哈菲兹等党政主要领导人，由加迪德任复兴党总书记兼革命委员会主席，并组成新政府。

（二）阿萨德时期的叙利亚及其发展

1970 年 11 月 13 日，国防部长阿萨德发动"纠正运动"，改组复兴党的领导和政府，并自任总理。阿萨德执政后，加强对党、政、军的控制，恢复制宪机构，进行人民议会代表选举，允许非复兴党人参政，并通过成立统一战线组织"全国进步阵线"，调整与其他党派的关系，缓和了国内矛盾。1971 年 3 月 12 日，阿萨德当选总统，5 月当选复兴党总书记。

经济上，阿萨德实行比较开放的政策，积极寻求外援，鼓励外国投资，国有化措施基本停止下来，外国投资增加，民族资本开始活跃，经济一度出现较大发展。1975~1979 年，年均增长率 13.4%，纯国民收入增长率 8.6%，并通过增加工资和物价补贴等措施改善人民生活，政局相对稳定。

20 世纪 80 年代以来，政局又开始动荡。由于长期备战，军费开支庞大，加之经济工作中的弊端及农业歉收等原因，经济增长率下降，通货膨胀率高达 30% 左右，贫富两极分化，阶级矛盾与教派矛盾相互交织，趋向激化。1982 年 2 月，叙利亚穆斯林兄弟会在哈马暴动，要求结束复兴党一党专政。政府派重兵围剿，经20多天才平息暴动；1984年3月以来，阿萨德总统先后任命3位副总统，两次改组内阁，并于1985年1月5~21日召开复兴党地区领导第八次全国代表大会，调整党的领导机构，进一步加强了对党政部门和群众组织的领导，政局趋于稳定。

1987年11月，祖阿比担任总理。奉阿萨德总统指示，新政府积极调整经济政策，推进经济改革进程。根据当时叙利亚产业结构状况，提出在大力发展农业和石油支柱产业的同时，鼓励非石油工业部门，特别是制造业的发展，实现出口商品多样化，拓宽出口创汇渠道；高度重视国营大中型企业的技术设备更新和制度改革，增强国营企业的市场竞争力，充分发挥国营企业在国民经济中的主导地位；放宽私人经济，扩大私人、公私合营经济在国民经济中的比例；加大吸引外资的力度，1991年5月，颁布了新投资法，在原有优惠政策的基础上又提供了一些特殊的待遇和方便，如被批准的项目有权进口机械设备及建设材料，所有用于项目的货物一律免税，合资企业（叙利亚方面所占投资份额不少于35%）7年免征所得税，独资企业5年免税。新投资法颁布后，阿拉伯及其他国家的投资者纷至沓来，到1996年底，有37个国家来叙，政府批准1514个项目，投资总额达86.19亿美元。通过政府的经济调控，自80年代后期起，叙经济出现转机，国内生产总值稳步上升，人民生活水平下降的趋势得到扭转，高通胀率得到遏制，国民生产总值从1985年的830亿叙镑增加到1993年的3985亿叙镑，1995年又上升到9885亿叙镑。粮食自给有余，成为阿拉伯5个粮食出口国之一，并形成了以轻工业为主的工业体系。

八、黎巴嫩的独立

"二战"初期，法国近东总司令魏刚解散黎巴嫩议会，任命新政府人员；1940年法国投降后，维希政府和德意委员会统治黎巴嫩；1941年6月，英军和自由法国军队在黎巴嫩人民配合下，将法西斯势力驱逐出去；7月，法国任命法尔德·纳杰什为总统、萨米·苏勒赫为总理，并于11月26日形式上宣布黎巴嫩独立；1943年9月21日，在法国、英国和黎巴嫩三方代表监督下，成立了第一届议会，并通过了《国民宪章》，立宪领袖贝沙拉·胡里被选为总统，胡里任命阿拉伯民族主义者里雅德·苏勒赫为总理；1943年11月11日，法兰西临时政府主席戴高乐因黎巴嫩新政府要求完全取消委任制，下令逮捕总统、总理和内阁成员，在人民的强烈反对和英国的干预下，戴高乐释放在押人员，答应将委任统治权逐步移交黎巴嫩；1945年8月，黎巴嫩政府接受了从属于法国的黎巴嫩军团；1946年12月31日，法国和英国军队全部撤出，黎巴嫩成为一个独立主权国家。

历史上遗留的繁多的宗教派别，在独立后黎巴嫩的政治生活中起着重大影响。

黎巴嫩林立的党派一般都与教派有联系，1936年，皮埃尔·杰马耶勒创建基督教小资产阶级政党长枪党，主要成员为马龙派信徒；1937年，阿德南·哈基姆组织了那加达党，主要成员为穆斯林工人和青年；1949年5月，德鲁兹的卡马勒·琼布拉特建立社会进步党，企图超越教派而成为世俗的政党，不过仍具有教派色彩。

胡里总统和苏勒赫总理分别代表了基督教马龙派和伊斯兰教逊尼派的温和派，二人遵循1943年《国民宪章》精神，承认黎巴嫩与西方文化的精神联系和与阿拉伯世界不可分割的地理与文化联系，反对基督教极端派在黎巴嫩建立基督教民族国家的主张，也反对逊尼派的激进派把黎巴嫩并入叙利亚或加入阿拉伯大家庭的主张。

1952年，马龙派人士夏蒙、社会进步党、那加达党、长枪党联合起来，反对胡里政府。企图通过修改宪法而连任总统的胡里，被指控为在选举中舞弊、贪污腐败、裙带风和对经济衰退负责，反对派组织了罢工和游行；9月16日，胡里委任福阿德·谢哈布为临时总统后辞职，之后谢哈布主持议会选举，夏蒙当选新总统。

夏蒙政府于1957年3月接受艾森豪威尔主义；年底，夏蒙试图修改宪法并连任总统的传闻传出，黎巴嫩人民开展了各种形式的反抗斗争，夏蒙向艾森豪威尔政府请求紧急援助；7月15日，美军以"维护黎巴嫩独立和安全"为借口登陆黎巴嫩；10月25日，在黎巴嫩人民的强烈抗议下，美军被迫撤离；在此以前，福阿德·谢哈布已当选为总统，并任命拉希德·卡拉姆为总理，代替了夏蒙政府。

九、伊拉克的独立与发展

"二战"爆发后，伊拉克民族独立运动呈现高温趋势。1941年5月，军队进行了一个月的反对英军干涉的斗争；1948年，又发生了反对英国同伊拉克签订《朴次茅斯条约》的爱国运动；1952年11月，出现了反对两级投票选举法的民主运动，迫使政府采取了直接选举法；1955年，伊拉克参加巴格达条约组织，并加紧镇压反对派和革命运动，人民对努里·赛义德政府和国王费萨尔二世的腐败和专制深恶痛绝，军队中出现秘密革命组织；1958年7月14日晚，奉命开往约旦的卡塞姆和阿里夫两支部队，在抵达幼发拉底河后，突然回师巴格达，发动军事政变，推翻费萨尔王朝，宣布成立伊拉克共和国，费萨尔二世和努里·赛义德被处死，革命后组成了指挥委员会，颁布临时宪法，强调伊拉克是一个享有主权的阿拉伯国家，宣布伊斯兰教为国教。

新政府实行多党合作制。第一届内阁包括独立党、民族民主党、复兴党、库尔德人及左翼人士，共产党虽未入阁，但有了活动自由。卡塞姆任总理兼武装部队总司令，阿里夫为副总理。

卡塞姆政府的目标是以实际可行的社会主义为基础的福利国家。政府颁布农业改革法，废除封建制度，规定私人最多可占有非灌溉田500英亩，或灌溉田250英亩，超过部分收归国有后按比例分给无地或少地农民；宣布退出巴格达条约，与约旦脱离联邦关系，与埃及修好，同苏联复交，承认中国。

1953年2月8日，复兴党联合阿里夫发动政变，处死卡塞姆，阿里夫任总统，复兴党人艾哈迈德·哈桑·贝克尔为总理；1963年11月，阿里夫打败了复兴党的国民卫队后，把复兴党人从政府中清洗出去，控制了政权；1964年4月，阿里夫仿照埃及模式，组织了伊拉克阿拉伯社会主义联盟；1966年6月13日，阿里夫因飞机坠毁遇难，其弟阿卜杜勒·拉赫曼·阿里夫被选为总统；1968年7月17日，以前总理贝克尔为首的复兴党军官集团发动政变，复兴党再度执政。

复兴党执政后，实行诸多改革。农业上，修改土改法，降低个人占有土地面积，取消给地主的补偿，建立了农业生产合作社和国营农场；1972年，将伊拉克石油公司收归国有后，所有石油公司的外国股份均收归国有；对财贸、银行、保险、水电、邮政、海运、航空和铁路等部门也全部实行国有化，但保留了中小型私人企业；重视大中小学的建设，逐步对私人及民间教育实行公办，提倡教育要结合生产劳动和联系实际，1978年，公布全国义务扫盲法；随着石油收入的增长和国民经济的发展，1973年，人均收入约为434美元，到1978年跃为1800美元，1979年又提高到2635美元；在库尔德人问题上，复兴党采取了和平与宽容政策；1970年3月11日，达成建立库尔德民族自治政府协议；1971年宪法确认库尔德人的民族权利，承认库尔德语为官方语言之一，库尔德民主党于1973年加入了复兴党组织的"全国民族进步阵线"。

十、海湾诸国的独立与发展

（一）海湾诸国的独立

19世纪和20世纪之交，英国通过武力胁迫波斯湾东南沿岸的巴林、科威特、卡塔尔、阿拉伯联合酋长国、阿曼等国签订了一系列协定和条约，海湾诸国成为英国的"保护国"。

"二战"后，阿拉伯国家和地区的民族解放运动蓬勃兴起，反英斗争在人口总数不足百万的5个海湾小国中也不断酿成声势浩大的浪潮，且强烈冲击着英国殖民者的统治，其中，阿曼和巴林最具有代表性。

1961年6月19日，英国被迫宣布废除1899年协定，首先承认科威特独立；1968年1月，英国又宣布在1971年底以前从波斯湾撤军；巴林于1971年8月14日宣布独立；卡塔尔于1971年9月1日宣告独立；阿布扎比、迪拜、沙加、阿治曼、富查伊拉、乌姆盖万于1971年12月2日宣告组成阿拉伯联合酋长国，翌年2月，哈伊马角也加入阿拉伯联合酋长国。至此，海湾国家摆脱了英国百余年来的殖民统治。

【资料】阿曼的民族独立运动

阿曼是海湾5国中人口最多、土地面积最大的国家。"一战"后初期，人口约50余万，几乎等于其余4国人口总和。阿曼是一个同其邻国有自然边界且并未完全沦为殖民地的国家。早在19世纪20~30年代，阿曼已落入英国之手，英国不断加强对阿曼的政治经济控制，不过阿曼人民并未屈服。1913年，阿曼山区部落在教长的领导下发动武装起义，反抗英国及其附庸马斯喀特素丹的统治，建立了阿曼伊斯兰教长国。经过7年战争，英国和马斯喀特素丹被迫同阿曼教长国签订《西卜条约》，承认教长国的完全独立，从此阿曼分为马斯喀特素丹国和阿曼教长国两部分。

然而，英国始终未放弃将教长国置于素丹统治下的企图，并不断在阿曼人之间进行挑拨离间。1953年，英国以阿曼教长国拒绝给予英国人石油开采特权为由，唆使马斯喀特素丹撕毁《西卜条约》，于1955年向教长国发动进攻，并占领了教长国首府尼兹瓦，同时宣布教长国为马斯喀特素丹的领地；1957年7月，阿曼教长加利卜·本·阿里领导抗英武装起义，坚决捍卫独立。战争中，阿曼人民团结一致，英勇杀敌，一度收复尼兹瓦、伊里布和其他许多居民点，英军受到重创，6年中，每年物质损失达2000万英镑之巨。英国调重兵并投放新式武器对付装备简陋的阿曼起义者，最终由于力量悬殊，寡不敌众，起义军遭到镇压，被迫从城市转入山区，教长逃居海外。不过，阿曼人民的斗争沉重地打击了英国殖民统治者。

【资料】 巴林的民族独立运动

巴林是海湾地区国土面积最小的国家，面积仅 660 平方千米，由 33 个岛屿组成，战后初期约为 10 余万人。从 20 世纪 50 年代初到 60 年代初，巴林群岛反对英国殖民统治、争取民族独立的斗争起伏不断。1951~1954 年，巴林石油工人在伊朗石油国有化运动的影响下，多次举行大罢工和示威游行，并组成了历史上第一个请愿团，明确要求废止外国人对酋长国内部事务的干涉，驱逐英国顾问贝尔格雷夫，将石油工业收归国有等；1956 年，苏伊士运河战争爆发后，为抗议英法对埃及的侵略，巴林最大的民族主义组织——民族团结委员会再次发动全国性大罢工，交通运输全部陷于瘫痪，商店和市场全部关闭，城乡居民涌上街头，捣毁英国的商号、运输公司和工厂，并进行了火烧英国代表机构的尝试，"英国佬滚回去"的口号声响彻整个巴林群岛；1961 年，反英斗争又一次形成高潮，英国的兵营被烧毁，全国各处都在散发秘密印刷的号召赶走殖民主义者的传单；英国殖民者调集了 2 万名英军，才阻止了全国的武装起义。

（二）海湾诸国独立后的发展

海湾诸国独立后，陆续开始本国的经济建设。5 国中，除阿曼的石油储量不太丰富外，其余国家均属中东地区的石油大国。海湾国家为争取收回由外国石油垄断资本控制的民族资源的主权进行了不懈的斗争。它们效法沙特，先后通过提高土地租让费、参股、联营赎买和接管等方式陆续将石油公司收归国有，并转而致力于本国民族石油工业的发展。

20 世纪 70 年代中期以来，石油价格大幅度提高，海湾 5 国的石油生产和收入成倍增长，石油成为国民收入的主要来源，各国的石油收入均占出口总收入的 95%以上。据统计，1982 年，科威特、阿拉伯联合酋长国、卡塔尔和阿曼人均收入分别为 16870 美元、23370 美元、27900 美元和 6090 美元，巴林的人均收入接近 1 万美元，达到甚至超过了西方发达的工业国，被世界公认为高收入的石油出口国。它们资金充裕，外汇储备雄厚，以致国内吸收能力饱和后仍有剩余。

海湾 5 国在经济发展中普遍实行以石油出口和石油加工带动整个国民经济发展的战略。它们利用雄厚的财力首先大力发展交通运输和通信等基础设施，兴建一大批天然气加工、石油化工、建筑材料、发电、海水淡化等方面的骨干企业，积极扶植本国的各种轻工品、食品、农畜品、蔬菜和日用品的生产，初步形成了适应于各国具体国情的发展网络。例如，阿拉伯联合酋长国在 20 世纪 90 年代，提出了发展地区性的商业、银行和工业中心的"不依赖石油"的经济设想，使该国成为西亚的中国香港和新加坡。此外，海湾国家还将大量剩余资金作为资本或存款投放海外。据统计，1982 年，科威特、阿拉伯联合酋长国、卡塔尔以及包括沙特在内的海湾四国的国外累计资产已达 3768 亿美元。其中科威特自 1980 年以来每年仅利息收入已超过 100 亿美元，在每 230 个科威特国民中就有 1 人是"百万富翁"。

充裕的资金也是促进海湾国家社会政治发展的雄厚的物质基础。由于历史的原因，海湾国家都是君主制国家，并且大多实施家族统治，如科威特萨巴赫家族，巴林哈利发家族，卡塔尔阿勒萨尼家族。尽管如此，自 20 世纪 70 年代中期以来，伴随经济的发展，各国陆续进行了必要的社会和政治改革。一些非王室的成员或"专家治国论者"开始进入各国政府的重要部门或担任要职，有些国家还出现了由君主专制向立宪君主制逐渐转变的趋势，西方文化思想和生活方式也慢慢渗入海湾各国并产生潜移默化的影响，冲击着各国固有的社会价值观念。

同时，各国都致力于发展教育事业，增加投资，创办各级各类学校，不断提高国民素质。仅以阿曼为例，1970 年，阿曼只有 3 所小学，学生不足千人，而在 1985 年，全国入学注册人数已达 20 万人。1986 年还创办了阿曼历史上第一所国立大学——卡布斯素丹大学。

此外，社会发展方面，海湾诸国普遍实施高福利政策。人人享受免费医疗、免费教育（包括成人教育），免交个人收入所得税，并在住房、饮水和用电等方面提供名目繁多的社会津贴，家庭电气化在海湾各国已达到相当普及的程度，小汽车已成为大多数家庭必需的交通工具。

进入 20 世纪 90 年代，海湾诸国仍保持着社会秩序稳定的局面：阿拉伯联合酋长国公民讲礼貌、遵守法制和公共道德，秩序无处不在；科威特治安良好，刑事犯罪事件极少，听不到警笛声。妇女的社会地位也逐步提高：阿曼全国协商会议和国务委员会中，有 6 名女性成员；卡塔尔的埃米尔，继科威特和巴林之后，发布命令，允许妇女开汽车。

随着海湾国家经济的发展，1981 年 5 月 26 日，海湾 5 国以及沙特阿拉伯的领导人在阿拉伯联合酋长国首都阿布扎比举行 6 国最高级会议，决定建立"海湾阿拉伯国家合作委员会"，简称"海湾合作委员会"，以共同促进各国经济的长久发展和抵御外界风险。

现当代阿拉伯国家殖民与反殖民并最终走向现代化的历程时刻提醒着阿拉伯

国家只有致力于发展与合作，壮大国家竞争实力，才能傲然屹立于世界民族之林，时下阿拉伯国家在现代化建设上取得的成就已为世界瞩目，其一体化进程（阿盟、海合会、阿拉伯石油输出国组织、马格里布联盟）也正在加快，阿拉伯国家正在以全新的发展与合作面貌走向未来。

表 2-1　阿拉伯国家独立时间

国家	独立年份
埃塞俄比亚	1896
也门	1918
伊拉克	1921
埃及	1922
沙特阿拉伯	1932
黎巴嫩	1943
约旦	1946
叙利亚	1946
利比亚	1951
阿曼	1951
苏丹	1956
突尼斯	1956
摩洛哥	1957
毛里塔尼亚	1960
索马里	1960
科威特	1961
阿尔及利亚	1962
阿拉伯联合酋长国	1971
巴林	1971
卡塔尔	1971
科摩罗	1975

第三章　阿拉伯国家地理概况

第一节　地理概况及特征

阿拉伯世界西起大西洋东至阿拉伯海，北起地中海南至非洲中部。面积约为1420万平方千米，位于亚、非两大洲的结合部，其非洲部分占72%，亚洲部分占28%，具有重要的战略地理位置。阿拉伯世界有宽广的海岸线，如大西洋、地中海、波斯湾、阿拉伯海、亚丁湾、红海和印度洋等水域的海岸线，该地区曾经孕育了一些著名的古代文明，如埃及古文明、亚述文明、巴比伦文明、腓尼基文明等。

阿拉伯国家有23个国家和地区，分为西亚12国和北非11国，包括阿拉伯联合酋长国、阿曼、也门、沙特阿拉伯、科威特、巴林、卡塔尔、伊拉克、约旦、黎巴嫩、叙利亚、巴勒斯坦、埃及、利比亚、突尼斯、阿尔及利亚、摩洛哥、毛里塔尼亚、苏丹、南苏丹、索马里、吉布提、科摩罗，总面积1400多万平方千米，人口总数约3.5亿人（2013年）。

阿拉伯的地形，大部分是高原，高原的边缘有较高的山岭耸立，平原面积狭小，主要分布在埃及的尼罗河谷地和河口三角洲、伊拉克境内的两河流域（又称美索不达米亚平原，"两河"指的是底格里斯河与幼发拉底河），它们分别是古埃及文化和古巴比伦文化的摇篮。此外，地中海沿岸也有狭窄的平原。在巴勒斯坦和约旦交界处，还有一个由于断裂陷落而成的死海。死海湖面海拔为–415米，是世界陆地表面的最低点。

高原的代表是阿拉伯高原，其位于阿拉伯半岛上，面积达300多万平方千米，海拔200~2000米，地面起伏不大，是一个由西南向东北倾斜的"台地式高原"，地跨也门、沙特阿拉伯、约旦、伊拉克与叙利亚等国。该高原在构造上为古老地台，西起红海东侧的山地，向东缓倾，与阿拉伯半岛东部平原以及两河流域相连；南界为亚丁湾北侧的山地，北界为叙利亚的中央高地。其核心部分为沙特阿拉伯的内志高原。地形大致平坦，气候干旱，只西北部有极少数短小常年河流。著名沙漠如鲁卜哈利沙漠的西半部，以及代赫纳沙漠、大内夫得沙漠、叙利亚沙漠等，皆位于高原上。阿拉伯高原在构造上是一个古老地块。它是由于地壳断裂，红海及亚丁湾下沉，高原西部和西南部边缘翘起，同时伴随着火山和熔岩喷发，形成陡峭的断崖高地。西南部高地称希贾兹山脉，海拔 2500 米以上，最高峰哈杜尔舒爱卜峰高达 3760 米，是阿拉伯高原的最高峰。

阿拉伯的平原以美索不达米亚平原最为著名，其在中东两河流域，又名两河平原，是由底格里斯河及幼发拉底河作用而成的冲积平原，现今位于伊拉克境内，美索不达米亚平原分两个部分，南边叫巴比伦尼亚，北边叫亚述。

阿拉伯的河流以幼发拉底河为代表。幼发拉底河是西亚水量最大的河流，源于土耳其东部安纳托利亚高原的内托罗斯山脉，源头称卡拉苏河，西流至班克以北汇合穆拉特河后，始称幼发拉底河；此后曲折南流，在比雷吉克以南进入叙利亚境内，至梅斯克内附近转向东南流，沿途接纳拜利赫河、哈布尔河等支流后，入伊拉克境内，在希特附近流入平原，此后再无常流河支流；流至欣迪耶附近分为两支，东支称希拉河，西支称欣迪耶河，在两河分流处筑有欣迪耶大坝，控制两河水量，形成伊拉克重要灌溉农业区，两河在塞马沃附近汇合，继续东南流，于古尔奈附近与底格里斯河汇合，改称阿拉伯河，于法奥附近入波斯湾。

底格里斯河是阿拉伯的又一著名河流，在 5000 年前与幼发拉底河是两条分开的河。直到三四千年前，由于从两河流域带来的泥沙不断在河口的波斯湾沉积，填出土地来，最后使两河下游在伊拉克南部汇合在一起。两河均发源于亚美尼亚高原。幼发拉底河经土耳其、叙利亚进入伊拉克，全长 2750 千米；底格里斯河经土耳其进入伊拉克，全长 1950 千米。两河流域面积共 104.8 万平方千米。两河在古尔奈汇合后称阿拉伯河，长近 200 千米，河口宽约 800 米，上半段在伊拉克境内，下半段为伊拉克和伊朗界河。

死海位于约旦—死海地沟的最低部，是东非大裂谷的北部延续部分，由地壳断裂而成，夹在两个平行的地质断层崖之间，宛如一个巨大的积水盆地。死海长80 千米（约 50 英里），宽 18 千米（约 11 英里），表面面积约 1020 平方千米（约 394 平方英里），最深处 400 米（约 1312 英尺），水面平均低于海平面约 415 米，是地球表面的最低点。西岸为犹太山地，东岸为外约旦高原。约旦河从北注入。死海湖东的利桑（AL-Lisan）半岛将该湖划分为两个大小深浅不同的湖盆：北面的较大，包括该湖总表面面积的 3/4 左右，深 400 米；南面的小而浅［平均不到 3 米（约 10 英尺）］。在圣经时代和西元 8 世纪以前，仅在北面湖盆周围有人居住，当时湖面比 20 世纪末的水平约低 35 米（约 115 英尺）。1896 年，湖面升至最高水平［低于海平面 389 米（约 1276 英尺）］。1935 年后，湖面再度下降。

第二节　人口、民族与语言

一、人口和民族划分

阿拉伯国家的总人口约为 3.5 亿人。其中西亚地区约占 1/3，北非地区约占 2/3。阿拉伯国家的人口大国是埃及，人口约 7908 万人。由于种种原因，阿拉伯国家的出生率比较高，许多国家没有制订计划生育政策。

阿拉伯民族是阿拉伯国家中的主要民族，占阿拉伯国家总人口的绝对多数，他们的祖先是闪米特人。据历史记载，闪米特人最早居住在阿拉伯半岛，当半岛上的人口较多时，闪米特人的一些部落就向两河流域和地中海东部沿岸地区迁徙，以后这些地区出现的迦勒底人、阿卡德人、巴比伦人、迦南人、亚述人等均与闪米特人有着种种联系。在阿拉伯帝国的扩张活动中，阿拉伯人渐渐与被征服地区的人民融合在一起，并渐渐同化了他们。

阿拉伯史学家们习惯把阿拉伯人分为纯粹的阿拉伯人和归化的阿拉伯人，或者说是被阿拉伯化了的阿拉伯人，这种分法也是有一定的道理的。今天的北非和西亚一些国家在阿拉伯帝国兴起以前已经有民族生存在那里，当地人民用智慧和双手创造了自己的文化和文明体系，创造了自己的语言和文字，并且用这些文字记载了自己的历史。今天的埃及法老文明和伊拉克的巴比伦文明分别属于尼罗河流域文明和两河流域文明，这两个地区的人民还是人类古代历史与文明的创造者。

阿拉伯国家的民族大致上可以划分为两大部分：一部分是阿拉伯民族及其所归化的民族，另一部分是少数民族。这两部分人在脸型与肤色、宗教信仰、语言和风俗习惯上存在着明显的不同。今天的阿拉伯民族主要有阿拉伯人、贝都因人、柏柏尔人、摩尔人、索马里人、德鲁兹人等。

（一）阿拉伯人

阿拉伯人是最早居住在阿拉伯半岛上的民族。阿拉伯半岛南部地理条件优于半岛北部，雨水较为充沛，土地较为肥沃，许多人以农耕为生。北部地区沙漠覆盖了大部分土地，人们以放牧为生。公元7世纪，伊斯兰教兴起，阿拉伯帝国建立后，经过多年扩张，帝国鼎盛时期的版图横跨欧、亚、非三大洲。阿拉伯人到达各地后，很多人和当地居民结合，娶妻生子，繁衍后代，形成了今天的阿拉伯人。

（二）贝都因人

"贝都因"一词是阿拉伯语的音译，意为"住帐篷的游牧民"。他们主要以饲养骆驼、羊和马等牲畜为生，过着追逐水草而居的游牧生活，其组织形式主要还是部落式的。在今天阿拉伯的广大沙漠、半沙漠地区中，仍然生活着为数不少的贝都因人，即游牧民部落。

（三）柏柏尔人

柏柏尔人是北非的土著，公元7世纪至14世纪，随着阿拉伯帝国的扩张和占领，大批阿拉伯人进入北非，数百年间，大多数柏柏尔人渐渐接受了阿拉伯文化、语言和伊斯兰教，并和阿拉伯人通婚混血，逐渐阿拉伯化。今天只有少数柏柏尔人依然定居在偏僻山区和沙漠地带，保持着自己的语言和生活习俗。

（四）摩尔人

摩尔人是柏柏尔人的后裔。公元8世纪至13世纪，柏柏尔人和阿拉伯人一起进入西班牙南部，自此以后成为了西班牙地区的统治者和迁居者，他们和当地人通婚混血，并一起创造了辉煌的文明，这些人称为摩尔人。13世纪，西班牙人起来收复南部地区，把50多万摩尔人赶回北非。今天的摩尔人早已和阿拉伯人融为一体，他们是阿拉伯民族的组成部分。不过在毛里塔尼亚、摩洛哥和西撒哈拉的一些柏柏尔人后裔中，仍有人自称是摩尔人。

（五）索马里人

索马里人居住在东北非半岛上，信仰伊斯兰教的逊尼派，讲索马里语。其主要原因是伊斯兰教传播初期，一部分穆斯林为了逃避异教徒的迫害，出逃至索马里，并在索马里定居下来。索马里语中的四分之一词汇和阿拉伯语相近。索马里政府规定阿拉伯语和索马里语并列为国语。自从索马里加入阿拉伯联盟后，索马里人也随之成为阿拉伯民族的成员。

（六）德鲁兹人

德鲁兹人的祖先是阿拉伯人，是阿拉伯人的一个支派。他们世居在叙利亚、黎巴嫩山区。德鲁兹人信奉伊斯兰教法蒂玛教派所宣扬的"教主是轮回再生"的教义。

阿拉伯国家中的少数民族主要有库尔德人、土耳其人、黑人等。

库尔德人是库尔德地区的居民，信奉伊斯兰教的逊尼教派，他们的远祖实际上是波斯人。据不完全统计，库尔德人现共有 2570 万人左右，约 1400 万人主要集聚在土耳其的东部、东北部和东南部，另外约 600 万人居住在伊朗。其余分布在阿拉伯国家，例如在伊拉克约有 450 万人，他们主要集中在伊拉克北部山区五省。叙利亚约有 120 万人。

土耳其人约有 110 万人，他们是在奥斯曼帝国瓦解后，仍然居留在西亚和北非阿拉伯国家的人，其中相当一部分居住在埃及。

黑人原先是生活在撒哈拉沙漠以南的居民，后来向北非迁徙，进入阿拉伯国家。今天在阿拉伯国家中的苏丹和毛里塔尼亚两国所占比例较高。

二、语言

阿拉伯语属于闪含语系，共有 28 个字母，都是辅音，元音用附加符号来表示。阿拉伯语的书写是从右向左横写，从理论上讲，每一个字母都有四种写法，即独立时、开头时、中间时、结尾时的写法不同，但事实上不是每个字母都有四种写法，有些只有两三种写法。

阿拉伯语词汇分为动词、名词和虚词。动词除了表示词语动作含义以外，还要变换格位，有单数、双数、复数和阴性、阳性之分，分过去式、现在式和命令式。名词也有单数、双数、复数和阴性、阳性之分。名词在句子中根据所处的格位有三种读法。因此，初学阿拉伯语的人，感到开口比较难。虚词本身不具有实意，它与其他单词相结合，在语句中起联系、强调、疑问、应答、否定等作用。

阿拉伯语的句子分为动词句和名词句，即以动词开头的句子叫动词句，以名词开头的句子叫名词句。

《古兰经》是使用标准阿拉伯语的经文。随着伊斯兰教的兴起，阿拉伯语得以广泛传播，其语法修辞也不断趋于完善。一般说来，阿拉伯语和其他语言一样，有标准语和方言之分，标准语在阿拉伯各国通用，方言则因为各阿拉伯国家地理位置的不同而差异很大。

第三节　地质、地形与气候

一、阿拉伯国家的地质与地形

阿拉伯国家总体上可以分为北非和西亚两大部分。

北非的阿拉伯国家地形是西高东低，成倾斜形。地理学上把西部地带称为"山区"，东部地带称为"台地"（边缘为陡坡的广阔平坦的高地）。西部地带有时候又被称为高原，实际上这里的高原起伏较为平缓，还有不少盆地，平均海拔只有 300 米左右，最高的高原海拔约为 3000 米。东部则以沙漠和绿洲地带为主。

西亚的阿拉伯半岛是世界上最大的半岛，面积约 320 万平方千米。整个半岛是一个平坦的台地，西高东低，形状为非平行的四边形。半岛西边的平均海拔约 1000 米，到东部波斯湾只有 200 米。半岛西部高原包括北部的叙利亚中央高地、中部的沙特阿拉伯内志高原、南部的也门内陆高原。这是一条与西海岸相平行的高原地带，也是半岛的脊梁。半岛上的最高山峰约 3700 米，位于也门境内。半岛上的山大多为荒山，岩石凸显，但是在雨水较多的地方，山上布满了绿树鲜花，非常美丽。与阿拉伯半岛北部紧紧相连的是美索不达米亚平原（语出希腊文，意为两河之间的山区，即底格里斯河和幼发拉底河流域平原），两河流域平原地势开阔平坦，土地肥沃，水资源充沛，是人类古老文明的发祥地之一。阿拉伯半岛由于气候干燥，雨水稀少，高原、平原地带虽然拥有不少沟谷河道，但多为干涸河床，不见水流；只有在偶遇暴雨、山洪暴发时，才能看到水流湍急、浊浪翻滚的景象。

二、阿拉伯国家的气候

阿拉伯国家的气候特征是炎热和干燥。阿拉伯世界东起东经 60°，西至西经 17°，南起南纬 3°，北至北纬 38°，主跨经度 77° 左右。经度表现为时间差异，按 15° 为一个小时计算，阿拉伯世界自东向西相差 5 个多小时。纬度表现为气候差异，23°27′ 这条纬线是回归线，66°33′ 叫极圈。所以阿拉伯世界跨有热带、亚热带和温带三个气候地带，绝大多数国家处于亚热带，相当于我国广东到海南岛这样的气候。个别地区是世界上最热的地区之一，例如：苏丹首都喀土穆，被称为

"世界火炉";红海沿岸的沙特阿拉伯吉达港,炎热程度被阿拉伯诗人描写为"钻石会软,宝剑能融的地方";阿曼沿海的马西腊湾,居民只能在冬季短暂的时间里进行捕鱼谋生,漫长的夏天要到北方各地避暑。上述地区被称为世界"极热"地区,夏季平均温度在40℃以上。

气候炎热干燥是阿拉伯国家的普遍现象,但阿拉伯世界地域辽阔,个别地区受某些条件的影响,气候与环境情况完全不同,成为了闻名世界的避暑胜地,例如:气候适宜的避暑胜地黎巴嫩、雨水充沛的也门中部山区。阿拉伯世界也有一些地区特别潮湿,如埃及开罗以北的三角洲地带、沙特阿拉伯的吉达地区、也门的荷台达地区、苏丹的苏丹港至喀土穆的铁路沿线等。商品运往上述地区时,必须要有防潮包装。

【资料】气候适宜的避暑胜地黎巴嫩

黎巴嫩境内山川纵横,景色秀丽,山峰上可见白雪皑皑,山脚下处处绿树成行。由于受地中海气流的影响,黎巴嫩气候凉爽,加上境内森林覆盖山脊,又广植花卉树木,在黎巴嫩你可以在一日之内看到四季花卉竞相开放,上午能上高山滑雪,下午可去海滨游泳,因而被人们称为阿拉伯的瑞士。首都贝鲁特市内,鲜花香气浓郁。旅店、民居都建立在山腰绿树丛中,吸引了众多的游客前来度假养生。

【资料】雨水充沛的也门中部山区

也门中部山区得天独厚,在西南风的吹刮下,带来大量的雨水,加上这个地区水源充沛,植物茂盛,历史上就被人们称为阿拉伯的乐园、也门的王冠。不过这里说的雨水充沛也是相对而言,是和阿拉伯世界缺雨少水相比较的。也门中部山区的年平均降雨量有540毫米,为植物生长提供了较好的条件。中部山区海拔在2000米左右,夏天气温不高,一般不超过30℃,冬天气温不低,很少低于零摄氏度,一年四季像春天,植物四季常绿,是人们度夏的好去处。

第四节 山脉、河流与沙漠

一、阿拉伯国家的山脉

位于北非地区阿拉伯国家的主要山脉有阿特拉斯山、塔哈特山、格雷本山、欧韦纳特山等。位于西亚地区阿拉伯国家的主要山脉有黎巴嫩山脉、希贾兹山脉、哈贾尔山脉等。北非的阿特拉斯山脉（包括阿特拉斯撒哈拉山脉在内）横亘在北非阿拉伯国家中间，形成了明显的自然地形。山脉的北面有一条宽约数千米的狭长地带，介于地中海和山脉之间，这里城镇罗列，人口众多，气候较凉爽；山脉的南面，就是撒哈拉沙漠，气候炎热，自然条件较差。

阿特拉斯山：阿特拉斯山脉由中阿特拉斯山、高阿特拉斯山和安基阿特拉斯山三部分组成。高阿特拉斯山是其主脉，蜿蜒700多千米，山势高峻、狭长，主峰为图卜加勒山，海拔4165米，是非洲北部的最高峰，其西部为侏罗纪石灰岩，地形起伏和缓，东部为辽阔的侏罗纪褶皱；东北部的中阿特拉斯山脉，是相当规则的褶皱山脉，它像一条纽带，将高阿特拉斯山脉和最北部的里夫山脉联结起来；西南部的安基阿特拉斯山脉，海拔在2500米以上，是撒哈拉沙漠逐渐抬升的边缘。

塔哈特山是阿哈加尔高原的最高点，山峰最近的城市是位于其南部约56千米的塔曼拉塞特，其相对高度为2328米。

格雷本山位于尼日尔，为全国最高点。

黎巴嫩山脉几乎纵贯黎巴嫩全境，与地中海岸平行延伸约240千米，北端突入叙利亚。代赫尔拜德尔山口以北为最高、最宽的北段，平均海拔2100米，有座终年覆雪的山峰，其中索达山（Qurnat as-Sauda）海拔3087米。山口以南段缩狭，海拔1520~1820米，至黎巴嫩南部被274米深的利塔尼（al-Litani）河谷切割。该山西侧卜舍里（Bsharri）以东有著名的黎巴嫩雪松残存林。山脉的中、下坡有灌溉农业，其海岸一侧多种植油橄榄、杏及苹果等。

希贾兹山脉位于约旦的西部，由汉志地区板块挤压地壳隆起形成。多火山活动位于板块交界处。中部是广阔的沙漠，山峰多为死火山锥，最高峰哈杜尔舒艾卜峰海拔3760米，面积约120万平方千米。

　　哈贾尔山脉是阿拉伯半岛东部的山地。从穆桑达姆半岛向南沿阿曼湾伸延，大部在阿曼境内。其中段称作绿山，主峰沙姆山海拔 3352 米。绿山为阿曼降水最多的地方和主要农牧区，种有椰枣、谷物与果木，并有内地城市尼兹瓦。东坡陡临沿海平原。西坡较平缓，有较长的涸河顺坡向西延入沙特阿拉伯境内。山区已开采石油与岩盐，其他矿藏如铜、铁、煤、铅、硫黄等尚少开发。

二、阿拉伯国家的沙漠

　　人们常常把阿拉伯人、阿拉伯国家与浩瀚无垠的沙漠联想在一起。阿拉伯人早期生活在沙漠之中，故称"贝都因人"，即沙漠游牧民族至今仍保持着贝都因人身上的一些风俗习惯。而沙漠面积占阿拉伯各国面积的比例也是罕见的，例如埃及、利比亚约占 90% 以上，阿尔及利亚占 86% 左右，沙特阿拉伯和叙利亚均占50% 左右，毛里塔尼亚占 66%。大面积沙漠的形成，有其自然条件因素，如地壳运动中的升降变化，以及纬度低、日照强、雨水少、旱风多等，也有其社会条件和人为造成的因素，如滥伐树木、毁坏草原、破坏水利等。

　　史料记载，今天的撒哈拉沙漠地带情景与远古时代完全不一样。考古人员在利比亚的沙漠里发现了成百上千幅岩石画。最早的岩石画上有大象、长颈鹿、鳄鱼、犀牛、河马等动物，背景是一小群裸体人，持箭向巨兽射击。由此说明，约在 1 万年前，这里的雨水充沛到可以让河马、鳄鱼、犀牛繁殖，树林茂密到可以让群兽生息。同时也证明，这里是远古人类进行原始狩猎、采集食物活动的场所。在以后的岩石画中，出现了大量牛群，偶尔也出现一些羊群，人们不再裸体，而是围上了兽皮和羽毛。过去的野生大动物还有出现，但越来越少，这些场景证明这一地带正在发生变化，人们占据较好的土地，开始驯养成群的家畜，但密林丰水的地区在逐渐缩小。晚期的岩石画中出现的是蛙类、鸵鸟、山羊和骆驼，这说明气候变得越来越干燥，一些喜欢密林丰水的野生动物首先遭难，家畜牛羊的生存也十分艰难。再往后，这里就变成了不毛之地，黄沙覆盖了一切。

　　根据有关资料记载，撒哈拉沙漠南翼大约向前推进了数千米，过去曾经是人烟稠密、土地肥沃的一些区域，现在却变成了一片沙地，人烟全无。

　　位于阿拉伯国家的沙漠主要有北非的撒哈拉沙漠和西亚的阿拉伯大沙漠。"撒哈拉"是阿拉伯语"沙漠"的意思。撒哈拉沙漠是非洲北部所有沙漠的总称，不同地段的沙漠还有不同的叫法。撒哈拉沙漠是世界上最大的沙漠，西起摩洛哥，东至红海沿岸，面积约 800 万平方千米。在辽阔的撒哈拉沙漠中，气候炎热干燥,白天气温高达 40 多摄氏度,夜晚可迅速降至摄氏 0 度。这里雨水稀少,动植物罕见,但沙漠底下的石油和地下潜流却是人类生产和生活不可缺少的重要资源。

阿拉伯沙漠广义上讲是阿拉伯半岛上所有沙漠的总称,狭义上讲专指鲁卜哈利沙漠(意为荒无人烟的地方)。事实上,阿拉伯沙漠是由南部的鲁卜哈利沙漠和北部的内夫得沙漠以及阿西尔、达赫纳等沙漠组成,面积约 65 万平方千米。这个地带的沙漠特征是岩石沙漠和沙质沙漠居多。岩石沙漠的颜色呈带有褐色的暗灰色,沙漠中经常能看到绿洲或者灌木草丛,给人以生命和绿色植物、勃勃生机的感觉;沙质沙漠则完全不同,这里沙丘起伏,似波似浪,远远看去,就像无边无际的橙黄色的大海,人类很难在这样的环境中生存。从今天半岛沙漠底下蕴藏的丰富石油储量看,远古时期半岛曾经也是一块动植物非常繁茂的地方,也是非常适合人类居住与生存的地区。

三、阿拉伯国家的河流

在阿拉伯国家,间歇河和内陆河是主要的,常年有水的河流屈指可数,著名的河流更是寥寥无几。常年有水的较长的河流主要有约旦河、尼罗河、幼发拉底河、底格里斯河、朱巴河、谢贝利河和塞内加尔河。阿拉伯国家缺水严重,"水比油贵"成为人们社会生活的真实写照。以前阿拉伯人生活主要依靠掘井打水,开发地下水,因此在地图上一般都要标明水井的位置,这从另一个角度说明了阿拉伯国家的水资源在经济地理上的重要地位。

1. 约旦河

约旦河是内陆河中的佼佼者,长年有水,发源于黎巴嫩与叙利亚交界处的谢赫山,全长 320 千米,最后注入死海。约旦河是巴勒斯坦与约旦的重要水资源,河两岸土地肥沃,是重要的农业生产区域。约旦河有着浓厚的宗教色彩,史称"圣河"。相传,耶稣曾经在这里洗涤过,并表示归于上帝,从而形成了一种宗教仪式,即参加基督教的人都要接受洗礼。围绕争夺约旦河水的斗争也很激烈。在争夺河水的斗争中,以色列不断在约旦河的西岸开挖河渠、兴建水库、建造水力发电站。为了与以色列争夺水源,阿拉伯人在约旦河东岸也修了一条与约旦河平行的水渠,拦截来自东部高原处泻下的水源。由于约旦河上游东西两侧都有水渠分流水源,注入约旦河的水量不断减少,长此以往,约旦河很有可能会变成一条间歇河,或者变成干河谷,从而导致死海的容水量进一步下降。死海是约旦河的终端,死海的水平面要低于海平面约 400 米,因而有人说它是"地球上最低的水域"、"世界的最低点，地球的肚"。死海海水比普通海水含盐比例高出近 10 倍，达到 23%~25%，一般鱼类很难在这种海水中生存。死海海岸边植物也难以生存，放眼看去，寸草不生，因而人们称之为死海。死海实际上是一个内陆盐湖。初步估计，死海的含盐量约有 130 亿吨。死海沿岸有晒盐场和化工厂。死海中虽然没有生物和植物，但却饱含硫、镁、钾、氯、溴、钠等矿物质，人在死海里非但不会下沉，海水还能帮你治愈一些皮肤疾病。因此，死海的旅游、休养、医疗、度假等价值正在被逐渐开发。有关死海的宗教、民间神话故事流传很多，《圣经》、《古兰经》的故事中也有不少记载。

2. 尼罗河

尼罗河是世界上最长的河流之一。发源于卢旺达，从维多利亚湖口流出的地方算起至地中海，全长约 5588 千米，如果加上上源卡格拉河，则全长 6650 千米，流域面积达 287 万平方千米，年流量约 810 亿立方米；流经坦桑尼亚、卢旺达、布隆迪、乌干达、苏丹、埃及、埃塞俄比亚 7 个国家。尼罗河上游有三大湖泊，即维多利亚湖、基奥加湖、蒙博托湖，下游有纳赛尔人工湖。尼罗河的灌溉、航运、发电等价值很高。尼罗河潮涨潮落很有规律，每年 6~10 月尼罗河水开始定期泛滥，上涨的河水淹没两岸的大片农田，同时也把顺流而下的各种淤泥杂物送到了下游；10 月以后，洪水退尽，两岸土地上留下了厚厚的黑色淤泥，土地变得更加肥沃，人们在这块黑土地上耕种农作物，来年就可喜获丰收。但是，由于尼罗河每年的泄洪量不一样，洪水时常给人们带来灾害，为了抗洪引流，埃及早在法老时期，就有了筑坝引流和建造水库的记录。随着各国经济的发展，尼罗河流域国家对尼罗河水的分配和使用问题越来越关注，根据 20 世纪 50 年代签订的一项协议规定，埃及每年对尼罗河水的利用量为 555 亿立方米。上游一些国家曾对此表示异议，提出要修改协议，分享尼罗河水的用水量，但遭到下游的埃及和苏丹的强烈反对。尽管如此，上游的埃塞俄比亚还是在本国境内筑坝蓄水，争取更多的水资源。而下游的苏丹、埃及早已经在自己的境内修建了一系列的水坝用于蓄水或者发电。如埃及的阿斯旺水坝和纳赛尔人工湖就是尼罗河上的著名水坝和水库。尼罗河流域被称为人类文明的发源地之一，流经埃及的这一段全长 1532 千米，是尼罗河文明集中体现的地方，尤其是下游三角洲一带，是埃及古代文明所在的地域，因此，历史上有"埃及是尼罗河的赠礼"的说法，尼罗河也因而被埃及人民视为生命河。在埃及国土上，90%以上的人口居住在尼罗河沿岸和三角洲一带。

3. 底格里斯河和幼发拉底河

底格里斯河流域与幼发拉底河流域统称两河流域，又称美索不达米亚平原，是古代文明发祥地之一。底格里斯河全长 1950 千米，流域面积 37.5 万平方千米，是西亚流水量最大的河流，每年约 400 亿立方米；幼发拉底河全长 2750 千米，流域面积 67.3 万平方千米，是西亚地区最长的河流。两河的经济价值主要是农业灌溉，只有中游一部分至下游有航运价值，可以通行汽轮船。两河流域下游的阿拉伯河两岸盛产椰枣，产量占世界总产量的 75%，枣树高似椰子树，故称椰枣。两河流域是人类文明的发祥地之一。这里曾建立过赫赫有名的古亚述帝国、古巴比伦王国。古亚述帝国的首都尼尼微就位于底格里斯河中游，即现在摩苏尔城附近，尼尼微曾经是两河流域地区的军事、政治中心。古巴比伦王国的首都叫巴比伦，位于幼发拉底河下游，北距巴格达 60 千米，是当时两河流域的交通与商业中心，也是文化最发达的城市。这两座城市的文明，对人类历史发展产生过深远影响，史称亚述—巴比伦文明。

第五节　主要自然资源

阿拉伯世界的资源十分丰富，这也是其战略地位重要的主要原因之一。阿拉伯世界的资源不仅品种多，而且数量大，还有不少是世界重要的资源。

阿拉伯世界的矿产资源品种繁多，无所不包，无所不有，有些储量可观，有些产量居世界之首。据不完全统计，阿拉伯国家拥有磷酸盐、磷灰石、铅、铜、沥青、铁、石油、褐煤、锰、石膏、铀、盐、金、银、煤、云母、硫黄、玛瑙、锡、锌、钨、铜、滑石、石棉、石墨、钠、铅土等多达几十种矿产资源，这些资源中，有些是稀有金属，有些是战略物资，有些是能源资源。特别是石油，储量和产量均居世界首位。

阿拉伯国家中绝大部分国家都有海洋资源，水产资源比较丰富，有些国家的海洋捕捞业、海水养殖业、海水淡化工艺相当发达。索马里盛产金枪鱼、鲨鱼，摩洛哥盛产沙丁鱼，巴林则盛产珍珠。科威特、阿拉伯联合酋长国、沙特阿拉伯、卡塔尔等国都把渔船或者帆船作为国家或城市的标志物，阿拉伯联合酋长国建造的世界七星级旅馆更是采用了帆船外形，将阿拉伯国家捕鱼传统与现代建筑风格巧妙地结合在一起。

　　阿拉伯国家也有不少森林资源，主要集中在非洲，亚洲阿拉伯国家的森林面积十分有限，阿拉伯半岛上沙漠面积巨大，覆盖了大部分产油国家，加之水资源奇缺，不利于树木生长。

　　阿拉伯国家不少农产品在世界上享有盛誉，埃及、伊拉克、叙利亚等国都是农业生产历史悠久的地方。阿拉伯国家生产稻米、小麦、玉米、棉花、烟草、番茄、花生、芝麻、各类水果等，其中，也门的咖啡、索马里的香蕉、黎巴嫩的水果蜚声世界，但最为驰名的是埃及、叙利亚的长纤维棉花，伊拉克和沙特阿拉伯的椰枣，苏丹的阿拉伯树胶。埃及的长纤维棉花占世界产量的40%，这种棉花可纺120~150支的棉布，犹如丝绸；伊拉克的椰枣产量曾经占世界总产量的75%；苏丹的阿拉伯树胶产量最高时占世界产量的80%，占世界供应量的95%。

第四章　阿拉伯国家政治概况

第一节　政体与政党制度

当今阿拉伯世界的格局是从 20 世纪初开始逐渐形成的。在政治体制方面，阿拉伯国家大致分为共和制国家和君主制国家。共和制国家中有一部分允许政党存在，少部分国家还实行了多党制。但是，允许政党存在的国家对政党活动有法律规定，政党必须在维护国家利益的基础上进行活动。阿拉伯君主制国家则大多数禁止政党活动。

一、阿拉伯国家的国体与政体

（一）君主制

实行君主制的国家：摩洛哥王国、沙特阿拉伯王国、科威特国、卡塔尔国、巴林王国、约旦哈希姆王国、阿曼苏丹国。除非洲的摩洛哥王国外，阿拉伯君主制国家主要分布在亚洲。

摩洛哥国家宪法明确规定，摩洛哥是君主立宪制的伊斯兰国家，实行王位世袭制。摩洛哥国王既是国家元首，也是军队最高统帅和宗教领袖，集行政、军队和精神领袖为一体。国王的地位至高无上，手中握有任免首相和内阁大臣、召开内阁会议、解散议会及颁布新法令等权力，必要时国王可以宣布国家进入紧急状态。国王下设国王办公厅顾问、国王私人秘书处主任、国王侍从室主任和王国摄政委员会。其中，摄政委员会于 1981 年建立，由著名政治家、宗教人士和军人共 10 人组成，当王国处于非常时期时行使辅佐王储的重要职责。1980 年的摩洛哥王国宪法规定，王储继位的年龄为 16 岁，国王的成年年龄为 20 岁，王储登基不满 20 岁时，将由摄政委员会辅佐至成年年龄。此外，摩洛哥王国实行一院制，议长任期 3 年，议员任期 6 年，议员的 2/3 通过普选产生，1/3 通过各地选出的选举团选出。

沙特阿拉伯王国是一个以统治家族名称命名的国家，并于 1932 年 9 月 23 日正式定国名为沙特阿拉伯王国，国王为世袭制。沙特国王是国家元首，手握行政、司法、武装、外交等实权，既是国家内阁首相和三军部队总司令，也行使具体职权，包括任命国家高级行政官员、驻外使节、军队高级将领，与外国签署条约和协议，批准或否决内阁会议决议案等。根据规定，国家的最高权力机构是王室长老委员会，由国王、王储和国防大臣等人组成，委员会有权讨论国家重大事务和决策，包括立、废王储等国家头等大事。内阁会议是王国的最高行政机构，首相由国王本人兼任。同时，国家还设有咨询会议，国王兼任其主席，沙特家族各分支是其主要成员，负责向国王进谏和传达国王旨意。此外，沙特阿拉伯王国的法律依据是伊斯兰教经典《古兰经》和"圣训"。

约旦哈希姆王国成立于 1946 年。国王是国家元首兼武装部队最高指挥官，有权任命上至首相下至大臣会议议员、组织大选、颁布法律、宣布战争及与外国缔结和约等。不过与沙特不同的是，约旦国王不兼任首相。约旦王宫设宫廷总管、宫廷大臣、国王特别顾问、国王政治顾问、王宫首席发言人等，王室设王储。王国还设立国民议会和大臣会议（内阁）。国民议会由参议院和众议院组成，参议员共有 40 名，是众议院人数的一半。参议员由国王任命，任期 4 年，年龄必须在 40 岁以上，而议长任期只有 2 年。众议员人数共 80 人，通过普选直接产生，任期 4 年。众议院是王国的立法权力机构，是参议院的基础，如果众议院被宣布解散，那么参议院也必须停止常规会议。

君主制的核心内容是君主专制，国王权力是最高的。君主立宪制国家又可分为两类：议会君主制和二元君主制。议会君主制国家的最高立法权力机构是议会，政府直接对议会负责，而君主作为象征性的国家元首，行使礼节性的和形式上的权力。二元君主制则不同，形式上，君主的权力受到议会或者宪法的限制，实际上君主掌握了国家的一切实权，甚至内阁成员、议会议员都由君主任命或指定。阿拉伯国家中，君主制国家约占 1/3，且基本属于二元君主制。例如，沙特阿拉伯国王不仅是国家元首，而且还担任首相；约旦和摩洛哥国家的首相都由国王任命，且部分议员也由国王任命，形成了国王拥有实权，政府对君主直接负责的局面。

（二）共和制

实行共和制的阿拉伯国家：阿拉伯埃及共和国、苏丹共和国、大阿拉伯利比亚人民社会主义民众国、突尼斯共和国、阿尔及利亚民主人民共和国、毛里塔尼亚伊斯兰共和国、索马里共和国、吉布提共和国、科摩罗伊斯兰联邦共和国、伊拉克共和国、阿拉伯叙利亚共和国、黎巴嫩共和国、阿拉伯联合酋长国、也门共和国和巴勒斯坦国。

共和制阿拉伯国家元首一般称总统，也有称主席的，如利比亚的卡扎菲，早期称为革命指挥委员会主席，1977 年后又称革命领导人。阿拉伯国家总统一般通过公民投票选举产生，可以连选连任，任期一般为 6 年左右。阿拉伯国家总统一般都兼任国家武装部队总司令。共和制国家一般都设议会，有的国家还设协商会议。

埃及议会又称人民议会，它是国家最高立法机构。人民议会拥有立法权和监督权，它负责审定和批准实施国家政策法规，同时对政府机构进行严密的监督。人民议会有 454 名议员，宪法规定，议员任期为 5 年。议员通过直接选举产生，所有合法的政治团体、政党都可以向议会推荐候选人。国家法律规定，议员中的 50% 成员要从工人和农民中间产生。总统有权指定或任命 10 名议员。议员在任期间不担任政府内的职务。每届任期的最后 60 天内，进行下一届议员的选举。

埃及人民议会是通过下设的 18 个委员会行使它的立法权和监督权的。18 个委员会是：宪法和立法委员会，计划和预算委员会，经济事务委员会，外交关系委员会，阿拉伯事务委员会，国防和国家安全委员会，建议和申诉委员会，劳动力委员会，工业与能源委员会，农业与水利委员会，教育与科研委员会，宗教、社会事务和宗教基金委员会，文化、宣传与旅游委员会，运输与交通委员会，卫生和环境事务委员会，住房、公共设施与建设委员会，青年委员会，地方与民间组织委员会（参见埃及新闻部《埃及年鉴 2007 年》）。议案一般由相关委员会先进行审议，再提交给议会审议表决。总统如果对议会通过的决议案有异议，可在议案通过后的 30 天内提出，议会将重新审议，如获 2/3 以上议员同意，议案就可正式通过。

埃及议会的另一项工作是协助中央审计局对政府财政和其他个人财产进行监督。埃及中央审计局是一个独立单位，它的职责是通过审计进行财政监督。埃及协商会议拥有批准宪法和补充法案的权力，同时它要为维护国家团结和社会稳定、修改国家宪法条款、国家经济发展计划、对外政策调整等提出各种积极性的建议。协商会议成员人数为 264 人，其中 2/3 是通过直接选举产生的，1/3 是总统任命的。协商会议成员任期为 6 年，每 3 年一半成员重新选举或任命，成员可以连任，但是不能兼任人民议会议员。按埃及法律规定，协商会议议长要兼任埃及最高新闻理事会主席。

埃及总统既是国家元首和最高行政首脑，也是国家政治制度的轴心。总统还兼任全国武装部队最高统帅、国家警察最高委员会主席和国防委员会主席。总统握有行政大权，必要时，他可以终止议会活动，通过全民公决，决定是否解散议会。如果多数人支持解散议会，总统可在 30 天内宣布解散议会，60 天内选举新的议会。总统的提名必须要获得议会 2/3 的赞成票，再由全民公决选举。总统有权任命或者罢免副总统，有权任命总理和副总理、内阁各部部长和副部长。有权发布具有法律效力的决定。有权宣布国家进入紧急状态，有权对外缔结条约。总统的任期为 4 年，从公民投票结果公布之日算起，而总统只能连任 1 次。

埃及政府是国家最高行政和执行机构，它由总理、副总理和各部部长组成，又称部长会议。出任部长必须年满 30 周岁。根据埃及宪法规定，政府要协助总统制定和执行国家大政方针，指导和监督政府各部和各机构的工作，起草制定国家发展总计划和总预算，根据法律规定签署协议、签订贷款条约等。政府还担负维护公共利益、国家利益、公民权益，保卫国家安全，捍卫国家主权等重任。

与埃及政体较为相像的是叙利亚共和国，总统是国家元首，通过选举产生，任期为 7 年。国家设人民议会，议员也通过选举产生，但是任期为 4 年。国家的行政机构是内阁部长会议。总理和部长都由总统任命。

2003 年以前，伊拉克的总统由革命指挥委员会推举产生，需通过委员会 2/3 成员的同意。总统既是国家元首，也是国家武装部队总司令。在伊拉克国家最高权力机构和立法机构是革命指挥委员会。该委员会拥有类似于总统的权力，它有权颁布国家法律，作出与法律同等效力的决议，有权决定国家的战争或和平，有权对外签署条约和协议，有权解散议会，有权批准国家预算和决算等国家重大决策。

伊拉克革命委员会主席即共和国总统。总统可以任免副总统，任免各部部长和军队高级官员。伊拉克也设国民议会。1980 年 3 月，在革命指挥委员会颁布了国民议会法之后，国民议会开始运作。伊拉克的国民议会由全民选举产生，共有 250 名议员，每届任期是 4 年。1991 年以前，伊拉克不设总理，但保留副总理职务，内阁总理职权由总统代为行使。海湾战争后，重新设总理，总统不再行使政府首脑职权。

2003 年 3 月，美英发动伊拉克战争，一举推翻萨达姆政权，并对伊拉克政体进行改革，重新划定了总统、总理、议长的职权范围。

利比亚国家元首的称呼为"9·1 革命领导人"，外界一般也称其为总统。1977 年 3 月以前，卡扎菲被称为革命指挥委员会主席，之后又称为革命领导人。

利比亚设立的总人民代表大会是国家最高权力机构，相当于国家的议会。总人民代表大会的代表来自全国各基层部门的代表及各级工会和协会的负责人，他们也是全国各阶层的代表。总人民代表大会的常设机构是总秘书处，它由秘书长和副秘书长、人民代表大会事务秘书、人民委员会事务秘书、行业代表大会事务秘书 5 人组成，他们负责主持总人民代表大会的日常事务工作。

利比亚还设立总人民委员会，这个机构相当于国家内阁，下设总秘书，即总理，其秘书为各部部长，如对外关系和国际合作秘书、计划和经济秘书、司法秘书、高等教育秘书、石油秘书等，他们分别负责国家内阁各部事务。另外，利比亚不设武装部队正规军，取而代之的是民众国卫队，但是，拥有陆海空三军。

与利比亚情况比较接近的有毛里塔尼亚伊斯兰共和国，国家总统由救国军事委员会主席担任，同时兼任国家武装部队总司令。毛里塔尼亚救国军事委员会既是国家最高权力机构，也是国家立法机构。总统兼任政府首脑。

位于阿拉伯半岛西南部的也门共和国是由前阿拉伯也门共和国和也门民主人民共和国合并而成的。也门总统为国家元首。国家最高权力机构是总统委员会，由总统、副总统等人组成，总统任委员会的主席。也门共和国也设立协商委员会，但是，和其他国家不一样，也门的协商委员会是总统委员会的咨询机构，它由国家总统委员会成员和国家政界要人组成，共有 45 名成员。

议会是也门共和国的立法机构，总统有任命议员的权力。总理是由议会选举产生的。至于政府内阁（部长会议），则是国家的执行机构。

吉布提共和国是阿拉伯国家中较晚独立的国家（1977 年 6 月 27 日宣告独立），国家元首是总统。国家宪法规定，总统必须经过选举产生，总统兼任政府首脑和武装部队最高统帅。吉布提的国家最高立法机构是国民议会，共有议员 65 名，全部通过选举产生。

吉布提实行的是总统内阁制，总统直接主持部长会议，行使政府首脑职责。但是，国家也设立总理，由总统任命，总理有建议任免部长的权力。

类似吉布提共和国的还有科摩罗、突尼斯等国。

苏丹共和国总统是由苏丹救国革命指挥委员会主席担任，他身兼国家元首、政府首脑、武装部队最高统帅、国防部长等数职。1989 年巴希尔领导军事政变上台后，国家议会就被解散。

阿拉伯国家中设立联邦议会的有科摩罗联盟和阿拉伯联合酋长国。科摩罗联盟的议员是通过全国 50 个选区层层选举出来的，任期为 5 年。阿拉伯联合酋长国的议员共有 40 名，他们分别代表阿布扎比、迪拜、沙迦、阿治曼、富查伊拉、乌姆盖万、哈伊马角 7 个酋长国，任期为 2 年。

黎巴嫩共和国的总统由国家议会选举产生，任期为 6 年，但是，总统不能连选连任。早在黎巴嫩独立以前，黎巴嫩各教派经过协商，并达成协议：总统由基督教马龙派人士担任，议长由伊斯兰教什叶派人士担任，总理由伊斯兰教逊尼派人士担任。如果发生议会不能如期选出总统时，前总统可以任命一个临时过渡性政府。黎巴嫩实行一院制，称国民议会。议会设 108 个议席，设议长和秘书长，内阁总理对总统和议会同时负责。至于内阁各部部长，也是按照议会中的教派比例进行分配的。黎巴嫩这样的政治制度在阿拉伯国家中是独一无二的。共和制阿拉伯国家的宪法规定，总统是通过选举产生的，同时规定了总统的任职条件。但是在具体执行时，一些国家会对宪法作出临时修订。

二、阿拉伯国家的政党政策

阿拉伯国家根据各国不同国情分别实行不同的政党政策。目前，在阿拉伯国家中实行多党开放政策的国家并不多，君主制国家大多实行禁止政党活动政策，沙特阿拉伯政府和阿曼政府禁止一切政党活动。巴林国家宪法规定禁止政党活动。在卡塔尔只有极少数组织在地下活动。科威特和阿拉伯联合酋长国只有官方承认的一些群众组织，没有政党。约旦在 20 世纪 60 年代前禁止一切政党活动，70 年代，已故国王侯赛因曾经组织约旦民族联盟，但 5 年后就被废止了。君主制国家中摩洛哥对政党实行了较为宽松的政策，从 20 世纪 40 年代开始到 80 年代先后成立的政党有：进步和社会主义党（1943 年 11 月成立）、独立党（1943 年 12 月成立）、人民运动党（1957 年 9 月成立）、人民力量全国联盟（1959 年 9 月成立）、民主宪政人民运动（1967 年成立）、人民力量社会主义联盟（1972 年 7 月成立）、行动党（1974 年 11 月成立）、自由进步党（1974 年成立）、全国自由主义者联合党（1978 年 10 月成立）、民族民主党（1981 年 4 月成立）、全国团结统一党（1982 年成立）、民主和人民行动组织（1983 年成立）、宪政联盟（1983 年 4 月成立）等。这些政党有的是摩洛哥农村地主和部落酋长组建的，如人民运动党；有的是留法学生组建的，如独立党；还有的是摩洛哥中下层、小资产阶级和青年学生组建的，如人民力量社会主义联盟。

共和制国家中埃及、叙利亚和伊拉克等国都允许政党存在和活动。特别是埃及实行多党制后，先后出现了 20 多个政党。埃及 1952 年 7 月革命后，纳赛尔总统为了巩固新生的革命政权，加强革命舆论宣传，打击各种敌对势力，于 1953 年颁布解散政党的法律，禁止任何政党活动。至 1977 年的 20 多年里，埃及基本上是一党制。这种局面一直延续到政府颁布关于组织成立政党的政党法。

根据埃及政党法规定，建立新的政党必须要向阿拉伯社会主义联盟中央委员会提出申请，从提交申请起 15 天内，有关委员会要进行讨论。这个委员会由联盟中央委员会书记、司法部长和政治组织部部长等人组成。政党法还规定，新建政党的宗旨不能和宪法、国家利益、社会稳定、社会主义民主制度相对立。1979 年，当埃及和以色列签订和平条约后，又补充了不得与埃以和平条约相违背这一条。因此，埃及政府同意实行多党制，是建立在维护国家利益和社会安定的基础之上的。与之背道而驰者，或者有损于国家利益和社会安定、分裂国家的言行是绝对不允许的。

叙利亚主要政党是阿拉伯复兴社会党。该党成立于 1947 年，刚成立时取名"阿拉伯复兴党"，后来与阿拉伯社会党联合，改名为"阿拉伯复兴社会党"，把两个政党的名字合二为一。但是复兴党和社会党很快就分裂了，只保存了"阿拉伯复兴社会党"没有分离。阿拉伯复兴社会党的领导机构是民族领导机构和地区领导机构，前者是党的总部，设在叙利亚首都大马士革，后者是分支机构，设在其他阿拉伯国家。

叙利亚阿拉伯复兴社会党民族领导机构总书记和地区领导机构书记都是总统兼任的。另外叙利亚阿拉伯复兴社会党为巩固自己的地位，在 1972 年时成立了全国进步阵线，吸纳了其他一些组织和政党参加，先后加入这个阵线的有叙利亚阿拉伯社会主义联盟、阿拉伯社会党、叙利亚共产党、社会主义统一分子运动等。叙利亚的政党一方面具有自己的独立性，另一方面也受全国进步阵线的统一领导。

伊拉克在萨达姆时期政府是有条件地限制政党活动，国家政党法规定，在军队和国家安全机构内除了阿拉伯复兴社会党以外，禁止政党和组织活动；任何政党活动不得采用暴力，否则，国家予以取缔。

伊拉克阿拉伯复兴社会党是从叙利亚阿拉伯复兴社会党中分裂出来的。20 世纪 50 年代，复兴社会党人在伊拉克建立分支机构，1968 年复兴社会党人在伊拉克执政，不久，该党和叙利亚复兴社会党产生矛盾，1977 年 10 月，他们在巴格达自行设立民族领导机构。叙利亚和伊拉克两国政党发生裂变后，叙利亚的民族领导机构就不包括伊拉克了，而伊拉克的民族领导机构则是独立的。2003 年萨达姆·侯赛因政权被推翻后，这个组织被解散。

吉布提在 1981 年 10 月宣布"争取进步人民联盟"是唯一合法的政党。但事实上，另有许多政党在吉布提活动，如解放吉布提民主阵线、吉布提人民党、人民解放运动、吉布提解放运动、民主运动联盟等等。有些组织属于反政府性质的，一直处于秘密活动状态。

阿尔及利亚在 1989 年 2 月举行公民投票，通过宪法修正草案，承认政治结社权。同年 7 月全国人民议会通过授权组建新政党的法律。阿尔及利亚较为著名的政党有：民族解放阵线，它成立于 1954 年 8 月，总书记曾任国家总统。另外还有伊斯兰拯救阵线、社会主义先锋党、社会民主党、文化和民主联盟、团结和发展国民党、争取阿尔及利亚民主运动等。这些组织大部分成立于 20 世纪 80 年代，只有社会主义先锋党成立于 1936 年，该党原名为阿尔及利亚共产党，直到 1968 年时改成现在的名称。

黎巴嫩是政党与组织活动较为活跃的一个国家，其性质既有政治性的，也有宗教性的，一些宗教性的政党和组织一般还拥有自己的武装力量。

"阿迈勒"运动是伊斯兰教什叶派中的一个重要政党组织，成立于 1974 年。20 世纪 80 年代，该组织同真主党在首都贝鲁特经常发生武装冲突，1991 年和真主党达成协议，双方撤出贝鲁特。

真主党是伊斯兰教什叶派中的另一个重要政党，它于 1982 年成立，拥有武装人员 5000 多人。该组织成立后不久，就和"阿迈勒"运动发生武装冲突，1991 年两个组织达成协议后，撤出了黎巴嫩首都。

在黎巴嫩，基督教的各主要政党和联盟结成了自己的政治和军事联盟——黎巴嫩阵线，其中的黎巴嫩长枪党又称弗朗基党，它是黎巴嫩基督教马龙派政党，是黎巴嫩较为强大的一支军事力量，一直活跃在黎巴嫩的政治舞台。伊斯兰教的主要党派组织在 1987 年和 1989 年也先后成立了自己的联合阵线——黎巴嫩联合解放阵线和民族阵线，前者有 13 个穆斯林组织参加，后者由 18 个穆斯林组织和黎巴嫩左派组织组成。黎巴嫩在阿拉伯世界中是政党较多的国家之一。

总的来说，阿拉伯共和制国家中一部分是允许政党存在的，少数国家还实行了多党制，但是，允许政党存在的国家对政党提出了必须在维护国家利益的基础上进行活动的要求。至于阿拉伯君主制国家大多数则禁止政党活动。

三、阿拉伯国家政治发展的总体特征

除了政权性质和资源禀赋外，国家或社会的历史经验、记忆、信仰与文化，

特别是核心价值取向、人口构成、时代特性和国际政治环境等，在决定一国政治社会变迁方面，可能起着更重要的作用。以此角度为出发点，阿拉伯国家的政治发展充斥着阿拉伯民族主义、伊斯兰主义、全球化、民主自由化的成分，其发展阶段也可分为以下三阶段：

第一阶段：石油繁荣与政治动荡（20世纪70年代到80年代末）。此阶段阿拉伯国家巩固与政治独立，阿拉伯民族主义与伊斯兰主义"交替"出现，其主要发展特征表现为：其一，各国从政治独立走向政治自决，新生民族国家结构和权力进一步巩固，巨额石油美元流入，海湾富油国成为高收入高福利国家；其二，地区政局总体较为动荡，战争、革命和冲突影响深远，如巴以冲突外溢导致以黎战争和黎巴嫩内战、伊朗伊斯兰革命引发伊斯兰复兴主义热潮、两伊战争爆发、库尔德民族问题成为两伊较量的重要组成部分等；其三，随着当代伊斯兰复兴主义的兴起，阿拉伯民族主义进入新的发展阶段，泛阿拉伯主义热情降低，国家—民族主义升温，阿拉伯世界出现分裂。

第二阶段：一波三折的和平进程和民主化改革（苏联解体到20世纪90年代中后期）。苏联解体和海湾战争后，以美国为代表的西方国家在西亚地区影响力增强，西亚一些国家进行了民主化改革尝试，宗教激进主义力量进一步发展。1987年巴勒斯坦大起义、1991年苏联解体和1991年海湾战争三大事件是中东政治发展的分水岭——中东的政治环境由此发生根本改变，相关国家的政治发展方向和动力也随之变化。具体而言：一是巴勒斯坦大起义以后，以色列政府面临越来越大的压力，在美国和苏联（俄罗斯）的共同努力下，中东和平进程开始启动，阿以矛盾范围缩小，集中表现为巴以冲突；二是苏联解体后，叙利亚、南也门和伊拉克等国家在资金和军事方面骤然无所归依，叙利亚实行政治改革，南北也门统一，而中亚穆斯林共和国的独立和兴起则给沙特阿拉伯、伊朗和土耳其等国提供了新的国际扩展空间，扩大了伊斯兰复兴运动的声势；三是海湾战争暴露了西亚地缘政治特别是国家边界的脆弱性，海湾君主国的安全忧虑增加，泛阿拉伯主义意识形态越来越让位于国家利益。美国得到驻军海湾的机会，对阿拉伯世界的影响力增强。阿拉伯世界民主化改革进程一波三折，宗教激进主义思想和运动发展壮大。

第三阶段：伊斯兰发展观及其对全球化的回应（20世纪90年代中后期以来）。20世纪90年代中后期，国际和地区政治环境发生重大变化，政治伊斯兰意识形态与民主自由等话语之间的互动关系更加复杂。无论是作为核心价值观基石还是作为政治文化环境，伊斯兰思想对于阿拉伯国家和社会未来的发展进程与方向都起着十分重要的作用。近现代以来，在西方现代性的冲击下，阿拉伯社会历史经历了重大的断裂，这种断裂不仅表现为现代化进程同过去/传统之间的复杂关系，以及传统保守的穆斯林对这种关系的解读，同时也表现为阿拉伯社会内部尖锐的分野。阿拉伯世界对"全球化"总体上有三类回应：参与、适应和谴责。不少国家政府和伊斯兰思想家欢迎全球化时代的到来，主张积极参与全球化，认为伊斯兰教是一个普世性宗教，应该利用全球化提供的机会来传播其教义，扩大其影响；适应派则认为，全球化既带来挑战也蕴含着机遇，穆斯林国家和民众也应该通过自己的努力，推动世界向更具合作性、公正性的方向前进，以东方和西方共享的价值观为基础，建立一个平等和公正的世界秩序，建立一个更加平等的国际安全体制和贸易体制，呼吁终结一个霸权主导全世界的局面；谴责派则对全球化持完全批判的态度。

第二节　阿拉伯与以色列的冲突

从 20 世纪 40 年代开始，阿拉伯国家与以色列之间的军事武装冲突持续不断，阿以之间爆发的大规模战争超过 5 次，其中较为著名的有"四次中东战争"、"以色列入侵黎巴嫩战争"等。阿以之间的矛盾错综复杂，领土争端、宗教矛盾、民族冲突等因素交错在一起。巴以冲突是阿以冲突问题的核心。巴以之间打打停停、谈谈打打的局面至今没有得到根本的转变。

一、阿以冲突的历史背景

因为阿拉伯国家大多位于中东地区，所以，人们通常将阿拉伯和以色列之间的斗争称为"中东问题"。中东问题的核心是"巴勒斯坦问题"。长期以来，中东地区动荡不安，战火不断，各种矛盾交错在一起，巴勒斯坦问题一直没有得到最终解决。

巴勒斯坦位于亚洲西部、地中海东岸，是连接欧亚非三大洲的交通枢纽，具有重要的战略和经济地位。历史上，巴勒斯坦不仅是阿拉伯人和犹太人生活的地方，也是犹太教和基督教的发源地。著名的耶路撒冷是犹太教、基督教、伊斯兰教的共同圣城：犹太人曾经把耶路撒冷作为政治和宗教中心，所罗门把第一座犹太人的圣殿建造在耶路撒冷；据记载，耶稣基督也是在耶路撒冷被钉上十字架的；伊斯兰历史则记述了真主的使者——穆罕默德在耶路撒冷完成了登霄之旅。

巴勒斯坦地区历史悠久，远古时代即有人类居住。约公元前 3000 年，迦南人来此定居。据考证，迦南人属于闪族部落，最早在阿拉伯半岛过着游牧生活。迁居巴勒斯坦后，他们兴建了迦南国，创建了耶路撒冷，迦南人称其为"尤罗萨利姆"，意为"天使萨利姆的产业"。中文根据英语翻译成了"耶路撒冷"，一直沿用至今。迦南人在这块土地上曾经创造了灿烂的迦南文化。

公元前 2000 年前后，有一些游牧部落时常往返于巴勒斯坦和埃及等地，这些部落被认为是犹太人的祖先——希伯来人。根据历史记载，希伯来人最早居住在两河流域地区，后因不满当地部落的统治，才沿着幼发拉底河北上，来到今天的巴勒斯坦地区。迦南人便称这个新来的部落为"希伯来人"，即"从河那边来的人"。希伯来人在巴勒斯坦集中定居后，遭到迦南人的反对。但是希伯来人战斗力较强，经过较长时期的冲突，形成了双方并存的局面，但是统治权渐渐转入到希伯来人手中。

约公元前 1300 年，爱琴海岛屿上有一支叫腓力斯丁的部落进入巴勒斯坦沿海地区，他们来后，把这块地方称作"腓力斯丁"（即阿拉伯语中的巴勒斯坦）。公元前 1000 年前后，希伯来人和腓力斯丁人发生战争，经过长期激战，希伯来大卫王击败了腓力斯丁人，建立了希伯来王国。公元前 928 年，希伯来王国分裂成南北两个国家，南部叫犹太王国，北部叫以色列王国。由于两个国家之间经常发生冲突和战争，各自削弱了力量，终于在公元前 722 年，以色列王国被两河流域强大的亚述王萨尔贡二世灭亡。公元前 586 年，犹太王国被新巴比伦国王尼布甲尼撒二世征服，大批犹太人被押往巴比伦，直到公元前 538 年，波斯帝国征服巴比伦，才允许被掳的犹太人重返巴勒斯坦。公元前 1 世纪，罗马帝国攻占巴勒斯坦地区，他们多次大规模地镇压犹太人的反抗活动。132 年，罗马帝国再度屠杀犹太人，并把大部分幸存者赶出巴勒斯坦。从此以后，犹太人就逃往世界各地。早期的犹太人还逃往英国、德国和法国等国家，后来又转向东欧和北美等国家。

7 世纪，阿拉伯人高举起伊斯兰教旗帜，向阿拉伯半岛周围地区扩张。637 年，巴勒斯坦被阿拉伯军队征服，并被划入阿拉伯帝国的版图。随着大批阿拉伯人不断进入这块地方，当地土著民族逐渐被阿拉伯化，形成了今天的巴勒斯坦阿拉伯人。在欧洲封建王国发动的十字军东侵战争中，耶路撒冷曾经一度失陷，被十字军占领。1187 年 7 月，阿拉伯阿尤布王朝的奠基人萨拉丁率领阿拉伯军队发动了著名的赫淀战役，于当年 10 月攻克耶路撒冷，收复了大部分巴勒斯坦土地。奥斯曼帝国建立后，巴勒斯坦和大部分阿拉伯国家一样，并入奥斯曼帝国的版图长达 400 年之久。

犹太人被迫流散到西欧后，长期遭受到当地有权势力的歧视和排挤，犹太人被规定只能经商，不得占有土地。到了 15~17 世纪，欧洲开始进入资本主义阶段，主要资本主义国家的政府先后掀起排犹活动，经商致富的犹太人又遭排挤和迫害，很多犹太人不得不再次逃亡到东欧和北美，在当地入籍定居，成为这些国家中的少数民族。

19 世纪末，世界上开始出现犹太复国主义运动。最早宣传这一思潮，并把这股思潮发展为政治活动的人是赫兹尔，他是奥地利籍的新闻记者，也是犹太人。他撰写过一本题为《犹太国：现代解决犹太人问题的一种尝试》的书，竭力鼓吹"一个民族就要成立一个国家"。这本书流传很广。赫兹尔还竭力宣传，要让英国人来帮助犹太人往阿根廷或巴勒斯坦大量移民，直到建立一个犹太国为止。他的宣传吸引了一大批犹太人。对持相同观点的犹太复国主义者来说，更具有吸引力。在他的鼓动下，1897 年首届犹太复国主义者代表大会在瑞士巴塞尔举行。会上通过了犹太复国主义运动纲领，纲领规定："犹太复国主义的目标是在巴勒斯坦为犹太民族建立一个由公共法律所保障的犹太人之家。为了达到这个目的，大会决定采取下列方法：①不断鼓励犹太族的农人、工匠和手艺人在巴勒斯坦定居。②利用按照各地法律所成立的各种地方性和一般性的机构来组织和联合所有犹太人。③加强犹太民族情感和民族觉悟。④采取准备步骤，来获得某些政府的同意，这是为达到犹太复国主义的目的所必要的。"大会结束后，犹太复国主义者四处游说，移民活动进展很快。根据资料统计，1900 年，在巴勒斯坦居住的犹太人总共只有 24000 人，到了 1917 年，增加到 56000 人，激增了一倍以上，占巴勒斯坦总人口的 11%。

第一次世界大战爆发前的巴勒斯坦归属于奥斯曼帝国统治。战争爆发后，奥斯曼土耳其站在德国一边，同英法开战。英国遂出兵巴勒斯坦，并鼓动阿拉伯人起来反对土耳其人的统治。与此同时，英国还向阿拉伯人许诺，如果麦加市长谢里夫·侯赛因起兵攻打土耳其，他将来就可以当独立的阿拉伯国家国王，管辖整个希贾兹和大叙利亚地区。侯赛因答应起兵后，英国马上积极提供军事援助，派遣军事顾问训练阿拉伯士兵。战争节节胜利，终于把土耳其军队赶出境外。但是英国在武力占领了巴勒斯坦后，便闭口不提让侯赛因当阿拉伯国王一事，从而引起阿拉伯人的强烈不满，侯赛因更是大加指责。在这个时候，犹太复国主义者向英国政府积极进行游说，他们提出"巴勒斯坦犹太人是英国利益不可分割的一部分，如果能引进 100 万犹太人，他们将是英国利益的一支卫队"，英国政府大为赞赏犹太复国主义者的主张，因为，当时英国想长期占据巴勒斯坦这块地方，同时还要应付谢里夫·侯赛因的责难。为了防止这个地区民族运动的高涨，英国也需要一支武装力量来为它效劳。第一次世界大战结束后，胜利国一方通过国际会议，把巴勒斯坦正式交给英国来统治，美其名曰委任统治。

英国政府对犹太复国主义运动极感兴趣，竭力给予扶持。1917 年 11 月，英国政府外交大臣贝尔福写信给犹太复国主义者联盟负责人之一的罗思柴尔德，信中说："英王陛下政府赞成在巴勒斯坦为犹太人建立一个民族之家，并将尽其最大努力以达成此项目的……"这封信很短，但是意义很大，实际上宣布了英国政府对犹太复国主义者政治上的支持，历史上称其为"贝尔福宣言"。

"贝尔福宣言"发表后，犹太人在巴勒斯坦的人数不断上升，至 1939 年已经达到 44.6 万人。英国人还采取了一系列不限制犹太人的法令、法律措施，其中"经济吸引法"中规定：犹太人去巴勒斯坦经营商店，可享受免税特权和优惠奖励，在巴勒斯坦开厂、种地可以得到无偿的拨付。经济吸引法实施后，又有大批犹太人涌入巴勒斯坦，当地一些阿拉伯人失去了工作，失去了就业机会，有的还失去了土地。犹太人和当地阿拉伯人的矛盾渐渐趋于尖锐，互相之间的冲突也趋于频繁。

阿拉伯人对英国当局偏袒犹太复国主义者的做法极为愤怒，他们举行游行示威、罢工和武装起义，迫使英国当局重新考虑它的政策。1939 年 5 月，英国提出关于巴勒斯坦问题的白皮书，但遭到了犹太复国主义者的坚决反对，于是他们转向美国寻求支持。1942 年 5 月，犹太复国主义者在美国纽约"毕尔莫旅馆"召开代表会议，通过了一份反对英国白皮书的纲领，声称向巴勒斯坦移民不受任何限制。这一纲领的发表，标志着犹太复国主义运动的中心开始向美国转移。

第二次世界大战结束后，阿拉伯地区民族解放运动高涨，巴勒斯坦地区局势更加动荡。英国势力逐渐削弱，美国趁机向中东地区渗透。不久，英国把巴勒斯坦问题提交给联合国讨论。1947 年 11 月 29 日，在美国的操纵下，联合国大会通过了分制方案，即把巴勒斯坦一分为三：一个是阿拉伯人的国家，一个是犹太人的国家，一个是国际托管城市耶路撒冷。当时有 33 票赞成，13 票反对，弃权 10 票。方案规定：阿拉伯国家的土地面积为 11000 平方千米，占 43%；犹太人国家的土地面积为 14100 平方千米，占 57%；耶路撒冷土地面积为 158 平方千米，为国际托管。但是，阿拉伯国土大部分为贫瘠荒凉地带，人口却占巴勒斯坦总人口的 2/3；犹太人数占 1/3，土地却大部分为肥沃地带。联合国大会还决定，英国对巴勒斯坦的委任统治应于 1948 年 8 月 1 日前结束。对这项分治方案，阿拉伯国家人民表示强烈反对，拒绝接受。犹太人为取得"合法的"统治地位，则接受了这个方案。

英国在撤军时间问题上玩起了花样。英军的最后撤退日期是 1948 年 5 月 14 日。从联合国大会决议到英军撤退整整半年时间，英国马上从犹太人占优势的地区撤走了，犹太人获得了自由活动的时间和权力，开始做成立国家的一切准备。相反，英国军队依然驻扎在阿拉伯人聚居的地区。所以到了 1948 年 5 月 14 日，英国撤军只不过是从阿拉伯人聚居地区撤军而已。而犹太人已经成立了军队，组成了政府，宣告国家诞生，取名以色列。以色列宣布建国 10 多分钟后，美国立刻宣布承认新生的以色列政权。

美国之所以扶植以色列，完全是为了自己的战略利益和中东争霸。事实上，美国通过支持以色列，相互之间建立了长期、特殊的关系，同时在中东扎稳了脚跟。另外，在美国的犹太人约有 600 万人，其中不乏拥有雄厚的经济实力，对美国的经济发展有一定影响的人物。在美国，选举政府议员，甚至在国家总统的竞选中，参选人员都非常重视犹太人的力量和犹太人的选票。

二、四次中东战争

以色列国家成立后，多次与阿拉伯国家、巴勒斯坦人民发生大规模的战争和冲突。其中较为著名的如下：

（一）第一次中东战争（又称巴勒斯坦战争，以色列方面又称独立战争）

战争发生在 1948 年 5 月 15 日至 1949 年 2 月。战争主要分为：巴勒斯坦南部以色列与埃及军队的战斗，巴勒斯坦中部以色列与约旦军队战斗，巴勒斯坦北部以色列与叙利亚、黎巴嫩和伊拉克军队的战斗。

1948 年 5 月 14 日，当英国军队完成撤离巴勒斯坦的行动后，以色列国立刻宣告成立，同时公布了政府机构、成员名单和军队建制，并派出武装政治人员进占巴勒斯坦境内。与此同时，附近的阿拉伯国家为了反对犹太人国家的建立，也派出军队向巴勒斯坦进军。5 月 15 日凌晨，由埃及、约旦、叙利亚、伊拉克、黎巴嫩组成的阿拉伯联军 2 万多人先采取行动，从东、南、北三路向巴勒斯坦进军。显然以色列对此早有准备，在宣告国家建立时，已经拥有一支较强的军队，其中有参加过第二次世界大战的犹太旅、英国统治时期组成的犹太警察部队和犹太人向巴勒斯坦移民时组建的三支秘密武装队伍。这些武装力量都拥有精良的武器，受过良好的军事训练，有着丰富的作战经验。

战争拉开序幕时，战局一度对阿拉伯一方有利。埃及军队迅速占领了加沙地带、比尔谢巴、法卢贾等地。约旦军队占领了约旦河西岸。伊拉克、叙利亚和黎巴嫩的军队也给了以色列沉重压力，耶路撒冷的以色列军队陷入重围。以色列首脑大声疾呼，以色列将难以抵挡阿拉伯军队的攻击，急需联合国制定立刻停火决议。经以色列驻联合国代表的游说，5 月 17 日，美国等国代表向安理会提交了关于停火议案。迫于美国的压力，英国终止了对阿拉伯军队的援助，支持美国的议案。6 月 11 日，交战双方同意停火四周。

为期四周的停火协议，让以色列获得了喘息机会。以色列政要亲赴美国，向美国政府和在美国的犹太人游说、募捐，筹集到大量美元，并及时从美国、法国、捷克斯洛伐克等国购买了先进的轰炸机、坦克、大炮等重型武器和大批轻型武器。军队人数也得以迅速扩充，从原来的 3 万人增加到 6 万人，军队建制更加完整，各军种任务更加明确。阿拉伯方面因为英国的变卦，武器供应中断，军队战斗力下降。更重要的是，阿拉伯联军没有充分利用为期四周的停火时间重新进行战略调整与部署，只是在军队数量上作了调整。

作了充分调整和准备的以色列军队于 7 月 9 日采取主动进攻战略，它们发动了“十天进攻”战役，一举改变了战场上的被动局面。十天进攻中，以色列军队突破了约旦阿拉伯军团的防线，占领了巴勒斯坦的交通要冲，多侵占了 1000 平方千米的阿拉伯土地。至 7 月 18 日联合国第二次停火议案生效时，以色列基本掌握了战场上的主动权。

第二次的停火安排，实际上给了以色列更多的好处。以色列除了得到美国和其他一些欧洲国家的军援外，战斗力再次获得补充。以色列首脑自己也认为，第二次停火使“以色列国防军得到了训练、扩建和装备。力量不断在加强。现役军人达到 79899 人，海、空军和炮兵有了很大发展，海军达到了 2417 人，空军达到了 4377 人，炮兵达到 3718 人”。而阿拉伯军队由于内部矛盾越来越加剧，没有统一指挥，各自为战，战局每况愈下，最终导致战斗失利。进入 10 月后，以色列又展开了一系列主动出击行动，对埃及军队、空军机场和埃及控制的区域实施重点打击，迫使埃及要求停战。同时以色列还向巴勒斯坦北部地区猛攻，控制了黎巴嫩境内的 15 个村庄，占领了阿拉伯解放军的阵地。

根据联合国的决议，埃及和以色列在 1949 年 2 月 14 日签订了停战协议。黎巴嫩、约旦、叙利亚相继于 1949 年 3 月 23 日、4 月 3 日和 7 月 20 日分别签订了停战协定。由于协定原则是按实际控制地区为停火的双方阵地，这样，以色列实际上侵占了巴勒斯坦 4/5 的领土，它所控制的土地面积达到了 20850 平方千米，大大超过了联合国分制方案中规定犹太国的土地面积为 14100 平方千米的面积，多霸占了 6750 平方千米。战后，加沙地带划归埃及管辖，约旦得到约旦河西岸地区，黎巴嫩恢复了对 15 个边境村庄的管理，叙利亚维持了边界的原状。悲惨的是巴勒斯坦人民，巴勒斯坦土地被占，发生了所谓的"难民问题"。应该讲，巴勒斯坦难民中一部分人不是在战争中逃难形成的，也不是自己要迁移的，而是在战后被以色列驱逐的。因为犹太人侵占巴勒斯坦后，以色列武装开赴阿拉伯人的村庄，命令他们限时离开，否则不受保护。手无寸铁的阿拉伯人不得不丢弃房屋家产，只身离开家园，变为难民。第一次中东战争后，巴勒斯坦难民总数达到 96 万人之多，他们流入约旦、黎巴嫩、叙利亚等国，也有少数人去了科威特、沙特和伊拉克。以色列驱赶巴勒斯坦人的手段极为残酷，耶路撒冷附近的"代尔亚辛村"村民集体被屠杀事件是其中的一例，全村 250 名村民遇害。

第一次中东战争中阿拉伯军队失利原因有很多，其中参战的目的不同、缺少统一的指挥部以及美国对以色列的及时援助是重要的原因。约旦、埃及、伊拉克等国军队参战各有目的，约旦国王阿卜杜拉一直认为自己是哈希姆家族幸存下来的唯一的后代，很想重振哈希姆家族的荣耀，实现"大约旦王国"的梦想。在这次战争中，他提出了把巴勒斯坦阿拉伯地区并入约旦的想法，但是遭到埃及和其他阿拉伯国家的强烈反对。埃及主张在巴勒斯坦全境建立一个独立的阿拉伯政府。埃及时任总理努克拉希甚至说，这次出兵"主要目的是占领土地，达到政治上的要求"，以免巴勒斯坦落到其他人的手里。因此开战前，阿拉伯联盟军事委员会就组建联军司令部一事一直未能达成一致意见。最后虽然推举了阿卜杜拉国王为联军总司令，但是，叙利亚和埃及为了制约阿卜杜拉的权力，又在大马士革设立了一个司令部，负责指挥阿拉伯各国志愿军组成的"阿拉伯解放军"的军事行动。内部的不统一，大大降低了阿拉伯联军的作战能力。加之美国犹太人和美国政府的及时军事援助和政治援助，使得以色列抓住机会，扭转了战局。

第一次中东战争以后，巴勒斯坦人民为了重返家园，恢复民族生存权利，开始了勇敢的斗争。在波澜壮阔的阿拉伯民族解放运动中，阿拉伯国家发生了翻天覆地的变化。在约旦，阿卜杜拉国王于 1951 年 7 月 20 日在耶路撒冷阿克萨清真寺祷告时遇刺身亡，他的儿子即位后，很快又让位给侯赛因（阿卜杜拉国王的孙子）。侯赛因国王执政后，奉行渐渐"疏英亲美"政策。在埃及，以纳赛尔为首的"自由军官组织"在 1952 年推翻了法鲁克封建王朝，建立共和国，坚持走民族独立和解放的道路，反对殖民主义，并竭力摆脱英国的控制。埃及革命的胜利，在阿拉伯各国产生了巨大的影响。在叙利亚，民族主义者推翻了军人独裁政权，奉行反帝、反殖的政策，主张阿拉伯团结，抗击以色列侵略者。在黎巴嫩，基督教马龙派信徒麦蒙在执政时期，与穆斯林达成了协议，规定国家总统由基督教马龙派担任，总理由逊尼派担任，议长由什叶派担任。

以色列在停战后，在美国的支持下，对阿拉伯人采取了十分强硬的政策，拒绝巴勒斯坦难民返回家园，同时奉行扩军备战战略。第一次中东战争后，以色列与阿拉伯国家的关系基本上处于打打停停的局面。美国为了实现称霸全球的梦想，取代英国，插足中东，采取了坚决支持犹太人在巴勒斯坦建立国家，并给予积极扶植的做法。

（二）第二次中东战争（又称苏伊士运河战争）

战争发生在 1956 年 10 月 29 日至 11 月 6 日。这场战争时间不长，共打了 9天，但战争的意义却很大。战场在埃及苏伊士运河地区，英法想通过这次战争，强占苏伊士运河；以色列想通过这次战争，借助英法力量，一举消灭埃及军队有生力量，夺取加沙地带和西奈半岛。但其结果却是事与愿违，埃及没有被征服，反而被推上了阿拉伯世界盟主的地位。

苏伊士运河开凿于 1859 年，埃及动用了 10 万多民工，每年两批轮换，费时10 年才挖掘成功。在开凿过程中，埃及几乎承担了全部费用，并丧失了数万民工的生命，而最后，运河的管理权、利润等经济收入全部被英法两国控制的苏伊士运河公司所掌握。新生的埃及共和国建立后，纳赛尔总统提出要提高埃及政府在苏伊士运河管理中的地位。1954 年 10 月，埃及同英国签订了《关于苏伊士运河基地的协定》，英国承认埃及对苏伊士运河拥有主权。

埃及共和国建立后，埃以边界的冲突时有发生。1955 年 2 月，一支以色列部队越过停战线，摧毁了加沙地带的埃及军队指挥部。以色列的军事打击促使纳赛尔下决心要提高军队战斗力，购买世界先进武器装备。在向西方国家购买武器时，由于美国、英国都提出了许多附加条件，使得纳赛尔无法接受。最终，纳赛尔转向苏联，向其购买了战斗机、坦克、舰艇等武器装备。这件事情引起美国、英国和以色列的强烈反对。在建造阿斯旺大水坝资金筹措问题上，埃及曾经通过美国和英国向世界银行贷到资金 2 亿美元，两国答应提供剩余部分资金，同时向埃及提出了其他苛刻条件。当埃及表示难以接受时，美英先后宣布撤销对埃及的援助，致使世界银行的贷款也随之取消。总统纳赛尔气愤地说："这不是取消援助，这是对我们政权的进攻。"经过慎重考虑和筹划，埃及政府决定收回运河，以维护国家主权。1956 年 7 月 26 日，纳赛尔总统在解放广场向 20 万群众作重要演讲，他指出，苏伊士运河是埃及人民的灵魂、头颅、鲜血和尸骨筑成，却为英法所掌握，运河公司成了埃及的"国中之国"。接着，他庄重宣布将苏伊士运河收归国有。听到这个宣布，埃及人民万众欢呼，称这一天具有划时代的意义。

苏伊士运河国有化的消息传到伦敦时，英国首相顾不得外交礼节，立刻中断宴会，去商量对策。法国政府惊呼，出现了严重的局势。8 月 2 日，英法两国伙同美国共同发表了三国联合公报，鼓吹运河是国际水道，埃及不应将它收归国有。英法两国还建议在伦敦召开 24 国会议，威逼埃及收回宣言。这些做法，遭到埃及的痛斥。埃及拒不参加伦敦会议，相反在伦敦会议召开的这天，举行全国罢工和游行抗议活动，阿拉伯国家也大力声援埃及。

伦敦会议失败后，英法一方面继续拉拢其他国家诱迫埃及，另一方面暗中调兵遣将，加速在地中海的军事部署。1956 年 10 月，联合国安理会会议后，英法暗中勾结以色列，积极准备侵略战争。同年 10 月 14 日，英法举行绝密会谈，决定利用以色列这个"自愿的打手"作急先锋。16 日，英法两国首脑再度秘密会晤，商量联合侵略埃及的计划和协议。22 日英法以三国首脑又举行了一系列会谈，制订了侵略计划，即以色列派 4.5 万人打头阵，先进兵加沙和西奈半岛，吸引埃及全部陆军，接着，英法空军轰炸埃及的防御体系，然后登陆占领苏伊士运河地区，再与以色列军队合围，全歼埃及陆军。

1956 年 10 月 29 日，以色列陆军 4.5 万人分 4 路入侵加沙和西奈半岛，埃及守军立即奋起抵抗。第二天，纳赛尔下令全国总动员，抗击以色列的侵略。战争初期，埃及军队顽强抵抗，击落以机 18 架，击毙以军 189 人，击伤以军 700 人，生俘 20 人，取得较大战果。正当埃及准备组织反击时，英法完成了军队最后部署，出面干涉，向埃及递交最后通牒，"为了保护运河安全通航，埃以双方停火撤军，否则就出兵干预"。这种蛮横的做法，理所当然地遭到了埃及的拒绝。10 月 30 日，联合国安理会召开紧急会议，要求双方立即停火，以军撤回以色列。但是，英法两国否决了安理会的提案。于是，英法空军在 10 月 31 日下午 5 时对埃及重要城市、主要机场、港口进行狂轰滥炸。在频繁的轰炸和激烈的战斗中，埃及领导中枢判断出敌军的意图，当机立断，命令西奈前线埃及主力军队迅速撤至运河地区，一方面集中抗击进犯运河的英法侵略军，另一方面全力守卫运河，用沉船方式封锁航道，阻止英法舰队进入运河。这个战略决策粉碎了侵略者两面夹攻的阴谋。11 月 3 日，当埃及军队撤离西奈半岛后，以色列马上占领了这块地方。以色列见西奈半岛已经被占领，目的已经达到，就宣布接受联合国的停火议案。

11 月 5 日，英法向塞得港等城市空投伞兵，约 2.2 万名海军陆战队登陆埃及土地，海军用大炮、火箭、直升机对学校、医院、清真寺和居民区疯狂轰击，使得 1.2 万幢住宅被毁，大片居民地区被夷为平地。但是，英勇的守城军民采取了游击战术，奋勇阻击，同窜入市区的敌人进行巷战和肉搏，连 13 岁的孩子也拿起武器参加战斗。直到停火时，塞得港仍然在埃及军民手中，侵略者始终没能够征服它。但是，埃及方面也付出了伤亡近 2 万人的惨重代价。

苏伊士运河战争期间，世界爱好和平的人民强烈谴责英法的侵略行径，从政治上、道义上、物质上支持埃及人民的正义斗争。在埃及军民英勇抗击入侵之敌时，阿拉伯各国人民同仇敌忾，纷纷捐款，有的派出志愿军，有的提供物资援助埃及，有的阿拉伯国家宣布和侵略者中断外交关系，有的阿拉伯国家中断输往英法的石油。美国和苏联两个超级大国为了各自的利益和打算，不断对英法施加压力。英法政府被迫在 1956 年 11 月 6 日下午 5 点宣布停火。

停火后，联合国部队 3700 人作为监督人员于 11 月 15 日开进作战地区。12 月 22 日，英法侵略军撤离埃及。但是，以色列一直拖至 1957 年 3 月 8 日才撤出西奈，加沙地带在 3 月 17 日才由埃及正式接管。

在第二次中东战争中，埃及人民胜利地捍卫了民族独立和国家主权，牢牢地掌握了苏伊士运河的管理权，打击了英法以侵略者的嚣张气焰。英法政府花了 3 亿美元的军费，打了一场空无所获的侵略战争。战争宣告英法帝国炮舰政策的失败，标志着英法殖民势力在埃及和中东地区的衰弱。同时也标志着美国势力开始取代英法势力，苏联势力也已经渗透到中东地区。

第二次中东战争，推动了阿拉伯民族独立运动迅猛向前发展，推动了阿拉伯民族团结运动的前进。1956 年 11 月 27 日，约旦政府宣布废除英国约旦同盟条约，撤除了约旦土地上的英国军事基地。1956 年 11 月，叙利亚政府宣布实行教育民族化，接管了英法在叙利亚开办的学校和文化机关。1958 年 7 月，伊拉克人民推翻了英国扶植的封建王朝，成立了伊拉克共和国。1958 年 9 月，阿尔及利亚人民掀起反法斗争高潮，成立了革命政府。而以色列的国际地位变得十分孤立，它与英法的侵略行径受到全世界人民的指责。

（三）第三次中东战争（又称"六五"战争，也称"六天战争"）

战争发生在 1967 年 6 月 5~10 日。在这次战争中，以色列采取了突然袭击、先发制人的手段，向阿拉伯国家发动大规模进攻，在短短的 6 天里，埃及、叙利亚和约旦丧师失地，损失惨重。在整个战争中，美苏两个超级大国争霸中东也更趋激烈。

第二次中东战争停火时，以色列方面就有人说"斗争尚未结束"。之后，阿以双方都保持着高度警惕，私下都在积极备战。事实上，到第三次中东战争爆发前夕，在停战线两侧，经常发生流血冲突事件。最严重的事件有：1966 年 11 月 11 日，以色列警察闯入约旦控制的边境村庄萨姆村，踩响了巴勒斯坦抵抗战士埋设的地雷，炸死 3 人，炸伤 6 人。为此以色列进行了军事报复行动。11 月 13 日，以色列出动装甲部队、空军和炮兵袭击萨姆村，强迫居民迁走，并把 120 多间房屋烧毁，村庄夷为平地。约旦一个营的士兵闻讯赶去，遭到以色列军队的伏击，打死打伤 50 多名约旦士兵。这是运河战争后，以军采取的最大的一次军事行动。

为了寻找进攻埃及的托词，以色列在叙利亚边境多次进行军事挑衅，引诱埃及卷入冲突。因为第二次中东战争后，埃及在苏联的援助下，军事力量逐渐强大起来，纳赛尔总统在阿拉伯世界的威望也日渐上升。1961 年 11 月，埃及和叙利亚还签订了共同防御协定。1967 年 4 月 7 日，以色列借口叙利亚支持巴勒斯坦游击队，向戈兰高地上的叙利亚炮兵阵地发动猛攻，同时出动最新式战机，击落了叙利亚空军 6 架战机。之后，以色列扬言，有权在自己选择的时间内、方式内对叙利亚发动进攻。为了制止以色列的侵略行动，防止以军进犯埃及，纳赛尔决定增兵边境，在西奈半岛的沙姆沙伊赫驻扎水陆重兵。同时照会联合国，撤走联合国紧急部队。1967 年 5 月 22 日，埃及又宣布封锁蒂姆海峡的亚喀巴湾，规定凡是运载以色列战略物资的船只不准通过。对埃及的举动，阿拉伯国家倍受鼓舞，空前团结，一些激动的阿拉伯人喊出了"把以色列人抛进大海里去"的口号。

以色列抓住埃及封锁亚喀巴湾事件大做文章，扬言要进行"坚决斗争"，用军事力量打开亚喀巴湾，于是中东紧张局势再度加剧。以色列开始了先发制人的备战行动。

1967 年 6 月 5 日清晨，以色列空军出动 196 架飞机，采取超低空飞行方法，绕过埃及的雷达监视网，偷袭埃及 10 个重要的机场和导弹基地。用 12 分钟一批飞机的频率，轮番轰炸了近 3 个小时。当时埃及空军毫无戒备，300 多架飞机没有隐蔽，成了明显的靶子，被炸得粉身碎骨，空军丧失了作战能力。接着，以色列动用 5 个步兵师，以坦克、装甲车为前导，在空军的掩护下，直扑加沙地带和埃及军队前线指挥部所在地阿里什市，并向运河地区进军。埃及军队虽然奋起反击，但终因缺乏空军支援而节节失利，沙姆沙伊赫很快被以色列海空部队占领。6 月 8 日，埃及军队退守运河西岸，西奈半岛全部沦陷，运河沿岸的城市也遭到以色列空军的狂轰滥炸，损失惨重。6 月 9 日，埃及只得宣布接受停火。

6月5日中午，以色列空军又用偷袭的方式对约旦空军和机场进行猛烈轰炸，约旦空军遭遇毁灭性的打击，20多架战斗机中，18架毁于一旦。接着，以色列装甲部队在空军的掩护下，向约旦河西岸发起进攻，约旦的两个坦克旅被击溃。耶路撒冷城落入以色列空降兵手中。6月7日，以色列占领了约旦河西岸的全部地区。8日，约旦侯赛因国王只得宣布接受联合国安理会的停战协议。

6月9日，以色列攻占埃及和约旦部分领土后，又集中10个旅的兵力向叙利亚进攻。位于叙利亚南部的戈兰高地，是以色列北部平原地区的制高点，战略地位十分重要。以色列兵分三路攻击戈兰高地，势头猛烈。10日晚，以色列军队一举攻占戈兰高地，同时控制了通往叙利亚首都大马士革的主要公路。11日，叙利亚宣布同意停火。

在6天战争中，以色列采用闪电式战术，使阿拉伯国家处于被动挨打的境地，埃及官兵阵亡1.1万多人，被俘5500多人；约旦军队阵亡和失踪6100多人，受伤700多人，被俘400多人；叙利亚军队阵亡2500多人，受伤5000多人，被俘400人；而以色列军队阵亡只有800多人。第三次中东战争结束时，以色列又多侵占了阿拉伯6万多平方千米的土地，加沙地带、西奈半岛、戈兰高地、约旦河西岸、耶路撒冷老城都被占领，100多万巴勒斯坦居民沦为难民。战争造成了三个新问题：①阿拉伯人要收复失地，巴勒斯坦人民要恢复家园。②被以色列驱赶，背井离乡、流离失所的巴勒斯坦难民问题。③耶路撒冷"圣城"的归属问题。

第三次中东战争中，美国与苏联在中东的争霸更趋激烈。埃及封锁亚喀巴湾后，美国公开站在以色列一边，声称将不惜动用武力让以色列船只通过亚喀巴湾。之后又紧急调动第六舰队，摆出一副作战的架势。苏联为了表示坚定地站在阿拉伯国家一边，也调动兵舰船只，并高调声明，如果以色列敢于进攻，苏联决不坐视等等。但是，在战争关键时刻，苏联采取的避免直接卷入战争的做法，让阿拉伯国家不得不接受了残酷的、悲痛的现实。第三次中东战争将阿拉伯与以色列的矛盾推向了白热化。

（四）第四次中东战争（又称十月战争、斋月战争、赎罪日战争）

战争发生在1973年10月6~24日，共打了19天。埃及、叙利亚、约旦和巴勒斯坦等阿拉伯国参加了战斗。在这次战斗中，阿拉伯军队成功地越过苏伊士运河，摧毁了以色列称为"不可逾越"的巴列夫防线，打破了以色列"不可战胜"的神话，显示了阿拉伯人的力量。战争期间，阿拉伯产油国家首次使用"石油武器"，沉重地打击了支持以色列侵略的国家。

　　第三次中东战争后，阿拉伯与以色列之间处于不战不和的局面，打打停停，停停打打。这种动荡不安的局面阻碍了阿拉伯国家的政治进程和经济发展，处于风口浪尖的埃及经济到了崩溃的边缘。美国和苏联两个超级大国为了各自的利益，竭力维持这种不战不和的局面。为了打破这种僵局，埃及总统萨达特下令驱逐苏联在埃及的军事顾问和专家，同时希望美国对以色列进行施压。但是，严酷的事实给了萨达特沉重的打击。于是，萨达特决定通过主动向以色列出击，打一场有限的战争，用军事上的优势，换取政治解决中东问题的有利条件。

　　1973 年初，埃及开始积极备战。为了加强阿拉伯国家之间的团结，提高军事战斗力，埃及和叙利亚成立了武装部队联合司令部。双方国家领导人和高层军事指挥官多次秘密互访、磋商。阿拉伯国家之间的关系迅速升温。为了支持埃及的军事行动，沙特阿拉伯和卡塔尔等阿拉伯产油国家提供了 10 多亿美元的援助。与此同时，以色列也在积极备战。1973 年 3 月，以色列总理梅厄特意飞往美国，寻求支持，得到 5 亿美元的经援和大批先进武器。4 月，以色列与阿拉伯的冲突进一步升级，以色列武装突袭黎巴嫩境内的巴勒斯坦难民营，打死打伤多人。9 月份，以空军又突袭叙利亚的巡逻飞机，击落 13 架战机。9 月底，埃及、叙利亚宣布实行全面戒备。10 月 3 日，埃、叙两国决定，于 10 月 6 日向以色列发动进攻。战役名称定为颇有意义的"白得尔计划"，而 10 月 6 日既是犹太人的赎罪节，也是阿拉伯人的斋月。

　　以色列侵占了西奈半岛后，在运河东岸驻扎了重兵，沿着运河堤岸修筑了一道长 170 千米、纵深 10 千米的防线，取名为"巴列夫防线"。防线内筑有坚固的要塞，配备了喷向河面的火焰喷射器和液体燃烧物，在几分钟内，燃烧的液体就可以把河面变成一片火海。以色列军事领导人扬言，巴列夫防线是埃及军队不可逾越的屏障，如果埃及军队渡河攻击，将在 24 小时内葬身火海。在叙利亚的戈兰高地上，以色列也修建了由地堡、战壕组成的 10 多个坚固工事，顶峰还建有牢固的碉堡。

　　10 月 6 日这一天，按犹太教的规定，教徒都要斋戒，从日出到日落，不吃不喝。当时的以色列军队十分高傲，认为阿拉伯军队不可能主动发动进攻。因此，尽管局势紧张，但是，阵地上的许多士兵仍然三五成群地去做祷告，留下来的士兵也听任自由行动，或在沐浴，或在洗衣。

　　10 月 6 日下午 2 点，总统萨达特发出进攻命令，埃及空军 200 多架战斗机带着各式炸弹突袭以色列在西奈半岛的军事设施，西岸的 4000 多门大炮一起向东岸轰击，在打开巴列夫防线的两处缺口后，由 8000 人组成的突击队乘坐橡皮艇和两栖车在海空军的掩护下，强渡运河，杀向运河东岸。以色列士兵见状，立刻去按液体燃烧物的开关，但是，液体管道已经被埃及侦察兵事先堵塞。埃及军队顺利登陆后，用爆破筒继续炸开防线，再用推土机扩大缺口，数小时后就开辟出 60 条供坦克通过的车道。随即又架设 10 座浮桥和 50 个渡场，迅速把坦克、大炮、装甲车源源不断地运送过河。埃及萨阿德·沙兹利将军说，"在 24 小时内，我们把 10 万人、1020 辆坦克和 10500 部车辆运过运河，这在世界军事史上是战斗第一天渡河规模最大的一次"。在突破巴列夫防线战斗中，埃及军队打死以军2412 人，击落以飞机 81 架，击毁以坦克 128 辆，活捉了以军装甲旅旅长。至 10月 13 日，埃及军队已经控制了运河东岸宽约 15 千米的狭长地带。

10 月 6 日，在埃及军队发动攻势的时候，叙利亚 3 个师在空军的支援下，也向戈兰高地猛攻。叙利亚直升机载着突击队员直插高地上的制高点，攻打以色列军队防守薄弱的地方，顺利夺回顶峰，至 7 日，叙军攻占了戈兰高地。接着，叙利亚又把军队向前推进了 11 千米，收复了许多失地，以色列军队向后溃败。

为了配合埃及和叙利亚在正面战场上的军事行动，2 万多名巴勒斯坦游击队员在以色列的后方积极开展游击战、袭击战，牵制以色列军队力量，使以色列感到内外交困，难以兼顾。

为了挽回局势，以色列采取了先稳定北方战局局势的做法。以集中了 1000辆坦克、15 个旅的兵力进行反扑。10 日，以军突破叙利亚军队防线，推进到距离大马士革 34 千米处。在叙利亚军队进行顽强抵抗时，伊拉克、约旦、沙特阿拉伯、摩洛哥等阿拉伯国家纷纷伸出援助之手，共同制止了以色列进攻大马士革的军事行动。至此，北线战场呈僵持状态。

在南线，埃军收复了部分土地，埃及第二军、第三军约 10 万人，1000 多辆坦克控制了运河东岸宽约 15 千米的狭长地带后，没有继续进攻，给了以色列喘息和重新集结兵力的机会。以军向南部地区集结的同时，美国援助以色列的武器也源源而至。10 月 14 日，埃、以双方共投入 1800 辆坦克，进行大规模的坦克战。15 日，美国将战场上空间谍卫星拍到的照片提供给了以色列，使以色列掌握了战场主动权，以军迅速调整战略，南线集中了 20 个旅，使用新到的武器，向埃及第二、第三军的衔接处发动反扑。打开缺口后，以色列立即派快速部队直插运河边，又派出一支小部队，乔装成埃及军队偷渡到运河西岸，破坏埃及军队的交通和通信系统。埃军行动和战斗力受到影响。

当战争激烈进行时，美国与苏联也进行频繁接触。20 日，基辛格飞抵莫斯科同勃列日涅夫就中东停火问题进行接触会谈。21 日晚，美国向联合国提交了

"就地停火"的 338 号决议，22 日凌晨获得通过。以色列因为没有完全打胜的把握，表示接受这个决议，埃及也表示可以考虑。但是，以色列政府马上通知南线指挥官沙龙说，政府已接受就地停火决议，协议于 22 日晚生效。同时又命令他，利用白天尽一切可能向前推进以占领更多的土地。沙龙明白意图后，立刻集中兵力，出动了 500 辆坦克，以打开的缺口为基地，西渡运河，向南进兵，把埃及第二军和第三军截断，造成埃及第二军和第三军联系中断的局面。23 日，联合国安理会再次召开会议，通过了 339 号决议，即监督中东停火决议。埃及在考虑过程中，以色列乘机扩大实际控制区，把大量坦克、战车运过运河，使埃及第三军被围困。24 日，埃及终于接受了停火决议，叙利亚也接受了 338 号决议。约旦早在 22 日就接受了 338 号决议。这样，第四次中东战争的火焰才逐渐熄灭。

第四次中东战争是以阿拉伯人主动出击开始，因美苏两个大国的干预而结束的。战争振奋了阿拉伯人民的民族精神，其间，阿拉伯各国团结一致，产油国家发动了声势浩大的石油斗争，支援兄弟国家的正义行动。在战争爆发的当天，叙利亚首先切断一条输油管道，接着，黎巴嫩也关闭了它南部的重要石油港口。7日，伊拉克把两家美国石油公司拥有股份的企业收归国有。16 日，海湾阿拉伯国家和伊朗提高原油市场价格。17 日，阿拉伯石油输出国组织（OAPEC）通过减少石油产量的决定，并宣布对支持以色列的国家减少石油供应量。18 日，许多阿拉伯产油国先后中断向美国出口石油。在这场把石油当作武器的斗争中，阿拉伯国家充分显示了团结战斗的力量。

这场战争是第二次世界大战后一场现代化的大规模战争。在 18 天的战斗中，双方共投入 100 多万兵力，耗资 200 多亿美元。其中以色列投入 40 多万兵力，消耗 70 多亿美元。战争共损失了 3000 多辆坦克，近 600 架飞机，60 多艘舰艇，其中，以色列损失近 1000 辆坦克，100 多架飞机，30 艘舰艇。战争也让以色列不得不承认，以色列对阿拉伯的优势渐渐消失，仅靠武力难以解决与阿拉伯国家之间的关系。

三、以色列入侵黎巴嫩战争

以色列入侵黎巴嫩战争发生在 1982 年 6 月 6 日至 1982 年 8 月 22 日。由于战争规模较大，所以有人称之为第五次中东战争。战争中，以色列出动了 3 万多名武装人员，大规模入侵黎巴嫩，企图一举铲除巴勒斯坦解放组织武装力量。巴解组织游击队和黎巴嫩部分武装力量进行了顽强的抵抗。

黎巴嫩位于地中海东岸，与巴勒斯坦相毗邻。黎巴嫩是一个阿拉伯国家，但是，1943 年黎巴嫩独立时，该国境内的基督教徒人数占有优势。基督教徒与穆斯林达成了分配权力的协议，规定总统一职归属基督教派，总理职务归属伊斯兰教逊尼派，议长一职归属伊斯兰教什叶派。随着时间的推移，穆斯林人数渐渐超过了基督教人数，于是，穆斯林提出了改变上述权力分配的形式。双方围绕权力分配的矛盾也日趋尖锐。

黎巴嫩基督教徒绝大多数是马龙派，该派中的长枪党组织势力强大，拥有 6 万多名成员，大都经过军事训练，战斗力强，武器装备先进。黎巴嫩穆斯林武装约有 1 万人，拥有较新式的枪炮，首领叫琼卜拉特。历史上，两个教派为争夺势力范围发生过多次武装冲突。这场战争爆发前，黎巴嫩境内还有巴解组织游击队、叙利亚军队等武装力量存在。

在黎巴嫩有几十万巴勒斯坦难民，经过阿拉伯国家首脑会议与黎巴嫩政府协商，黎巴嫩政府同意划出黎南部一些地区，作为巴勒斯坦难民营，并由巴勒斯坦人自行负责治安工作。巴解组织曾在 15 个难民营中积极进行宣传和组织工作，动员了 3 万人加入法塔赫组织，建立了约 7000 人的武装力量，渐渐成为黎巴嫩境内一股政治力量。由于共同的宗教信仰，巴解组织和黎巴嫩的穆斯林左派观点接近或者一致，彼此往来也很密切，穆斯林的政治力量和影响渐渐超越马龙派。1970 年，巴解组织游击队与约旦军队发生军事冲突后，巴解武装力量转入黎巴嫩，他们在同以色列进行武装斗争的同时，也遭到以色列的严厉回击，这给黎巴嫩平民百姓的生命财产和黎巴嫩的经济发展都带来了巨大损失。黎巴嫩基督教派政界人士对此非常不满，1975 年 4 月，两大宗教派别矛盾激化，终于爆发全面内战。

1976 年 4 月，叙利亚首先以调解矛盾为名，出兵介入黎巴嫩。同年 10 月，叙利亚争取到阿拉伯 6 国首脑会议的认可，作为阿拉伯维持和平部队的主力，继续驻扎在黎巴嫩，以承担恢复和平的任务。到 1979 年，其他阿拉伯国家军队根据有关协议，相继撤离黎巴嫩的时候，唯独叙利亚军队没有撤出，这引起了黎巴嫩基督教武装力量的不满。

1982 年，国际局势动荡，地区形势不安。英国和阿根廷围绕马尔维纳斯群岛的战争日趋激烈，国际社会都在关注着战争的发展，伊拉克和伊朗的战争震动了中东地区，埃及因为与以色列和谈而被驱逐出阿拉伯联盟，地位尚未恢复。于是，以色列政府决定，利用这一机会，实施其"扩大安全边界战略"，解除来自黎巴嫩地区的军事威胁，建立一个以色列能够控制的政府。经过长期而周密的准备，以色列开始了它的行动。1982 年上半年，以色列不断渲染黎巴嫩境内存在着对以色列的军事威胁，暗指巴解游击队和叙利亚驻扎在黎巴嫩的军队，加大了以色列的不安全感。

1982 年 6 月 6 日清晨，以色列出动海陆空三军，计 9 万余人，分兵三路，向巴勒斯坦游击队和叙利亚军队所在地扑去，海军以陆战队为主力，乘兵舰在黎巴嫩中部登陆，自西向东进军，陆军以坦克部队为先导插入黎巴嫩南部地区，另一路在海空军掩护下，在黎巴嫩北部登陆，再南下进军。三路兵马都直指黎巴嫩首都贝鲁特，以形成围歼态势。

以色列军队行动极快，使阿拉伯武装猝不及防。以军长驱直入，很快占领了黎巴嫩 1/5 的土地，清除了叙利亚在贝卡谷地的防空导弹基地，迫使叙利亚军队撤至国际公路附近，以便在战况突变时，有通道返回本土。黎巴嫩穆斯林左派武装力量因兵力对比悬殊，退至山区。以色列数万大军围攻总部设在贝鲁特的巴解游击队。

贝鲁特分为东城区和西城区，前者是基督教徒居住区，后者是穆斯林聚集区。以色列军队首先抢占了贝鲁特通往外省的公路，接着用海军封锁了海路，然后用重炮猛轰机场，切断了空中通道，将巴解组织游击队围困在西区，使其生活来源和武器供应全部中断。

面临这样的困境，为了保存有生力量，巴解组织执委会主席阿拉法特只得在 1982 年 8 月 22 日接受撤离贝鲁特的协议，协议的主要内容是，巴解组织总部迁往突尼斯，巴解游击队员分散撤往叙利亚、约旦、突尼斯、阿尔及利亚、伊拉克等 8 个阿拉伯国家。由意、法、美、英组成联合国部队（又称多国部队）负责监督停火和保证巴解组织安全撤退。至 9 月 13 日，联合国部队完成预定任务，相继撤离黎巴嫩。

以色列通过入侵黎巴嫩战争，控制了黎巴嫩南部一些地区，而巴解组织在这一地区通过多年努力建立的武装和组织遭到毁灭性打击，游击队基地被清除，2/3 的武装力量受损，1/3 的武装力量分散至 8 个国家。以色列入侵黎巴嫩战争还造成了几十万巴勒斯坦难民流落他乡的悲惨状况。

巴解武装撤出贝鲁特后，1982 年 8 月 23 日，亲以色列的黎巴嫩长枪党组织领导人贝希尔·杰马耶勒成为黎巴嫩新总统，不料，同年 9 月 14 日就遇炸弹爆炸身亡。第二天，以色列借口黎巴嫩新总统遇难，再次出兵贝鲁特西区，国防部长沙龙还批准了长枪党武装力量进入西区的难民营，导致了长枪党武装对夏蒂拉和萨卜拉两个巴勒斯坦难民营大屠杀事件的发生，1000 多名无辜平民遇害。屠杀事件引起全世界包括阿拉伯人和以色列人民的愤怒和谴责，联合国为此召开紧急会议，调查此事。美国和苏联首脑表示谴责，埃及召回了驻以色列大使，以示抗议。埃及总统穆巴拉克指责说："贝鲁特骇人听闻的大屠杀，将成为同它有关的任何人的耻辱的象征。我们认为以色列人应对在他们占领下的贝鲁特发生的这些残暴行为负责。"约旦国王侯赛因指出："对贝鲁特的巴勒斯坦难民营进行的屠杀，只能坚定不同贝京（以色列总理）谈判的决心。"叙利亚、沙特阿拉伯等国政府和首脑都发表声明，谴责以色列的暴行。9月25日，以色列国内民众30万人举行声势浩大的游行，要求追究事件的责任人。在人民的一片谴责声中，以色列国防部长沙龙被迫辞职下台。

第三节　巴勒斯坦问题与中东和平进程

一、巴勒斯坦问题

早在英国占领巴勒斯坦，宣布实施扶持犹太人政策时期，巴勒斯坦的阿拉伯人就开展了勇敢的抵抗斗争，他们举行起义、罢工和武装暴动，要求英国当局改变损害巴勒斯坦人民权益的政策和做法。1948年5月，以色列宣布建立国家，第一次中东战争爆发，不但巴勒斯坦国没有建立，反而巴勒斯坦近百万人被迫背井离乡，成为难民。几十年来，巴勒斯坦人民为了重返家园，恢复自己的民族权力，同以色列当局进行了长期、艰苦、形式多样的民族解放斗争。1988年以前，巴勒斯坦人民主要采取武装斗争形式。1988年以后，在武装斗争的同时，积极寻求全面政治解决的方案，并取得了一定的进展。

第二次中东战争期间，在巴勒斯坦加沙难民营中出现了反抗以色列占领者的组织和游击队。1958年，巴勒斯坦人民著名领袖亚希尔·阿拉法特在科威特秘密筹建民族解放运动组织（简称法塔赫）。1964年5月，约400名巴勒斯坦人的代表集聚在耶路撒冷，举行了巴勒斯坦国民大会，做出成立"巴勒斯坦解放组织"的决议，选举出中央领导，制定了为争取解放而斗争的任务。1964年6月，巴勒斯坦解放组织宣告成立，一致推举艾哈迈德·舒凯里为主席。9月，这个组织机构得到阿拉伯国家首脑会议的承认。

巴解组织逐步发展，游击队也相继建立。1965年1月1日，法塔赫暴风突击队100多人，仅拥有1挺机关枪和30颗手榴弹，从黎巴嫩某基地出发，奔袭巴勒斯坦境内以色列军队控制的加利利山区，打响了游击战争的第一枪，并取得胜利。这一战斗胜利激发了巴勒斯坦人民参加游击队的高潮，他们纷纷加入巴解组织，要求发给武器，奔赴前线。巴勒斯坦解放组织队伍日趋壮大，"闪电"、"民阵"、"解阵"等武装组织先后成立，并向以色列占领者打响了游击战争的枪声。1968年，阿拉法特领导的"暴风"突击队人数增加到1.5万人。3月21日，在约旦、巴勒斯坦交界地区卡马拉，"暴风"突击队出动1万多名战士，采用伏击战，狠狠打击了1.5万名以色列扫荡队，打死以军400余人，击落以色列飞机1架，击毁装甲车17辆，残余以军狼狈逃回。这是阿以战争以来，由巴勒斯坦人单独迎战以色列的一次大规模战斗，显示了人民抵抗运动的力量，驱散了1967年战争失败后笼罩在阿拉伯世界的阴影。法塔赫的声誉和地位迅速提高，"暴风"突击队的名字传遍阿拉伯世界。埃及总统纳赛尔专门接见了阿拉法特。

1968年5月，巴解组织各派代表在约旦首都安曼聚会，筹备组建新的巴勒斯坦全国委员会。1969年初，法塔赫提出各组织"实现统一和联合斗争"的口号，2月在开罗召开的第五届巴勒斯坦全国委员会选举阿拉法特为新的执行委员会主席。4月，巴解各派代表再次达成协议，建立"巴勒斯坦武装斗争指挥部"，实现了各派力量的大团结。这一时期，巴解组织武装力量迅速壮大，战士总数达5万余名。他们在占领区偷袭以军军营，破坏交通，灵活出击，打了就跑，牵制了不少以军力量，成为以军的心腹之患。因战绩辉煌，巴解组织成了中东地区一支新生的政治、军事力量。

进入20世纪70年代，巴勒斯坦解放运动经历了多次挫折与磨难。1948年第一次中东战争爆发以来，100多万巴勒斯坦人流离失所，沦为难民，他们分别居住在黎巴嫩、约旦等周边国家的难民营中。巴解组织通过艰苦工作，在难民营中组织起武装力量，建立了游击队基地。然而，在难民营的管理问题上，巴解组织和基地所在国政府经常发生矛盾，积有龃龉，特别是在约旦，游击队和约旦政府军方面时常发生摩擦事件。一次，巴解组织成员先后劫持多架国际飞机至约旦，将数百名乘客扣为人质，要求国际有关方面人士，包括约旦国王在内，向以色列当局交涉释放被俘的巴勒斯坦人，否则将对被扣人员采取暴力行动。当约旦国王拒绝这项要求时，双方矛盾顿时激化。在美国的压力下，1970年9月约旦侯赛因国王调动政府军，向在约旦土地上的巴解游击队发起进攻，将游击队逐出约旦的主要城镇。1971年7月，约旦军队再次兵分6路，占领了巴解游击队在约旦境内的所有基地，巴解游击队只得全部撤离约旦，转移至黎巴嫩和叙利亚等国。约旦军队和巴解游击队之间的火并，致使巴解组织内部发生了严重分歧和冲突，部分巴解游击队成员对此事表示异常痛恨，他们成立了"黑九月"组织，多次进行劫持飞机、跟踪人员、暗杀等活动，引起国际舆论界的哗然。由于巴解组织内部意见分歧，阿拉伯各国所持观点不一，巴解游击队力量大大削弱，人数也锐减到1万多人。

在黎巴嫩南部地区，有15个巴勒斯坦难民营。黎巴嫩政府允许难民营的治安工作由巴勒斯坦人自己负责管理。巴解组织利用这一机会，在难民营建立武装。1975~1976年，黎巴嫩基督教徒和穆斯林之间发生激烈内战，巴解组织站在了穆斯林一边，致使黎巴嫩两派力量对比发生变化，导致叙利亚出兵进行干涉。得到阿拉伯首脑会议同意，留在黎巴嫩的叙利亚军队对穆斯林的活动采取了约束措施，甚至解除了部分巴解游击队的武器，引起巴解组织的不满，巴解组织与叙利亚之间的关系渐趋恶化。进入80年代，巴叙关系不和呈公开化。阿拉法特公开指责叙利亚支持巴解内部的分裂派，干涉巴解组织内部事务。1983年5月，当阿拉法特想更换贝卡谷地巴解武装领导人时，法塔赫内部发生严重分歧。以阿布·穆萨为首的军官宣布另立中央。法塔赫内部分裂为支持和反对阿拉法特的两派，继而双方发生血战。1983年6月，当阿拉法特去叙利亚调解内部分歧时，叙政府对阿拉法特下了逐客令，并强占了法塔赫组织驻大马士革办事处。1983年9月，巴解反对派在贝卡谷地向支持阿拉法特的一派发起进攻，叙利亚站在反对派一边，向阿拉法特施压，通知阿拉法特必须在48小时内离开贝卡谷地。阿拉法特在压力下，只得带领部队撤到巴解在黎巴嫩的最后一个基地——特里波利。但是，反对派和叙利亚军队仍然紧追不舍，包围了特里波利，并发动攻击，终于酿成巴解内部大火并，火并还殃及附近的巴勒斯坦难民营，造成数千人伤亡。11月底，阿拉法特部队陷入重围。在海湾阿拉伯国家的调解下，双方暂时停火。12月20日，阿拉法特与4000名巴解战士，乘坐悬挂联合国旗帜的5艘希腊船只离开特里波利。至此，巴解武装组织在黎巴嫩的基地丧失殆尽。特里波利事件使阿拉法特在军事上损失惨重，但在政治上却赢得了巴勒斯坦人民更多的支持和同情，他的反对派受到了各界舆论的谴责。

1983年12月下旬，阿拉法特撤离特里波利后，前往埃及拜访穆巴拉克总统，双方进行了会谈。不料这件事在巴解组织中引起轩然大波。反对派立即攻击阿拉法特向"戴维营协议"投降，抛弃了巴勒斯坦事业，是第二个萨达特，同时要求罢免他的执委会主席职务。一些原来持中间态度的组织，此时也赞同反对派的意见，纷纷指责阿拉法特的开罗之行"违反了阿拉伯最高级会议作出的决议"。法塔赫中央委员会也反对阿拉法特的开罗之行，指责他"违背了集体领导的原则，必须对这次没有得到法塔赫或巴解组织支持的访问负全部责任"。1983年12月26日，巴勒斯坦军事委员会在也门首都萨那召开11人会议，有半数以上成员抵制会议，致使会议无法召开。1984年11月在约旦安曼召开第17次全国委员会会议时，仍有许多委员拒绝参加。这一时期，巴解组织领导机构陷于瘫痪状态，各派政治力量进一步分裂。对巴解组织内部的火并、分裂，以色列总理称："巴解组织不再是中东实力较量中的一个因素。"

巴解组织撤出黎巴嫩后，总部迁往突尼斯。巴解总部位于突尼斯市郊南部，由一些矮小的建筑物组成，其中仅有一栋能容纳100多人的办公大楼，四周用坚固的围墙防护，墙顶上安装了防护铁栏杆，只有一条土路直通总部大门，由巴解和突尼斯的保安部队共同把守。另外，附近还配备了萨姆防空导弹和高射炮群，戒备森严。

以色列为了根除巴解组织总部，欲把阿拉法特置于死地。情报部门用现代化的手段，收集和储存了大量关于巴解总部的资料和阿拉法特的生活习惯及工作时间，同时制订了战机偷袭巴解总部的方案。

1985年9月30日晚，以色列情报部门获悉阿拉法特刚从摩洛哥返回突尼斯，并将于次日召开会议的情报。以色列决策部门深夜开会研究，并于凌晨通过突袭方案。10月1日突尼斯当地时间上午9时，阿拉法特没有像往常那样召开会议，而是与其他领导人去了其他地方。不一会儿，以色列6架鬼怪式战机，以迅雷不及掩耳之势，出现在巴解总部上空，前面2架施放出大量烟幕，后面4架立刻发射8枚火箭，巴解总部防空部队还没有作出反应，6架飞机已经消失。办公大楼和其他建筑物被击中，瞬间被夷为平地，总部内有56人当即被炸死，100多人受伤。

20世纪80年代末，国际局势渐渐发生重大变化，苏联解体，美国逐渐掌握了中东事务的主导权。1987年12月，坚持武装斗争的巴勒斯坦人在被占领土上举行起义，用石块袭击以色列占领军，起义活动持续了近一年。1988年11月15日巴勒斯坦全国委员会在阿尔及利亚首都召开特别会议，宣布接受联合国1947年11月29日通过的第181号决议，建立以耶路撒冷为首都的巴勒斯坦国。这是41年来巴勒斯坦正式宣布接受联合国的决议。同时宣布，愿意同以色列一起寻求全面的政治解决，宣告了巴解组织政治立场发生重大转变，从而促成了中东和会的举行。1991年10月30日，马德里中东和平国际会议召开，在美国、苏联的主持下，以色列、叙利亚、约旦和巴勒斯坦参加了会谈。1993年9月，巴解与以色列在挪威首都奥斯陆进行深入会谈，就巴勒斯坦在加沙、杰里科等地实行自治达成协议。1994 年 5 月，巴以双方又在开罗签署了执行协议，巴以关系终于出现了历史性的变化。5 月 12 日，巴勒斯坦自治政府宣告成立。7 月 12 日，阿拉法特与巴解组织重要成员告别流亡总部所在地突尼斯，回到巴勒斯坦加沙地区。这一年世界诺贝尔和平奖也授予了阿拉法特和时任以色列总理拉宾以及以色列外长佩雷斯。1995 年 9 月，巴以又签署了塔巴协议，11 月，巴接管了约旦河西岸杰宁等城市。1996 年 1 月，巴方根据塔巴协议进行大选，阿拉法特被选为巴勒斯坦权力机构主席，组建了 88 人的自治委员会。同年 6 月，巴勒斯坦第一部宪法草案问世。1997 年和 1998 年，巴以双方相继又签署了"希伯伦协议"和"怀伊协议"，其中后者是巴以临时和平协议。

2000 年 9 月 28 日，以色列著名人物沙龙巡视圣殿山，引发巴勒斯坦的全国起义。之后，巴以双方再度陷于流血冲突、"以暴易暴"的状态。2003 年 5 月，美国、俄罗斯、联合国和欧盟联合推出了中东和平"路线图"计划，该计划的主要内容包括：在 2003 年底前建立巴勒斯坦国；在 2005 年底前完成巴以最终问题谈判，之后在两个国家的基础上解决巴以冲突问题。为了完成这个计划，还制定了一个分为 3 个阶段实施的时间表。但是，这段时期巴以矛盾继续激化，巴以双方内部也发生了重大事件，2004 年 11 月 11 日，阿拉法特因病医治无效，与世长辞。以色列总理沙龙因与利库德集团政见分歧，决定退出利库德集团，组建新党"前进党"参加 2006 年的议会大选。但是 2006 年 1 月 4 日，沙龙突然中风，陷入昏迷状态。这样，不仅中东和平"路线图"计划受阻，巴以领导人也都发生了变化。

阿拉法特去世后，马哈茂德·阿巴斯继任巴勒斯坦民族权力机构主席一职。2006 年，巴勒斯坦举行第二次立法委员会选举，对以色列持强硬立场的哈马斯组织在选举中击败了阿巴斯领导的巴勒斯坦民族解放运动组织，取得了组阁权。由于两个组织在巴解斗争方针、策略、方式等方面存在很大意见分歧，致使巴勒斯坦内部力量进一步分裂，从口角争论、相互指责，演变为武装割据，哈马斯占据加沙地带，阿巴斯则管理着约旦河西岸地区。

二、巴勒斯坦解放组织

巴勒斯坦解放组织简称巴解组织，它是在巴以斗争中诞生的，是巴勒斯坦和阿拉伯方面一支重要的政治和军事武装力量。

巴解组织建立于 1964 年，发展迅速，至 1970 年，各种游击队组织发展到 40 多个，人数达 5 万之多。1974 年 11 月，巴解组织得到联合国的承认，1976

年 8 月，成为不结盟组织成员，1976 年 9 月，正式加入阿拉伯国家联盟，成为巴勒斯坦人民的唯一合法代表。1980 年 10 月，当时的欧洲共同体发表声明，承认巴勒斯坦人民的合法权利。到 20 世纪 80 年代时，有 110 多个国家正式承认巴解组织，80 多个国家同意它在本国设立大使馆性质的办事处。巴解组织是由巴勒斯坦各界人士、政治派别、团体所组成的联合统一体，是由几十个民族主义组织所组成，这些组织代表巴勒斯坦人民的不同利益、不同政治背景、不同政治观点，在对以色列斗争的方针、政策和方法上经常发生激烈争论，因而经常出现分化、合并，甚至退出或者重新参加巴解组织的现象。

巴解组织的最高组织机构和权力机构是巴勒斯坦全国委员会，负责制定政策和纲领。该委员会由各个民族主义组织遴选代表组成。两年一届，根据 1/4 以上委员的要求，可以定期召开例会。

巴解组织中央委员会是由全国委员会选举产生的，主要职责是在全国委员会闭会期间指导巴解组织工作。

巴解组织执行委员会是常设机构，负责巴解组织的行政事务。执行委员会由全国委员会选举产生，由 18 名成员组成，分别负责教育、卫生、新闻、外事、防务、计划、民族关系等事务。

1994 年 5 月，根据形势的发展，巴解组织决定成立巴勒斯坦民族权力机构，全面负责自治区的行政事务，由 20 多名部长和若干名国务部长组成内阁。

1996 年 1 月，巴勒斯坦自治区人民根据相关规定，选举产生了巴勒斯坦自治区立法机构——巴勒斯坦自治委员会，该委员会共有 88 个委员。

在巴解组织中，有不少民族主义组织拥有自己较强大的武装力量，这些武装力量在对以斗争方式、斗争策略等方面存在较大差别。其中比较著名的如下：

（1）巴勒斯坦民族解放运动，简称"法塔赫"。"法塔赫"一词在阿拉伯语中是"巴勒斯坦"、"解放"、"运动"三个词首字母的缩写，"法塔赫"在阿拉伯语中还有"征服"、"胜利"等意思。

法塔赫是巴解组织中战斗力较强、人数最多的一支武装力量，具有举足轻重的地位。领导人除了创始人阿拉法特以外还有法鲁克·卡杜米、阿布·伊亚德等人。1956 年初创时，这个组织处于秘密状态，当时还创办了《我们的巴勒斯坦》这本刊物，宣传"收复巴勒斯坦的唯一方法是通过军事暴力"，"战斗将决定巴勒斯坦人民的命运"等观点。1964 年 12 月 31 日深夜，法塔赫采取的军事行动标志着巴解组织武装斗争和游击战争的开始。在艰难曲折的武装斗争中，法塔赫的力量不断壮大，在 1968 年 3 月 21 日的卡拉马战斗中，法塔赫显示了自己强大的战斗力。随着形势的发展,法塔赫的斗争手段发生了变化,从"革命暴力是解放家园的唯一手段"调整为"奉行现实主义的灵活路线",寻求加强同所有阿拉伯国家的合作,不干涉他国内政。在阿拉法特担任执行委员会主席期间,巴解组织和法塔赫的政治地位不断提高,得到了阿拉伯国家,特别是产油国家的大力支持和资金援助。

法塔赫武装力量又称"暴风突击队",拥有较先进的武器装备和较高的军事素质,其人数最多时达到1.5万人之多。

法塔赫最高权力机构是代表大会,大会闭会期间由革命委员会行使职权,革命委员会选举出中央委员会,负责领导该组织的日常工作。

(2)解放巴勒斯坦民主阵线,简称"民阵"。该组织是在20世纪60年代后期从解放巴勒斯坦人民阵线中分裂出来的,大部分成员是青年学生,拥有1000多人的游击队。该组织自称信仰马列主义,主张现阶段是民族主义革命阶段,要做"巴勒斯坦解放运动的先驱"。对奥斯陆会谈协议持反对态度,曾宣布退出巴勒斯坦执行委员会,以后又与巴勒斯坦哈马斯、人阵等组织组建了"巴勒斯坦力量联盟"。随着形势的发展,该组织的斗争策略有所转变,在许多问题上与法塔赫的政治观点相同或接近。

(3)解放巴勒斯坦人民阵线,简称"人阵"。该组织几经分合,成员多,活动范围广,拥有近千人的武装。1967年"巴勒斯坦解放阵线"、"复仇青年"、"归国英雄"等组织合并组成人阵,早期负责人是乔治·哈巴什,总部设在黎巴嫩。该组织政治观点与法塔赫的政治观点有所不同,主张用暴力手段解放巴勒斯坦,反对用和谈、政治手段解决巴勒斯坦问题。20世纪60年代末和70年代,人阵建立了一些秘密组织,专门进行跟踪、暗杀、劫持飞机、逮捕人质等活动。2001年8月该组织总书记艾布·阿里·穆斯塔法在拉马拉遇刺身亡。同年10月17日,该组织下属的军事组织"穆斯塔法旅"采取报复行动,暗杀了以色列旅游部长泽维。之后,迫于以色列的压力,巴勒斯坦当局宣布取缔"穆斯塔法旅"。在以色列的打击下,人阵多名政治、军事领导人遭到逮捕和定点清除。

(4)巴勒斯坦人民解放战争先锋队,简称"闪电"。该组织创建于1968年10月,成员大多数是流落在叙利亚境内的巴勒斯坦人,与叙利亚关系密切,受叙利亚复兴党"巴勒斯坦统一组织"的领导,活动经费和武器装备也靠叙利亚政府的支持,早期领导人是祖海尔·穆赫辛。闪电拥有2000人左右的游击队,作战勇敢,很有战斗力。由于打仗出色,外电在报道这个组织时,称其为闪电。该组织还有自己的机关刊物《先锋》周刊。闪电组织认为,巴勒斯坦革命是阿拉伯革命的一部分，巴勒斯坦解放组织与叙利亚的关系是战略联盟关系。在巴勒斯坦人民斗争方针、政策等方面，闪电与法塔赫持有不同观点。

（5）解放巴勒斯坦阿拉伯阵线，简称"解阵"。该组织是由伊拉克复兴社会党协助建立，活动经费和武器来源也依赖伊拉克政府提供，该组织认为，巴勒斯坦事业是阿拉伯事业的一部分，应该与伊拉克建立密切的合作关系。早期负责人是扎以德。这个组织在发展过程中，经历了多次分裂。

（6）解放巴勒斯坦人民阵线总指挥部，简称"总部"。该组织于1968年从"人阵"组织中分裂出来，时常在叙利亚边境地区活动，拥有武装力量数百人，核心力量是职业军人，负责人为艾哈迈德·贾布里勒。该组织与法塔赫在对以斗争观点方面，持不同意见。

（7）伊斯兰抵抗运动，简称"哈马斯"。哈马斯原来是一个伊斯兰宗教性组织，曾于1978年在以色列合法注册，1988年12月，正式更名为"伊斯兰抵抗运动"。但是在1989年以色列当局宣布哈马斯为非法组织，并取缔了该组织的一切活动。该组织主张用伊斯兰拯救巴勒斯坦，用"圣战"收复被占的巴勒斯坦领土，建立一个伊斯兰国家。该组织早期领导人是艾哈迈德·亚辛。1993年奥斯陆协议签订后，哈马斯和法塔赫之间发生了尖锐矛盾，哈马斯坚决反对和谈，坚持暴力斗争。自2000年9月巴以之间爆发大规模的流血冲突以来，哈马斯发动了一系列自杀性攻击行动。以色列一直将哈马斯组织列为重点打击目标，先后定点清除了哈马斯几任领导人，2004年3月22日，艾哈迈德·亚辛遇袭身亡。2006年1月26日，在巴勒斯坦第二次立法委员会选举中，哈马斯获得胜利，取得了组阁权。2007年6月，因与法塔赫政见不同，在加沙和法塔赫发生武装冲突，从法塔赫手中夺得加沙地带的控制权。

除了上述组织以外，在巴勒斯坦还有一些政治组织和武装力量，如伊斯兰圣战者组织（简称"圣战者"）、"阿克萨烈士旅"、"卡桑旅"、"穆斯塔法旅"等。后三支武装力量分别属于法塔赫、哈马斯和人阵组织领导。

三、阿拉法特与阿巴斯

（一）阿拉法亚西尔·阿拉法特

巴勒斯坦人民革命的领袖，生前担任过巴勒斯坦国总统、巴勒斯坦民族权力机构主席、巴勒斯坦解放组织执行委员会主席兼任巴勒斯坦革命武装力量总司令等职务。阿拉法特出生于1929年，是巴勒斯坦加沙地区人。祖父和父亲都是巴勒斯坦著名的富商，父亲拥有大片土地和园林，另外还经营纺织品和航运业。阿拉法特的母亲出生于该地区的名门，她的家族曾长期担任耶路撒冷的穆夫提一职。

阿拉法特幼年正处于英国政府大力支持犹太复国主义运动，大批犹太人涌进耶路撒冷，同当地的阿拉伯人、穆斯林发生激烈冲突的动荡时代，其全家只得迁居埃及开罗。阿拉法特从小就开始接受家庭的严格教育，7 岁时能诵读《古兰经》，9 岁时进入一所开罗小学就读，10 岁时跟随家庭搬迁返回加沙，继续在加沙读小学。12 岁时，阿拉法特跟随老师参加反犹活动，14 岁阿拉法特读中学时，加入了加沙地区反犹青少年组织（烈士会）。17 岁时任当时巴勒斯坦抵抗运动领导人阿卜杜·卡德尔·侯赛尼的私人秘书。18 岁时，他参加了袭击犹太人的军事行动，受到当局的通缉，因而逃往埃及。在开罗，他经过大学预科教育后，进入开罗大学工学院土木工程系学习。

大学期间，阿拉法特积极参加社会政治活动，加入了"巴勒斯坦学生联合会"，担任过联合会执行委员、主席等职，充分显示了他卓越的组织才干，也让他有更多的机会接触到巴勒斯坦各界人士。

第二次中东战争爆发时，阿拉法特毅然投笔从戎，参加埃及的反侵略战斗，时任工程兵尉级军官，并成为塞得港保卫战中的勇士。战争结束后，阿拉法特从军中退役，继续读书。之后，阿拉法特离开埃及去科威特谋生，最初在一家自来水公司中担任工程师，以后自己开设"自由巴勒斯坦建筑公司"。公司生意兴隆，使他有资金来筹办《我们的巴勒斯坦》刊物。这份刊物在身居异国他乡的巴勒斯坦人中间很有影响，起到了团结巴勒斯坦人的作用。

阿拉法特 31 岁时与一批巴勒斯坦青年在黎巴嫩成立法塔赫组织，他任负责人。他积极宣传通过武装斗争，建立一个巴勒斯坦民主共和国的政治主张。之后，他还频频出入分布在阿拉伯各国的巴勒斯坦难民营，他的公开身份是招募建筑工人、商谈业务的公司老板，而暗中，他以法塔赫领导人名义，进行宣传、组织和筹措资金等工作。经过多年艰苦不懈的努力工作，法塔赫终于建立起自己的武装力量，取名"暴风突击队"。

1964 年，阿拉法特作为法塔赫组织的代表，出席第一届巴勒斯坦国民大会。同年 12 月 31 日深夜，暴风突击队打响了武装抗击以色列侵略的第一枪，宣告了巴勒斯坦人民武装斗争的开始。1968 年 3 月，当阿拉伯国家深深陷于第三次中东战争失败的阴影之中时，阿拉法特领导壮大起来的暴风突击队，粉碎了数以万计的以色列军队的大扫荡。胜利的捷报，极大地鼓舞了巴勒斯坦人民的斗争热情，数千名巴勒斯坦人先后加入法塔赫组织，壮大了巴解组织力量。由于阿拉法特杰出的指挥才能，1968年6月，他被选为法塔赫中央委员会主席。不久，又被选为巴解组织执行委员会主席、巴勒斯坦革命力量总指挥部总指挥。从此以后，他成为巴勒斯坦人民的革命领袖。

阿拉法特当选为巴解组织领导人后，为争取巴勒斯坦建国而积极努力工作。在1973年十月中东战争中，为配合埃及、叙利亚等国在正面战场上同以色列进行作战，阿拉法特领导巴解游击队在以色列的后方进行游击战，牵制了不少以色列武装力量，有力地支持了埃及等国军队的军事行动。

为了赢得国际上的支持和世界各国人民的同情和支援，阿拉法特进行了频繁的外交活动。1977年联合国通过决议，决定从1978年起，每年11月29日为"声援巴勒斯坦人民国际日"，使得巴勒斯坦解放组织在国际上获得了合法地位。

阿拉法特主张，巴解组织应该与阿拉伯各国都保持友好关系，努力争取阿拉伯各国的支持，避免卷入阿拉伯国家的分歧之争。在内部团结等问题上，阿拉法特主张相互和解，增强团结。

1989年4月，返回加沙地区的阿拉法特当选为巴勒斯坦总统。四年后的1991年9月，阿拉法特连任总统。由于在和平解决巴以问题上，阿拉法特做出了巨大努力，1994年他被授予诺贝尔和平奖。1996年1月，在巴勒斯坦自治区举行的大选中，阿拉法特当选为巴勒斯坦民族权力机构主席。2002年后，巴以关系进一步恶化，以军将阿拉法特围困在他的官邸，并想把他驱逐出巴勒斯坦。对以军的围困，阿拉法特坚持工作，坚持斗争，宁死不屈，他说："我要死在巴勒斯坦，永不离开这里。"2004年，阿拉法特因病去世。

（二）阿巴斯

马哈茂德·阿巴斯，现任巴勒斯坦国总统，巴勒斯坦民族权力机构主席。1935年，阿巴斯出生在巴勒斯坦北部的萨法德镇。青年时期，在大马士革法学院学习法律专业，后前往苏联莫斯科大学，学习研究以色列政治，并获历史学博士学位。阿巴斯是阿拉法特的战友，曾协助阿拉法特筹建了巴解"法塔赫"组织，并在该组织中担任重要职务。阿巴斯先后担任过巴解组织泛阿拉伯和国际事务部负责人，奥斯陆巴以秘密谈判巴方首席代表，并代表巴方签署了奥斯陆协议。2003年3月，担任巴勒斯坦国总理。阿拉法特去世后，阿巴斯成为巴勒斯坦民族权力机构主席。

四、中东和平进程

萨达特继任埃及总统后，做了几件轰动世界的事情：主动向以色列出击，发动了著名的"十月战争";废除《埃苏友好合作条约》,驱逐了苏联在埃及的军事专家和顾问;之后是正式访问耶路撒冷,直接与以色列总理贝京会谈。埃及和以色列的和谈在阿拉伯世界引起轩然大波,埃及遭遇来自阿拉伯世界的巨大压力,但是却开启了中东和谈的序幕。从此,阿以全面对抗逐渐转向和谈与局部对抗的阶段。

埃及在阿拉伯世界占有重要的地位,具有举足轻重的政治影响,在阿以冲突的历次战争中,埃及都是主要参战国,投入了巨大的人力、物力和财力。萨达特执政后,原来想沿袭传统做法,用武力解决阿以争端问题,或者通过军事上的胜利,取得政治上的主动权,因此,他联合叙利亚发动了1973年的"十月战争"。但是,战争的结局与他的初衷完全不相吻合。巨大的战争军费开支,使本已困难重重的埃及国民经济更加捉襟见肘。根据统计,在中东四次战争中,埃及耗费了1000亿埃镑,死伤10万人之多。战后,埃及人民普遍思和厌战。

陷于极度困境中的萨达特不得不寻求新的解决方法,争取和平环境,探索埃以和谈的新途径。在外交政策上,萨达特改变了过去的近苏联反美政策,积极和美国发展外交关系。美国从它的全球战略利益考虑,立即做出反应,国务卿基辛格施展"穿梭外交"才能,频繁往来于阿拉伯国家和以色列之间。1974年2月,埃及和美国正式恢复外交关系,同年6月,实现尼克松总统访问埃及,埃美关系明显转变。

埃及在改善与美国关系的同时,与苏联的关系却渐渐趋于冷淡。1976年3月,埃及作出了废除《埃苏友好合作条约》的决定,赶走苏联在埃及的专家,取消苏联海军在埃及的便利,苏联被迫作出战略重点转移的决策。美国势力进一步向中东地区渗透。

在加强同美国关系的同时,埃及对以色列做出主动求和、以和平换土地的积极姿态,相继与以色列签订第一、第二阶段脱离军事接触协议,和平收复了西奈半岛三分之二的领土。为了争取和平建设环境,摆脱沉重的军费开支包袱,1977年9~10月,埃及和以色列代表在第三国多次秘密接触,为两国首脑会晤创造条件。

在历次中东战争中,以色列政府的开支也十分巨大,经济发展受到严重阻碍。世界上许多国家和它断绝了外交关系,人民厌战情绪增长。为了摆脱经济和政治上的困境,分化和削弱阿拉伯国家的力量,减轻政治和经济压力,以色列也愿意与埃及和谈。1977年11月下旬,萨达特迈出了同以色列和平谈判的"主动行动",正式访问耶路撒冷。在萨达特访问以色列的历史时刻,两国都进行了访问实况转播。埃以双方武装冲突了近30年,双方第一次坐到了谈判桌边。12月以色列总理贝京回访埃及，尽管双方开始谈判未能取得实质性的进展，但双方和谈的大幕已经拉开。

美国一心想把埃及纳入它的中东战略轨道，进一步排挤苏联在中东的势力。卡特总统亲自出马于 1978 年 1 月访问埃及，同萨达特总统会谈，并邀请萨达特访问美国。接着，卡特又邀请贝京赴美。8 月上旬，美国国务卿万斯再次访问埃及和以色列，终于促成了埃及、以色列和美国于 9 月份在美国总统别墅戴维营进行最高级会谈。1978 年 9 月 6 日，三国政府首脑在紧张激烈的气氛中开始会谈，12 天后，签署了《关于实现中东和平纲要》和《关于签订埃以和平条约的纲要》两项文件，达成了《戴维营协议》。这两项文件内容涉及巴勒斯坦问题和以色列将西奈半岛归还埃及，协议规定由埃及、以色列、约旦、巴勒斯坦四方进行谈判，以确定约旦河西岸和加沙地区的最后地位。还规定埃以签订和约，以色列从西奈半岛撤军后，埃以建立外交关系。1979 年 3 月，美国总统卡特再次亲自出面斡旋，终于使埃以首脑在白宫签署和平条约。

这个条约一开始就指出，"深信迫切需要根据安全理事会 242 号和 338 号决议，在中东建立公正、全面和持久的和平"，强调"深信缔结埃及和以色列的和平条约是谋求这个地区全面和平和谋求阿拉伯——以色列冲突的一切方面得到解决的一个重要步骤"。条约的附件具体规定了以色列撤军的时间和地点，埃及允许以色列的船只自由通过苏伊士运河和蒂朗海峡国际水道；"以色列将从交换该条约的批准书之日起不超过 3 年的时间，完成它的全部武装部队和文职人员撤出西奈的工作"。以色列的撤离工作分两个阶段，第一阶段为 9 个月，以军撤至阿里什—穆罕默德角以东一线；第二阶段从西奈半岛撤至国际边界。在领海问题上，"双方都承认对方的船只有遵照国际法的条约无害地通过其领海的权利"。在附件中，双方还就外交、领事、经济、贸易、文化、移民自由、电信、运输、人权等事项达成协议。在协议签订后几年中，双方基本上实现了各自的要求，建立了外交关系。埃及取消了对以色列的经济制裁，答应每年向以色列出售 200 万吨石油，以色列获得了使用苏伊士运河的权利。但是，这项条约没有就阿以冲突的核心——巴勒斯坦问题达成任何有效协议。

埃以和约的签订，开辟了一条和平解决冲突的新途径，对全面解决阿以冲突、缓和中东紧张局势具有积极的推动作用。但是，这次是埃及单独与以色列实现和解，采取行动前没有与阿拉伯联盟和其他阿拉伯国家商议，在谈判中又对以色列作了一些让步。所以，埃及的和谈举动在阿拉伯世界引起强烈的反响，大多数阿拉伯国家与埃及断绝外交关系，对埃及进行政治、经济等制裁。埃及被取消阿拉伯国家联盟成员国资格，阿盟总部从开罗迁往突尼斯。利比亚、伊拉克、叙利亚、阿尔及利亚和巴解组织还成立了拒绝阵线，对埃及采取强硬政策。但是，陷于孤立的埃及坚持自己的做法，1980 年埃及全部收复西奈半岛被占领土，彻底放下了战争包袱，恢复和平环境，为国家经济建设创造了一个稳定局面。

埃及总统萨达特的主动和平行动，赢得了西方和欧美国家的称赞，他还获得了诺贝尔和平奖，并将 16.4 万美元的奖金全部转赠给他的家乡。但是他的和平举动也引起国内宗教极端分子的仇视，他们认为，萨达特和以色列的媾和行为是不能宽恕的。1981 年，一些埃及青年学生多次在府周围游行示威，抗议以色列在开罗建馆，要求政府同以色列断交，他们还和警察发生流血冲突。宗教极端分子活动也很猖狂，他们加紧密谋暗杀萨达特的计划。针对这些恐怖活动，他下令逮捕了 1500 多名宗教极端分子。1973 年"十月战争"以来，埃及人民每年 10 月 6 日都要举行隆重的纪念活动。1981 年这一天，萨达特在副总统穆巴拉克和国防部长等人陪同下，出席了阅兵式，其间萨达特总统遭遇枪杀，他为埃以和平、阿以和平的实现付出了生命代价。

萨达特去世后，他的继任者穆巴拉克利用和平环境，积极恢复和发展埃及经济，使埃及经济渐渐复苏。1982~1984 年埃及经济增长率达到 7%~7.5%，财政赤字下降 50%，全国侨汇收入升至 31 亿美元。与此同时，埃及在阿拉伯国家中的地位逐步得到改善。1984 年 1 月，伊斯兰首脑会议通过决议，邀请埃及返回该组织。同年 9 月，约旦宣布同埃及恢复外交关系。沙特和科威特等海湾阿拉伯国家也相继表示承认埃及在阿拉伯世界的作用。事实上，在 20 世纪 80 年代，一部分阿拉伯国家和国际社会对解决阿以冲突的看法都发生了较大变化，对萨达特和平换土地的举动也有了新认识。阿拉伯国家、世界超级大国都提出了自己的解决方案，阐明了自己的观点。其中较有代表性的有 1982 年美国里根方案、阿拉伯非斯方案、苏联勃列日涅夫方案等。

1982 年 9 月 1 日，美国总统里根提出解决中东问题方案中的主要内容包括：美国既不支持在约旦河西岸和加沙地带建立一个独立的巴勒斯坦国，也不支持以色列合并或长期控制这一地区；必须有一段过渡期让巴勒斯坦居民对他们自己的事务有充分的自治权；美国对以色列的安全作出的承诺是坚定不移的；以色列应立即采取行动冻结定居点等。但是，这个方案没有被巴勒斯坦和以色列所接受。同年 9 月 10 日，第十二次阿拉伯国家首脑会议提出了非斯方案，主要内容包括：以色列必须撤出 1967 年以来所占领的一切阿拉伯国家领土，拆除在阿拉伯国家领土上建立的定居点；建立一个以耶路撒冷为首都的、独立的巴勒斯坦国，安理会保证这一地区各国间的和平等。非斯方案内容是在沙特阿拉伯王储法赫德关于"实现中东和平八点建议"的基础上形成的。这个方案的关键点是承认了以色列作为一个国家已经存在的事实。9月15日，苏联勃列日涅夫提出解决中东问题方案中的主要内容有：1967年以来以色列所侵占的领土应该归还阿拉伯人，并成为巴勒斯坦国家不可分割的组成部分；应该保障该地区所有国家安全和独立存在及发展的权利等。20世纪80年代也是巴解组织政治观点发生重要转变的年代，1988年11月，巴解组织正式宣布同意召开有关中东问题的国际和平会议，要求根据联合国的原则和决议，保障巴勒斯坦人民的民族权利，同时还宣布，反对各种形式的恐怖主义行为。

20世纪90年代是中东和平进程取得重要进展的时期。马德里中东和平会议召开，巴以和平谈判签订了多项协议，约旦、以色列签订了和平条约。1991年10月30日至11月1日，冲突与交战近40年的阿拉伯和以色列在美国与苏联的主导下，在西班牙首都马德里进行和平谈判，阿拉伯方面参加和谈的有：叙利亚、约旦、黎巴嫩和巴勒斯坦。联合国、当时的欧共体、埃及、海湾合作委员会(现海湾阿拉伯国家合作委员会)、阿拉伯马格里布联盟作为观察员参加会议。会上，各方就阿以冲突问题的立场和观点进行了阐述，阿方强调了"以土地换和平"的原则，以方强调了"以和平换和平"的原则。会后还成立了多边谈判指导委员会等机构，就安全、军事、经济、环境、难民等问题谈判进行准备。

1991年11月起，巴勒斯坦同以色列就巴勒斯坦自治问题开始谈判。经过多轮艰苦谈判，在挪威外交大臣的协调下，双方在奥斯陆的谈判终于取得进展。1993年8月，巴以双方就加沙、杰里科两地先行实行自治达成协议。9月，巴勒斯坦宣布承认以色列国在和平和安全中生存的权利，以色列宣布巴解组织是巴勒斯坦人民的代表。双方还在美国华盛顿签署了巴以《临时自治安排原则宣言》。1994年5月，巴勒斯坦警察先后接管加沙和杰里科。7月，阿拉法特率领官员进入加沙，宣告巴勒斯坦自治政府正式建立。在美国政府的主导下，巴以就以军撤离、巴人自治等问题签署了多项协议。2000年9月，以色列利库德集团首领沙龙突然访问穆斯林圣殿山，引起巴以新一轮冲突。2004年，随着巴以双方领导人先后去世、生病，巴以和平进程陷入僵局。2006年1月，巴勒斯坦哈马斯组织在巴勒斯坦第二次立法委员会选举中获胜，击败了法塔赫，获得了组阁权。2007年，巴勒斯坦内部发生分裂，哈马斯与法塔赫发生军事冲突，哈马斯掌控了加沙地区，法塔赫掌控了约旦河西岸一带，巴解内部矛盾激化，致使巴解和平谈判进程陷入瘫痪状态。

与此同时，约旦同以色列也开始进行和谈。1994 年 7 月，约以双方在美国华盛顿签署《华盛顿宣言》，宣告两国结束战争状态。同年 11 月，双方还宣布建立外交关系，12 月，双方互派了大使。

中东和平进程道路曲折，虽然埃及、约旦同以色列签订了和平条约，结束了战争状态，巴勒斯坦也同以色列签订了不少条约，但是，和平进程道路上的问题仍然十分复杂，障碍重重。耶路撒冷地位问题，巴勒斯坦难民问题，犹太人定居点和阿拉伯被占领土问题以及以色列与叙利亚、黎巴嫩等国领土、安全等问题仍将是中东和谈中非常棘手的难题。

第四节　阿拉伯之春

一、阿拉伯大变局的来龙去脉

2010 年 12 月 17 日，26 岁的年轻人穆罕默德·布瓦吉吉在遭受执法人员的滥用暴力后，用焚烧自己的方式向社会统治阶级表达了自己的抗议。随后这把火彻底点燃了整个突尼斯，由此开启了突尼斯"茉莉花革命"的序幕。突尼斯国内人民由于失业率上升、通货膨胀、政治腐败、言论缺乏自由、生活条件不佳问题，纷纷举起大旗，反对政府的统治。2010 年 12 月，一场全国性的争取民主的活动在突尼斯开展了起来。这场突尼斯革命是突尼斯在近 30 年来最轰动的反政府抗议活动。警察和安全部队对示威者采取了行动，并造成了几十人死亡和近百人受伤。2011 年 1 月 14 日，总统本·阿里结束了他长达 23 年的执政，逃往沙特阿拉伯。这使得突尼斯成为了中东地区国家中第一场因人民起义导致推翻现政权的国家。突尼斯革命的爆发，点燃了整个中东地区，反对政府的火焰以燎原之势在整个中东地区蔓延开来。

在突尼斯茉莉花革命的影响下，这股革命之风席卷了中东地区众多阿拉伯国家，并蔓延到许多欧洲、美洲、亚洲国家，形成一系列的反政府社会运动。"阿拉伯之春"的主要诉求多关于经济和民主，活动方式多采取示威游行和网络串联，对许多国家的政治和经济影响甚巨。

在 2010 年和 2011 年之交，突尼斯、埃及、也门、阿尔及利亚、巴林、利比亚、约旦和叙利亚最早发生了大规模示威、游行甚至革命；毛里塔尼亚、沙特阿拉伯、阿曼、苏丹、摩洛哥、吉布提、索马里、科威特、黎巴嫩、西撒哈拉、卡塔尔、尼日利亚也出现了由网民组织的小规模示威事件。此后半年内受到该示威浪潮影响的国家有阿尔巴尼亚、加蓬、斯威士兰、布基纳法索、塞内加尔、科特迪瓦、埃塞俄比亚、以色列、伊朗、乌干达等。

(一) 突尼斯

2010 年 12 月 17 日，突尼斯西迪布吉德一名摆摊贩卖水果蔬菜的青年因受到执法人员暴力对待，在当地政府门口自焚。这种极端做法迅速引起民众的共鸣。由于对生活水平、警察暴力行为、高失业率和人权状况糟糕等问题不满，大批民众在当天就走上街头，游行迅速扩展到突尼斯全国。

2010 年 12 月 28 日，突尼斯总统本·阿里 (Zine El Abidine Ben Ali) 发表电视讲话，谴责反对者。他声称街头暴力是少数极端分子所为，并警告示威人群，他们会受到"法律的严惩"。

2011 年 1 月 10 日，突尼斯政府宣布关闭该国所有学校和大学。本·阿里在电视讲话中宣布，将努力在 2012 年前创造 30 万个就业岗位。

2011 年 1 月 13 日，本·阿里在电视讲话中表示不会参加 2014 年的大选，并承诺进行国家体制改革，调查游行中的死伤人数，宣布解禁部分网站。

2011 年 1 月 14 日，本·阿里宣布解散政府，并在 6 个月内进行合法大选。总理加努希宣布担任临时总统。

2011 年 1 月 15 日，沙特阿拉伯宣布接受本·阿里的政治避难。突尼斯最大的伊斯兰党派 Ennahdha 主席 Rached Ghannouchi 宣布将结束在伦敦的流亡生涯返回突尼斯。

2011 年 1 月 17 日，突尼斯总理加努希宣布组建新的联合政府，但政府中仍然包括多名本·阿里的亲信。突尼斯民众对新政府表示不满，继续上街游行。

2011 年 1 月 26 日，突尼斯请求国际刑警组织帮助捉拿逃亡的本·阿里、其妻子以及其他家庭成员，并对本·阿里夫妇下达了国际逮捕令。

2011 年 6 月 20 日，突尼斯首都一家法庭以挪用公款罪缺席判处本·阿里及其妻子 35 年徒刑。

(二) 埃及

2011 年 1 月 25 日，埃及发生大规模游行示威活动。首都开罗的互联网服务和手机通信中断。反对者呼吁总统穆巴拉克立即辞职，并要求政府进行改革，解决高失业率等问题。

2011 年 1 月 29 日，穆巴拉克任命情报总局局长奥马尔·苏莱曼为副总统。

这是埃及近 30 年来的首位副总统。

2011 年 1 月 29 日，卡塔尔半岛电视台报道称，埃及总统穆巴拉克的两个儿子贾迈勒和阿莱都已逃往伦敦。

2011 年 1 月 31 日，由总理沙菲克领导的新政府成员，在穆巴拉克的见证下宣誓就职。

2011 年 2 月 2 日，穆巴拉克表示不会参加下届总统选举。

2011 年 2 月 3 日，穆巴拉克在接受美国媒体采访时表示，愿意辞去总统职位，但无法立即卸任。

2011 年 2 月 5 日，埃及向以色列输送天然气的管道被炸起火。埃及对以色列和约旦两国的天然气供应中断。

2011 年 2 月 11 日，穆巴拉克宣布辞职，并将权力移交给军方。随后，穆巴拉克和家人离开首都开罗，抵达位于埃及西奈半岛的红海海滨旅游城市沙姆沙伊赫。

2011 年 5 月 5 日，埃及一家法院裁定，穆巴拉克时期政府高官、前内政部部长阿德利贪污及洗钱罪名成立，判其入狱 12 年。

2011 年 5 月 24 日，埃及总检察长决定将穆巴拉克及其两个儿子送交刑事法庭审判，指控他们蓄意谋杀抗议者并滥用权力谋取私利。

2011 年 6 月 29 日，埃及首都开罗解放广场再次爆发流血冲突，游行的群众向警察和安全部队士兵投掷石块，后者则以警棍、催泪瓦斯、眩晕弹和橡皮子弹等加以还击，造成 25 人受伤，其中不少人伤势严重。

2011 年 8 月 3 日，对穆巴拉克的审判正式开始，使其成为本次阿拉伯国家民主化运动中首位站上被告席的国家最高领导人。

（三）利比亚

2011 年 2 月 15 日，开始和平反政府示威，但活动遭到政府军的武力镇压后引发起义，进而爆发反政府势力的武装力量同利比亚政府军之间的激烈军事冲突。

2011 年 2 月 16 日，卡扎菲发表全国电视讲话，表明不会辞职和离开国家，宁愿牺牲性命，并表示会强硬对付示威者。

2011 年 3 月 10 日，法国正式承认利比亚反对派成立的全国委员会为代表利比亚民众利益的合法政府，并计划同这个新成立的机构互换大使。

2011 年 3 月 17 日，在阿拉伯国家、美国、英国和法国等国的推动下，联合国安理会以 10 票赞成、5 票弃权的结果通过第 1973 号决议，在利比亚设立禁飞区。

2011年3月19日，法国率先空袭利比亚，美国海军于深夜通过其部署在地中海上多艘军舰，向利比亚北部防空系统发动了导弹攻击并派出多架战机参与随后的空袭。

2011年4月6日，中国外交部宣布批评西方国家对利比亚的军事行动。

2011年5月1日，卡扎菲六子赛义夫·阿拉伯和他的三个孙子在空袭中丧生，卡扎菲当时也在旁边。美法企图暗杀卡扎菲，在班加西反对派已经庆贺此次胜利。卡扎菲强调，要让一个从1977年起执政的领导人放权是一件可笑的事情，放权意味着放弃他一直深爱的祖国，意味着出卖革命、出卖国家、出卖人民。

2011年8月22日晚间，反对派武装已全面控制的黎波里并清除市内卡扎菲残余部队。反对派全城搜捕卡扎菲，并排除其离开利比亚的可能。8月24日，反对派宣布占领象征卡扎菲政权的阿齐齐亚兵营，从此利比亚开始正式进入后卡扎菲时代。

2011年10月20日，卡扎菲在其家乡苏尔特被捕惨遭虐待后重伤身亡。

（四）叙利亚

2011年3月15日，叙利亚大马士革市爆发反政府游行示威，政府出动军警。

2011年3月16~25日，示威游行扩展到叙利亚全国多个城市，安全部队与民众发生流血冲突。"大赦国际"在英国的发言人称，过去一周，至少有55人被杀。

2011年3月30日，叙利亚总统阿萨德发表了自抗议开始后的第一次讲话。他指责国外势力的阴谋造成了叙利亚动荡，但是拒绝透露有关重要改革的信息。

2011年4月14日，阿萨德签署法令，宣布组成新一届内阁。新任政府总理为前农业部部长阿迪尔·萨法利。

2011年4月19日，叙利亚宣布废除已经实行了48年的国家紧急状态法，结束国家紧急状态。此举意味着叙利亚民众将拥有举行和平示威游行的权利。

2011年4月28日，叙利亚执政党"阿拉伯复兴社会党"的203名党员宣布退党，以此对政府暴力驱逐示威者表示不满。

2011年4月29日，联合国通过了叙利亚问题的有关决议。这份决议谴责了叙利亚对抗议者使用暴力，还将向叙利亚派遣一个调查小组。当日美国宣布对叙利亚进行"人权制裁"。

2011年4月30日，叙利亚政府宣布，为响应公民的要求，将在未来几周内制订全面改革计划。

2011 年 7 月 31 日，叙利亚军队进入"动乱"城市哈马市，清除反对派设置的路障，并同反对派进行枪战。叙利亚人权组织说，至少 54 名平民被打死，另有数十人受伤。

2011 年 8 月 4 日，阿萨德签署法令，宣布叙利亚实行多党制，并承诺最快在半个月内提出具体的改革方案，但是这一做法遭到了反对派和西方国家的质疑。

2011 年 8 月 11 日，阿萨德承认叙利亚武装力量在对待示威民众方面确实犯了许多错误，指出要进行政治改革，承诺完成宪法修订工作。

2011 年 8 月 18 日，美国总统奥巴马签署总统令，宣布立即冻结叙利亚政府在美国管辖范围内的所有资产，加强针对叙利亚的出口禁令，禁止美国公民到叙利亚投资。英国、法国、葡萄牙与德国均已在联合国表示，将开始拟定一项针对叙利亚的安理会制裁决议草案。

2011 年 12 月 2 日，联合国人权理事会在日内瓦召开叙利亚问题特别会议，以 37 票赞成，4 票（俄罗斯、厄瓜多尔、古巴、中国）反对，6 票弃权通过一项由欧盟提出的有关叙利亚人权形势的决议。

2011 年 12 月 3 日晚，阿盟召开部长级会议，对叙利亚的经济制裁正式生效，并禁止阿拉伯各国的武器流入叙利亚。

2012 年 2 月 4 日，联合国安理会就叙利亚问题决议草案进行表决，否决了由摩洛哥提交的西方国家及有关阿拉伯国家等共同起草的涉叙决议草案。除俄罗斯和中国投了反对票，安理会其余 13 个理事国投了赞成票。

2012 年 2 月 21~24 日，由突尼斯主持召开，欧盟、美国和阿盟主导的"叙利亚人民之友"会议，是将叙利亚国内问题进行国际化解决的协调立场的会议；是把叙利亚现政权总统排除在外，中国、俄罗斯拒绝参加的会议；会议承诺支持叙利亚反对派。

（五）也门

2011 年 1 月 15 日起，也门各大城市陆续爆发了针对政府的大规模游行。

2011 年 2 月 13 日，约 3000 名示威者在也门首都萨那聚集，并向总统府行进，与军警发生冲突，一些示威者受伤，另有约 120 人被捕。

2011 年 3 月 19 日，在也门首都萨那"变革广场"举行的大规模示威游行中，39 人被身着便装的武装分子打死，200 多人受伤。事发后，也门总统萨利赫宣布，全国进入紧急状态。

2011 年 3 月 22 日，萨利赫通过发言人表示，愿意在 2011 年底或 2012 年初举行议会大选之后交出总统权力。这是也门出现反政府示威游行之后，萨利赫首次表示将会提前交权。不过也门反对派已经对此表示拒绝，要求萨利赫立即下台。

2011 年 5 月 22 日，也门数百名总统支持者持械出现在萨那的街道上，威胁各国外交人员，不让他们参加萨利赫的签字仪式。随后总统拒绝签署调解协议。

2011 年 5 月 26 日，萨利赫下令以叛国和组织武装叛乱等罪名逮捕反对派领导人艾哈迈尔。

2011 年 6 月 3 日，萨利赫在总统官邸遭来源不明的炮火袭击而被炸伤，随后赴沙特阿拉伯治疗。

2011 年 7 月 8 日，萨利赫通过也门国家电视台发表电视讲话，表示"欢迎与反对党派建立伙伴关系和多元化的政治格局"。总统支持者在也门多地朝天鸣枪以示庆贺，结果造成至少 8 人死亡，100 多人受伤。

2011 年 8 月 9 日，也门反对党联盟宣布成立"全国执政委员会"，以期推动政治改革，并在过渡时期统治国家。

2011 年 8 月 19 日，也门反对派宣布成立"全国和平变革力量委员会"，继续向萨利赫施压。

2012 年 2 月 25 日，也门最高选举委员会宣布哈迪当选也门新一任总统。

（六）巴林

2011 年 2 月 14 日，巴林发生反政府抗议示威，警方与示威民众爆发冲突，多人死伤。巴林人口中占多数的什叶派穆斯林对掌握政权的逊尼派政策表示不满，示威者要求实行民主改革。

2011 年 2 月 16 日，约 1000 人在首都麦纳麦参加了在 15 日冲突中丧生的一名男子的葬礼，他们呼喊着要求政府下台的口号。

2011 年 3 月 15 日，巴林宣布进入为期 3 个月的紧急状态，同时请求海湾阿拉伯国家合作委员会成员国出兵协助稳定局势。

2011 年 3 月 21 日，巴林国防军司令称，科威特已向巴林派驻一支海军部队，加入海合会为帮助巴林稳定局势而组成的部队。沙特阿拉伯向巴林派驻了 1000 名士兵，阿拉伯联合酋长国派出了 500 名警察，卡塔尔也表示将向巴林派兵。

2011 年 5 月 8 日，巴林国王阿勒萨利赫下令于 6 月 1 日撤销先前实施的紧急状态法令，比原定结束日期提前两个星期。

2011 年 6 月 29 日，阿勒萨利赫宣布将成立独立委员会，调查 2011 年 2 月和 3 月巴林发生动乱的真相。

二、阿拉伯之春的原因

阿拉伯之春的爆发和持续发酵不仅仅是一个突尼斯小伙子的自焚而引来的社会公愤，而是一场矛盾由量变引起质变的必然事件。在中东地区轰轰烈烈、如火如荼般进行的这场变革，有着极其深刻的政治、经济、民族及宗教等原因。

（一）政治因素

阿拉伯国家政治仍然处于相对落后和不发达的阶段，专制主义和政治腐败现象十分严重，缺乏民主。个人独裁、军人专权、政治腐败、社会动荡等问题，一直伴随着阿拉伯国家政治现代化的进程。具体而言：

一是阿拉伯国家专制成风，缺乏民主。一些中东地区国家的政治领袖对权位的贪婪达到了近乎痴狂的地步，在位年数在 30 年以上的埃及总统穆巴拉克、也门总统萨利赫、利比亚总统卡扎菲等政治领袖就是最好的例证。选举对于中东地区国家来说，就是一个玩笑。

二是阿拉伯国家统治腐败。据估计，埃及前总统穆巴拉克家族的产业达到了数百亿美元，可谓是"世界级的富豪"；利比亚最高领导人卡扎菲的家族基本上控制了国家的所有支柱产业。上层社会的腐朽，必然受到整个社会的效仿，腐败思想深入人心，民众都想通过权力来使得自己的生活和事情变得简单，越发加重了上层统治者的腐败，社会陷入恶性循环。国家高度集中的权力，催生了高度的腐败，政府过多地介入经济，为腐败提供了滋生的温床。阿拉伯国家民众已经无法忍受巧取豪夺、荒淫腐朽的当权者，不得不发起反对政府的游行、抗议、示威活动。随着社会两极分化的日趋激烈，各国政权所面临的国内政治压力也就越来越大。

三是阿拉伯政治反对派对政治格局的影响不断加深。伊斯兰政治反对派，是指以伊斯兰意识形态为导向，以伊斯兰文化为依托，与执政党政府相抗衡的宗教政党或组织。突尼斯"茉莉花革命"成功后，各国反对派也纷纷参与或组织本国的反政府抗议游行活动，甚至在也门、利比亚、叙利亚等国组织了反政府武装，与政府军展开了武装斗争。

（二）经济因素

阿拉伯国家实行国家资本主义，统治集团在控制国家的政治权力的同时，牢牢控制着国家财富的来源和分配。经济困难时，各种社会矛盾随之产生，各种政治变革的要求和政治运动也随之而来。其具体表现为：

其一，经济结构普遍单一且相似，抗风险能力差。一方面，大部分国家对石油工业的依赖程度较高，并以石油产业为国家的支柱产业，面临着国内市场空间非常狭小、严重依赖外部的畸形经济困境；另一方面，非能源国家主要依赖外部市场，国内的支柱产业主要以农业、旅游业和劳动输出为主。此外，阿拉伯各国间的经济联系非常少，缺乏完整的、互补的、相互转化的区域经济体系，抗风险能力弱。一旦世界经济危机使得外部经济陷入困境和疲软状态，阿拉伯国家必将受到波及。由于本国内部市场的疲软和整个国民经济发展的不平衡，阿拉伯国家遭到的打击会比其他地区的国家更加剧烈。如突尼斯和埃及在全球金融危机后都遭受了沉重打击，且国家政权被全球金融危机的余波所摧毁。

其二，基础建设相对薄弱，工业化、信息化程度低。除少数几个石油生产国以外，其他阿拉伯国家在交通、教育、电力、医疗和通信等方面的基础建设相对薄弱，其工业化发展水平也普遍较低、工业体系十分不完整。此外，阿拉伯国家的信息化程度也普遍较低，阿拉伯世界接触互联网的人只占总人口的0.6%，是世界上最低的，有电脑的家庭只占1.2%。

其三，经济发展不均衡，一体化建设不成熟。阿拉伯国家中既有卡特尔、沙特阿拉伯和科威特等世界富国，也有一贫如洗的毛里塔尼亚、索马里；既有现代金融和高端地产为主导的迪拜模式，也有尚未完全脱离农牧经济的也门和苏丹；既有本国与外来人口比例严重倒挂的海湾富油国家，也有劳动力严重饱和就业危机持续严重的人口大国；既有世界最富的富翁群体，又有1.4亿生活处于贫困状态的普通人；既存在着总体资金和土地资源充裕的现实，也存在投资严重缺乏、粮食生产不能自给的困境；既有完整成熟并与西方国家经济接轨的市场规则和法律环境，又有人治高于法治、脱离市场经济游戏规则的普遍现象——这一切决定了很难用一把尺子丈量阿拉伯国家经济发展的现状。

（三）民族及宗教因素

中东地区自古以来就因宗教和民族矛盾而不断陷入战火，百姓长期处于水深火热之中。中东既是三大宗教的起源地，也是众多不同信仰、派别、民族的聚居地，矛盾从未停止，并时而激化，其中最突出的民族和宗教矛盾当属阿以矛盾，其中体现了阿拉伯人和犹太人、伊斯兰教和犹太教两大民族、宗教之间的对抗。21世纪以来，美国所发动的"反恐战争"、伊拉克战争又使得这个问题变得更加突出，并且引起了中东地区更紧张的局势。当代的中东，多数国家都是多民族国家，而且多数国家都存在不同的宗教或宗教派别，因此，多数国家都存在着宗教和民族问题。

（四）催化剂：全球金融危机

全球经济衰退的背景之下，阿拉伯国家受到了严重影响，许多国家的 GDP 出现了负增长。全球金融危机爆发后，先经过金融、货币等渠道传导，然后开始向实体经济领域蔓延，使得阿拉伯各国失业率上升、工作时间延长、通货膨胀加剧，导致了越来越多的抗议活动，原本矛盾重重的阿拉伯各国出现了更多不可控的因素。石油价格在全球金融危机之后严重下跌，对中东地区产油国的影响是十分巨大的，中东地区经济增长在石油收入减少的影响下受到了重创。并且石油市场在全球对石油需求减少的现实下，更是出现了需求量下滑的困境。金融危机和由此引发的油价暴跌，使得中东经济遭受了 21 世纪以来最为严重的一次打击。非石油出口国的经济虽不像产油国那样严重依赖石油收入，但其对石油生产国和其他国家的依赖程度较高。这些国家大多依靠外国投资、旅游业和对外输出劳动力换取侨汇。金融危机席卷全球之后，石油出口国的经济发展举步维艰，进而对非石油出口国的经济产生重创。民众企图给政府施压来迅速解决日益突出的民生问题，2008 年突尼斯、埃及和阿尔及利亚等国就曾多次爆发罢工、游行等抗议活动，可以看作是阿拉伯之春爆发的前奏。全球金融危机给中东带来的沉重打击激化了原本早已存在的内部矛盾，使得正处于转型阶段的阿拉伯各国不堪重负，催化了阿拉伯之春的爆发。

（五）美国因素

作为当今世界唯一的超级大国，中东在战略地位、石油资源方面的重要价值是美国历届政府插手乃至控制中东的根本原因。控制住中东，便可东遏中国、西遏欧洲、北遏俄罗斯；控制住中东，便可保证美国经济航道的安全和石油安全。美国在中东的手段也无所不用其极，"二战"前与英国抢夺中东石油资源，"二战"后与苏联在此角逐，如今在中东为所欲为，支持六次中东战争、援助阿富汗抗击苏联、挑拨两伊战争、怂恿海湾战争、进行反恐战争等。2010 年爆发的阿拉伯之春也同样离不开美国这只背后的"大手"。

（六）其他大国因素

阿拉伯变局的爆发和持续蔓延，除美国的影响外，其他一些世界大国在其中的角色也不能忽视。在突尼斯"茉莉花革命"和埃及动乱中，世界大国的普遍反应都不是十分敏感，因而没有给予太多的干预。而自利比亚动乱开始，大国力量纷纷登上舞台，大国的干预极大地影响了一些国家的政治走向。

法国因素：法、英、美等兴师动众向利比亚空袭成了这场中东变局中最引人注目的新闻，法国取代美国成为此次空袭的主导者，当联合国一通过设立禁飞区的 1973 号决议，对利比亚设禁飞区，其当夜就借口卡扎菲不遵守联合决议，对利比亚进行大规模的轰炸。究其原因，不外乎是地缘和石油利益两方面原因。①地缘上，位于非洲大陆北部和地中海南部的利比亚，拥有着辽阔的国土和狭长的海岸线，扼守大西洋经直布罗陀海峡进入地中海后通往黑海或进入印度洋的咽喉要道，是中东—欧美石油运输线中的必经之路，其地缘战略价值对法国的利益尤为重要。②石油利益上，利比亚拥有丰富的石油资源，其石油储量为 460 亿桶，排名位于非洲第一位，全球第九位，同时，利比亚石油成本低廉、开采难度低、油质好，十分畅销。欧洲是其最大的销售市场，其中销往法国的石油近些年一直呈大幅上升的趋势，法国对利比亚石油的依赖程度正在逐渐加强。此外，法国在利比亚的投资比重不断加大，且主要在能源领域。萨科齐上台后，试图增强在北非的影响，并且努力寻求与北非国家的合作，成为地中海地区的领导者。而卡扎菲则对法国重返北非的举措大为反感，并拒绝出席 2008 年 7 月在巴黎召开的首届地中海国家峰会，令萨科齐十分不满。利比亚骚乱爆发后，萨科齐政府抓住机会，为获得地中海地区的领导权和战略利益，挥兵跨越地中海，对利比亚实施了军事打击，并努力扶持符合自己利益的新政府组建和上台。

英国因素：利比亚优越的战略位置和丰富的石油资源，让英国早已垂涎三尺，帮助利比亚反对派夺取政权无疑可以对其在利比亚扩大利益提供一个先机。利比亚战争之后，英国又开始干预叙利亚问题，同美国和欧洲其他一些国家一起发起了对叙利亚的制裁。英国外长黑格表示英国正式承认叙利亚最大反对派"叙利亚全国委员会"为叙利亚合法代表。

俄罗斯因素：俄罗斯凭借其丰富的资源和强大的军事实力，在世界焦点问题上的影响力也是举足轻重的。中东地区拥有重要的地缘战略价值，叙利亚更是位于地中海的东岸，靠近俄罗斯从黑海进入地中海的出海口。若中东特别是叙利亚完全被美国及其盟国控制，将使俄罗斯的战略空间进一步受到压制。出于地缘政治考虑，俄罗斯一定会在中东问题上与西方国家产生分歧。阿拉伯大变局后，俄罗斯公开指责西方国家，反对西方国家干预中东各国的政权。中俄两国在此次利比亚问题上的态度基本相同，在联合国安理会决定军事打击利比亚的第 1973 号决议表决上，俄罗斯和中国投了弃权票。2012 年 2 月 4 日，中国和俄罗斯在联合国安理会上表决叙利亚问题决议草案时，投了反对票，否决了这一决议草案。2012 年 2 月 24 日，一场名为"叙利亚之友"的会议在突尼斯举办，中国、俄罗斯都没有参加此次会议。

中国因素：处理好与中东地区的关系，不仅能稳固我国西部的陆权基础，还能使我国能集中力量发展东部的海权，为我国的经济发展和社会稳定提供保障。中东地区是世界石油宝库，也是中国石油的主要来源，其稳定直接影响到中国的能源通道的安全。中国一贯坚持不干涉别国内政的做法，呼吁有关各方立即停火，尽快就和平解决中东危机进行谈判，以政治手段和和平手段解决纷争，通过对话协商恢复正常秩序。同俄罗斯一样，中国在联合国安理会决定军事打击利比亚的第 1973 号决议表决上投了弃权票，在联合国安理会上表决叙利亚问题决议草案时，投了反对票，否决了这一决议草案，中国同样没有参加在突尼斯举办的"叙利亚之友"的会议。

三、阿拉伯之春影响下的地缘政治环境

（一）阿拉伯世界进一步分化

由于阿拉伯国家陷入群体性动荡，阿拉伯世界的整体地位将呈现出进一步下降的趋势。埃及传统大国地位进一步衰落，利比亚问题导致阿拉伯世界内部的分裂进一步加剧。未来的阿拉伯世界有可能分裂成两大阵营，即"富有影响的阿拉伯君主国精英俱乐部"和"民主运动已经取代或者试图取代腐败独裁专制的国家"。从阿拉伯世界次区域的角度看，沙特阿拉伯领导的海湾合作委员会对巴林危机的干预，对利比亚和叙利亚问题施加的重要影响，都表明海合会在阿拉伯世界的地位呈上升态势，而卡塔尔和阿拉伯联合酋长国的活跃外交也值得高度关注。

（二）阿拉伯大变局对以色列的周边环境产生了巨大冲击

作为最早与以色列建交的阿拉伯国家，埃及的变革将对以色列安全环境产生重要影响，继土耳其与以色列关系恶化之后，埃以关系再遭破坏乃至美以关系遭到冲击都将使以色列更加孤立。埃及开放加沙的拉法口岸、斡旋巴勒斯坦内部实现和解、冲击以色列使馆以及西奈半岛通往以色列天然气管道多次发生爆炸等事件，都引起了以色列的忧虑。此外，伊朗核问题的升温、叙利亚的动荡局势、土耳其与以色列矛盾的上升，都恶化了以色列的周边环境。更重要的是，美国和以色列的盟友关系也面临着严重的信任危机。以色列已经认识到中东地区的"政治战略环境正向着不利于它们的方向演变"。

（三）土耳其的地区影响上升

中东变局导致阿拉伯国家的政治体制和发展模式发生严重危机，土耳其作为中东伊斯兰国家中世俗化、民主化的典型代表，其发展模式将对阿拉伯国家政治经济转型产生重要影响。从外交角度看，土耳其对利比亚危机的斡旋以及近年来加强参与中东事务的外交调整，尤其是土耳其在巴以问题上的政策调整，都使土

耳其的地区影响不断上升。此外，土耳其作为叙利亚的重要邻国和西方的重要盟国，无疑将对叙利亚危机的解决发挥重要作用。

（四）伊朗的周边环境复杂化

在阿拉伯国家抗议浪潮的影响下，伊朗也一度发生民众抗议浪潮，但并未对伊朗现政权产生严重冲击。在一段时期内，由于主要阿拉伯国家陷入动荡，美国在阿富汗和伊拉克的战略收缩，都有利于伊朗在中东地区扩大势力。但自 2011 年下半年以来，叙利亚政权作为伊朗盟国岌岌可危，西方不断加大对伊朗的制裁力度，美国和以色列多次军事威胁打击伊朗，都使伊朗面临着前所未有的压力。2011 年底以来，伊朗多次进行军事演习并发出封锁霍尔木兹海峡的威胁后，美国进一步加大了对伊朗进行制裁的力度。目前，伊核问题修成"正果"，但相关方能否顺利履行协议成为焦点。伊朗试射导弹再次引发美国与伊朗关系紧张，伊朗辩称，导弹计划与核协议无关，是美国蓄意挑起事端。伊朗虽高调反击美国，但在履行伊核协议上却迈出了实质性步伐，如减少离心机数量、降低铀浓缩的浓度等，毕竟伊朗是伊核协议的"得分者"和"受益方"。伊核协议是奥巴马任内屈指可数的"外交遗产"，协议成果如果付诸东流，并不符合美国利益。沙伊断交风波是伊核协议的后续反应，也是叙利亚危机的溢出效应，同时也是地区教派矛盾、域内大国争夺"头把交椅"、域外大国博弈地区主导权的综合表现。伊朗借助中东动荡，趁乱做大；借助伊核协议，趁势做强。什叶派大国伊朗的独大走势，引发逊尼派大国沙特阿拉伯的危机感剧增。

（五）中东地区热点问题进一步复杂化

在阿拉伯大变局的影响下，中东地区新旧矛盾交织，在热点、难点交汇中前行，地区局势将呈现"危机此起彼伏，动荡持续发酵"的特征。国际社会尤其是美国等西方国家将更多精力投入到阿拉伯国家的政治变革之中。2011 年 9 月，巴勒斯坦正式提出了加入联合国的申请，拟以寻求"入联"的方式引起国际社会尤其是西方的注意力，从而避免巴勒斯坦建国问题被中东乱局所淹没。伊拉克问题上，海湾周边国家教派矛盾加剧与伊朗政治渗透相结合，有可能加剧伊拉克的教派冲突。阿富汗问题上，在美国击毙本·拉登事件的刺激下，基地组织和塔利班的报复性恐怖袭击呈大幅上升的态势。2015 年，"伊斯兰国"成为最具危害性的国际恐怖主义组织。以美国为首的联军对叙利亚和伊拉克境内"伊斯兰国"的空袭效果越来越差。2015 年 9 月 30 日起，俄罗斯发动的强力空袭使"伊斯兰国"损失增大。从主战场态势看，叙伊政府军分别依靠俄美空中掩护，展开局部反攻，收复失地约 2 万平方千米，但"伊斯兰国"仍占据约 23 万平方千米。叙伊两大战场攻守转换并不平衡，叙政府军已变被动为主动，伊政府军尽管收复拉马迪，但部分城镇多次易手，政府军官兵伤亡惨重。为缓解主战场压力，"伊斯兰国"建立外围分支，同时号召中小恐暴组织"归顺"，并封官许愿，分配"领地"，营造出外线扩张的凶残态势。2016年，"伊斯兰国"继续与"基地"总部争夺国际恐怖主义思潮与运动的领导地位，继续以外线扩张来缓解主战场压力。以"伊斯兰国"为主要代表的国际恐怖主义肆虐蔓延已引起各国警觉。

（六）强势君主国对弱势共和国

阿拉伯大变局的地缘政治博弈中，以沙特为代表的海湾君主国处于进攻的姿态，表现强势，而实行共和制的阿拉伯国家则相对弱势。埃及在此轮博弈中虽尽力而为，力图争得高位，但效果有限。其他共和制国家如利比亚和突尼斯等，受困于国内问题，显然难以在中东地缘政治舞台上有很大作为。海湾君主国在此轮博弈中表现强势，尤以沙特和卡塔尔表现突出。2011年3月，海湾合作委员会派出该组织名为"半岛之盾"的联合部队2000人，帮助巴林哈马德国王平定了乱局。在叙利亚问题上，沙特和卡塔尔还强烈要求巴沙尔下台，扶植叙反对派。在利比亚问题上，海湾国家竭力推动联合国通过了若干制裁决议，使西方国家得以空袭利比亚，卡塔尔和阿拉伯联合酋长国还出兵参与空袭行动。2012年10月23日，卡塔尔埃米尔访问哈马斯控制的巴勒斯坦加沙地带，并许诺提供4亿美元援助，这是2007年哈马斯控制加沙地带以来到访的首位国家领导人。

四、阿拉伯之春后西亚北非政局及地缘政治局势

阿拉伯大变局后，阿拉伯国家将进入全面变革与调整的时期，以下几个问题值得高度关注：

（一）民主化问题

未来的发展转型中，民主化无疑将成为阿拉伯国家政治变革的主流。无论是传统的君主制国家，还是现代的共和制国家；无论是通过自上而下的改革，还是通过自下而上的变革，政治变革都将成为大势所趋。但阿拉伯国家的民主化不可能一蹴而就，中东的伊斯兰传统文化、复杂的部落、教派等因素决定了中东民主化进程将是漫长且曲折的。

（二）世俗化问题

随着阿拉伯大变局形势的发展，伊斯兰势力逐步增强的趋势在部分国家显现，突尼斯伊斯兰复兴党、埃及穆斯林兄弟会的崛起尤为引人注目。宗教因素在未来阿拉伯国家政治发展中所发挥的作用仍不容忽视，教派矛盾和宗教极端组织

在巴林、也门、叙利亚等国家的影响也不容低估。

（三）阿拉伯国家与西方的关系问题

当前阿拉伯国家社会运动更关心自身命运与前途问题，而非一味将反西方作为其核心价值诉求之一。阿拉伯之春具有明显的淡化反西方色彩特征，西方民主价值观和社会制度对阿拉伯国家政治变革的影响呈上升态势。阿拉伯国家只有不断加强自身的主体性建设，真正解决自身的发展问题，才能更加自信地面对西方。

第五节　外交关系

阿拉伯国家的外交政策有着十分鲜明的伊斯兰特征，而其独特的民族性也潜移默化地塑造着阿拉伯国家的外交。"二战"后，阿拉伯国家的外交对象主要是美国与苏联。另外，欧洲国家也发挥着不小的作用。中国作为后来者，与中东及阿拉伯国家之间的外交关系发展得最为迅速，此外，阿拉伯国家与日本和印度的外交关系也值得注意。

一、阿拉伯国家与美国之间的关系

"二战"后，美苏冷战，中东地区因其特殊战略地位和丰富石油资源成为美苏争夺的重要角力点。中东政策作为美国对外政策的重要组成部分，经历了多次重要调整阶段：杜鲁门到艾森豪威尔执政时期，为排挤英法势力，美国积极笼络阿拉伯国家并在中东建立霸权意图控制中东；两次中东战争（1948 年、1956 年）时期，美国一方面表示支持，另一方面也对以色列施加压力，敦促其停火撤军；20 世纪 60 年代初，尤其是约翰逊上台以后，美以合作开始越来越密切，逐步发展成一种准军事同盟关系，与阿拉伯的关系逐渐淡化；70 年代中期起，美国又有意识地改善与阿拉伯的关系；苏联解体，海湾战争胜利后美国又以中东地区为试验场，积极推行"建立新的世界秩序"；"9·11"事件后，美国极力打击恐怖主义，中东地区成为其打击恐怖主义的重点地区。

（一）艾森豪威尔主义

"二战"后，中东成为美苏争夺的重要对象。1956 年苏伊士运河事件之后，英、法被迫撤出中东部分地区，出现了"政治真空地带"。为了控制中东，美国决定乘虚而入。1957 年 1 月 5 日，美国总统艾森豪威尔向国会提出关于中东的特别咨文，并提交中东决议案，决议的基本原则被称为"艾森豪威尔主义"，其主要内容是：由国会授权总统在两年内动用 4 亿美元给中东国家以经济和军事援助；总统有权应这些国家的请求提供武力援助，以对付"国际共产主义控制的任何国家的武装侵略"。艾森豪威尔的"中东计划"授权美国与在中东的任何国家或国家集团合作，并予以援助，以发展它们的经济力量，亦授权美国政府保证执行给予任何国家或国家集团以军事援助和合作的计划，只要阿拉伯国家希望获取援助。"艾森豪威尔主义"是美国继"杜鲁门主义"后对中东地区的又一个侵略性纲领。一定意义上，"艾森豪威尔主义"是"杜鲁门主义"在中东地区的具体运用。"艾森豪威尔主义"遭到中东各国人民的反对，埃及、叙利亚、沙特阿拉伯和约旦四国政府两度发表声明，拒绝接受"艾森豪威尔主义"。1959 年，随着国务卿杜勒斯的去世，"艾森豪威尔主义"黯然失色。

（二）美以伙伴关系的形成

"二战"结束至 20 世纪 50 年代，美国中东政策的重要立场是既要保证以色列的存在，又要加强与阿拉伯国家的关系。此举不仅可以使阿以双方保持一种相对缓和的关系，而且能够通过和阿拉伯国家拉近关系，防止苏联势力进入中东地区。1958 年之后，美国和一些阿拉伯国家的关系保持一种上升的势头，双方在经济、文化方面的交流也趋于频繁。因此，美国在阿以冲突问题上表现得比较谨慎，尽量避免介入。

然而，在 1967 年"六天战争"① 中，美国却大幅度调整以往的中东政策，在政治、经济、军事等各方面给予以色列强大的支持，对阿拉伯国家则采取了打压的政策。"六天战争"也成为美国中东政策的转折点。战争爆发前，美国就向以提供了 400 辆新式坦克和 250 架新式飞机，并从美国空军部队中抽调 1000 名志愿人员充实以色列空军；战争中，美国第六舰队出动舰载飞机执行保护以色列领空、掩护以军地面作战的任务，美国 U−2 侦察机也频频出动，为以色列提供阿拉伯国家军事情报，美国政府通过银行向以色列提供 2000 万美元的贷款，又向以色列提供了 2650 万美元的食品。

"六天战争"结束后，美国代表抛出"八点计划"，此提案只笼统提到需要在

---

① 即第三次中东战争，以色列方面称六日战争，阿拉伯国家方面称六月战争，亦称"六五"、六天战争，战争从 6 月 5 日开始，共进行了 6 天，发生在以色列和毗邻的埃及、叙利亚及约旦等阿拉伯国家之间，结果埃及、约旦和叙利亚联军被以色列彻底打败。

中东实现公正和持久和平，包括以色列从占领的领土上撤走武装部队等，但根本未提到以色列向阿拉伯国家归还第三次中东战争中占领的西奈半岛、约旦河西岸地区和戈兰高地。"八点计划"实质上默认了以色列对上述地区的占领，无视广大阿拉伯国家的利益。

美国在"六天战争"中中东政策调整的原因有：

第一，美国对以色列的支持由来已久。1948 年 5 月 14 日，在以色列宣告成立后的第 16 分钟美国即第一个宣布给予承认，此后到 20 世纪 50 年代初，美国在一切关系以色列生死存亡的问题上都坚决有力地支持。在第一次中东战争中，正是由于美国对以色列的金钱和武器上的援助，使得以色列得以战胜阿拉伯国家并侵占了 8000 多平方千米的阿拉伯领土。尽管在杜鲁门和艾森豪威尔两位总统执政时期，美以关系出现过一些波折，但并未影响美以关系的实质。随着美国联阿抗苏政策的失败，以色列终于成为美国在中东地区最坚强的支柱。肯尼迪总统在位期间曾指出，美以存在"特殊关系"，并向以承诺，当以受到外部攻击时，美将向以提供援助。约翰逊执政后，延续肯尼迪的对以政策，并大大发展了美以之间的"特殊关系"，使之更加亲密。

第二，美国认为要在中东地区保持绝对优势，就必须防止苏联的中东扩张，并避免阿以冲突升级演化成美苏之间的战争。勃列日涅夫上台以后，苏联致力于加强同阿拉伯国家的关系，其势力在中东得到了很大的扩张。苏联向阿拉伯国家提供大量的军事援助，也提供经济援助，埃及、叙利亚和伊拉克等国在与苏联改善关系的同时，国内还出现了反美情绪。随着美国在阿拉伯国家的影响力逐渐削弱，以色列的战略地位便凸显出来。作为中东地区军事力量最强大的国家，以色列拥有一流的武器装备和兵员素质，并且愿意向美国提供军事基地和后勤支持。除了战略上的相互需要外，美以还存在价值观和文化上的认同感。以色列是中东地区唯一的"西方式民主"国家，是美国向中东地区推行西方政治制度的样板。此外，犹太教和基督教的同源使美以之间的纽带联系得更加紧密。因此，美国认为同以色列加强合作，有利于美在中东地区乃至世界范围内推行自己的价值观，建立以它为首的全球秩序。

第三，经济利益无疑是仅次于国家安全的国家利益。"二战"后，中东地区的石油产量日益增加，迅速名列前茅。1946 年该地区的石油总产量还不到 3500 吨，仅占世界总产量的 9.8%。到 20 世纪 60 年代，中东石油产量增至 2.6 亿吨，占世界总产量的 24.8%。作为世界头号强国的美国，石油对其经济发展有着非常重要的作用。苏联在这一时期也参与了在该地区的对石油资源的争夺，通过经济、技术和军事援助，向中东产油国大举渗透和扩张。20 世纪 60 年代中期以后，它从埃及、伊朗、伊拉克、叙利亚等国攫取了数以百万吨计的石油。苏联的扩张威胁了美国在该地区的经济利益，美国意识到自己联阿抗苏政策的失败，为扭转不利地位，美国转向以色列，希望借助以打压阿拉伯国家来遏制苏联。

"六天战争"后，美国扭转了与苏联在中东地区争夺中的不利局面。此前，苏联在中东地区保持着优势地位，但它害怕卷入战争与美国迎头相撞，没有对阿拉伯国家承担起义务，对埃及要求其迅速提供新式作战飞机一事敷衍推诿，甚至正向埃及运送军火的苏联船只和战前派往地中海的苏联军舰见势不妙，也掉头返航。阿拉伯国家最终惨败，使苏联在阿拉伯国家的信誉严重受损。战争结束后，一些重要的阿拉伯国家认识到美国对以色列的强大影响力，开始将阿以问题的解决寄希望于美国，从而为美国改善同阿拉伯国家的关系提供了契机。不过，总体来看，美国与以色列的关系上升到一个新的高度，美国第一次对以色列担负起主要的、直接的防务任务，使以在经济、军事、文化方面对美的依赖加深；美更加偏袒以色列，使美国在中东的影响力日渐凸显。

（三）埃以和平的实现

十月战争[①]以后，美国在阿以争端中作为仲裁人的地位得到加强。基辛格的"穿梭外交"促成埃以、叙以达成军队脱离接触协议，改善了美国与阿拉伯国家的关系，同时把苏联排除在中东和谈之外。这表明，从 20 世纪 70 年代中期起，美国有意识地改善与一些阿拉伯国家的关系。

第四次中东战争中，埃及付出了最大努力，但仍未能实现收回被占领土的战略目标，甚至没有得到战争的主动权，阿拉伯国家的石油战争也没有收到预期结果。此后，埃及对自己是否有能力打败以色列开始产生怀疑，埃及人也重新考虑：埃及之所以要与以色列打仗，完全是为了解放巴勒斯坦人。以色列的目标是巴勒斯坦，本来并不想与埃及作战。若埃及不是基于阿拉伯主义主动向以色列挑战，埃、以双方和平共处完全有可能，且由本国利益出发，与以色列和平共处有益无害。故此，埃及的泛阿拉伯主义思潮大大后退，本国利益第一的民族主义思潮抬头，埃及总统萨达特开始考虑与以色列的和平问题。

---

① 即第四次中东战争（又称赎罪日战争、斋月战争、十月战争）发生于 1973 年 10 月 6~26 日。起源于埃及与叙利亚分别攻击六年前被以色列占领的西奈半岛和戈兰高地。

1977 年美国新总统卡特上台，美国的中东政策也发生明显变化。在此之前，美国的中东政策主要是前国务卿基辛格制定的遏制苏联战略，即把以色列作为遏制苏联在中东扩展的马前卒。卡特总统上台后，提出了"对苏缓和"与"人权外交"新政策。卡特批评基辛格的中东政策过分夸大苏联的威胁，没有从人权观点考虑巴勒斯坦人的处境问题。卡特调整了基辛格的以色列"一边倒"中东政策，考虑建立平衡阿以双方利益的新中东政策。1977 年 3 月，卡特总统在记者招待会上公开表示："以色列应该撤回到第三次中东战争以前的停战线，巴勒斯坦人应该返回自己的故乡。"

面对美国的新中东政策，以色列方面感到前所未有的压力，不得不在和平问题上作出让步。以色列开始通过罗马尼亚的外交渠道，秘密与埃及接触，试探和平谈判的可能性。埃及也面临国内严重的经济困难，想谋求和平环境，集中精力发展本国的经济建设。埃以双方一拍即合，达成了和平谈判的意向。以色列同意在领土方面作出让步，归还所有占领埃及的领土，而埃及的回报则是放弃消灭以色列的泛阿拉伯主义，承认以色列的合法存在，与以色列建立和平共处的共存关系。

1977 年 11 月，埃及总统萨达特突然宣布访问以色列，1978 年 9 月 6 日，美国总统卡特、埃及总统萨达特和以色列总理贝京，在美国总统休养地戴维营举行最高首脑会议，埃以双方签署了在中东和平进程中具有历史意义的《戴维营协议》。1979 年 3 月，埃以双方正式签署和平协议。1980 年 1 月，埃以双方互派大使，建立外交关系。

对于《戴维营协议》，以色列无疑是欢迎的。以色列从在巴勒斯坦建国开始，就面对被周边阿拉伯邻国武力消灭的巨大压力。阿拉伯世界中最有影响的大国埃及承认以色列存在，阿拉伯对以色列的包围圈就此分裂瓦解，以色列的军事压力大大减轻。而且没有埃及参加，阿拉伯国家再次对以色列进行大规模武装进攻的可能性变得微乎其微，以色列的安全感大为增加。促使埃及外交政策根本改变是美国对中东外交政策的极大成功，这极大地加强了美国在中东地区的战略地位，使其在全球范围内与苏联的争夺中处于更为有利的位置。

（四）海湾战争后美国在中东地区的安全政策

1989 年 10 月东欧剧变，1991 年底苏联解体，全球力量对比严重失衡，美国成为傲视全球独一无二的超级大国。老布什总统便利用在海湾战争取得胜利的良机，提出要抓住机会建立"新的世界秩序"，美国要担负起主要领导责任，老布什提出"必须发扬沙漠风暴的胜利成果，使世界新秩序具有新的形态和动力，明智地动用武力，向力所能及的地方伸出同情之手"。而中东地区则成为美国建立"新的世界秩序"的试验场。

本时期，美国开始构建以美国为主导的地区安全体系。1991 年 5 月 6 日，美国国防部长切尼携带一份名为"联合安全行动计划"的文件访问海湾六国，旨在说服六国接受美国的安全安排主张。该计划明确提出，美国支持由当地国家组成维持和平部队，配合美国的海空军，维护海湾安全。美国不谋求在海湾长期留驻地面部队。计划还规定了美国在海湾地区的安全保障体系中的具体作用：加强与海湾国家的军事合作，帮助它们训练军队，参加它们的联合军事演习；在海湾地区预先储存武器装备，以便应付突发事件；设立小型中央指挥部，派百余名官兵常驻海湾，成立一个隶属于美军中央司令部的前沿司令部，负责军事演习的计划工作；保留一支强大的海空力量，在海湾驻扎一支比战前规模更大的航母舰群等。

克林顿执政后，美国的中东安全战略日渐系统化。1995 年 5 月 17 日，美国国防部发表的《中东安全战略报告》全面地论述了美国冷战后的中东安全战略。报告认为，美国在中东地区的"首要的国家安全利益"是要"确保海湾地区石油源源不断地流向国际市场并保持稳定的价格"，其次是确保美国出口商进一步扩大对中东市场的占领，保障该地区的海空战略航道畅通无阻，以便能顺利开展全球贸易并在世界各地迅速调遣和部署军队，从而在冷战后的国际经济、政治和安全事务中保持高度的战略主动权。为此，美国政府制定的中东安全战略目标是：以海湾为重点，加强前沿部署，力争快速反应，逐步建立一个以美军为核心、以地区盟国为主体、费用分担的周密灵活的防务网络。

克林顿政府力图构筑一个"由三个层次组成的海湾安全合作体制"。具体来讲，首先，鼓励海湾六国加快国防现代化的步伐，增强各自的防务力量；其次，促使海湾合作委员会成员国加强军事合作，扩大"半岛盾牌行动"的常备联合部队，增加多边军事演习的次数；最后，提高美国及其盟国同海湾国家军队共同作战的能力。

构建中东地区安全体系的同时，美国也开始了雄心勃勃的"大中东计划"，来帮助"大中东"地区实施政治、经济、社会和文化改革。"大中东计划"主要包括：对伊拉克的未来作出有利于美国的安排，加紧实施伊朗及利比亚的"无核化"，对其内外政策施加影响，对叙利亚等国施加压力，迫其改变政策等；提出中东和平"路线图"计划，力图平息以色列同巴勒斯坦的冲突，实现巴勒斯坦建国，从而消除中东这一旷日持久的冲突热点；实现中东地区"民主化"，推动和帮助"自由选举",扶持新的独立媒体,培养"有文化的新一代";提出"自由、知识和女权"的口号,改善妇女地位,提倡妇女参政。

1993年5月18日,克林顿上台仅4个月就提出在海湾地区实行"双重遏制"政策。这一政策使冷战后美国的战略目标从原来遏制苏联的全球威胁,转为对付地区强权势力的挑战。具体到中东地区,美国要对付的强权势力就是伊拉克和伊朗。

遏制伊拉克是冷战后美国中东政策的重要组成部分。海湾战争是为建立以美国为主导的中东新秩序扫清道路。从那时起,美国就一刻也没有停止过对伊拉克的打击和遏制。因此,在海湾战争行将结束时,美国仍猛烈打击伊拉克的精锐部队——共和国卫队,力图削弱伊拉克的进攻性能力,防止其东山再起。

为了遏制伊拉克,美国两位总统、三届政府共采取了三项措施:①在伊拉克境内设立南、北两大"禁飞区",剥夺伊拉克的领空权,继续对伊实施军事打击;②迫使伊拉克接受联合国武器核查特别委员会的监督,销毁其生化武器,不得生产核武器及其相关材料;③维持联合国对伊拉克的制裁和禁运。

但针对伊朗的遏制政策在克林顿第二任期内发生了变化,由"双重遏制"变为"区别遏制",把主要精力放在对伊拉克的遏制上,对伊朗则变为又打又压,区别对待伊朗内政、外交与军事上的不同举措,对其中损害美国利益者挥舞"大棒",予以遏制,对其中符合美国意愿者则送上肯定、赞许与支持的"胡萝卜"。主要原因在于萨达姆拥有大规模杀伤性武器,已经形成了"非对称威胁"。萨达姆蔑视美国建立的霸权体系,主宰海湾之心终未泯灭,严重影响着美国主导的世界体系的稳定性。小布什时期的具有强烈的保守主义鹰派色彩外交政策,更看重军事实力等硬权力对国际事务的制约力,强调以实力求和平,为维护美国利益不惜采取单边主义的措施,甚至推出"先发制人"的战略,这使美国对伊朗的政策变得逐渐强硬起来。

(五)打击恐怖主义

"冷战"结束后,被冷战时代两种政治意识形态、两大阵营对峙局面所掩盖的民族、种族、宗教等方面的矛盾凸显出来。美国外交政策的意识形态色彩不但没有减弱,反而有所加强。除了继续强调社会主义与资本主义的政治意识形态斗争以外,美国更加注意不同国家、不同民族、不同族群之间在文化传统、宗教信仰等价值观方面的冲突。

　　为防患于未然，"冷战"结束后，对于中东地区的伊斯兰激进组织① 激进力量——黎巴嫩的"阿迈勒运动"和"真主党"游击队，阿尔及利亚的伊斯兰拯救阵线，约旦的穆斯林兄弟会，巴勒斯坦的"哈马斯运动"等，美国动辄用军事打击抑或经济制裁手段施压，加强了防范和打击力度。

　　随着恐怖主义活动日渐嚣张，美国把打击恐怖主义活动作为全球共同面临的功能性外交问题加以处理。一方面，在道义上严厉谴责恐怖活动，强调跨国合作，力争联合国支持美国的立场；另一方面，在行动上，往往采取经济制裁和军事打击的手段遏制恐怖主义。在中东，伊斯兰激进组织的激进派别由于不满美国在海湾长期驻兵，以及美国偏袒以色列，动辄就对阿拉伯国家进行经济制裁和军事打击的做法，往往把恐怖活动的矛头指向美国，威胁美驻中东人员的生命、财产安全，所以，美国加大了打击力度。

　　2001 年"9·11"事件后，美国把恐怖主义作为其最大的威胁，遂调整了其国家安全战略，把反恐作为其对外政策的首要任务，并提出在全球打一场反恐战争。中东地区即为美反恐的重点地区。此时期最为人所知的恐怖分子莫过于本·拉登与塔利班组织。

　　奥萨马·本·拉登 1957 年出生于沙特阿拉伯首都利雅得，父亲穆罕默德·本·拉登是沙特建筑业的一名富商。1968 年其父去世后，他继承了一部分父业，成为一名工商界大腕。1979 年苏联入侵阿富汗之后，他到阿富汗参加反抗苏军入侵的阿富汗战争，得到过美国情报部门的大力支持。阿富汗战争结束以后，1988年，本·拉登建立了"基地"组织，吸纳阿富汗战争的退伍老兵以及世界各国的穆斯林志愿者进行训练，声称要在全世界范围内发动伊斯兰"圣战"。

　　1995 年起，美国就开始调查本·拉登，当时美国警方怀疑他与制造 1993 年纽约世界贸易大厦爆炸案的恐怖分子有联系。后来，本·拉登因涉嫌 1995 年沙特首都利雅得的美国军事设施受袭事件和 1996 年 6 月沙特胡拜尔的美国兵营炸弹爆炸事件，遭到美国的通缉。1998 年 8 月 7 日，美国驻肯尼亚和坦桑尼亚的使馆发生两起爆炸，造成多人受伤。美国政府认为本·拉登是使馆爆炸案的幕后操纵者。8 月 20 日晚，美国以此为由下令驻扎在波斯湾的战舰向阿富汗境内的一处据称是恐怖分子训练基地的地方发射导弹。与此同时，在红海的美国海

---

　　① 伊斯兰激进组织是伊斯兰教的一个极端派别。它宣扬返回伊斯兰教的原初教旨，反对西方化，反对世俗化，号召教徒反对异族统治，进行"圣战"，主张建立由宗教领袖或教法学者统治的、以"沙里亚法"为基础的伊斯兰国家和秩序。伊斯兰激进组织的激进派别还支持恐怖主义活动，经常袭击西方人和生活在中东地区的基督教徒，造成了西方国家与伊斯兰激进组织的对抗。

军也向苏丹首都喀土穆附近的希法制药厂实施导弹袭击，致使正在车间值班的工人全部遇难，至少 10 余名附近的市民在导弹袭击中受伤。事后，克林顿辩称，由于美情报部门获悉一些主要的恐怖主义活动领导人正准备在阿富汗与本·拉登会面，美国有必要迅速采取行动，打击"训练恐怖分子"的基地，并指责苏丹希法制药厂是研制化学毒气的工厂。克林顿还强调"美国采取军事行动并不是向伊斯兰世界宣战，而是为了打击本·拉登和国际恐怖主义组织"。1998 年 11 月，美国联邦法院起诉本·拉登，正式指控他与使馆爆炸案有关，要求阿富汗的塔利班交出本·拉登，美国还公开悬赏 500 万美元捉拿本·拉登。

塔利班是"伊斯兰学生军"的俗称，创始人是年轻教士奥马尔，成立于1994 年，反对当时统治阿富汗的普什图族人希克马蒂亚尔打内战。起先美国在阿富汗战争中支持希克马蒂亚尔，之后希克马蒂亚尔逐渐失去民心，便转而支持塔利班，希望借助塔利班控制阿富汗，实现经阿富汗和巴基斯坦到达印度洋的输油管道尽早开工。不过 1998 年塔利班取得阿富汗领导权后，大力推行宗教激进组织，允许本·拉登在阿富汗境内建立基地，与美国的矛盾日渐增大。美国要求塔利班引渡本·拉登到美国或第三国进行审讯，塔利班一直不交出本·拉登。1999年 10 月 15 日，联合国安理会通过决议，要求阿富汗塔利班交出本·拉登，否则将对其进行制裁。对此，塔利班仍拒绝交出本·拉登。

2011 年 5 月 2 日，美国总统奥巴马发表声明，本·拉登在巴基斯坦阿伯塔巴德的一座住宅里被美国海豹突击队突袭击毙，其尸体于次日海葬于北阿拉伯海。事后引来巴基斯坦的强烈不满。

二、阿拉伯国家与欧洲国家之间的关系

历史上，由于地缘政治，欧洲与阿拉伯国家间存在特殊关系。西欧各国在中东有着特殊的利益和政策。在近代和现代史上，英、法、德三国是角逐中东的主要力量。但"二战"结束至 20 世纪六七十年代，阿拉伯国家纷纷摆脱殖民统治，取得国家独立，欧洲人在中东地区的势力逐渐消退，阿欧关系发生了重大变化，呈不稳定状态。

第二次中东战争期间，阿以矛盾激化，部分阿拉伯国家和英法中断了外交关系。第三次中东战争期间，欧共体各国的对阿政策出现分歧，如法国总统戴高乐不屈从于美国的压力，公开与美国唱反调，不仅不支持以色列，而且还在许多场合谴责以色列的侵略行为。在十月战争中，阿拉伯人用石油武器有效地抑制了欧洲势力对以色列的支持，使欧洲各国真正认识到阿拉伯地区对欧洲的重要性，欧

洲各国在十月战争后开始重新考虑自己的对阿政策。1973 年 10 月 13 日，欧共体成员国发出联合声明，呼吁交战各方停止战争，按联合国安理会第 242 号决议精神，通过谈判解决争端。11 月 3 日，欧共体国家再次发表声明指出，以色列必须停止对阿拉伯领土的占领，巴勒斯坦人的合法权利应该得到保护。会上，法国率先提出通过欧阿对话确定欧共体与阿拉伯各国的政治、经济关系的建议，经与会者商讨，大会作出采纳法国建议的决定。

阿拉伯各国对欧共体的决定表示欢迎，并相信这一决定将彻底改变欧共体对阿以冲突的立场，使欧共体成为抑制美国祖护以色列的第三力量。为此，由阿尔及利亚、突尼斯、苏丹、阿拉伯联合酋长国四国外长组成的代表团于该年 12 月中旬飞抵哥本哈根，落实启动对话的各项措施。1973 年 11 月，第 6 次阿拉伯首脑会议在阿尔及利亚召开，正式宣布启动对话，以加强与欧共体的联系，呼吁欧共体在迫使以色列从被占领土撤军问题上采取明确立场。欧共体各国于 1974 年 3 月 4 日召开会议，决定正式启动对话，打开与阿拉伯各国经济、技术、文化全面合作的大门。

20 世纪 70 年代末，埃及总统萨达特与以色列总理贝京在美国总统卡特的斡旋下握手言和，中东局势出现重大变化。埃以关系的改善为和平解决阿以冲突带来曙光，但萨达特的决定受到几乎所有阿拉伯国家的反对，埃及因此被阿拉伯国家视为异己分子而遭排斥。《戴维营协议》签署 3 个月后，阿欧对话委员会在大马士革召开第 4 次会议（埃及除外），欧共体从自身利益出发支持埃以和解，认为无埃及参加的欧阿对话对欧共体没有意义，只要阿方不同意埃及参加对话，欧共体无意继续对话。自此，阿欧对话陷入僵局。

1989 年 12 月 21 日，重新启动的阿欧对话会议在巴黎召开。会议中，双方对对话框架重新予以设计，成立了部长级委员会，制定了政治、经济分别对待的阿欧对话基本框架，规定每年分别在阿拉伯国家首都或欧共体国家首都召开例会，商讨双方感兴趣的问题。在阿欧对话基本框架下，经广泛协商双方成立了由专家和大使组成的总委员会，专门负责经济、技术、社会、文化合作方面的对话。

20 世纪 80 年代初，阿拉伯国家成为欧共体的第一贸易伙伴，欧共体对阿贸易占欧共体对外贸易总额的 21%。20 世纪 80 年代中期，欧共体各国经济受石油危机影响而下跌，但欧共体对阿贸易仍占其对外贸易的 7.6%。同时，欧共体也发展成为阿拉伯国家第一贸易伙伴。1987 年，阿拉伯各国从欧共体的进口额占其进口总额的 42%，出口额占其出口总额的 36%。

"冷战"结束以来，欧洲安全政策中的一个重点就是积极推行南下战略。欧洲是中东各国传统的和重要的贸易伙伴，因而南下战略的一个重要内容便是从经济方面入手，通过与中东国家建立广泛的经济合作，使欧共体得以更多地参与中东事务，争取在海湾战争后中东新秩序的建立过程中拥有更多的发言权。

中东和平进程启动以来，欧共体一直是中东地区的主要援助者，它对巴勒斯坦的援助远远超过其他国家。在和平进程严重受阻，巴勒斯坦经济因以色列的封锁而几近瘫痪的关键时刻，正是欧共体的援助挽救了濒危的和平进程。

欧共体强调发挥其在中东事务中的政治作用，并加强了参与中东和平进程的力度，对和平进程产生重大影响的巴以《奥斯陆协议》便是在欧共体的帮助下签署的。

欧盟（1993年11月1日后欧共体改称欧盟）国家领导人多次出访中东，向中东地区派出自己的特使，并带去不同于美国的中东和平方案，以显示其在中东的存在及影响。法国是欧盟国家中公开反对美国主宰全球事务的大国，希拉克总统曾表示，把偌大一个世界交给唯一的超级大国，不符合各方的利益。在中东问题上，希拉克反对美国独揽中东事务，提出并制定了旨在恢复法国在中东地区的影响和作用的独立自主的中东政策。希拉克说，欧盟和法国"有自己的利益，有自己的想法，决心让人们看到我们的身影，听到我们的声音"。

进入21世纪，随着国际政治形势和地区形势的发展变化，欧洲更加重视地中海、阿拉伯世界及整个中东地区的稳定、安全、开放和发展。阿拉伯国家也更加重视欧洲国家的作用。

三、阿拉伯国家与俄罗斯之间的关系

1945~1991年，苏联的中东政策可以划分为五个阶段，即斯大林时期、赫鲁晓夫时期、勃列日涅夫时期、戈尔巴乔夫时期和俄罗斯时期。

斯大林的对外政策是基于两个集团的划分以及共产主义和资本主义不可调和的理论来制定的。东欧被视为苏联对外战略中的关键领域，但同时它寻求在土耳其和伊朗获得一个支点，以期确保苏联东南部边界的安全。此政策遭到西方的反对，也加深了伊朗和土耳其对苏联的狐疑和敌意，后者随即成为针对苏联的军事机构——北约的关键成员，伊朗也成为西方的一个忠实盟友。除了这两个国家之外，斯大林对中东的其他地区不感兴趣，他将阿拉伯君主国家视为英国和法国帝国主义的落后的半殖民地。苏联在1948年承认以色列但随即转而强烈反对犹太复国主义。但苏联对以色列的承认和最初的支持激怒了阿拉伯国家。总之，斯大林时期苏联对中东的政策明显缺乏周密的计划和长远的战略考虑，从而导致错误迭出。事实上，这一时期苏联对中东的政策无甚起色，作为不大。1950年，美、

英、法三国决定建立中东军事联盟，既为对付中东人民的反帝反殖的民族解放运动，也为对付苏联势力进入中东和地中海。这一举动引起苏联的关注。

赫鲁晓夫时期苏联制定了积极主动进攻的新中东政策，加快在中东地区的扩张，开始寻求利用新近获得独立的阿拉伯国家对西方的敌意来为苏联的对外战略服务。埃及首先成为苏联的目标。在 1956 年苏伊士运河战争中，苏联对埃及的支持使它博得了阿拉伯世界的拥戴。苏联力图确立起自己是反对强大的西方帝国主义和支持弱小民族的形象。数以十亿计的卢布投向埃及，苏埃两国建立了特殊的关系。在纳赛尔执政时期，苏埃一直维持友好关系。与此同时，苏联积极与阿拉伯国家发展关系，向叙利亚、伊拉克、巴解组织和南也门提供军事和经济援助。20 世纪 50 年代中期至 70 年代中期，在美苏争夺中东的较量中，是苏攻美守时期。

勃列日涅夫执政时期，是苏联的中东政策及在中东的地位发生变化的时期。他执政前期，在与美国争夺中东的较量中，苏联仍处于主动进攻阶段。十月战争成为美苏角逐中东新阶段的开始，这一变化从埃及开始。萨达特执政时期，埃苏关系恶化。后来埃及完全中断了与苏联的关系，将数以千计的苏联技术专家和顾问驱逐出境，埃及一下子成为美国的外交盟友。苏联多年对埃及的投资和巨大的经济和财政支援转眼间付诸东流。这段插曲使苏联意识到有必要重新对整个外交政策取向进行权衡。新的政策强调经济因素和实实在在的政治上的回报。正因为如此，像伊拉克这样拥有石油资源的国家就变得越来越有价值。这种政策转变的后果就是在 20 世纪 70 年代中期以前一直作为苏联中东外交政策焦点的阿以冲突在随后的时段里越来越居于次要位置。

较之于阿以冲突，对两个超级大国而言海湾地区具有越来越大的价值。由于拥有伊朗和沙特阿拉伯这样的盟友，美国在那里已经具有明显的优势。但伊拉克这个世界能源宝库为苏联提供了一个立足点。苏联的难题是如何将对伊拉克的支持与寻求同伊朗发展友好关系加以协调。两伊战争的爆发使这个难题更趋复杂。20 世纪 80 年代初期，苏联的中东政策处于胶着状态，这一时期是美苏争夺中东的战略相持阶段。其特点是美苏互有攻守，但美国逐渐占据优势。

1985 年戈尔巴乔夫上台后，伴随着苏联总的外交战略的调整，苏联对中东的政策也发生了转折性变化。此前，苏联的中东政策服务于美苏对抗和争夺的大格局，其政策目标主要是通过大量的军事和经济援助来确立自己作为阿拉伯国家盟友和支持者的地位，驱走西方在阿拉伯世界的势力。戈尔巴乔夫执政以后，积极寻求美苏关系的缓和。苏联抛弃了以美苏关系简单划线的僵硬做法，开展全方位外交，在中东地区广交朋友。苏联与一些仍持强硬立场的传统盟友拉开距离，同时特别注意改善与阿拉伯温和国家及以色列的关系。在阿以冲突问题上，苏联利用自己作为冲突主要一方叙利亚和巴勒斯坦解放组织支持者的影响，积极寻求和平解决阿以冲突。在苏联的推动下，阿以冲突有关各方召开了中东和平国际会议，苏联成为会议的两个主席之一。对于两伊战争，苏联结束了多年在两伊之间摇摆不定的政策，开始向伊拉克倾斜，这一调整的主要动因在于伊拉克寻求停火，而伊朗却扬言将战争进行到底。尽管伊朗之于苏联的重要性要大大超过伊拉克，但在戈尔巴乔夫看来，苏联很难对这个宗教上极端狂热，与国际恐怖主义、暗杀和绑架有着千丝万缕联系的政权提供支持。直到 1989 年，奉行较为实用主义政策的拉夫桑贾尼执政后，两国关系才得到改善，并最终走向真正的合作。

苏联对待以色列与沙特阿拉伯的立场也有了很大改变。为了消除苏以关系正常化的障碍，苏联不惜冒着得罪阿拉伯国家的危险允许苏联犹太人移居国外。苏联的政策调整是与国内的民主化进程和对美关系的改善相联系的。随着戈尔巴乔夫改革在国内的推进，政治上提倡民主化和公开性，在这种氛围下，苏联认为不可能继续对少数民族和宗教弱势群体的迁徙自由加以限制。苏联积极寻求对美关系的改善，而美国提出的条件之一就是要苏联弱化其对以色列的攻击并且允许苏联犹太人迁往以色列。此外，苏联还希望通过打开对以关系来增强自己作为中东和平调停人的地位。苏联与沙特的关系因为苏军从阿富汗的撤出而获得改善契机，苏联对海湾危机的态度也深得沙特的赞赏，并最终导致两国关系的正常化。在苏联看来，与沙特关系的正常化大大增强了其在海湾的外交回旋余地。

总之，戈尔巴乔夫时期苏联中东政策的调整使得苏联的中东政策越来越与美国、西欧等国家的政策接近。它在很大程度上弥合了苏联与西方国家在国际事务上的分歧，进而促进苏联与西方关系的发展，也在一定程度上缓和了中东的紧张局势，为阿以冲突的政治解决创造条件。但是，作为这种政策调整的必然结果，苏联对中东事务的影响力也有了很大程度的下降，从长远看中东地区力量对比的失衡也开始产生负面的后果，这大概是苏联外交决策者所始料未及的。

俄罗斯独立之初，并没有一项明确的中东政策。一项由外交部发起的俄罗斯外交政策研究只是笼统地提出：俄罗斯在中东的目标应该是确保国家安全；防止将加剧高加索和中亚不稳的中东政治和军事冲突的蔓延；有效利用阿拉伯国家的巨大潜力帮助俄罗斯解决复兴过程中的经济问题。

作为苏联主要继承国的俄罗斯不仅政治局势动荡不安，其经济转型也深陷危机之中。为寻求政治稳定、经济振兴，俄罗斯急切需要美国等西方国家的经济援助。外交上，俄罗斯一方面继续实行收缩，另一方面推行向西方民主国家倾斜的外交政策，以寻求融入西方民主国家行列。在对外政策方向的轻重缓急上，俄罗斯将美国等西方国家置于头等重要的地位，而传统的盟友如伊拉克、叙利亚和伊朗等国则成为牺牲品。此外，由于国力的严重衰退，俄罗斯无暇顾及中东等热点地区的事务。俄罗斯无力承担援助阿拉伯国家的义务，从而使其对中东地区国家的传统影响力大打折扣。由于俄罗斯国家制度的转型和治国方略的变化，其对中东地区传统盟国如叙利亚、伊拉克、利比亚的意识形态吸引力也丧失殆尽。美国则利用海湾战争扩大了其在中东的影响，确立了在中东格局及中东问题解决上的主导地位。在中东问题上俄一度消极应付，听任美国大包大揽，成为一名配角和助手。其间，俄罗斯虽继续成为在中东和会中发挥作用的一员，但在中东和会所有大的原则立场与方案等实质性问题上却少有发言权，能做的只是支持美国的立场或保持沉默。俄罗斯主持莫斯科多边谈判与参加 1993 年 9 月 13 日的巴以协议签字仪式都是由美国邀请参加的，可见其对中东和平进程的影响力已大大减弱。

1993 年，俄罗斯开始调整其外交政策，对外战略由倒向西方转变为东西兼顾的"双头鹰外交"，在国际上强调俄罗斯的大国地位和影响。与俄罗斯对西方政策的调整密切相连的是其越来越多地涉足中东事务。1994 年 4 月，叶利钦派往中东地区的特使，后来成为俄外交部副部长的维克多·帕苏瓦柳克在一次谈话中强调："俄罗斯作为一个大国，在中东事务上能够起到两个关键作用：首先，它是中东地区的邻国，一个具有广泛的经济的、政治的、精神的、宗教的，当然还有军事的影响的主要力量；其次，它是和谈的两位主持人之一。"俄外长科济列夫也宣称："俄罗斯在近东有着重大的、长远的利益。"安全利益的考虑是俄重新关注中东的首要原因。从中亚经中东的北部和高加索到欧洲的巴尔干，是一条动荡不稳的弧形地带，这个地区的民族、宗教及领土冲突的蔓延极易祸及俄柔软下腹的南部边境。其次是经济利益的考虑，中东集中了一批石油富国，是俄罗斯吸引外资、发展经贸关系的重要对象。长期的战乱和冲突也使中东成为世界上主要的军火市场，俄在这方面大有用武之地。最后，俄在对外关系中越来越强调大国地位，中东则是俄施展大国影响力、提高国际威望的最佳场所。

2005 年 4 月 26 日，俄罗斯总统普京到达埃及首都开罗进行国事访问，27日，俄埃两国元首正式会谈，除了商讨双边关系外，还重点就包括巴以冲突和伊拉克局势在内的地区问题交换看法。访问开罗后，普京还赴以色列和巴勒斯坦访问。这是苏联和俄罗斯元首近 40 年来第一次踏访埃及和中东地区，意义重大。阿拉伯国家也很看重普京的访问，因为这为阿拉伯国家拓展了可以回旋的外交空间。俄罗斯的外交动向表明它在中东地区十分希望有所作为。

俄罗斯对外交政策的新构想是以利益为导向的。正是在这个基于国家利益重新审视俄外交战略的过程中，俄重新恢复了在中东地区的活动。俄对其中东外交的优先领域和收益进行了重新估价。若说苏联时代其对中东国家的支持很大程度上是基于意识形态，那么俄罗斯更为强调的则是地缘战略和相互关系中的经济方面。因此，在苏美对抗时期被置于苏联中东外交最重要的位置的埃及，到这时在俄罗斯的眼里不再具有昔日战略上的价值。土耳其和伊朗因为毗邻对俄罗斯具有重要意义的独联体国家，在俄中东外交中的地位与过去相比变得更为重要。出于战略上的理由，叙利亚和伊拉克依然十分重要，它们还是俄技术和武器的进口国。苏联曾一度出于促进中东和谈的考虑削减对叙利亚的武器供应，而俄罗斯出于经济利益的诱惑可能会改变这一立场。除了有可能对俄罗斯的国际威望产生影响外，巴以关系或约以关系与俄罗斯的国家安全没有太多的直接联系。但在普京时期，俄罗斯对中东、阿拉伯事务的关注明显增多，尤其在伊朗核问题、巴以冲突等问题上日趋活跃，力图发挥作用。

四、阿拉伯国家与中国之间的关系

中国和阿拉伯地区的交往史最早可上溯到两汉时期。2000 多年来，中国和阿拉伯地区的交往对中阿社会文化都产生了深刻的影响。新中国成立后，中国与阿拉伯国家关系进入新阶段。

中国人民经过长期反对帝国主义、殖民主义和争取民族解放的斗争后于1949 年建立了中华人民共和国。由于相似的历史经历和遭遇，中国人民从新中国成立之初就坚决支持包括阿拉伯国家在内的亚、非、拉各国人民的反对帝国主义、殖民主义，争取民族独立和解放，为收复失地、恢复合法民族权利所进行的正义斗争。在阿拉伯国家反帝反殖的斗争中，中国政府和人民不但在政治上、道义上给了大力支持和深切同情，而且在当时中国仍很困难的情况下，向阿拉伯国家提供了力所能及的、无私的、不附带任何条件的资金和物资援助。如在1956年爆发的第二次中东战争中，中国政府和人民从一开始就坚决地支持埃及为了维护自己的主权将苏伊士运河收归国有的正义斗争，坚决反对外部势力对埃及发动的侵略战争。1956 年 9 月 17 日，毛泽东主席在会见埃及首任驻中国大使时表示，中国政府和人民将尽其所能支持埃及人民捍卫和收回苏伊士运河主权的英勇斗争。他还进一步指出，"我们的援助不附带任何条件。不管你们需要什么，我们将提供最好的"。中国向埃及提供了 2000 万瑞士法郎的援助。

中国和阿拉伯国家之间互相同情和支持。1964 年，毛泽东主席在致阿尔及利亚总统阿赫默德·本·贝拉信函中说，经历了各种苦难和挫折后，阿尔及利亚人民最终取得了胜利。他说："你们的胜利给了中国人民革命巨大的支持，我们支持你们，你们也同样支持了我们。"中国政府和人民特别难忘阿拉伯国家在中国维护国家的领土完整，实现祖国统一和打破帝国主义封锁的斗争中给予的宝贵支持。1971 年第 26 届联大会议上，八个阿拉伯国家参与签署了关于恢复中华人民共和国在联合国及其所属机构一切合法权利的决议草案。在联大表决时，其余阿拉伯国家也都投了赞成票。这对中国胜利恢复在联合国的席位起了重要作用。同时，阿拉伯国家在台湾和人权等问题上一直大力支持中国，有利于中国挫败"台独"分裂势力和国际"反华"势力的阴谋。

中国与阿拉伯国家的关系在 1955 年举行的万隆亚非会议后有了突破性发展。1956 年 5 月 30 日，埃及成为第一个同中国建立外交关系的阿拉伯国家。此后，其他阿拉伯国家也陆续承认中华人民共和国是代表中国的唯一合法政府，断绝了与台湾当局的官方联系。为了进一步加强和巩固中国与阿拉伯国家的关系，1963 年 12 月 21 日，中国总理周恩来在访问开罗时，提出了中国同阿拉伯国家相互关系的五项原则：①支持阿拉伯各国人民争取和维护民族独立的斗争。②支持阿拉伯各国政府奉行和平中立的不结盟政策。③支持阿拉伯各国人民用自己选择的方式实现团结和统一的愿望。④支持阿拉伯各国通过和平协商解决彼此之间的争端。⑤主张阿拉伯各国的主权应当得到所有其他国家的尊重，反对来自任何方面的侵犯和干涉。这五项原则充分体现了联合国宪章宗旨与和平共处五项原则精神，成为中国与阿拉伯国家发展相互关系的指导方针和政治基础。在这五项原则和和平共处五项原则的基础上，中国同阿拉伯国家的关系得到顺利和健康的发展。

在中阿政治关系不断发展的同时，经济关系也得到相应发展。特别是中国实行改革开放政策和冷战结束后，中国和阿拉伯国家都把发展经济作为国家工作中心和优先目标，双方都希望利用良好的政治关系推动双边经济关系的长足发展。应该指出的是，中阿双方贸易关系有很强的互补性。阿拉伯国家有丰富的油气资源，是世界上最重要的能源生产和供应地，而中国随着经济的不断稳步发展，对海外能源的需求也越来越大。阿拉伯大部分国家经济结构相对单一，工业、农业生产尚处在发展阶段，有许多生产和生活用品需要进口。在这方面中国产品有着物美价廉的优势。这些均为中阿经济发展提供了便利条件。经过中阿双方的共同努力，双方在经贸合作方面已经取得良好成果。中国与阿拉伯国家双边贸易额已从 1990 年的 16.6 亿美元上升到 2000 年的 152 亿美元，在 10 年里双方的贸易额增长了近 10 倍。2004 年增加到近 370 亿美元。中国从阿拉伯国家进口的原油及其制成品也呈现出大幅度增长的趋势，中国从阿拉伯国家进口的原油量已占中国原油进口的 50% 以上。中国的工程承包、劳务和工程公司多年来参与了阿拉伯国家大量的项目建设工程，已完成一大批质量高、较有影响的项目，在阿拉伯世界取得了良好的信誉。在双向投资领域里，中国政府与大部分阿拉伯国家政府签订了保护双方投资者权益的《投资保护协定》和《避免双重征税协定》。这些措施都有力地推动了中阿互利合作的发展。

中国和阿拉伯国家已开始启动一些实质性的合作项目。1992 年，中国同巴林、埃及、科威特等国的经济、贸易等部门的高级官员互访达 50 多次。中国同阿拉伯国家继续在工程承包和劳务方面加强合作。石油合作继续扩展。中国与沙特阿拉伯、科威特、阿拉伯联合酋长国等国签订了直接进口石油协议。与苏丹合作开发的油田已经出油，又与苏丹签订了修建输油管道的合同。中国石油天然气总公司与伊拉克签订了合作开发艾哈代布油田协议，这是伊拉克实现石油国有化以来，外国首次在伊拉克获得石油开采权。

中国同阿拉伯国家关系发展有着深厚的历史渊源和坚实的政治基础。双方同属发展中国家，过去有着共同的命运和遭遇，现在又共同面临维护国家独立、主权，实现经济发展的任务。双方在维护和促进和平稳定与发展繁荣方面有着一致或相近的立场与利益，而无根本的矛盾和利益冲突。因此，中国十分珍惜和重视发展与阿拉伯国家的关系，十分重视相互在国际上的团结与合作。在长期反对帝国主义、反对殖民主义、争取民族解放与独立、维护国家主权和尊严的斗争中，中国与阿拉伯国家一贯相互同情和支持，在国际斗争中密切配合，建立了真诚友好的合作伙伴关系。中国和阿拉伯国家关系的健康、稳定发展是双方共同努力的结果。中国奉行独立自主的和平外交政策，维护世界和平，促进世界共同发展，是中国外交政策的总目标；在和平共处五项原则基础上同世界各国建立和发展正常关系，是中国外交政策的基本内容；加强同包括阿拉伯国家在内的发展中国家团结与合作，是中国外交的基本立足点。中国十分重视阿拉伯国家在国际事务中的作用和影响。中国反对霸权主义和强权政治，自己永远不做高人一等的超级大国，永远不称霸。作为联合国安理会常任理事国，中国在国际舞台上始终为包括阿拉伯国家在内的第三世界国家仗义执言，为维护其正当权益作出不懈的努力。中国外交政策和实践表明，中国是促进世界和平与发展和人类进步与正义事业重要的坚定力量，包括阿拉伯国家在内的广大发展中国家把中国作为可以信赖的朋友和伙伴。特别是中国一贯支持阿拉伯国家民族的正义事业，在有关中东的重大问题上始终采取公正立场，坚决维护阿拉伯国家和人民的正当权益，是阿拉伯国家和人民的真诚朋友。

中国一直积极支持中东和平进程，并为推动其不断向前发展作出了力所能及的贡献，主张在联合国通过的决议框架内和平解决中东问题。中国对中东局势持续恶化保持密切关注，对巴勒斯坦人民的困难处境表示深切同情。中国谴责以色列使用武力侵犯阿拉伯国家领土主权，并造成阿拉伯国家重大人员和财产损失。中国一贯主张，联合国有关中东问题的决议和马德里和会确定的"土地换和平"原则是解决中东问题的基础，有关各方切实执行已达成的协议和谅解是中东和谈摆脱目前僵局的关键。巴勒斯坦问题是中东问题的核心。只要巴勒斯坦问题得不到公正、合理的解决，中东地区就不会有和平。只有中东地区实现了和平，该地区各国的安全才能得到保障。中国认为，国际社会有责任和义务帮助中东有关各方克服困难，排除障碍，推动中东和平进程继续向前发展。

伊拉克问题仍是海湾地区的热点问题，该问题持续 11 年并不时引发新的危机。这显然不符合当今世界和平与发展的主题，不利于该地区国家的长治久安。中国同情伊拉克人民因多年制裁而遭受的苦难，主张在联合国安理会有关决议得到切实执行的基础上，早日公正、合理地解决包括对伊拉克制裁在内的海湾战争遗留问题。中国认为，伊拉克的主权、领土完整和政治独立应得到尊重。中国坚决反对任何违背国际法和联合国安理会决议干涉别国内政和对别国动辄使用武力的行为。联合国安理会应为解决伊拉克问题发挥积极、关键的作用。中国愿与广大阿拉伯国家和国际社会一道为实现海湾地区的长治久安作出积极努力。

中国明确反对伊拉克对科威特的侵略，要求伊拉克撤军。在安理会通过包含授权对伊动武内容的决议时，中国投弃权票。海湾战争爆发后，中国呼吁有关各方克制，防止战争蔓延和升级。海湾战争后，在对伊拉克制裁问题上，中国支持安理会决议应得到必要和切实实施，但主张随着决议的实施，应逐步取消对伊拉克制裁。对海湾战后安排问题，中国主张海湾事务由该地区国家自己解决。1998年年初，美国与伊拉克就武器核查问题发生危机，中国表示联合国有关决议应得到执行，希望伊拉克政府同安理会合作，履行义务，但反对对伊拉克动武，主张在核查中伊的尊严和主权及正当的安全关切也应得到尊重。

"9·11"事件表明，国际恐怖主义已成为一大国际公害，引起各国高度重视和关注。中国反对一切形式的恐怖主义，并认为，打击恐怖主义是一项长期、复杂和艰巨的任务，必须加强国际合作，充分发挥联合国和安理会的主导作用；打击恐怖主义活动应有确凿证据和明确目标，不应该伤及无辜。中国反对把恐怖主义与特定的民族、宗教相联系，反对在反恐问题上搞双重标准和任意将打击恐怖主义扩大化。同时，中国支持阿拉伯国家加强团结的努力，支持有关阿拉伯国家通过和平与平等协商的方式解决相互间的分歧。中国在上述问题的公正、原则立场同阿拉伯国家的立场是一致的，得到了阿拉伯国家和人民的赞赏和欢迎。

1990 年，随着中国和沙特阿拉伯建立大使级外交关系，中国同所有阿拉伯国家都建立了外交关系。长期以来，中国与阿拉伯国家高层互访频繁，政治互信加深。中国与阿拉伯国家在相互尊重、平等互利的基础上，努力巩固传统友谊，促进互利合作。中国同阿拉伯国家的政治关系得到进一步巩固和发展。

自 2000 年起，阿盟外长理事会多次通过关于发展同中国关系的决议。2000年 3 月，阿盟外长理事会通过决议，提出成立"阿中合作论坛"的建议，对此中方给予高度重视。2001 年 12 月，唐家璇外长访问阿盟总部时，穆萨秘书长向他递交了《阿拉伯—中国合作论坛宣言（草案）》。中方对阿方的建议给予积极回应，并在阿方草案基础上，拟订了《中国—阿拉伯国家合作论坛宣言》和《中国—阿拉伯国家合作论坛行动计划》两个文件草案，并于 2003 年 8 月递交阿盟秘书处。2004 年 1 月 30 日，胡锦涛主席在访问埃及期间会见了穆萨和阿盟 22 个成员国代表，提出建立中阿新型伙伴关系的四项原则。同日，李肇星外长与穆萨在阿盟总部宣布，中国和阿拉伯国家决定自即日起成立"中国—阿拉伯国家合作论坛"，并发表《中国—阿拉伯国家合作论坛宣言》。2004 年 9 月 14 日，中国—阿拉伯国家合作论坛首届部长级会议在阿拉伯国家联盟（阿盟）总部开罗举行，双方签署了《中国—阿拉伯国家合作论坛宣言》和《中国—阿拉伯国家合作论坛行动计划》两个文件，标志着中阿合作论坛正式启动。

2013 年中国国家主席习近平在出访中亚和东南亚国家期间，先后提出共建"丝绸之路经济带"和"21 世纪海上丝绸之路"的重大倡议，"一带一路"将充分依靠中国与有关国家既有的双多边机制，借助既有的、行之有效的区域合作平台，积极发展与沿线国家的经济合作伙伴关系，共同打造政治互信、经济融合、文化包容的利益共同体、命运共同体和责任共同体。而阿拉伯国家则是"一带一路"倡议的重要组成部分。此外，经国务院批准，中阿经贸论坛也升格成中国—阿拉伯国家博览会，成为由中国商务部、中国国际贸易促进委员会、宁夏回族自治区政府共同主办的国家级、国际性综合博览会，以中国和阿拉伯国家为主体，面向全世界开放。

在中国和海湾合作委员会双方的共同努力下，2016 年，中海自贸区谈判重启，并接连进行了第六轮、第七轮谈判，双方将就服务贸易、投资、经济技术开发以及货物贸易遗留问题等深入交流，并原则上实质性地结束货物贸易谈判，力争在 2016 年内达成一个全面的一揽子协议。

在国际形势风云变幻、跌宕起伏的情况下，进一步加强中国与阿拉伯国家之间的合作不仅符合中国人民和阿拉伯人民的根本利益，也是维护世界和平与稳定、促进人类共同发展与繁荣的需要。在双方共同努力下，建立在相互尊重、平等互利基础上的中阿友好合作关系在 21 世纪将具有更加广阔的发展前景。

五、阿拉伯国家与日本之间的关系

日本作为亚洲唯一的发达国家，其在国际上的话语权不断提升，阿拉伯地区作为世界重要的地缘政治地区，日本与其的外交关系也经历了不同阶段的变化。

（一）忽视

日本明治维新到"二战"前，中东一直是日本对外政策的边缘地区。原因是中东地区的重要性体现在其地区位置和石油资源上，而从地缘上看，日本和中东分别处于亚洲的东部和西部，地理位置阻碍了双方的交往，同时中东在"二战"前一直是英法和俄国的标准后院和势力范围，日本不可能插手；从石油资源上看，"二战"前的日本资源主要以煤炭为主，所以对于盛产石油的中东没有相应的重视。因此在这一时期，日本在中东地区也乏善可陈。

（二）依赖和"随美亲以"

日本在 20 世纪前半期不断对邻国发动侵略战争，最终于 1945 年惨败，被打着盟军旗号的美国单独占领。1951 年，在美国的一手操纵下，日本与部分国家签署了片面靖和的《旧金山和约》，其靖和对象包括了伊朗、伊拉克、黎巴嫩、沙特阿拉伯、叙利亚、埃及、土耳其等中东国家。其后，日本陆续与中东各国实现了关系正常化。

"二战"后，随着日本经济的恢复与腾飞，廉价的石油逐渐成为煤炭的替代能源，其经济增长所需的大量石油几乎全部依赖进口，而大部分又来自中东。1963~1972 年，日本年均进口中东石油占其全部石油进口的 86.8%，日本逐渐意识到与中东国家加强联系的必要性。1953 年 2 月，日本经济代表团访问了埃及、黎巴嫩、叙利亚、土耳其、伊朗和伊拉克。1955 年 4 月，日本政府代表团在印尼出席亚非会议后，立即邀请出席会议的埃及、伊拉克、黎巴嫩、叙利亚、沙特阿拉伯、约旦、也门、利比亚、伊朗 9 国代表团访问日本。1958 年 9 月，日本向埃及提供了 30 万美元出口信贷援助。这是战后日本对中东国家提供的第一笔政府资金援助。

长期以来，以美国为首的西方国际大石油公司控制了世界石油的生产和销售，日本从中东进口石油的90%都由这些石油公司提供。在西方控制体制下，中东石油价格一直在每桶1.5~2美元徘徊。在整个20世纪50~60年代，日本得以在国际市场上轻易地购买丰富、廉价的石油，而不必特意对中东产油国付出外交努力。

然而，在第一次石油危机爆发前，日本已开始意识到确保能源安全的重要性。1972年，在英国伦敦举行了日本驻中东地区各国大使会议。会议一致认为日本必须确保长期而稳定的石油供应。然而，此时日本的危机意识还相对薄弱。

"二战"后的数十年间，东西关系和南北关系、国家利益和民族利益等诸矛盾因素在中东呈现出纵横交错的局面，其集中表现就是以色列和阿拉伯国家的对立与冲突。面对如此的中东地区，日本并没有因高度依赖阿拉伯国家的石油而在外交上站在这些国家一边，而是始终采取"随美亲以"路线。如1958年7月美国悍然出兵黎巴嫩时，岸信介内阁最终指示日本代表在联合国安理会投票支持美国的提案。1967年第三次中东战争爆发之际，日本在联合国会议上也对美国提出的偏袒以色列的议案投了赞成票。

随着中东产油国对支持以色列的美国和英国采取石油禁运措施，日本对中东政策逐渐转向"中立"。1973年7月，日本召开其驻中东各国大使会议，其结论是："只要日本在阿以冲突中保持政治上的中立态度，就有可能被列为石油禁运的对象。"

（三）"亲阿"

20世纪70年代初，阿拉伯石油输出国组织（OAPEC）逐渐作为一个整体参与国际原油定价斗争，改变了国际大石油公司垄断的局面，并通过控股和国有化逐步控制了石油资源。

1973年10月6日第四次中东战争爆发。为了打击以色列及其支持者，阿拉伯产油国于10月17日动用了石油武器，第一次石油危机由此爆发。阿拉伯产油国部长会议决定，对亲以色列的美、欧、日采取减少或停止石油供应的措施，并大幅度提高石油价格。日本也被划入减少供应的"中间国家"之列。这给当时对中东石油的依赖达88%、国内石油储备只有四天的日本带来了巨大冲击。石油危机爆发后，日本的"随美亲以"和"确保能源"两大目标之间首次出现了尖锐的矛盾。田中内阁紧急调整了中东政策，迅速由"亲以色列"转向"亲阿拉伯"，要求以色列遵循联合国安理会决议而从占领地撤军。

1973 年 10 月 25 日，外务省事务次官法眼晋作接见沙特阿拉伯大使，首次表明了支持阿拉伯国家的立场。11 月 6 日，内阁官房长官二阶堂进重申了这一立场。11 月 2 日，二阶堂进发表了内阁"新中东政策"：要求以色列从 1967 年占领的土地撤军，承认巴勒斯坦人的正当权利。同年 12 月 10~28 日，日本紧急派遣副首相兼环境厅长官三木武夫对阿拉伯联合酋长国、沙特阿拉伯、埃及、科威特、卡塔尔、叙利亚、伊朗进行"乞油外交"的访问，就"新中东政策"做了说明，并对阿拉伯国家承诺了大量援助。12 月 17 日，日本在联合国就确认阿拉伯各国对以色列占领下的自然资源拥有主权的决议案进行投票表决时，首次背离"随美亲以"轨道而站在阿拉伯国家一边。日本对中东政策的 180 度调整收到了预期效果。11 月 28 日阿盟首脑会议决定，取消原定 12 月份对日本再削减石油供应 5% 的计划；12 月 25 日又决定把日本列为"友好国家"。这标志着日本摆脱了第一次石油危机的打击，恢复了中东石油的正常进口。此后，日本政府长期坚持了"亲阿拉伯"的中东政策，从政治、经济、文化等方面加强与中东地区各国特别是产油国的关系。

首先，日本向中东地区国家提供了大量政府开发援助。例如，于 1973 年和 1974 年分别提供贷款 1.3 亿美元与 1 亿美元。1974 年和 1976 年又与石油大国伊拉克两次签订提供贷款合同，各为 10 亿美元，伊拉克以原油出口作为偿还。

其次，日本与中东地区国家的贸易快速增长。以 1977 年和石油危机前的 1970 年相比，日本对中东出口额增加了 16.4 倍，进口额增加了 7.4 倍。

再次，日本企业加大了对中东地区的投资。例如，1974 和 1975 年，日本分别与伊拉克和沙特阿拉伯签订了经济合作协议。

最后，日本与伊拉克签订了大型炼油厂、化肥厂等项目建设合同，与伊朗签订了现代化通信网建设合同，与卡塔尔签订了现代化钢铁厂建设合同等。这些合同的签订，带动了日本对中东地区成套设备的出口，1970 年成套设备出口额仅为 4600 万美元，1975 年增长为 11.43 亿美元，1976 年为 27.7 亿美元。成套设备出口额占日本对中东地区出口总额的比重，1970 年为 4.7%，1976 年达到 36.3%。

与此同时，日本在外交上给予中东前所未有的重视。1974 年 1 月，前外相小坂善太郎作为政府特使访问阿拉伯八国。1978 年 1 月 13~20 日，园田外相访问了阿拉伯联合酋长国、科威特和沙特阿拉伯，就石油的稳定供应问题进行了磋商。1978 年 9 月 5~12 日，福田起夫首相访问了伊朗、卡塔尔、阿拉伯联合酋长国、沙特阿拉伯。这是日本首相对中东地区的首次访问。福田在沙特阿拉伯签署了两国联合声明，首次以双边声明的方式明确表示"以色列应从包括耶路撒冷阿拉伯地区在内的全阿拉伯被占领地撤出，承认巴勒斯坦人的正当权利"。

1979 年 2 月，以伊朗革命为契机，爆发了第二次石油危机。1979 年 8 月 6 日，园田外相在东京向阿尔及利亚、叙利亚、沙特阿拉伯等 12 国大使递交了《外务大臣感想》，进一步强调了重视阿拉伯国家的姿态。园田强调，日本在中东地区没有历史污点，因而其中东政策带有"自主性"。同年 12 月 1 日，大平首相首次在众议院答辩中表示，巴勒斯坦人有权建立独立国家，巴解组织为其代表。通过两次石油危机，日本意识到过度依赖单一石油供应地的弊端，从而制定了石油进口渠道多元化战略，谋求通过增加从东南亚、南洋地区、苏联、中国、非洲和中南美各国等其他地区的石油进口来降低对中东石油的过度依赖。日本对中东石油的依赖比重曾于 20 世纪 80 年代下降到 70% 以下。但从总体上看，其依赖中东石油的局面并未从根本上得到改观。加上世界石油供应状况的渐趋缓和，日本重归高度依赖中东石油的轨道。

（四）"开发进口"战略和政治大国外交

20 世纪 70 年代中期以后，日本加强了对中东地区的直接投资，谋求通过直接参与当地的能源开发来确保石油的稳定进口。这被称作"开发进口"方式。然而，"开发进口"方式不断受到产油国的政治动荡和中东局势不稳的影响。如日本与伊朗共同建设石油化学设施项目被 1979 年 2 月的伊朗革命和 11 月 4 日的美国使馆"人质事件"所打断。尤其是伊朗学生占领美国使馆的"人质事件"发生后，日本外务省考虑到伊朗对日提供大量石油等情况，起初回避就此表态，但在美国的压力下，大来佐武郎外相于 11 月 12 日发表了"外务省见解"，要求伊朗尽早释放人质。日本政府从 1980 年 4 月 24 日起，与欧共体统一步调对伊朗采取了制裁措施，直至释放人质后的 1981 年 1 月 23 日才予以解除。

20 世纪 80 年代以来，日本对中东政策由仅发表"纸上声明"的阶段，转向直接参与冲突的解决进程。以雄厚的经济实力为背景，日本欲"发挥与经济实力相称的国际作用"。日本对中东政策明显表现出政治大国外交的色彩。

针对苏联入侵阿富汗的行为，1981 年 1 月，铃木善幸首相在第 94 届国会上发表施政演说，明确提出了推行综合安全保障政策的方针。在这一方针下，日本对中东政策也日益摆脱单纯的经济外交特征而体现出经济外交与政治外交并举的复合型外交特色。

（五）调整

20 世纪 90 年代，伊朗和伊拉克先后成为美国的制裁对象，中东和平进程也屡遭挫折。与此同时，在世界石油需求日益增长的情况下，石油供应的前景也并不乐观。鉴于中东局势和其政治外交的需要，日本调整了对中东政策，进一步加强了对该地区的外交工作力度。

20 世纪 90 年代以来，日本对中东战略的基点在于：保持"对美协调"与"能源外交"的平衡，在阿以对立中扮演调停者的角色，积极协助美国的"大中东计划"，谋求实现"能源安全"和"扩大影响"双重目标。

1990 年 8 月 2 日，伊拉克入侵科威特，引发了海湾战争。日本配合美国的军事行动，扩大了对海湾地区的经济援助，在财力和物力方面给予以美国为首的多国部队以最大限度的支持。日本首先向多国部队提供了 20 亿美元的经费，另外向伊拉克"周边国家"如埃及、约旦、土耳其等国提供了 20 亿美元的援助。由于美国对这一资金规模仍然不满足，海部首相不断追加援助金额。最终日本政府为海湾战争承担的资金援助高达 150 亿美元，占整个战争费用 600 亿美元的近1/4。与此同时日本对伊拉克发动了经济制裁，积极参与了海湾危机的解决进程。1990 年，海部首相对沙特阿拉伯和埃及等中东五国进行了访问，其目的在于配合美国，向海湾国家提供经济援助。

日本积极参与了 1991 年 10 月美国主导的中东和平国际会议"马德里和会"。1993 年 9 月，宫泽喜一首相出席了巴以《临时自治安排原则宣言》的签字仪式。1994 年 5 月 4 日，日本政府代表出席了巴以签署《加沙—杰里科自治执行协议》的仪式，并承诺为巴勒斯坦经济建设提供 2 亿美元的贷款。1995 年 9 月 12~19日，村山首相对沙特阿拉伯、埃及、叙利亚、以色列、约旦和巴勒斯坦加沙地区进行了访问。日本政府把此次首脑外交定位为"新中东外交"，其中心内容是由1973 年以来的"石油外交"和"亲阿拉伯外交"转向"平衡外交"，与阿拉伯和以色列两方面都加强关系，改善对美国的政策具有很大影响力的犹太人对日本的印象。为此，村山作为日本首相第一次把中东和平当事国以色列和叙利亚列入访问日程，突出了政治外交和平衡外交色彩。

进入 20 世纪 90 年代，日本一些公司进一步积极参与了在中东国家的石油勘探、钻井、开采等活动。日本政府则增加了对产油国和非产油国的经济援助。1997 年底，日本以俄罗斯、中亚和沙特阿拉伯为对象，开展了新一轮"能源外交"。其中，沙特在日本能源安全战略中占据着最重要地位，日本石油进口的约20%来自沙特。11 月 8~9 日，桥本首相访问了沙特阿拉伯，就续签 2000 年期满的日本阿拉伯石油公司开采哈夫杰油田协定的问题进行磋商。从长远的观点看，沙特阿拉伯正在谋求使其经济逐渐脱离对石油的高度依赖，这也为日本扩大对沙特的投资提供了机遇。日本外务省称桥本访问沙特的目的在于建立"面向 21 世纪的一揽子伙伴关系"。1 月 9 日，桥本在利雅得与沙特国王法赫德会谈，就延长日本在沙特的石油开采权、签署投资保护协定以及今后加强在政治、经济、环境、医疗等领域的合作问题达成了共识。

（六）能源安全与均衡外交

进入 21 世纪以来，日本积极调停巴以关系、在伊拉克问题上追随美国、对伊朗核问题又与美国意见相左，努力均衡着其与阿拉伯地区的关系，此时期，日本对阿拉伯地区的外交是继续谋求实现三大目标：第一，配合美国的"大中东计划"；第二，确保本国的石油安全利益；第三，在中东地区扩大自己的国际影响。

六、阿拉伯国家与印度之间的关系

1947 年印度独立以来，印度中东外交战略的重心包括两个战略目标：实现全球大国战略总目标和实现"亚洲中心"的地区战略目标。

冷战前期，即冷战坚冰时期印度中东外交的理想主义色彩较为浓重；冷战缓和时期，印度中东外交更加强调现实主义。无论印度中东外交采取什么主义，其立足都是实现"亚洲中心"地区战略目标和全球大国目标，借助国际主义、民族解放和不结盟的领军国家头衔，来保证印度在中东事务中的话语权，并在克什米尔争端、印巴战争以及中印边界战争等涉及印度南亚事务中，谋求中东国家在南亚事务中对印度立场的支持，承认印度主导南亚事务的霸主地位。在此基础上，随着国际格局的变化，冷战缓和并走向结束，印度也逐步调整中东外交政策，更加注重保障印度在中东陆路和水路贸易通道畅通、保证印度进口石油的供应和占领巨大的中东市场，为印度的经济建设营造和平的周边环境。

冷战结束以来，国际格局出现了多极化趋势和单极化趋势的交织和斗争，反映在大国在中东和印度洋的争夺上，加上中东地区的动荡不安、伊斯兰激进组织的崛起以及跨国恐怖主义的猖獗等都对印度的安全带来现实威胁。印度根据冷战结束以来的国际局势变化，调整其中东外交政策，除仍奉行不结盟政策，加强与地区大国和联合国等国际组织进行合作，主张和平解决中东地区的局部冲突之外，印度转变其在冷战中的苏联盟国角色，宣称自己是自由民主国家，试图加入西方民主国家阵营，共同维护中东和平与稳定，联合打击恐怖主义，为印度经济建设营造良好的和平环境。其具体中东政策如表 4-1 所示。

表 4-1　印度政府不同时期的中东外交政策

不同时期		主要内容	特点
冷战坚冰期	尼赫鲁政府（1947 年 8 月至 1966 年 1 月）	亲阿反以、不结盟、支持中东国家人民反帝反殖反霸的民族民主主义斗争，主张积极开展政治对话以和平手段解决中东争端、争取中东国家在南亚事务中对印度理解和支持等	其基本内容和精神被以后的印度历任政府所继承
冷战坚冰期	英·甘地第一任政府（1966 年 1 月至 1977 年 3 月）	在尼赫鲁时期的中东外交基础上，提出了印度对待中东的经济和技术援助计划，加强与中东国家开展经济贸易与技术合作，积极主张按照联合国安理会决议和平解决阿以冲突	继承前任中东外交政策，也突出了经济外交
冷战缓和期	人民党政府（1977 年 3 月至 1980 年 1 月）	邀以色列外长秘密访印，但由于印度国家利益远高于党派间利益，印以关系没有取得深入进展；继续奉行亲阿反以政策，反对埃及与以色列片面媾和，主张全面、公正合理地解决中东问题，赋予不结盟运动以"不干预"的新内容，并在此基础上承认伊朗和阿富汗新政权	适应冷战缓和，试图在保持与中东阿拉伯国家传统交往的基础上，加强与以色列的交往
冷战缓和期	英·甘地第二次执政和拉·甘地政府（1980 年 1 月至 1989 年 12 月）	即 20 世纪 80 年代不结盟运动时期。印度成为国际不结盟运动的中心，印度借助不结盟运动，使其成为开展中东外交的平台，谋求和平解决中东冲突，以此提高印度的国际地位	成为国际不结盟运动中心，在阿富汗问题上为苏联入侵辩护，损害了印度和国际不结盟运动的形象
冷战结束后	平衡外交时期（1990 年至今）	自从纳拉辛哈·拉奥执政以来的历届政府，根据世界格局的巨大变化对印度的中东政策作了调整，在阿拉伯国家与以色列之间奉行平衡外交政策，反对中东伊斯兰国家及伊斯兰国际组织干预印度内政，反对美国发动的伊拉克战争，联合中东国家反对恐怖主义，加强与伊朗、以色列的战略合作，全面发展同中东国家的友好关系，为加速实现大国目标奠定基础。这一时期印度对中东主要实行"平衡外交"或"等距离外交"，凸显印度在中东事务的重要影响力	反对美国的中东单边外交，但也与美协调；在巩固与中东阿拉伯国家传统关系基础上，进一步与以色列进行合作。凸显印度的民主制度与西方的同质性，试图建立有利于印度的中东新同盟

第五章　阿拉伯国家经济概况

第一节　阿拉伯国家的经济发展历程

从历史上看，阿拉伯经济的发展经历了漫长而又曲折的历程。在阿拉伯帝国建立以前，半岛上的阿拉伯人大都过着游牧（贝都因）式的生活，生产水平低下，物资匮乏，经济落后。随着阿拉伯帝国的兴起，帝国版图不断扩大，周边一些富裕区域先后被阿拉伯帝国占领，阿拉伯地区的经济渐渐发展起来，在阿拔斯王朝时期，阿拉伯经济发展达到顶峰阶段，出现了繁荣现象。随着阿拉伯帝国的解体和奥斯曼帝国的入侵，阿拉伯地区政局不稳，封建割据，特别是进入近代，欧洲列强抢占了大部分阿拉伯国家领土，并在这些国家实行殖民经济，严重阻碍了阿拉伯民族经济的发展，一些阿拉伯民族经济遭遇毁灭性的冲击。第二次世界大战后，阿拉伯国家先后获得独立和解放，阿拉伯各国经济才呈现出发展的新生机，尤其是在阿拉伯地区发现大面积石油资源后，在石油经济的带动下，阿拉伯经济开始迅速发展，阿拉伯产油国家经济发生了翻天覆地的变化，人均收入位列世界前茅。

阿拉伯半岛上气候炎热干燥，土地贫瘠，辽阔的阿拉伯大沙漠覆盖了近1/5的半岛面积。阿拉伯帝国兴起前，大部分居民以放养骆驼和羊群为生。为了寻找草场和水源，部落经常辗转迁徙。定居在沙漠绿洲和一些水源比较充足、适合农业耕种地区的居民，主要从事农业生产，种植椰枣树、咖啡、葡萄和各类水果，生活比较安定，但是人数不多。另有一部分半岛居民则以经商为生，也有一些人靠为往返于商道上的商队当向导为生。由于半岛上自然环境较差，经济也不发达，人民生活水平十分低下。椰枣和驼奶是当时阿拉伯人的主食，人们把椰枣放入水中浸泡至发酵后，当作美味佳肴来食用。骆驼是阿拉伯人的重要生活来源，主要交通工具，也是他们的财富象征。对阿拉伯人来说，骆驼浑身是宝，他们以骆驼胃里的水来解燃眉之急，平时喝驼奶，吃驼肉，用驼皮制作衣服，用驼毛织成帐篷御寒，用驼粪当燃料。偶尔也把骆驼当作娱乐的工具，进行赛驼活动。

阿拉伯帝国建立后，随着版图的不断扩大，特别是两河流域地区、埃及、呼罗珊、西班牙等地被阿拉伯人征服，阿拉伯的经济渐渐发展起来。在倭马亚王朝时期，帝国中心转移至叙利亚大马士革，阿拉伯人在重视水利建设、引水灌溉果园农田的同时，还将清水引入城市，改善城市居民的生活。在人们居住的院子里，通常都有大喷水池，水池成了一种建筑装饰，池里的水还可以饮用，大大方便了居民生活。这一时期，大马士革生产的水果在阿拉伯帝国享有盛誉，农民和手工业者将各类水果加工成果汁和糖果，沿街叫卖。帝国境内各大城市都出现了较大规模的市场，各地的商品汇聚在市场上。到阿拔斯王朝时期，阿拉伯经济呈现出一派繁荣景象。帝国动用国库耗时4年，耗费近500万迪尔汗，建成了世界名城巴格达，来自全国各地的10万建筑工匠和技师汇聚在工地上，筑成的城市规模令人咋舌，城内建筑物的豪华程度令人称奇。

据历史记载，阿拔斯王朝时期，阿拉伯经济发展到鼎盛阶段，手工业、商业、农业等生产水平迅速提高，实力雄厚，世界上许多国家都与阿拉伯帝国有商业往来，巴格达成了当时世界贸易中心之一。在巴格达市场上有中国的瓷器、丝绸和麝香，有印度的香料、矿产物和染料、中亚地区的红宝石、青金石和纺织品、欧洲的蜂蜜、黄蜡和毛皮，非洲的象牙、金粉和黑奴等。阿拉伯帝国生产的各种商品，则由庞大的商队运送至欧洲、远东和非洲等地。阿拉伯人生产的夏布、玻璃、五金、锦缎、宝石、金银器皿、宝剑等商品，很受各地商人的欢迎。阿拉伯人生产的农产品和粮食作物深受周边地区人民的喜爱，埃及地区生产的大米、小米，叙利亚地区生产的各种水果、蔬菜等，味道鲜美，质量上乘。

阿拉伯帝国衰亡后，阿拉伯世界呈现四分五裂状态，阿拉伯经济受到严重冲击，陷入迟缓发展阶段。18世纪末、19世纪初，西方列强侵入西亚、北非地区，许多阿拉伯国家成为欧洲国家的殖民地，其经济也渐渐变成殖民地经济。例如：19世纪末，英国纺织业迅速发展，纺织机器在十几年里增加了约1/3，本国的棉花供应明显不足。英国占领埃及后，强行推行"农业经济专业化"政策，把埃及变成英国纺织业的原料基地和商品销售市场。英国殖民当局强迫埃及走上单产经济轨道，民族工业渐渐被扼杀。而埃及政府对此无能为力，进出口贸易主动权都被英国殖民当局操纵。这一时期，埃及的出口商品中，90%是棉花和棉籽，日常生活用品中的必需品如面粉、谷物、咖啡、烟草、布匹、衣料、铁钉、铁锅、煤、油、木材等全部依靠进口。英国出于自身利益的需要，不惜对埃及采取敲骨吸髓的做法，1886年将棉花价格暴跌50%以上，致使埃及国民经济滑向崩溃边缘。长年累月种植棉花，致使埃及农田肥力减弱，地下水位升高，棉花产量下降，其他农作物也逐渐减产或者消亡。穆罕默德·阿里时期兴建起来的大批制糖厂，因甘蔗种植面积缩小而纷纷倒闭。埃及自己的纺织业和手工业在外来商品的冲击下朝不保夕，一大批城市手工业者失业，或者重新沦为农村佃户。

"二战"后，在争取国家独立、民族解放的潮流中，阿拉伯国家先后获得独立。为了加强阿拉伯民族的团结，壮大反对帝国主义、殖民主义的力量，发展民族经济，阿拉伯国家成立了很多区域性组织、签订了很多合作与发展协议。1945年，阿盟成立。阿盟自成立至今，一直致力于阿拉伯国家的政治、经济和社会发展等工作，为推动阿拉伯经济的发展发挥了重要作用。在阿盟的框架下，阿拉伯国家还成立了阿拉伯经济统一理事会、阿拉伯经济和社会发展基金会、阿拉伯货币基金会等组织，其中阿拉伯货币基金会在向成员国提供中短期贷款、协助成员国融资、为成员国提供金融和经济政策咨询等方面做了大量有益的工作。

2009年1月20日，在首届"阿拉伯经济、发展和社会"科威特峰会上，阿盟成员国再次确立了在2020年建立共同市场的目标，会议做出决议，要求相关国家采取必要的法律措施，在2010年前消除建立大阿拉伯自由贸易区的阻碍，在2015年时建立阿拉伯国家关税同盟，在2020年时实现建立阿拉伯共同市场的目标。为了推动这一计划的实施，科威特峰会还通过了建造跨洲电网和铁路、公路网的计划，改造现有的铁路，引进先进的电脑管理系统，再建40条连接阿拉伯国家的公路，以提高阿拉伯地区的一体化程度。

第二节 农业

一、农业发展概况

阿拉伯国家的农业发展历史悠久。正是农业把阿拉伯人的生活从游牧狩猎变成定居耕耘。很多历史遗迹，如叙利亚、黎巴嫩、约旦、伊拉克、利比亚、摩洛哥和埃及的一些水坝残迹、干涸河谷，都证明这一地区的很多地方是农业生产的摇篮。

阿拉伯国家中，约有 2/3 的人口从事农牧业生产，另有不少人从事直接或间接与农牧业生产有关的工作，在石油资源较少的国家里，农牧业地位显得尤为重要。在埃及、叙利亚、摩洛哥、突尼斯、伊拉克等国，农业收入约占本国国民经济收入的 40%左右；但在北非的阿尔及利亚、毛里塔尼亚，西亚阿拉伯半岛上的沙特阿拉伯、阿拉伯联合酋长国、卡塔尔、科威特、阿曼等国，一半以上的国土面积被沙漠所覆盖，严重缺水、干旱和炎热的气候制约了这些国家的农业发展。

阿拉伯国家的总耕地面积约为 2 亿费丹（1 费丹=0.42 公顷），约 8600 万公顷。实际种植面积仅 1 亿费丹，只占耕地面积的一半。人工水浇地约为 2000 万费丹，其中埃及、伊拉克和苏丹各占 600 万费丹，叙利亚占 100 万费丹；另有8000 万费丹的土地靠雨水灌溉。

阿拉伯国家生产的粮食作物主要有小麦、大麦、玉米、小米、水稻等。大多数阿拉伯国家都种植小麦，尽管其产量占世界产量的比率较低，但在阿拉伯国家的粮食作物中居首位。种植小麦的主要国家有埃及、叙利亚、伊拉克、黎巴嫩、阿尔及利亚等国。埃及素以种植小麦闻名，产量约占阿拉伯国家总产量的 25%。历史上，埃及生产的小麦大多运往罗马、拜占庭、麦加和麦地那等地，因而有"粮仓"之美誉，其主要产地在尼罗河三角洲。阿拉伯国家的大麦产地主要在马格里布、沙姆和伊拉克等地，其中以摩洛哥的产量最高，在 300 万吨左右，大部分出口至欧洲国家。阿拉伯国家的玉米产量占世界总产量的比例很低，主要生产国是埃及和摩洛哥。由于水稻生产需要一定的自然条件，阿拉伯国家中适合种植水稻的地方不多，主要是埃及和伊拉克两个国家生产水稻，其中埃及的水稻产量占阿拉伯国家总产量的 90%左右，产地在尼罗河三角洲北部和法尤姆等地。

除了粮食作物以外，阿拉伯国家还种植大量的果树，生产各类水果，有些国家的人们还把水果当作主食。阿拉伯国家生产橄榄，产量占世界总产量的 15%左右。马格里布是生产橄榄的主要地区，其中突尼斯就有近 3000 万株的橄榄树。另外，地中海东岸的约旦、黎巴嫩、叙利亚、巴勒斯坦等地也是生产橄榄的重要地区。葡萄是阿拉伯国家生产的主要水果之一，其产量约占世界产量的 8%。阿尔及利亚是生产葡萄的大国，它的产量约占阿拉伯国家生产量的 60%。巴勒斯坦是阿拉伯国家中生产柑橘最多的国家，其产量约占阿拉伯国家总产量的 28%。

历史上，椰枣和驼奶曾经是贝都因人的主食。阿拉伯国家的椰枣久享盛誉，它的总产量约占世界产量的 80%。对阿拉伯人来说，椰枣树一身是宝，果实椰枣可食用，也可以提炼糖和酒精，还可充当饲料；树干和树枝可做家具，或者做屋梁；树叶可扎扫帚。此外，椰枣树的生长无须费时照管。每棵树的寿命在 100~200 年。伊拉克、沙特阿拉伯和埃及都是椰枣生产大国，其产量都曾超过 40 万吨。

棉花、阿拉伯树胶、甘蔗、烟叶是阿拉伯国家生产的主要经济作物，其中棉花以其质地优良闻名于世。阿拉伯国家生产的棉花中，大部分是具有重要经济价值的长绒棉，产量约占世界产量的 8%。埃及是长绒棉生产大国，它的产量位居世界前茅，约占阿拉伯国家总产量的一半，平均年产量在 40 多万吨，其中 2/3 用于出口。苏丹的阿拉伯树胶在世界上久负盛名，它是苏丹第二大出口作物。古时候，人们把树胶用于制作染料、医药等方面，后来它成了食品、医药、纺织、印染、化肥、玻璃等制造工业中不可缺少的成分。苏丹政府非常重视阿拉伯树胶的生产，农业部有树胶生产研究中心，并制定了树胶生产发展计划。

农业在阿拉伯国家的地位举足轻重，各国政府十分重视本国的农业发展，自 20 世纪 50 年代开始进行土地制度改革，以调动广大农民的积极性，促进农业的稳步发展。埃及在 20 世纪 50~60 年代，先后 3 次进行土地改革，限定地主拥有的土地最多为 200 费丹，超出部分由政府用补偿方式分 5 年征收完毕。被征收的土地由政府分配给农民有偿使用，这一改革措施，激发了农民种地的积极性，大量的闲置土地被利用和耕种，可耕地的面积大大增加。在土地改革的同时，一些阿拉伯国家政府还加大了农业投资，兴建水利和灌溉系统，其中埃及的阿斯旺水坝建成后，大大提高了耕地的使用率，一些农作物由一年一熟变成了一年两熟作物，其产量也大大提高。两河流域地区修建的水库和水渠、约旦修建的东果尔水利灌溉系统、马格里布地区沟渠等，都大大促进了本国农业的快步发展。

二、阿拉伯国家农业发展面临的困境

进入 20 世纪 80 年代，阿拉伯国家政府进一步调整了农业发展战略，将其置于优先发展地位。但是，由于种种原因，阿拉伯国家农业发展仍然面临严峻的挑战，水源不足、土质变劣、农业技术和技术劳动力不足、单一经济作物等问题困扰着农业的发展。

缺水是阿拉伯国家普遍存在的问题。河流少、降雨量少、气温高是阿拉伯国家的地理和气候特征，阿拉伯国家仅有的几条河流如尼罗河、底格里斯河、幼发拉底河等，其发源地都不在本国，引用河水需要与其他国家协商并签订协议。水井主要分布在沙漠绿洲和谷地，开发地下水需要昂贵的费用和投资，影响了农业生产。另外，在人工灌溉地区，农民一年之内多次耕种土地，导致地下水位不断上升，表层水分蒸发后，地面留下的盐碱越来越多，年复一年，土壤盐碱化程度越来越严重，致使农作物产量逐渐下降。在大多数阿拉伯国家还存在农业技术问题和技术劳动力不足问题。由于各国经济发展不平衡，接受文化教育的程度差距较大，从事农业生产人员的文化水平有限，一些国家农业生产的方式比较落后。加之部分阿拉伯国家长期受到殖民地经济的影响，农业单一经济的现象依然存在。

从阿拉伯国家总的情况来看，粮食短缺现象仍然很严重。1969 年，阿拉伯各国粮食进出口总额为 16 亿美元，进口略大于出口，一部分国家粮食生产较为稳定，如埃及、苏丹、叙利亚、索马里、摩洛哥、毛里塔尼亚等，这些国家的粮食当时基本做到自给。但是，进入 20 世纪 80 年代后，这一情况发生了较大变化，尽管各国都在强调发展农业，并出台许多鼓励从事农业生产的优惠政策和措施，但是各国的粮食进口量却在不断增加。因此，阿拉伯农业专家呼吁，在石油生产迅速发展的时候，决不能忽视粮食生产，应该改革和尽早解决农业政策中的不合理部分，否则，阿拉伯国家会出现粮荒现象。进入 21 世纪后，阿拉伯国家粮食产量问题依然突出。2009 年 1 月 20 日，首届"阿拉伯经济、发展和社会"峰会上，阿拉伯国家粮食安全问题再次被列入重要议题，并通过了阿拉伯粮食安全紧急计划决议，要求各国政府"给予在这些领域投资的机构特别优惠条件"。2010 年 4 月 28 日，阿拉伯农业发展组织在阿尔及利亚首都召开第 31 届全体会议。会议指出，阿拉伯粮食安全仍然面临严峻挑战。尽管阿拉伯国家主要农产品产量在不断增长，但由于种种原因，阿拉伯农产品贸易逆差却在持续上升。

粮食问题既是一个经济问题，也是一个安全问题。严重依赖进口，势必受到国际粮食市场价格的升降影响，进而导致国内食品价格的波动，影响社会的稳定。因此，粮食与食品问题，已经受到阿拉伯国家领导人的高度重视。阿拉伯各国均着手制订全面的农业和工业可持续发展战略，在农业共同发展的框架内调整本国农业政策，应对世界金融危机对农业生产和贸易造成的不利影响，增强阿拉伯国家农产品在国际市场上的竞争力，建立阿拉伯经济、技术、工业和农业共同体。

第三节　工业

一、工业概况

阿拉伯国家工业基础比较薄弱，结构比较单一。主要包括石油及石化、炼铝、化肥、钢铁、纺织、食品加工、皮革制造等。

中世纪时，阿拉伯工业曾经走在世界先进工业生产地区的行列。阿拉伯帝国灭亡后，阿拉伯工业基本上处于停滞状态。至奥斯曼帝国统治后期，特别是西方殖民主义者入侵以后，阿拉伯工业生产遭受严重摧残，民族工业几乎没有生存之地，阿拉伯民族工业凋敝零落。第二次世界大战后，阿拉伯各国先后获得独立，各国政府开始重新发展民族工业。20 世纪 70 年代，石油经济逐渐崛起，推动了阿拉伯工业的全面振兴。独立的阿拉伯国家工业经济面貌开始发生巨变，阿拉伯产油国的工业建设步伐取得显著成绩。

在阿拉伯帝国时期，阿拉伯的工业产品和工艺制造技术已经达到较高水平，在阿拉伯人统治的科尔多瓦，曾经有 13 万人从事纺织业，他们在鞣革和皮革上制浮花技术，对欧洲制革业产生过极大影响。阿拉伯人在吸取波斯传统生产地毯经验的基础上，设计生产出的阿拉伯地毯，图案精美，颜色不褪，质地上乘，广受好评。叙利亚生产的瓷砖，以镶嵌细巧、制作精美而闻名于世，成为中东地区建筑物内重要的装饰品。大马士革生产的丝织品一度是欧洲人到东方来寻觅的抢手物品。此外，阿拉伯人生产的宝剑、玻璃、水罐、盘子、杯子、花瓶、金银器皿、皮革、纺织品等，在当时世界商品市场上和世界各国商人眼中均享有盛誉。

在近现代历史中，工业起步较早的阿拉伯国家有埃及、叙利亚、约旦、摩洛哥和突尼斯等国。埃及的纺织工业早在穆罕默德·阿里时期就初具规模，它的棉、毛、丝、麻各类纺织品种齐全，纺、织、印、染等纺织工艺，配套成龙，其产值约占工业总收入的 1/3。在积极发展形式多样化鼓励人们来此创办带动了水泥、制砖、预制构件、金属管制造、食品加工、海水淡化等工业的发展。

卡塔尔政府在全面发展石油、化工工业、建造大型炼油工厂、石化工厂、化肥工厂的基础上，积极发展食品加工、造纸、颜料生产、塑料产品、洗涤剂、化肥、尿素、乙烯、聚乙烯等产业。随着油气资源开采业的发展，卡塔尔又兴建了大型液化天然气厂，对外输出液化气。

阿拉伯联合酋长国、巴林、阿曼等国的工业都是以石油化工工业为主体，带动塑料制品、建筑材料、炼铝、钢铁以及服装、食品加工等产业的发展。天然气液化也是这些国家重点发展的工业。阿曼除了发展石油化工业以外，还根据国家的需要大力发展水泥制造业、木材加工业、食品加工业和铜矿开采业等，其开采的铜矿大部分用于出口。

至于阿拉伯国家中的毛里塔尼亚、吉布提、索马里、苏丹、也门等国，由于这些国家的工业基础很薄弱，资源也比较贫乏，有些国家虽然近几年也发现了较为丰富的石油矿藏，但是，尚未建立起配套和完整的石油工业体系。其他的民族工业发展也比较缓慢，未能形成规模生产经济。

二、阿拉伯国家工业发展面临的问题

阿拉伯国家的工业与第二次世界大战以前相比，虽有飞跃发展，但与世界工业国家相比，差距仍然很大。阿拉伯国家的工业总产值在世界工业总产值中占的比例极为有限，据统计，阿拉伯国家的人均工业产值水平仅高于撒哈拉大沙漠以南的非洲地区。从阿拉伯国家整体工业发展战略来看，大致可分为两类国家：一类国家侧重发展民族工业，以满足国内人民生活的基本需求，这主要是一些工业起步早，石油资源较为贫乏，但其他矿藏资源较丰富的国家；另一类是产油国家，它们通过石油工业来改变其经济结构，带动其他民族工业发展，摆脱依靠出口原油的单一经济结构。

第一类国家在致力于发展纺织、食品、皮革、化学、饮料、电机、水泥等工业的同时，也在积极勘探石油资源，发展石油化工工业，以期通过输出资源，增加经济来源，提高人民生活水平。第二类国家在重点建设石油化工工业的基础上，努力发展海水淡化、石化工业、制造业、运输业以及食品加工、皮革制作、水泥等民族工业。经过多年努力，许多阿拉伯国家取得显著成绩，不同程度地达到了各自工业发展计划的预期目标。但是，在工业发展进程中，阿拉伯国家遇到了许多问题，面临着许多挑战。这些问题和挑战经常阻碍着阿拉伯国家工业前进步伐，其中主要有：

（一）政治局势不稳定

自 1948 年以来，中东地区政治局势始终不稳定，处于大规模武装冲突战火不断，小范围摩擦不停的局面，几乎每 10 年左右就会发生较大规模的动荡。阿拉伯国家与以色列的战争冲突，从 20 世纪 40 年代开始，一直持续到 80 年代，其间发生了 5 次大规模战争。80 年代爆发的两伊战争、90 年代爆发的海湾战争、21 世纪初爆发的美国入侵伊拉克战争，致使阿拉伯地区动荡不安，各国经济发展受到严重影响。阿拉伯国家之间的矛盾、阿拉伯国家与邻国、大国、强国之间的矛盾也是阻碍阿拉伯工业发展的重要因素之一。

（二）阿拉伯国家资本分布不均

阿拉伯国家经济实力差距很大，在 22 个阿拉伯国家中，既有人均收入已跻身世界富国行列的阿拉伯联合酋长国、卡塔尔、科威特、沙特阿拉伯等国——这些国家的人均年收入早已超过 15000 美元，有的甚至超过 37000 美元，也有被国际组织列为世界最贫困国家的索马里、吉布提、苏丹等国，这些国家的人均年收入在几百美元，有的连 400 美元都不到，从而形成了阿拉伯国家之间贫富悬殊的巨大差距。在阿拉伯国家中出现了产油国家人少，但是资本雄厚；贫油国家人多，但是缺少资金的现象。

（三）阿拉伯国家工业缺少核心技术和技术创新能力

以汽车工业为例。阿拉伯国家的交通运输主要是陆路运输，海运和空运所占比例都不大，陆路交通以公路运输为主。据阿拉伯有关机构统计，阿拉伯国家每年汽车的需求量约为 120 万辆，而阿拉伯国家生产总量约为 12 万辆，仅占其需求量的 10%，其余要靠进口。阿拉伯国家中埃及是生产汽车最多的国家，每年产量在 8 万辆左右，第二位的摩洛哥每年产量为 3 万辆左右，第三位是突尼斯，每年仅为 3000 多辆。另外还有沙特、利比亚、苏丹、约旦等国也生产汽车，但是，数量有限，均不超过 3000 辆，有的只有几百辆。这些汽车只是普通中低档的，或者是小型车辆，远没有达到高档或豪华型汽车的标准。

（四）阿拉伯国家大多缺少熟练工人和技术人员

由于种种原因，阿拉伯国家的熟练工人和技术人员甚至劳动力奇缺，因而不得不向世界开放劳务市场。据统计，1975 年在阿拉伯国家的外国劳工数为 160 万人，1982 年增至 300 万人，1985 年前夕已达 400 万人。其中沙特阿拉伯居首位，其次还有利比亚、阿拉伯联合酋长国、科威特、卡塔尔、阿曼、巴林和伊拉克等国。海湾战争爆发后，这一情况有所缓解，外国劳务市场有所萎缩，外籍劳务人员数量下降。但是，外籍劳务人数下降的原因与中东动荡的局势不无关系。20 世纪 90 年代中期，外籍劳务人员数量又逐渐增加，仅在沙特阿拉伯就超过了 500 万人。

（五）大多数阿拉伯国家的基础设施尚不健全

由于自然环境等原因，许多阿拉伯国家的工业基础设施很不完备，许多国家没有铁路网，有的国家至今还没有一条铁路，给工业布局和工业运输带来了很大的麻烦，制约了工业的发展。另外，阿拉伯国家淡水供水紧张依然是个难题。在阿拉伯国家中，水资源丰富的国家不多，即使在拥有尼罗河的埃及、苏丹，拥有幼发拉底河和底格里斯河的伊拉克、叙利亚等国，淡水供应也是比较紧张的。在阿拉伯半岛上的国家，其淡水资源就更加有限了。

第四节 石油产业

阿拉伯国家是世界重要的石油储存、开采、输出和石油化工生产地区之一。石油已经被广泛运用到工农业生产、军事、科技和民众生活等领域，其重要性、应用性、价值性的认识越来越为人熟知，石油被冠以"现代工业的血液"、"黑色的金子"等称号。

一、阿拉伯国家石油概况

在阿拉伯地区很早就发现了石油。远在古巴比伦时期，两河流域就有石油和天然气冒出地面，在自然界作用下长燃不熄。当地居民对此现象无法理解，称之为"永恒之火"，遂奉若神明，建庙膜拜，相传拜火教的出现与这一地区的"永恒之火"现象有关。拜火教又称祆教，信徒崇拜火神，把火当作善和光明的化身，信徒们认为宇宙无始无终地存在着两大神，即光明神和黑暗神。前者代表善，后者代表恶，两者既有联系，又互不相容。

随着时间的推移，居民们发现，流到地面的石油，经过沉淀后会产生沥青。把这种材料用作涂抹房屋、修葺木船效果非常好。不久，军队又把石油用于作战兵器，他们把纱布浸透石油，裹在箭头上，点燃发射，称之为"石油火箭"。随着人类社会的不断发展、社会科学技术的进步，人们对石油用途的了解越来越多。社会进入工业化时代后，石油运用的范围日趋广泛，到20世纪20年代以后，阿拉伯地区进入了大规模开采石油的阶段。石油在世界范围内被广泛运用到工业的各个领域，成了现代工业的血液，成了人们社会生活中的重要部分，成了国家和地区工农业生产不可或缺的重要能源，成了军队和国防的重要资源。

根据有关世界经济指标统计，2008年底，全球已探明的石油储量为11258亿桶，中东为7541亿桶，占世界总储量的59.9%，可采年限为78.6年。欧洲和欧亚大陆为 1422 亿桶，占总储量的 11.3%，可采年限为 22.1 年。非洲为 1256 亿桶，占总储量的 11.1%，可采年限为 33.4 年。中南美洲为 1232 亿桶，占总储量的 9.8%，可采年限为 50.3 年。北美洲为 709 亿桶，占总储量的 5.6%，可采年限为 14.8 年。亚洲太平洋为 420 亿桶，占总储量的 3.3%，可采年限为 14.5 年。阿拉伯国家石油探明储量最高的有：沙特阿拉伯为 2641 亿桶，占世界总储量的 21%；伊拉克为 1150 亿桶，占世界总储量的 9.1%；科威特为 1015 亿桶，占世界总储量的 8.1%；阿拉伯联合酋长国为 978 亿桶，占世界总储量的 7.8%；利比亚为 437 亿桶，占世界总储量的 3.5%。在世界五大储油大国中，阿拉伯国家占据了 4 个。在阿拉伯国家中，几乎各国都拥有石油资源，只不过其储量和产量存在较大差别而已。

阿拉伯地区石油资源丰富的原因在于：西亚波斯湾地区在远古时代是一片汪洋大海，当时气候温暖，海洋生物大量繁殖，死后遗骸和泥沙一起沉入海底，被泥沙岩石覆盖，长年累月后形成石油。这一地区的岩石结构，十分有利于石油生成，它底层坚硬，顶部密不渗水，中层几乎都是沙石，构成天然密封舱，既可使分散的石油聚拢积聚，又能防止石油挥发，最终形成大量的石油矿藏。

据统计，全世界公认的 20 多个特大油田中，阿拉伯国家占了 11 个。全球石油日平均产量约为 6709 万桶，其中欧佩克和非欧佩克国家分别占 40.1% 和 59.9%。从地区日产量来看，北美地区日产量约为 719 万桶，拉美约为 954 万桶，东欧约为 994 万桶，西欧约为 563 万桶，非洲约为 727 万桶，亚太地区约为 708 万桶，中东地区约为 2045 万桶。中东地区占全球石油日平均产量的 30%。近几年来，全球主要产油国中，沙特阿拉伯位居各国之首，约为 841 万桶。

在世界各产油国家中，石油最高年产量曾超过 1 亿吨的国家有 10 多个，其中多位于阿拉伯，沙特阿拉伯 5.1 亿吨（1985 年降为 1.6 亿吨，20 世纪 90 年代以来恢复至 4 亿~5 亿吨，2007 年为 4.93 亿吨），伊拉克 1.75 亿吨（1985 年为 7000 万吨，海湾战争后，伊拉克受到联合国和美国等的制裁，几条重要的石油管道被关闭，石油出口量大大下降。2003 年伊拉克战后重建，石油出口渐渐恢复，2007 年为 1.05 亿吨），科威特 13 亿吨（1985 年为 5000 万吨，2007 年为 1.29 亿吨），利比亚 1.01 亿吨（1985 年为 5000 万吨，2007 年为 0.86 亿吨），阿拉伯联合酋长国在 2007 年时为 1.35 亿吨。

由于石油的大量生产与出口，阿拉伯产油国家中年均石油收入曾超过 100 亿美元的有沙特阿拉伯，有的年份超过 577 亿美元。伊拉克在和平时期曾经超过了 234 亿美元，科威特、利比亚、阿拉伯联合酋长国等国均有超过 200 亿美元的年份。这些国家把石油生产作为经济支柱，依赖巨额石油收入，迅速改变了本国的社会面貌，人民生活水平也扶摇直上。巨额石油美元对国际政治和经济都产生了重大影响。

沙特阿拉伯在阿拉伯产油国中位列榜首。沙特阿拉伯的石油开采，过去由美国垄断资本把持。阿拉伯—美国石油公司（Aramco，简称阿美石油公司）于1933年取得为期66年的石油开采权，拥有租借地165万平方千米，占沙特全国面积的2/3。以后，沙特和日本、意大利的石油公司又签订了开采石油的协定，但所占的比重不大。当时沙特政府只能从外国垄断资本的利润中，拿到1%石油产值的税金。从20世纪50年代开始，沙特经过长期同外国公司的斗争，于1963年收回销售权，1974年收回大部分开采权，同时沙特政府还通过参股、赎买和联营等方式，渐渐将外国公司的各项权利收归国有，此后，沙特的石油生产和收入成倍增加，城市与社会面貌发生了翻天覆地的变化。

沙特阿拉伯拥有世界上最大的加瓦尔陆地油田，位于首都利雅得东部，长224千米，宽20千米。探明的石油可采储量为114.8亿吨，这座油田年产量达2.6亿吨，单井最高日产量可达2000吨。另外沙特阿拉伯还拥有最大的海上油田萨法尼亚油田（可采储量约为50.54亿吨）和玛尼法海上油田（可采储量约为23.80亿吨）。

沙特阿拉伯的巨额石油收入，主要用于大力发展经济、社会基本建设、兴办社会福利等方面：

石油美元给政府发展经济提供了重要保障，政府连续制定了几个经济建设五年计划，投资总额高达数万亿美元。如此庞大的经济投资和建设计划，在第三世界实属罕见。通过几个"五年计划"的建设和发展，沙特政府在石化工业、基础工业、交通运输、动力基地、通信设备等方面已经取得了显著成就，基本形成石油生产和石油化工为支柱产业的工业格局。炼油厂、液化气厂、石油化工厂、化肥厂等得以快速发展。钢铁工业是沙特重点发展的产业之一，其产量约为240万吨，并拥有年产量达4.5万吨的轧钢厂，年产钢材80万吨和14万吨的钢铁联合企业。建筑业、食品加工业是沙特发展较快的产业，在石化工业的带动下，建筑材料、水泥、木材加工、家具制造工厂等纷纷建立，沙特的水泥年产量约为857万吨。建筑业的产值占沙特国内生产总值的1/5。

在几个"五年计划"实施过程中，政府还投巨资大搞社会福利建设。首先政府花巨资建造居民住宅，解决和改善民众居住问题。在第二个"五年计划"（1976~1981年）中，政府共造了30万套住宅，一大批住房困难者改善了居住条件。另外，一栋栋现代化建筑、别墅也拔地而起，城市面貌焕然一新。在基础建设中，政府大力扩建公路，修建公路网，使全国各地连成一片，过去偏僻地区的贫困渔村，也吹进了现代化建设之风，一跃而成为新型的城镇和港口。现在的沙特公路网全长已经超过 20 万千米，铁路总长约为 2000 千米。政府在沙特主要城市或者重要城市建造了现代化的机场 20 多个。众所周知，沙特阿拉伯是个严重缺水的国家，为了解决用水问题，政府不遗余力地通过打井、开发泉源、修建水坝、建造海水淡化厂等，较好解决了居民用水和工农业用水的问题。现在沙特有饮用水井约 5 万口，农用水井约 7 万口，水坝约 190 座，给水站约 1290 座。另有约 30 座海水淡化厂，其中，"朱拜勒海水淡化厂"被誉为世界上最大的海水淡化厂。

教育卫生事业受到沙特政府的高度重视。现在沙特学校大批涌现，文盲正在减少。各类大中小学校有 27427 所，学生约 466 万人。教育体系较为完备，包括幼儿、小学、初中、高中的普通教育、师范教育、女子教育、职业教育、民众文化教育（扫盲与成人教育）、特殊教育、手工艺技术传授与继承教育、高等教育等。全国现有 9 所普通高校，较为著名的有利雅得沙特国王大学、阿卜杜·阿齐兹国王大学、费萨尔国王大学、麦地那伊斯兰大学等。沙特国民均享受免费教育。由于经济条件优越，沙特政府向全体公民提供无偿的医疗卫生服务，其医疗设施也较为先进和完备。由于居民富裕，小汽车的拥有量也比较高，平均每 10 人有一辆车。

尽管沙特国家和居民十分富有，但是，沙特国内的有识之士早就指出，应该摆脱单一的石油经济发展模式，因为，石油一旦枯竭，来日不堪设想。沙特政府已经开始把经济重点放在工业多样化、民族化和发展农业上。在发展农业方面，政府采取发放低息贷款、实行农业生产补贴、优价收购小麦等优惠措施，鼓励人们务农，开荒种地。从 1985 年起，沙特小麦产量已做到自给有余。政府在实施用石油工业推动其他工业和农业发展的同时，大力投资培养本国人才，扩大高等院校招生，选派人员出国留学培训，以培养更多对国家发展有用的人才。

伊拉克的石油储藏量位于世界前列，但据有关方面披露，伊拉克尚未勘探的石油储量要远大于已经探明的储量。如果这一消息属实，那么伊拉克的石油储藏量就要大于沙特阿拉伯了。伊拉克石油开采早于沙特，但它的年产量和出口量都不及沙特。其原因是伊拉克的石油运输条件比较差，另外，伊拉克政局动荡、多次发生战争也是一个重要原因。

伊拉克的石油开采，最初由"伊拉克石油公司"国际垄断财团所控制。这家公司中美国资本占 23.75%，英国资本占 47.5%，法国资本占 23.75%，还有一些私人资本占 5%。伊拉克石油公司筑有 3 条大油管，但都要经过叙利亚、黎巴嫩通向地中海沿海港口。伊拉克政府与这家外国石油公司进行了长期的斗争。最初，石油公司只付给伊拉克政府微薄税款。1952 年双方商定，改按"利润分摊"办法，各占 50%。1962 年，伊拉克收回石油的销售权，将石油公司权力限制在生产管理方面。1972 年，伊拉克进一步宣布将石油公司收归国有，包括所有设备、厂房、油管、经营管理等。从此以后，石油公司的全部权益均归伊拉克所有。伊拉克的石油产量越来越高，最高时达到 1.75 亿吨，最高年收入也达到了 250 亿美元。

伊拉克著名的油田有基尔库克油田，这座油田于 1927 年开发，长 96 千米，宽 3.2 千米，可采储量约为 23.8 亿吨。20 世纪 70 年代又开发了鲁迈拉油田，可采储量约为 19.6 亿吨，日产万吨以上。伊拉克的石油输出主要依靠石油管道，其中经过土耳其领土和港口的有 2 条，经过沙特领土和港口的有 2 条，每条管道长达 1000 千米左右，土耳其政府每年从中获利近 6 亿美元。

石油给伊拉克政府带来了源源不断的财富，政府利用石油收入扩展工业，连续建造炼油厂，提高日炼油能力，至 20 世纪 80 年代初，伊拉克的日炼油能力已经达到 4.42 万吨，著名的巴士拉炼油厂和道拉炼油厂的年炼油能力都达到了 350 万吨。另外，政府还建起了一批石化企业，如化肥厂、液化气加工厂、化工联合企业等。除继续发展石油联合企业外，政府大力发展钢铁、纺织、造纸、发电、建材、水泥、炼铝、制药、食品以及其他主要日用工业品生产等。这一时期，伊拉克建成了年产 40 万吨的炼钢厂，可满足本国的一半需求。建造的羊毛厂，就地取材制作羊毛制品。80 年代兴建的刀剪、皮革等工厂，原料均由本国供应，产品很受当地百姓的欢迎。

政府还将大量的石油收入用于振兴农业。伊拉克农业生产的自然条件较为优越，两条大河给伊拉克送来了大片肥田沃土。政府投资上百亿美元，在两河流域兴建水坝、水渠，扩大农业面积；同时在沙漠中勘探和开发地下水，解决沙漠居民用水问题。

依靠石油美元，伊拉克的城市基本建设发生了巨大变化，以巴格达为中心的公路网四通八达。总长达到 4 万千米，其中高速公路达到 1000 多千米，一批现代化的机场和港口建设也基本完成。

萨达姆上台后，伊拉克对外政策多变，与邻国关系极为紧张，先后同伊朗、科威特、美国等国交战，历年的石油积蓄逐渐耗费在战火之中。在联合国以及欧洲等国的制裁下，伊拉克石油生产遭受严重损失，经济大幅滑坡。海湾战争爆发后，沙特阿拉伯和土耳其关闭了伊拉克的石油输出管道，伊拉克石油输出完全停止，经济来源被切断。之后，伊拉克由于缺少资金，全国物价飞涨，货币贬值，人民生活极度困难。2003 年，在美国发动的伊拉克战争中，萨达姆政权被推翻。

利比亚原来是世界上最贫穷的国家之一。20 世纪 50 年代，利比亚发现了石油资源，1955 年开始产油。60 年代末，卡扎菲发动革命，夺得政权，利比亚开始由贫穷走向富裕。至 1977 年，利比亚年产石油超过 1 亿吨，一跃而成为世界主要产油国之一。利比亚是非洲最大的产油国，也是非洲国民平均收入最高的国家，1983 年它的人均收入达到 7233 美元。

利比亚的石油开采虽然也依赖外国资本和技术，但石油权利未被外国资本操纵，这一点与西亚的一些阿拉伯国家不同。利比亚的做法是不让一家外国石油公司独占，它把全国 55% 估计有油的土地面积，划分为若干招标区，由各外国公司投标竞争，一个区给一家外国公司租赁。因此，在利比亚经营石油的外国公司共有 42 家之多，但主要是美国公司，另有英国、法国、德国、意大利的公司。石油利益分配有两种情况：一是双方各得 50%，一是利比亚方逐步提高所得比例，最后全部收归国有。卡扎菲上台后，利比亚采取提高原油税、削减外国公司石油产量、减少外国公司工作人员数量等手段，将外国公司的石油权益收归国有。此后，利比亚的石油产量和石油收入发生巨大变化，1961 年，利比亚石油总产量为 70 万吨，70 年代猛增至 2190 万吨，80 年代增加至 5000 万桶，90 年代为 7000 万桶左右。1979 年，利比亚石油总收入达 154 亿美元，1981 年达到 200 亿美元，而那时利比亚的人口只有 300 万人。但是，受到美国等国的制裁，利比亚的经济遭遇严重挫折，石油贸易受损，大量在美国的资产被冻结。据估算，1992~1998 年在联合国的制裁下，利比亚经济损失高达 240 亿美元。2003 年后，利比亚政府积极调整外交政策，改善与欧美国家的关系，利比亚的经济和贸易出现转机。

利比亚政府将巨大的石油收入主要用于发展社会福利。政府兴建房价低廉的住宅区，消除棚户区，解决贫民的居住问题。政府规定凡是本国公民，住房、医药、教育一律享受免费。1950 年利比亚大学生人数极少，100 万人中仅有 12 名大学生。20 世纪 70 年代实行免费教育后，全国在校学生人数猛增至 31%。现在，利比亚初等学校在校人数达到 135 万人，中等学校和技校学生达到 30 多万人，大学生有 13 万人左右。拥有 15 所高等院校，其中较为著名的有的黎波里法塔赫大学、班加西尤尼斯大学等。政府还大力营建公共设施，建造公路网，发展铁路运输，已经铺设了近 10 万千米的公路，其中 7000 多千米是高速公路。大多数利比亚人家庭拥有汽车，百姓生活有显著变化。

利比亚领导人并不满足现有的炼油厂和天然气液化厂等石油化工工业，他们将食品加工、纺织制品、建筑材料、钢铁和发电等也列入重点发展工业，以建立多样化的工业体系。另外，利比亚政府十分重视发展沿海地区的农业、畜牧业和渔业，决心要改造沙漠，使之成为良田。为此，政府投数十亿巨资铺设穿越沙漠的巨型管道，将地下水引至沿海地区，保证农业用水和生活用水。

科威特的石油开采权最早掌握在英、美资本联营的"科威特石油公司"手中。1934 年该公司取得为期 75 年的科威特全部土地开采权，1951 年时，该公司又获得延长 17 年的许可，这样公司的开采权可延长至 2026 年。独立后的科威特人民经过艰苦斗争，于 1962 年收回部分开采权，政府宣布，科威特尚未开采的地区，其开采权归国家所有。另外，科威特组建科威特国家石油公司，负责管理石油开采等事务。政府还通过购买外国公司股份、开发海外市场、建立分公司等手段，进一步发展石油工业，使科威特成为一个石油大国。

科威特拥有号称世界第二大油田的"布尔甘油田"，可采储量达到 105 亿吨。还拥有著名的马格瓦油田，可采储量达到 21.23 亿吨。科威特以生产重质油为主，由于开采成本低，地理环境好，运输条件优越，石油产量迅速上升。1962 年时，科威特的石油日均产量为 183 万桶，10 年后增至 330 万桶，1972 年的石油产量高达 12.016 亿桶。后来因为科威特政府根据长远规划，对石油产量进行限制，加之欧佩克组织对成员国产量进行市场分配和限额生产，以及国际石油市场价格波动等原因，科威特政府将日产量限定在不超过 220 万桶。

科威特政府将巨额石油收入一方面用于石油的再生产，另一方面用于本国居民的福利事业。政府用巨资扩建三大炼油厂，尤其是阿卜杜拉炼油厂扩建后，将国家日炼油量提高到 67 万桶。科威特还建立了许多子公司，走出国门，参与国际市场竞争，在欧洲国家中，设立了 4800 多个加油站。购买了许多欧洲大公司的股份。

科威特的石油收入，用于本国居民福利事业的比重也很大。政府建立了从小学到大学免费教育体系，规定幼儿园学制为 2 年，小学学制为 4 年，中学学制为 4 年。学生在小学至大学学习期间其住宿、学习用品、医疗等全部免费。政府还设立了技术教育、成人教育、残疾人教育、宗教教育等学校。科威特的学校分为国立和私立两种，国立学校居多。科威特居民还享受免费医疗待遇，甚至规定，病人在国内无法治疗，经有关部门批准，病人可以出国就医，同时允许一名亲属伴随，国家给予旅费贴补。科威特是个极为缺水的国家，为了解决居民用水问题，政府花巨资发展海水淡化工业和开发地下水，基本解决了全民用水问题。石油增产，居民收入高，政府补贴又多，科威特家庭现代化、电气化程度很高，全国平均 2.5 人就有一辆汽车，每户人家差不多有两辆小汽车。

科威特在短期内致富，在向高福利国家发展的过程中，遇到了一些较棘手的社会问题，如由于高级管理人员、技术人员、一般劳动力较少，导致出现外籍人员大量涌入，外来人员数几乎与本国居民相等；传统的伊斯兰社会风尚受到巨大冲击；建设向着追求奢侈豪华方向发展，许多大工程的建筑，陈设极尽华丽，但实际使用率却不高的现象。

科威特政府对单一石油经济的情况早有警戒，已经采取积极措施，力争实现经济多样化。政府已兴建起超大型石油化工工业，以改变单纯依靠原油出口的经济样式；创办工业区，形成一定的工业基础；一些现代化程度高的工厂企业开始由本国技术人员经营管理，建筑业、制造业、商业、金融机构、交通运输业和其他民族工业也在兴起；政府还重点发展渔业、农业和其他食品加工业，把科威特变成海湾地区的服务中心。

海湾战争中，科威特遭遇灭顶之灾，国家领土被占，财富被劫，城市被毁，油田被烧，国民死伤和外逃者无数。战后，科威特政府立刻进行重建工作，经过几年艰苦努力，科威特经济渐渐得以恢复。

阿尔及利亚早在 1913 年就有开采石油的记录，但是，大规模商业性的开采是在 1956 年，那时阿尔及利亚还处在法国殖民统治下。法国限于本国的经济实力，与美国、英国、德国等共同投资，并分享开采权。阿尔及利亚独立后，于 1971 年把国内西方资本的石油公司收归国有，但对法资石油公司采取了分步骤收回的办法，1971 年先收回 51%，1976 年升至 77%，至 80 年代全部收归国有。之后，阿尔及利亚政府又扩建和新建一批炼油厂。阿尔及利亚的石油管道总长超过 3600 千米。

阿尔及利亚现有的三大油田都位于沙漠深处，只能采用铺设输油管道方式向外输出。政府依靠增长的石油收入，不断加速国家经济发展，侧重点放在动力工业、石油化工工业等方面，建成了化肥厂、磷肥厂、塑料薄膜厂、石油提炼厂等，基本改变了单纯原油输出国的面貌。阿尔及利亚现有公路 10 万多千米，其中高速公路超过 400 千米，一、二级公路超过 5 万千米。另有超过 6000 千米的铁路。

在阿拉伯国家中，阿拉伯联合酋长国、巴林、卡塔尔等也是石油资源极为丰富的国家。几十年来，阿拉伯产油国不仅重视本国建设，而且也用石油收入援助阿拉伯兄弟国家和其他发展中国家。1961 年，科威特成立阿拉伯经济发展基金会，由首相担任董事长，至 1982 年初，它向世界 54 个国家提供了援助，累计金额达 32.3 亿美元。阿拉伯联合酋长国的阿拉伯经济发展基金会，至 1981 年也向亚非国家提供了约 14 亿美元的援助。伊拉克、沙特阿拉伯也设有同样性质的基金会。第三次中东战争后，沙特阿拉伯、科威特、利比亚每年都向埃及、叙利亚和约旦提供赠款。1974 年，阿拉伯石油输出国提供的优惠援助达 29.74 亿美元，1980 年增至 68.02 亿美元，其中仅沙特一国就占 30.04 亿美元。为了加强阿拉伯产油国家之间的合作，共同应对国际石油市场的变化，阿拉伯国家成立了"阿拉伯石油输出国组织"，该组织成员国有阿尔及利亚、埃及、利比亚、突尼斯、伊拉克、卡塔尔、科威特、沙特阿拉伯、阿拉伯联合酋长国、巴林、叙利亚、也门等，总部设在科威特。每年都要召开会议，协调立场，商量对策。另外，阿拉伯国家还成立了阿拉伯非洲发展银行、阿拉伯经济和社会发展基金、阿拉伯货币基金组织等机构，加大阿拉伯国家之间的经济合作和互相援助。这些经济援助和经济合作无疑促进了阿拉伯国家和第三世界的经济发展，也提高了阿拉伯产油国家的国际地位。

二、阿拉伯国家维护石油权益的斗争

(一) 团结对敌的斗争

第二次世界大战前，帝国主义掠夺阿拉伯国家石油的方法是采用租让制。例如 1925 年，由英国、荷兰、法国、美国等组成的伊拉克石油公司在伊拉克获得特许租让权，期限长达 75 年。以后该公司用同样的方法进入阿拉伯半岛上的阿曼和阿拉伯联合酋长国领土。美国的美孚石油公司不但在巴林有石油租让地，在沙特也占有 114 万平方千米的土地，其租期长达 75 年。外国资本家在租让地内，享受各种"特权"，可以随心所欲，不受所在国政府的任何约束。20 世纪 50 年代时，阿拉伯国家的石油生产权力几乎都操纵在外国垄断资本家手中，有关石油开采、提炼、运输、出售、利润分配等权力，阿拉伯国家均无权过问。外国垄断资本攫取巨额利润后，偿付给阿拉伯国家政府的租金、税款还不到石油出售额的 1%。对此，阿拉伯国家纷纷表示不满，要求提高这一分配比例，沙特阿拉伯等国提出了"利润对半分成"的要求，并同外国石油公司进行交涉。

20 世纪 50 年代末，资本主义世界受到经济危机打击，出现市场萎缩、生产过剩的情况，石油销售也不景气。西方石油公司却把国际市场上石油销售困难而造成的损失，转嫁给了产油国家，它们单方面宣布，降低偿付给阿拉伯国家政府的租金、税款。阿拉伯产油国家对此气愤异常，决定团结起来，联合所有产油国家为维护民族利益和国家资源同外国垄断资本进行斗争。1961 年，伊拉克、沙特阿拉伯、伊朗、科威特和委内瑞拉等国，组成了石油输出国组织（简称"欧佩克"），同外国石油公司进行谈判，要求恢复原来的石油租金和税款标准。

这场斗争充满了曲折和坎坷。西方石油公司虽然答应可以恢复原来的租金与税款标准，但是要求产油国家降低石油产量，并限制在一定的范围内。因为石油产量降低，市场供求关系就出现平衡状况，石油售价即能上升，石油公司不致吃亏受损。另外，限制产量又可以激化产油国之间的矛盾。果然，当时的产油国在限制石油产量的问题上意见分歧，爆发了激烈的争吵，伊朗主张以每个国家的人口多少为依据，人口多的国家，产量不减或少减，人口少的国家，产量应该大大减少。沙特阿拉伯认为应该以每个国家的储量为标准，委内瑞拉则力主以历史上产油记录为根据。为此，产油国家彼此争论不休，致使分裂和涣散，最终斗争失败，未能恢复原来的石油租金和税款标准。

斗争的失败让产油国家蒙受了巨大损失。在吸取教训和经验的基础上，产油国家再次同外国石油公司交涉，提出"不恢复原来的租金和税款标准，就须提高产量"。西方石油公司则回应，可以增产，但要再次降低租金和税款。这一次产油国家紧密团结，步调一致，针锋相对地通知西方石油公司，如不满足增产的要求，产油国家将采取集体行动。根据当时材料记载，产油国的集体行动主要有：各产油国将统一行动，举行罢工；对外国石油公司的机器、设备和油管等设施，产油国不负保护责任；还将宣布，外籍人员不再受到保护。

西方石油公司慑于产油国家的团结一致，最后只好同意扩大生产。团结对敌斗争的胜利，使石油输出国组织扩大了阵容，陆续参加的新成员国有阿尔及利亚、利比亚、印度尼西亚、卡塔尔、阿布扎比、加蓬、厄瓜多尔等国家。同时阿拉伯国家还另外成立了阿拉伯石油输出国组织。

（二）增加税收的斗争

进入 20 世纪 70 年代，世界工业国家对石油需求量大大增加。1959 年时，世界原油日消耗量为 2000 万桶，1968 年时，为 3910 万桶，到 1973 年时，增至 5628 万桶。于是产油国向外国石油公司提出必须增加税收的要求，理由是原来双方商定的计算标准不合理。

原来规定的完税标准，一种叫"标价"，另一种叫"税率"。所谓"标价"，是指石油完税时的标准计算价格，它不是销售价也不是成本价。"税率"则是指外国公司偿付给产油国的税款，按标价多少规定的比率，以往最高的税率，也只有标价的 20%~30%。这次产油国要求增加税收的斗争，集中在提高标价的水平和调整税率的幅度上。经过艰苦的谈判和斗争，终于争取到了标价可以逐年提高。不料，就在这时美元两度宣布贬值，第一次贬值 7.9%。这对产油国来说无疑是个沉重的打击，因为产油国所收税金，均以美元计算。于是产油国要求修改原来协议，最后与西方石油公司谈妥，将每桶石油标价提高到 11.651 美元，税金提高到 60%，按此计算，每生产一桶石油，产油国可获得 7 美元税金。这是产油国争取石油权益所取得的胜利。但是，外国石油公司绝不会甘心"吃亏"，他们马上把损失转嫁到了石油消费者身上，借口石油税收增加，立即把每桶石油售价提高到 22 美元，猛涨 8 美元，谋取暴利，不但把涨价原因诿过于产油国家，而且又从涨价中捞回"亏损"并且更有富余。

（三）收回股权的斗争

为了维护国家主权和民族经济的权益，20 世纪 70 年代起阿拉伯产油国纷纷要求收回石油资源主权，产油国先后采取石油资源国有化的措施，取消外国石油公司在本国的各种特权。

这次斗争的焦点不局限在要求增加税收，其目标是要把外国石油公司的一切特权全部勾销，将石油的开采、提炼、运输、销售等一系列经营管理权，全部收归国有。当时阿拉伯产油国收回石油主权的方式有渐进和激进两种。

渐进方式是产油国通过购买石油公司的股票而逐步扩大股权。海湾阿拉伯国家中的沙特阿拉伯、科威特、卡塔尔、巴林等国，都是设法参股，之后逐步或分阶段地收回石油主权。1973 年，这些国家在外国石油公司中的股份为 25%，1975 年后，陆续收回了全部石油主权。股权的多少，是决定经营管理权大小的依据。这种方式较为平稳，其风险相对较小。

激进方式是由产油国政府宣布石油国有化，然后再谈判如何补偿石油公司的利益。国有化还分部分国有化和全部国有化两种。有的国家只宣布某外国公司的全部财产国有化，或宣布石油公司中某些厂矿的财产国有化，一经宣布，经营管理权就归产油国所掌握。有的国家则把本国范围内的所有外国石油公司都收归国有，如伊拉克政府在 1972 年 6 月颁布了把伊拉克石油公司收归国有的法令，接着再同这个公司进行激烈的长期谈判，迫使它签订协议。协议中规定，该公司要承认伊拉克对石油资源的主权，伊拉克无偿地接受摩苏尔地区的油田和设备。这样的谈判，当然是十分艰难的，甚至是激烈的。因为经济利益往往是和政治利益联系在一起的。

（四）运用"石油武器"的斗争

"石油武器"是指阿拉伯产油国家在第四次中东战争中，以石油作为斗争手段，反对以色列侵略者及其支持者，增强阿拉伯团结，维护民族尊严，捍卫经济利益。同时，它标志着阿拉伯产油国已能独立自主地决定石油的价格，掌握了本国石油的主权。

1973 年 10 月 6 日第四次中东战争爆发。为了声援埃及、叙利亚和巴勒斯坦人民的正义斗争，阿拉伯一些主要产油国家同仇敌忾，采取一致行动，把石油作为斗争武器，采取了下列措施：对支持以色列的国家，如美国、荷兰等国，严禁运送石油；对中立国家（指不支持阿拉伯，也不谴责以色列），大幅度减少供应；对友好国家，可维持供应。

阿拉伯产油国运用"石油武器"，给了支持以色列的国家以沉重打击。美国迅即出现抢购石油风，汽车加油站前排起长队。因石油短缺，飞机航班减少，一些工厂停产。荷兰的生产和生活受到严重影响：石油进口锐减，生产运输不正常，居民生活取暖也发生问题，首相改骑自行车上班。荷兰政府不得不实行紧急法令，规定星期六不准坐汽车，否则要判刑或罚款。在"石油武器"的打击下，荷兰不得不宣布以色列是侵略者，改变了以往争做生意而亲以色列的政治态度，希望阿拉伯产油国把它降为中立国家。

日本在中东战争初期，自称中立，没有谴责以色列的侵略行径。因为其顾虑美国的压力，又舍不得以色列这块销售市场。阿拉伯产油国就按"中立国家"规格相待，大幅度削减石油供应。这使日本整个工业体系严重缺乏燃料，出现连锁反应的危机。于是日本急忙派通产相出访阿拉伯产油国，同时宣布以色列是侵略者，支持阿拉伯国家的正义斗争。西欧一些国家，如英国、法国、意大利等，为了避免缺油的危险，只得不顾美国反对，拒绝美国和以色列军用飞机和舰只停靠本国的机场和港口。

这场运用"石油武器"的斗争，既显示了阿拉伯产油国家团结的力量，也显示了阿拉伯民族团结一致而焕发出的精神，它大大鼓舞了阿拉伯人民和第三世界人民的斗志，树立了捍卫民族经济利益的榜样。

（五）围绕"石油美元"的斗争

阿拉伯产油国的石油收益，除去各种开支以外，还有大量的外汇剩余，这笔巨大的款项，通常称为"石油美元"。

据统计，存入西方银行的石油美元 1980 年为 3061 亿美元，其中沙特阿拉伯 1182 亿美元，科威特 671 亿美元，卡塔尔 108 亿美元，阿拉伯联合酋长国 350

亿美元，伊拉克 503 亿美元，利比亚 247 亿美元。1982 年底，总额达 4400 亿美元。根据有关资料显示，近几年石油美元估计有 8000 亿至 1 万亿美元，而海湾 6 国在境外的总资产则达到了 1.9 万亿美元。为使这笔巨额资金不失去经济效益，产油国政府将它存入西方银行，流入西方金融市场。这笔资金对世界经济和国际金融体系具有举足轻重的影响，西方各国都竭力争夺对它的控制权，要求它存入本国的银行。许多大国一再派出主管经济的官员出访阿拉伯产油国，百般游说，使尽纵横捭阖之手段，"诱使"产油国把石油美元存入它们的银行。西方各国商人，也蜂拥进入阿拉伯产油国，兜售商品，招徕生意。

阿拉伯产油国面对接踵而至的各国官员和商人，也在考虑如何保护和用好这笔用本国资源换来的巨额资金。据 1980 年统计，流向西方金融市场的石油美元，给产油国带来了数百亿美元的收益。但经济学家们认为：这种收益并不可靠，因为它随时会受到国际金融市场的变化、外汇汇率的波动等因素的影响。阿拉伯国家的巨额石油美元已经成为国际资本市场上的重要力量，它的流向将对国际金融市场产生巨大影响，对国际外汇储备结构也会产生重大影响。它既可以在帮助一些资金短缺国家解决资金不足问题、投资国际重大项目、加强国际信贷力量等方面发挥重要作用，也会对国际资本市场、股票、黄金、外汇市场产生动荡作用。"二战"后，美国的政治地位和经济地位持续上升，军事力量非常强大，并且拥有较为发达的资本市场，因此，阿拉伯产油国家的石油美元相当部分都流入了美国的银行，支撑了美国股票、证券、国债等金融和经济的发展。

但是近几年来，由于美元持续疲软，币值贬值，引起产油国家的极度担心和忧虑。已有消息说，阿拉伯产油国家正同世界其他产油大国和消费大国秘密磋商用一揽子货币取代美元的方法。如果美元币值再持续下跌，那么，美元的国际地位一定会受到进一步挑战，石油结算改用其他货币的情况迟早会出现。

三、西方大国对阿拉伯石油的争夺

阿拉伯国家的石油资源，一向是强国和大国争夺的重点。在阿拉伯地区最初是英美之争，后来是美苏之争，再后来是美国独自称霸，主宰这一地区的事务。"一战"前，在中东阿拉伯国家地区，英国势力非常强盛，几乎可以独霸天下。战后，英国实力有所削弱，美国趁机渗入。1918 年，美国鼓吹"门户开放"等观点，迫使英国让出伊拉克石油开采权的 23.75%。1928 年，美国不顾"红线协定"，攫取了巴林石油开采权。1933 年，美国又垄断了沙特的石油开采权。第二次中东战争后，美国的势力大举进入中东，英国的势力则渐渐退出这一地区。

20 世纪 50 年代后，苏联的势力挤进中东和阿拉伯地区。在石油领域形成了美苏之争。苏联采取多种手段，向阿拉伯产油国家进行渗入，先后采取允许石油换军火、石油换机器，以获取石油资源；以技术合作、贷款、援助等手段，获取石油开采权；合资开办石油企业，合资兴建输油管道，进行资本输出等，从而在一些阿拉伯国家逐渐取得石油经营管理权。随着苏联势力在中东的急速发展，美国的全球战略也作出了重大调整，在结束越南战争后，美国的重点转向了中东，在与苏联争夺势力范围的同时，加大了对阿拉伯产油国的控制。长期以来，美国在沙特阿拉伯、巴林、科威特等国占有绝对优势，同时，美国与石油大国伊拉克也有不断的接触和交往。

苏联解体后，中东出现了一超独霸的局面，美国势力基本掌控中东事务。伊拉克在结束长达 8 年的两伊战争后，又向石油富国科威特大举进军，引发了海湾战争。美国为了维护其在中东的石油利益和战略利益，以联合国的名义组建了联合军队，解放了科威特，摧毁了伊拉克的军事力量，树立起美国在这一地区的权威。2003 年，美国又以反恐为名，再次出动军队，用武力一举推翻了萨达姆政权。占领了伊拉克的美国，在扶持伊拉克新政权的同时，竭力想把伊拉克改造成中东地区的"民主国家"，成为美国在中东的政治和经济基石。针对这些情况，阿拉伯产油国不少人士认为，维护石油权益，既要反对新老殖民主义的无情榨取，也要防止超级大国的巧取豪夺。

人类进入 21 世纪后，尽管人们对石油的认识越来越深刻，全世界已经加大对新能源、绿色能源、清洁能源的研究和开发，但是，世界各国对石油的需求量仍然呈上升趋势，其中金砖四国中的亚洲国家是推动石油消费上涨的主要动力。2010 年 5 月，在卡塔尔首都多哈召开的第九届阿拉伯能源会议上，阿拉伯产油国家向外传递着这样的信息，尽管"阿拉伯人也知道未来属于绿色能源"，"新能源拥有美好的未来，但时下石油不仅是阿拉伯人的立家之本，更是世界能源的主心骨，阿拉伯国家的能源地位不容置疑"，"未来几十年内，阿拉伯世界仍将是全球能源中枢"。因为，在这次会议上，阿拉伯产油国还透露："阿拉伯国家的已探明原油总储量高达 6810 亿桶，占全球已探明原油储量的 58%；此外，阿拉伯国家还拥有近 3000 亿桶的'未探明'原油。"如此之大的原油储备意味着，未来几十年内，阿拉伯国家将继续在全球石油产业中扮演主导角色，在维护世界能源安全方面担负重要责任。

第五节　商贸流通与服务业

阿拉伯国家位于欧亚非三大洲连接之地，处于世界海陆空交通要道。这里既是战火与冲突频发的地方，也是世界贸易活动非常活跃的区域。历史上，埃及、阿拉伯半岛、两河流域等地区都曾经是世界上重要的贸易市场和商业通道，是连接东西方贸易的重要枢纽。"二战"以来，阿拉伯国家进出口贸易额与世界其他发展中国家或地区相比，一直处于稳步增长、名列前茅的状态。

阿拉伯国家进出口贸易额的不断增长与阿拉伯地区的经济结构、各国的经济实力和阿拉伯地区的政治局势变化有着密切关系：

首先，阿拉伯国家自然地理条件较为恶劣，撒哈拉和阿拉伯两大沙漠覆盖了大部分阿拉伯国家，这里干旱炎热、缺水少雨，农业生产深受影响，不仅可耕地面积占国家面积的比例很低，已耕地也经常受到天气和雨水的直接影响。加之大部分国家受到外来殖民统治，殖民者把有限的可耕地变为他们的原料产地，许多国家的农业成为单一经济作物的种植地。所有这些严重制约了阿拉伯国家民族工业和民族手工业的发展，造成了阿拉伯国家各类商品，包括基本生活用品奇缺、经济结构单一的状况。因此，阿拉伯国家的进出口贸易呈现出鲜明的特点，进口商品中主要是包括日常生活用品、机械与运输设备在内的制成品和粮食食品等；出口商品中主要是包括石油、天然气、磷酸盐等为主的能源和矿产资源以及少部分的农产品，如棉花、水果等。

其次，阿拉伯国家进出口额的大小与各国的经济实力紧密相关。在阿拉伯国家中，经济发展很不平衡，经济实力相差很大。沙特阿拉伯、科威特、阿拉伯联合酋长国、卡塔尔、巴林等国由于石油和天然气资源丰富，每年出口量相对稳定，国际市场的需求量在每年增加，加上人口相对其他国家来讲比较少，因此，这些国家的人均收入早已进入世界富国行列，有的国家早在20世纪80年代就突破了人均年收入3.7万美元的数字。进入21世纪，随着世界油价的飙升，这些产油国家的石油收入也在飙升，因而具备了进口世界各类高档商品的经济实力。在这些国家的商场里，世界各地的高档商品随处可见，大街上经常见到名牌汽车和跑车，海边码头停靠着造型优美的豪华游艇。利比亚、伊拉克、埃及、阿尔及利亚等国虽然属于产油国家，伊拉克的储油量甚至名列储油大国前列，但与海湾阿拉伯国家相比，其经济实力与石油收入却远远不及。其原因是，埃及和阿尔及利亚的石油储量和产量都不如海湾阿拉伯国家，开采成本也相对较高。伊拉克和利比亚主要因为政治上的原因，多次受到联合国和欧洲、美国等方面的经济、政治和军事制裁，因而制约了经济的发展和进出口贸易额的快速增长。阿曼、突尼斯、摩洛哥、约旦、黎巴嫩、叙利亚等国，由于工业基础比较薄弱，生产技术落后，产品质量较低，大量商品需要从国外进口，但是，并不富裕的经济条件限制了他们的进出口贸易额。这些国家主要进口的是一般生活消费品和一般的机械、设备等生产资料商品。也门、苏丹、毛里塔尼亚、索马里等国，由于自然条件、经济水平、政治原因等，其经济实力较弱。这些国家的进口商品中，粮食食品、农产品、生活消费品占了很大的比例。

最后，阿拉伯国家对外贸易的活跃程度与阿拉伯地区的政治局势变化紧密相连。阿拉伯国家地理位置非常重要，历史上，一些帝国、强国、大国都把它当作称霸世界的重要区域或当作侵略他国的重要跳板，列强对阿拉伯地区的争夺，导致这一地区政治局势的动荡，致使这一地区的外贸活动严重受损，每一次战火的爆发，都会剧烈冲击这一地区国家的进出口贸易。例如：伊拉克是矿藏资源非常丰富的国家，石油储藏量位居世界第二，仅次于沙特，且开采成本较低。在两伊战争爆发前，伊拉克的石油年收入就高达 270 亿美元。除此以外，伊拉克的天然气储藏量、磷酸盐等其他矿藏资源也非常丰富。伊拉克还是阿拉伯国家中水资源比较丰富的国家，具有发展农业生产的独特条件。但是，自 1980 年以来，伊拉克已经发生了 3 次大规模战争，特别是海湾战争后，伊拉克几乎耗尽了它的外汇储备和黄金储备，还遭致联合国长达 10 多年的严厉经济制裁，伊拉克的对外贸易与商业活动几乎停滞，建设与生产停工停产，经济实力大大削弱，国民经济陷于瘫痪状态。

第六节　与中国的经贸关系

中国与阿拉伯国家两千多年前便彼此建立了经贸关系。其主要通道为"丝绸之路"（包括陆上丝绸之路与海上丝绸之路），跨越先秦、汉唐、宋元、明清四个历史时期。中国与阿拉伯国家在古丝绸之路上的交往，不仅推动了双方在经济、政治方面的和谐共进，而且促成中华文化和伊斯兰文化的交融与繁荣，对世界文

明的发展产生了举足轻重的影响。继往开来，现代中国与阿拉伯国家的经贸关系
稳固发展，进入了一段新的历史时期。

1955年万隆会议后，中阿经贸迅猛发展，进入现代发展时期。大致可以分
为现代中阿经贸合作开创良好开端（1956~1966年）、恢复和全面发展（1978~
2000年）、稳步推进和深入发展（2000年至今）三个发展阶段。

一、现代中阿经贸合作开创良好开端（1956~1966年）

1956年，中国先与埃及建交，开展经贸合作，中埃之间频繁的贸易往来，
使中国经贸合作范围从东亚、西亚、东欧的社会主义国家拓展至非洲，客观上也
推动中国与西亚、北非的其他阿拉伯国家开展经贸合作。1955~1969年中国与阿
拉伯国家经贸往来典型事件如表5-1所示。

表5-1　1955~1969年阿拉伯国家与中国贸易往来典型事件

国家	时间	事件
埃及	1955年7月	中国赴开罗举办产品展览会，展品有新闻纸、纸板、皮革制品、地毯、茶叶、大豆等。随后，埃及政府代表团应邀访问中国，中国又派贸易代表团回访
	1955年8月	中国进出口公司与埃及政府棉花委员会商谈，签订购买3.3万吨棉花的贸易合同 埃及政府首次向新中国派出贸易代表团，也是阿拉伯国家首次 中埃在北京签订为期3年的《中埃两国贸易协定》和《关于中埃两国贸易协定第一协定年度的议定书》的政府间贸易协定，相互给对方最惠国待遇，互设政府商务代表处，第一年贸易额2000万英镑 埃及钢铁进口商与中国五金进出口公司签订进口中国6万吨钢材的协议 中国进出口公司与埃及棉花委员会和埃及棉花出口公司签订进口埃及1.5万吨棉花的协议
	1956年1月	中国在开罗设立第一个阿拉伯及非洲国家商务代表处
	1956年2月	埃及在北京设立商务代表处
	1956年3月	中国向埃及派遣由对外贸易部长带领的高级贸易访问团
	1956年4月	第二届中国商品展览会在开罗成功召开；中埃在第二协定年度进出口货物价值达到1200万英镑
	1956年11月	为在苏伊士运河战争中支持埃及，中国赠送2000万法郎；中国红十字会向埃及红新月会捐赠10万元医药物资
	1957年12月	签订第三年度议定书，中埃贸易额增至1300万英镑
叙利亚	1955年12月	中国与叙利亚签订贸易协定，派出政府贸易代表团
	1963年2月	中国与叙利亚在北京签订两国政府贸易协定以及支付协定
黎巴嫩	1955年12月	中国与黎巴嫩签订贸易协定，派出政府贸易代表团

国家	时间	事件
苏丹	1956 年 4 月	中国贸易代表团应苏丹政府邀请前往喀什穆，就发展两国经贸关系广泛交换了意见
	1962 年	中国与苏丹签订两国政府间的第一个贸易协定
阿尔及利亚	1957 年	中国与阿尔及利亚的贸易额增至 91 万美元
	1958~1962 年	中国向阿尔及利亚临时政府提供了 620 万美元的物质支持
	1964 年	中国与阿尔及利亚签订政府间贸易协定和支付协定，规定两国贸易采用记账支付方式
	1969 年	中国与阿尔及利亚贸易额达到 2328 万美元，其中中国出口 1216 万美元
摩洛哥	1958 年	中国与摩洛哥正式建交，签订第一个政府间贸易协定，成立两国政府经贸委员会，每两年举行一次会议
伊拉克	1958 年 7 月	中国第一批商品从上海运往伊拉克，货品有瓷砖、玻璃、胶合板等建筑材料，以及收音机、干电池等大量生活用品
	1959 年 1 月	中伊两国在巴格达签订第一个贸易和支付协定，中国对伊拉克出口棉布、丝绸、钢材、各种机器和日用百货，伊拉克对中国出口椰枣、棉花、皮革、石油及其制品、水泥等
也门	1968 年	中国与也门建立外交关系，并于同年缔结商务条约和贸易协定

资料来源：安惠候，黄舍骄，陈大维，杨健.丝路新韵：新中国和阿拉伯国家 50 年外交历程［M］.北京：世界知识出版社，2006.

继中埃签订贸易协定后，中国又与伊拉克、摩洛哥、阿尔及利亚、苏丹、索马里、突尼斯和毛里塔尼亚等多个阿拉伯国家签订了政府贸易合作协议，推动了外交关系的建立，见表 5-2。

表 5-2　阿拉伯国家和中国建交并签订贸易协定时间

国家	建交时间	签订贸易协定时间
埃及	1956 年 5 月 30 日	1955 年
叙利亚	1956 年 8 月 1 日	1955 年
也门	1956 年 9 月 24 日	1958 年
伊拉克	1958 年 8 月 25 日	1959 年
摩洛哥	1958 年 11 月 1 日	1958 年
阿尔及利亚	1958 年 12 月 20 日	1964 年
苏丹	1959 年 2 月 4 日	1962 年
索马里	1960 年 12 月 14 日	1963 年

国家	建交时间	签订贸易协定时间
突尼斯	1964 年 1 月 10 日	1958 年
毛里塔尼亚	1965 年 7 月 19 日	1967 年

资料来源：王有勇. 现代中阿经贸合作研究 [M]. 上海：上海外国语教育出版社，2004.

1950~1966 年，现代中阿经贸合作获得良好开端。出于打破资本主义阵营对中国封锁禁运的考虑，中阿交往的重点在于结成友好的政治关系，经贸关系是政治目的的附庸，中阿经贸关系并未得到充分发展，此时期的中阿经贸合作也仅限于双边易货贸易，形式单一且规模很小，具有以下特点：

（1）贸易对象国范围广。中国与埃及、叙利亚、也门、伊拉克、摩洛哥、阿尔及利亚、苏丹、突尼斯等国建交，并签署一系列贸易协议，互派商务代表团，加强友好合作。改变了中国仅与苏联、中亚、东欧等国贸易的对外格局，使阿拉伯国家成为中国开展国际经贸合作的重要阵地，打破了欧美国家的政治孤立和经济封锁。

（2）商品结构单一。中国和阿拉伯国家经济基础薄弱，缺少健全的民族工业体系。双方进出口商品主要以基础生产资料和基本生活用品为主。

（3）经贸合作以经济援助为主。1956 年中国向埃及无偿赠送 2000 万法郎及物资援助苏伊士运河战争。

（4）双边经贸合作先扬后抑。1955 年，中阿经贸合作迅速发展，至 1958 年，中国与已独立的 7 个阿拉伯国家建交。不过此后 10 年，仅与突尼斯和也门建交。其原因有二：一是中苏关系破裂，彼此争取阿拉伯国家合作；二是美苏争夺阿拉伯国家支持，给予丰富的经济援助和军事资助，使中阿合作空间缩小。

二、现代中阿经贸合作得到恢复和全面发展（1978~2000 年）

1966 年"文化大革命"开始，给对外经贸合作带来巨大的负面冲击，致使中阿贸易陷入停滞。党的十一届三中全会后，中国推行改革开放政策。在加强原有对阿经贸、文化交流和技术援助的基础上，开拓了外资借贷、工程承包、劳务合作、海外投资、技术出口等新领域，使中阿经贸合作进入"商品、资金、技术、劳务等紧密结合"的全新发展格局。

中阿双边贸易上，伊拉克、科威特、黎巴嫩和约旦等阿拉伯国家依次成为中国的贸易伙伴（截至 1978 年）。1988 年，中阿双边贸易额上升至 28.47 亿美元，其中，中国出口 23.38 亿美元，进口 5.09 亿美元，对阿一直保持巨额顺差。中阿双边进出口的商品结构也未有太大变化：中国进出口商品结构依然以轻纺织品、食品、矿产、化工和机械产品为主，阿拉伯国家进出口商品结构仍是原油、化肥、棉花、矿砂等商品。

中阿双边投资与金融合作呈扩大趋势，不过规模有限，以中国招商引资为主。由于国内建设资金、外汇比较短缺，对外现汇项目占比太小，中国对阿以设备和实物投资为主，投资领域集中于渔业、餐饮服务业等。此外，中国对阿投资项目多受当地法律限制，须以合资方式进行，因而资金投资规模有限。

中阿工程承包及劳务合作始于 1979 年。至 1990 年，中阿签署工程承包和劳务合作项目合同 2600 多个，总额 56 亿美元，占对外同类项目总额的 80%。

表 5-3　1985~1990 年阿拉伯国家与中国贸易往来典型事件

国家	时间	事件
阿联酋	1985 年 11 月	中国与阿联酋在阿布扎比签订两国政府经济贸易和技术合作协定，为两国通商贸易奠定基础
	1988 年 11 月	中国与阿联酋在北京举行经济贸易和技术合作联合会议
	1989 年 11 月	中国与阿联酋在阿布扎比举行经济贸易和技术合作联合会议，讨论双边合作项目，两国贸易额急剧上升；至 1990 年，总额达到 3.3 亿美元，中国出口 2.8 亿美元，进口 0.5 亿美元
埃及	1985 年	中国和埃及由记账贸易改为现汇贸易，签订新的贸易协定，成立"中埃经济贸易合作混委会"；当年中埃双边贸易总额 4427 万美元，呈现强劲的上升趋势
	1987 年	中国和埃及进出口贸易总额突破 1 亿美元，共计 1.4 亿美元，中国出口 1.2 亿美元，进口 0.1 亿美元
	1988 年	中国和埃及进出口贸易总额又增至 1.8 亿美元，中国出口 1.7 亿美元，进口 0.9 亿美元，存在巨额顺差
	1986 年 3 月	中国援助埃及建造开罗国际会议中心，投入 72 万人工，耗资 1.5 亿法郎
约旦	1990 年	中国为约旦援建体育城
黎巴嫩	1984 年	黎巴嫩、约旦、利比亚三国在中国联合建立合资和合作企业
利比亚	1984 年	黎巴嫩、约旦、利比亚三国在中国联合建立合资和合作企业
阿曼	1990 年	中国向阿曼赠款 200 万美元，以维修和扩建陶瓷厂和织布厂
科威特	1982 年	科威特与中国签订三项贷款协议，由科威特基金会向中国提供总价值 1.07 亿美元的低息贷款，分别用于安徽宁国水泥厂、长沙人造板厂和厦门机场的建设；科威特又向中国提供数笔价值千万美元的贷款，主要用于中国生产企业和基础设施建设
突尼斯	1985 年 1 月	由科威特、突尼斯同中国化工建设总公司达成协议，三方共同投资 580 万美元在秦皇岛兴建"中阿化肥有限公司"，成为中国最大的化肥生产企业，被誉为"第三世界合作的创新性突破"
也门	1985 年	中国先后在也门兴办 5 个合资项目，总投资共计 583.49 万美元，中国投资占 41.8%，约 244.4 万美元

资料来源：王有勇. 现代中阿经贸合作研究［M］. 上海：上海外国语教育出版社，2004.

1997 年亚洲金融危机爆发，促使中国实施对外贸易多元化战略，阿拉伯国家则成为重要的潜在市场，中阿经贸合作的规模不断扩大。

1991 年中国与 22 个阿拉伯国家贸易总额达到 28.9 亿美元；1992 年中阿经济、贸易部门高官互访 50 次，进出口商品总额 35.2 亿美元；1993 年中阿进出口商品总额 51.8 亿美元；1997 年中阿合作取得新进展，进出口总额 92.3 亿美元。在中国对阿出口的商品中，机电、机械、家电及高附加值的轻纺服装产品占比逐年上升。

1999 年，中国对阿出口额最大的国家是阿拉伯联合酋长国，达到 14.4 亿美元，其次是沙特（9.4 亿美元）。出口额最小的为巴勒斯坦，仅 614 万美元。中国对阿出口额低于 1 亿美元的有巴林、阿曼、巴勒斯坦、吉布提、利比亚、毛里塔尼亚和突尼斯。

中国对阿进口额最大的是沙特（9.1 亿美元），其次是阿曼（6.4 亿美元）和也门（5.6 亿美元）。中国未从吉布提进口产品，同时对巴勒斯坦的进口额较小（1 万美元）。到 2000 年，与华贸易额超过 1 亿美元的阿拉伯国家数量已达到 18 个。

此外，至 1998 年，中阿劳务合同累计总额 149.67 亿美元，营业额 96.8 亿美元，从事承包劳务 3.8 万人，涉及行业已从房屋、道路、桥梁、港口、水利设施扩展至环保、天然气、核能等方面。同时，石油能源合作成为中阿经贸往来的龙头。除阿曼、也门外，中国还与沙特、伊拉克等国加强了石油领域的合作，有望进一步增加对阿石油进口。1997 年，中石化总公司与沙特阿莫科公司签订意向书，决定进一步扩大对华石油出口，2000 年 8 月，中国第一个海外大型油田（苏丹）原油出口整一年，中石油天然气集团公司获得原油销售和管输收入 3.2 亿美元。

三、现代中阿经贸合作稳步推进和深入发展（2010 年至今）

在中阿政治关系不断发展的同时，经济关系也得到相应发展。特别是中国实行改革开放政策和冷战结束后，中国和阿拉伯国家都把发展经济作为国家工作的中心和优先目标，双方都希望利用良好的政治关系推动双边经济关系的长足发展。

中阿双方贸易关系有很强的互补性。阿拉伯国家有丰富的油气资源，是世界上最重要的能源生产和供应地，而中国随着经济的不断稳步发展，对海外能源的需求也越来越大。阿拉伯大部分国家经济结构相对单一，工业、农业生产尚处在发展中阶段，有许多生产和生活用品需要进口。在这方面中国产品有着物美价廉的优势。这些均为中阿经贸发展提供了条件。中阿经贸额增长迅速，中国对阿拉伯国家贸易的增长率始终高于同期中国外贸整体增速。2007~2012年，中阿进出口贸易额由869.8亿美元增至2186.5亿美元，6年涨幅151.4%，年均增长率为25.2%；出口额从459.3亿美元增至890.6亿美元，涨幅93.9%，年均增长率为15.7%；进口额由410.4亿美元增长至1295.9亿美元，涨幅达到了215.3%，年均增长率为39.1%。2008年国际金融危机的严峻形势下，中阿经贸合作逆势而上，双边整体贸易取得突破性进展，贸易总额达到1333.8亿美元，同比增长53.3%，充分显示了中阿务实合作的广阔前景。2013年，中阿贸易总额达到2384.7亿美元。另据海关统计数据显示，2014年上半年，我国对阿拉伯国家的进出口商品总额已达1244亿美元，占我国上半年进出口商品总额的6.2%；中国从阿拉伯国家进口的原油及其制成品也呈现出大幅度增长的趋势，中国从阿拉伯国家进口的原油量已占中国原油进口的50%以上。中国已成为阿拉伯国家第二大贸易伙伴；阿拉伯国家也已成为中国最大的原油供应地、第七大贸易伙伴、重要的工程承包及海外投资市场。中国的工程承包、劳务和工程公司多年来参与了阿拉伯国家大量的项目建设工程，已完成一大批质量高、较有影响的项目，在阿拉伯世界取得了良好的信誉。在双向投资领域，中国政府与大部分阿拉伯国家政府签订了保护双方投资者权益的《投资保护协定》和《避免双重征税协定》。

中阿投资与金融取得突破性进展。21世纪以来，中阿金融体系之间均有不同程度的对外开放，中阿共同开启了金融合作之路，主要合作方式为：金融组织间合作、银企合作、资本市场合作、成立投资公司和共同基金、伊斯兰金融合作等。

近年来，阿拉伯国家"向东看"和中国"走出去"、"一带一路"等战略思想交汇，中阿经贸关系发展面临前所未有的机遇。2012年，第五届中阿合作论坛部长级会议制定了《中阿合作论坛2012~2014年行动执行计划》，"鼓励双方根据各自法律法规开展金融领域的互利合作，鼓励双方金融机构为投资、工程承包和贸易活动提供金融支持和便利；积极鼓励双方在符合相关法律法规要求的前提下互设银行业机构"。极大促进了中阿投资与金融的发展。2014年6月5日，中阿合作论坛第六届部长级会议在北京召开。习近平总书记作了题为《弘扬丝路精神，深化中阿合作》的重要讲话。习近平总书记指出，中阿是共建"一带一路"的天然合作伙伴，弘扬丝路精神，就是要坚持合作共赢，不断深化全面合作、共同发展的中阿战略合作关系。上述讲话精神是新一届中央政府对我国与阿拉伯国家重要关系的首次政策宣示，是我国全方位外交政策的重要组成部分，指出了中阿共建"一带一路"、进一步扩大双边合作的重点领域，为中阿关系未来发展带来了新的活力。

2010 年以来，宁夏实施"向西"开放战略，积极融入"一带一路"建设，打造战略支点地位，搭建中阿博览会、企业家大会暨投资研讨会、能源合作大会等论坛机制为中阿搭建起务实合作的新平台，为推动中阿双方贸易发展和政治互信做出了不可替代的作用。

第六章　阿拉伯国家文化与教育概况

第一节　阿拉伯文化

阿拉伯文学与文化在世界文学与文化的宝库中占有重要的位置。史载，在中世纪的几百年中，阿拉伯人就凭借独特的地理位置、中间民族的优势，充分吸收了古希腊、古罗马、古埃及、波斯、两河流域、印度乃至中国等地的文化精髓，经过学习、运用、再创造，形成了光辉灿烂的阿拉伯文化，为世界文学与文化的发展做出了巨大的贡献。

一、阿拉伯诗歌

阿拉伯文学发展大体经历了伊斯兰教出现以前时期（蒙昧时期）、伊斯兰时期（委马亚时期、阿拔斯时期）和近现代时期。文学史家和历史学家们都认为，"阿拉伯文学最显著的特征是它的突如其来性"，就是说，阿拉伯文学一开始就是以崭新的、完美的、成熟的形式出现的。尤其是阿拉伯诗歌，它严谨的韵律格式，表情达意的手法被许多世界文化史研究者给予了充分肯定。这主要是因为迄今为止，除了一些铭文和商业资料的记载外，整个阿拉伯半岛还未能找到更早的原始文学资料。在6~7世纪时，忽如一夜春风来，千树万树梨花开一样，出现大批阿拉伯诗人。

伊斯兰教出现以前，阿拉伯诗歌以"七首悬诗"最为著名。阿拉伯半岛内部气候炎热，沙漠浩瀚，大部分人过着逐水草而居的游牧生活。由于自然条件恶劣，生计困难，各部落之间时常为了抢夺水源和牧场而争战不息。但是，阿拉伯人又是一个重商的民族，在他们的旧历法中，将几个月列为禁月，即在这几个月里禁止流血战争和冲突的发生，以便为人们提供集市贸易和聚会的机会，人们可以和平进行各种土特产交易。另外，人们还会在此时举行诗歌大赛，各部落推荐自己最优秀的诗人参与。伊斯兰教出现以前，诗人在部落中享有较高的社会地位，被誉为部落的代言人、部落历史和功绩的书记员。那时，距离麦加东面约 100 千米处的欧卡兹市场，每年要进行赛诗盛会，获胜的诗歌被用泥金水抄写在麻布上，悬挂到克尔白的墙上，这是比赛的最高荣誉，阿拉伯人称这些诗为"悬诗"。

"七首悬诗"的作者分别是乌姆鲁勒·盖斯、塔尔法·本·阿卜德、祖海尔·本·阿比·苏勒玛、拉比德·本·赖比阿、阿慕尔·本·库勒苏姆、昂泰拉·本·舍达德、哈里斯·本·希里宰。悬诗作者中位居首位的乌姆鲁勒·盖斯，素有蒙昧时期的诗王之称。

乌姆鲁勒·盖斯祖籍在也门，生于内志，父亲是部落首领。他生性聪颖、爱好吟诗、能背善诵。长大后，又得到他的叔父——当时一位造诣较深的诗人的指点和熏陶后作诗技巧迅速提高。但是，他的父亲竭力反对他吟诗，曾将他逐出家门。乌姆鲁勒·盖斯在外流浪时依然我行我素，饮酒吟诗，到处寻欢作乐。后来，他的父亲被人谋害。噩耗传来，盖斯遂痛下决心，一改以往放荡习性，立志滴酒不沾，为父报仇。他四处奔走，邀集帮手，但不久，被东罗马帝国查士丁尼所害身亡。盖斯的悬诗是他的早期作品，诗人在诗中伤感地回忆起昔日与情人在一起的欢乐，抒发他惆怅的情怀。

七首悬诗是哈马德在倭马亚王朝时收集成册的。哈马德生于 694 年，家境贫寒，青年时意外获得一本古典诗集，引起他的兴趣。他决意致力于收集和研究古诗。哈马德收集的古诗数量很多，加之通晓诗意，在社会上颇有名气。倭马亚王朝和阿拔斯王朝哈里发曾多次召他进宫背诵古诗或是解释诗意。

在伊斯兰教出现前的诗歌作品中，游侠诗人的诗歌独树一帜，受到平民百姓的欢迎。所谓"游侠诗人"，是指生活在社会最底层，终日流浪，行踪不定的平民诗人，他们对社会财富分配不均，富人欺压穷人的现象深恶痛绝。在诗歌内容方面，游侠诗人直率地反映了当时的社会生活，如富人如何吝啬，惜财如命，游侠如何豪爽慷慨，仗义助人等。在诗歌创作方面，游侠诗人摒弃了传统长诗内容庞杂的写作方法，作品多简短意明，使人一目了然。

伊斯兰教出现前，阿拉伯人也有故事、谚语、演说等体裁的文学作品，但是，诗歌始终是这个占有主导地位的时代文学的主要代表。

伊斯兰教兴起后，阿拉伯诗歌创作受到当时政治、社会活动的深刻影响，具有较浓厚的宗教色彩。随着阿拉伯帝国首都迁移，诗坛中心由南向北转移。诗人们更加注重诗歌创作中形式和内容的协调，各种体裁的反映新内容的诗歌也脱颖而出。

伊斯兰倭马亚王朝时期的诗坛三杰是艾赫塔勒（640~约708年）、法拉兹达格（641~733年）、哲利尔（653~733年）。三位诗人在讽刺诗方面的造诣极高，后两位诗人，时常举行以讽刺诗为主题的比赛，双方竭尽讽刺之能事，都采用各自对手诗歌的格律、韵脚，攻击对方的部落、家族，贬损对方的缺点，赞美自己一方的功绩美德。在攻击对手和评论对手时，他们还使用非常刻薄、恶毒的语言，甚至攻击对方的生理缺陷。除了讽刺诗以外，他们三人还都擅长作颂扬诗，分别享有首都诗人、桂冠诗人和宫廷诗人的称号。

这一时期，反映人们社会与感情生活的爱情诗歌方兴未艾。诗人们摆脱了蒙昧时期的爱情诗格式和原始的激情，代之以清新和明快的风格。欧麦尔·本·艾比·拉比阿（约卒于719年）是这一时期的杰出代表。他的诗歌感情真挚，佳句连篇，因此享有爱情诗王的称号。

和拉比阿情诗风格迥然不同的是哲米勒（约卒于701年），他的诗歌情意绵绵，富有深度，表现了纯真动人的爱情。他为爱侣布赛娜所做的诗歌，深受被热恋着的或失恋的情人们的喜爱，被广为传播。

阿拔斯王朝时期，阿拉伯帝国经济发展较快，在吸收外来文化精髓的基础上，阿拉伯科学、文化的发展臻于鼎盛阶段。诗人为反映五光十色的现实生活，开始突破旧诗的窠臼，诗作力求短小精悍，明白流畅。

早期新体诗的代表人物是盲诗人白沙尔·本·布尔德（714~783年）。他的诗歌内容冷嘲热讽，锋芒毕露，令统治者胆战心惊。在创作技巧上，他好用明喻、隐喻等手法，受到后人的赞赏。

艾布·努瓦斯（762~814年）是阿拔斯王朝诗坛的大诗人，他主张革新诗歌，反对无视现实，盲目袭用旧体诗。艾布·努瓦斯幼年师承巴士拉诗派，有深厚的文学功底。他的诗歌辞藻美妙，技巧工致，描写的内容也十分丰富。他的咏酒诗和爱情诗，颇多佳句，至今为人们所引诵。他的诗由后人收集成册，分为爱情、咏酒、颂扬、谴责、狩猎等12大类，有诗句1万多行。

在提倡新体诗的潮流中，也有人力主继承和发扬旧诗歌中的某些韵律，或企图把旧体诗的韵律与新体诗的修饰方法相结合。艾布·泰玛姆（788~846年）在这方面做出过极大努力。他的诗歌受到人们的广泛称赞，他编辑的《坚贞诗集》，更使他名扬天下。

在阿拔斯王朝后期众多的诗人里，穆泰奈比（915~965年）和艾布·阿拉·麦阿里（973~1057年）两位大诗人极负盛名。穆泰奈比的诗歌气魄宏大，结构严谨。麦阿里的诗歌则富含警句，寓意极深。这两位诗人的哲理诗尤受后人的推崇。

总之，阿拔斯王朝时期阿拉伯诗歌大放异彩，各种体裁的诗歌具有相当高的艺术水平，而且数量之多，这是以前任何时代所不能比拟的。随着阿拉伯帝国的灭亡，阿拉伯诗歌创作渐入低谷，在奥斯曼帝国时期，诗坛百花凋谢，阒无生机。

进入近现代时期后，阿拉伯各国要求民族独立和解放的斗争蓬勃兴起，阿拉伯诗坛开始复兴，诗人们大声疾呼，要用诗歌形式，反映时代生活，抒发自己的爱国之心和民族感情，号召人民起来抵抗外来侵略者。这时期的主要代表诗人有马哈茂德·萨米·巴鲁迪（1838~1904年）、艾哈迈德·邵基（1869~1932年）等人。

巴鲁迪生于埃及开罗，家境富裕。幼时丧父。12岁时进入军事学校。成年后，他酷爱文学，醉心于阿拉伯诗歌。1863年，他受到统治者的赏识和擢用，委以重任。

1877年俄土战争后，他写诗歌表达了战争带来的苦难和他对祖国的怀念。巴鲁迪的战斗诗篇，表达了个人的远大志向；另外，这些铿锵有力的诗句也表现了他的崇高的爱国主义精神和顽强的战斗意志。诗歌中现实主义的内容，给阿拉伯诗歌注入了新的生命力，在阿拉伯诗歌史上起了重要的承前启后作用。

艾哈迈德·邵基，是继埃及大诗人巴鲁迪之后阿拉伯诗歌复兴运动的中坚之一，由于他在诗歌创作方面的卓越成就，被誉为"诗圣"、"诗王"，在阿拉伯世界极享盛名。

这一时期，埃及和其他阿拉伯国家涌现出的一批批著名诗人，推动了阿拉伯诗歌的发展，他们中如埃及的哈菲兹·易卜拉欣（1871~1923年）、阿卜杜·拉赫曼·舒克里（1886~1958年），伊拉克的哲米勒·绥德吉·宰哈雅（1863~1936年）、迈鲁夫·鲁萨菲（1875~1954年），突尼斯的阿布·卡西姆·沙比（1906~1934年）等都是诗坛的佼佼者。沙比的"人民一旦要求生存，命运必须作出响应"这种在斗争中产生的诗词佳句，气壮山河，有振聋发聩的作用，因而脍炙人口，流传四方。

二、阿拉伯小说

阿拉伯人留给世人最著名的小说故事是《一千零一夜》（又名《天方夜谭》）。这是一部具有世界声誉的阿拉伯文学巨著。它对世界文学有深刻的影响，欧洲自文艺复兴时代起，一些作家和作品，在取材、写作方法或风格等方面，都直接或间接地受到它的启发，如意大利薄伽丘的《十日谈》、西班牙塞万提斯的《堂吉诃德》、英国莎士比亚的《终成眷属》等。

这本书其实并不是哪一位作家的作品，它是中近东地区广大市井艺人和文人学士在几百年的时间里收集、提炼和加工而成的，是这个地区广大阿拉伯人民、波斯人民聪明才智的结晶。《一千零一夜》的故事，很早就在阿拉伯地区的民间口头流传，约在公元八九世纪之交出现了早期的手抄本，到 12 世纪，埃及人首先使用了《一千零一夜》的书名，但直到 15 世纪末 16 世纪初才基本定型。《一千零一夜》的故事一经产生，便广为流传。

《一千零一夜》是在阿拉伯文化的沃土上孕育而成的多民族文化交融汇合的产物，这部文学名著汇集了古代近东、小亚和其他地区民族的神话传说、寓言故事，情节诡谲怪异，神幻莫测，优美动人，扣动着世界各国读者的心，焕发出经久不衰的魅力。全书出场的人物形形色色，构成了一幅广阔的历史画卷，形象地再现了中世纪时期阿拉伯国家以及周边国家的社会风貌和风土人情。这部民间故事集，以它离奇多变的题材，洒脱的艺术手法和变幻莫测的东方色彩，生动地描绘了一幅阿拉伯帝国社会生活的复杂图景。它从各个不同时期、不同角度反映了人民的思想感情、生活方式、风土人情和社会制度。这部故事集有格言、谚语，有寓言、有童话，有揭露封建统治阶级和描写人民群众反抗斗争的故事，有神话传说和魔神的故事，有描写婚姻恋爱的故事，有描写航海冒险的故事，有反映宗教问题的故事，还有表现古代劳动人民智慧的故事、道德教训的故事等。涉及的人物上至帝王将相，下到奶妈乞丐，还有天仙、精灵和魔鬼，三教九流，应有尽有。这部作品的主要成就在于它朴素的现实描绘和浪漫的幻想互相交织的表现手法，生动地反映了广大人民群众对于美好生活的憧憬，他们的爱憎感情和淳朴善良的品质。这也是作品具有人民性的标志。《阿里巴巴和四十大盗》、《阿拉丁神灯》、《渔翁的故事》都体现了上述的思想内容。

1914 年埃及侯赛因·海卡尔（1888~1956 年）写的小说《宰奈卜》问世后，阿拉伯现代小说以独特的思想内容和风格技巧登上了阿拉伯文坛。第二次世界大战以前，阿拉伯文学界出现了"旅美派"和"埃及现代派"两大文学流派。旅美派是指旅居美洲的叙利亚和黎巴嫩的阿拉伯侨民文学家、作家和诗人与他们的作品。其中著名的代表人物有艾敏·雷哈尼（1876~1940 年）、纪伯伦·哈利勒·纪伯伦（1883~1931 年）、米哈伊尔·努埃曼（1889~1988 年）。该派作家抨击资本主义的罪恶，对阿拉伯在外国人压迫下的落后状况表示不满，号召人民反对外国统治者，真实描写了阿拉伯人在美洲的奋斗以及追求个性解放的过程。抒发对祖国的思念、对故乡的热爱之情，表现了强烈的民族情感。埃及现代派是在埃及民族独立解放运动中诞生的，他们主张反映社会的现实生活和大众的真实愿望。主要代表人物有塔哈·侯赛因、台木尔兄弟、陶菲克·哈基姆、易卜拉欣·马奇尼等。

第二次世界大战前的阿拉伯小说不同程度上受到上述文学流派的影响，这时期的主要作品除了侯赛因·海卡尔的《宰奈卜》以外，还有穆罕默德·台木尔的《目睹集》，迈哈穆德·台木尔的一系列短篇小说集，易卜拉欣·马奇尼的《作家易卜拉欣》，陶菲克·哈基姆的《乡村检察官日记》，塔哈·侯赛因的《日子》，纪伯伦的《折断的翅膀》，阿卜杜·马吉德的《时代回声》等等。这些小说的内容，较深刻地反映了阿拉伯国家的社会生活、爱情、道德、宗教等问题，内容健康，一定程度上推动了社会进步。

第二次世界大战以后，阿拉伯新一代作家与作品如雨后春笋般地出现，如埃及作家杰出代表纳吉布·马哈福兹（1912~2006年）的三部曲《宫间街》、《思宫街》、《甘露街》，阿卜杜·拉赫曼·谢尔卡维（1920~1987年）的《土地》，优素福·西巴伊（1917~1978年）的《伪善之地》；伊拉克作家朱努·阿尤布的《手、土地和水》，阿卜杜·马立克的《人性的使者》，阿卜杜·哈格·法迪勒的《彷徨的人们》，穆罕默德·胡德尔的《黑色的王国》，女作家拉蒂法·达利米的《男人的苦衷》；叙利亚作家哈纳·米奈（1924~）的《蓝灯》，女作家艾勒法·伊德里比的《叙利亚的故事》；黎巴嫩作家陶菲克·阿瓦德的《贝鲁特磨坊》，苏海尔·伊德里斯（1922~）的《我们燃烧的手指》；也门作家穆罕默德·阿卜杜·瓦利（1940~1975年）的《客死他乡》、《萨那——被征服的城市》；巴林作家穆罕默德·阿卜杜·马立克的《一个汽车司机之死》；科威特作家法尔汉·拉希德·法尔哈的《一个朋友的痛苦》；苏丹作家塔伊布·萨利赫的《移居北方的时期》；阿尔及利亚作家穆罕默德·狄布（1920~）的三部曲《大房子》、《火灾》和《织布机》，菲拉翁的《穷人的儿子》、《土地和鲜血》、《上坡路》；摩洛哥作家阿卜杜·马吉德（1919~）的《我的童年》、《血谷》；突尼斯作家巴希尔·海里夫（1917~）的《死亡，或者我爱你爱情的诱惑》；巴勒斯坦作家格桑·卡纳法尼（1936~1972年）的《太阳下的人们》，阿里·侯赛尼的《杀不死的年轻人》、《巴里的秘密》等。

阿拉伯各国小说家从不同的角度，反映了所在国家或阿拉伯世界的社会、政治、经济和文化生活，许多作家深入生活，体验民情，写出了具有时代生活气息的佳作，受到人们的赞美。埃及作家纳吉布·马哈福兹是这一时代的杰出代表，其创作的长篇小说达数十部之多，此外还有大量的短篇小说、散文、随笔和戏剧等文学作品。他通过大量刻画入微的作品——洞察一切的现实主义，唤起人们树立雄心——形成了全人类所欣赏的阿拉伯语言艺术。鉴于纳吉布·马哈福兹在文学创作方面的杰出贡献，1970年，他获得了埃及国家文学表彰奖。1988年，他又荣获埃及政府最高奖励——尼罗河勋章。同年10月他又成为阿拉伯世界第一个获得诺贝尔文学奖的阿拉伯作家。

为了繁荣和推动阿拉伯国家的文学创作，阿拉伯国家的一些著名杂志和文学研究机构经常组织阿拉伯优秀作品评选活动，以鼓励和促进阿拉伯文学爱好者进一步创作出反映时代风貌、民族情感和社会现实状况的人们喜闻乐见的作品。科威特的杂志《阿拉伯人》在这方面做出了很大贡献。

三、阿拉伯戏剧

19世纪以前，阿拉伯戏剧处于萌芽状态，到了19世纪下半叶才逐渐有所发展。阿拉伯民族是能歌善舞、擅长演讲的民族。中古时期，人们喜欢在休息时坐在绿树荫下，一边品尝咖啡，一边唱歌、吟诗，或者听人讲故事。一些说书和讲故事的人常常随着故事情节的变化，不同人物的出场，模仿故事中人物的讲话口吻和动作。这种简单的模仿和表演，可以说是阿拉伯戏剧艺术的开端。

伊斯兰教什叶派诞生后，为了纪念侯赛因遇难，什叶派教徒每年都要举行悼念活动，主要内容是重现当年侯赛因怎样出走、遇难的整个过程。教徒们在表演时感情真挚，举止逼真。这些宗教教义为内容的说教，也是一种戏剧表演形式，或可视为阿拉伯戏剧艺术的初级阶段。

而后，皮影戏和木偶戏等艺术传入阿拉伯，在埃及等阿拉伯国家盛行，很受上层统治者和下层人民的欢迎。当时埃及著名的皮影戏表演家伊本·丹雅尔（1248~1311）用诗歌和散文形式写了许多皮影戏台词，留传下来的有《皮影精灵》、《千奇百怪》和《多情人》3出戏。

18世纪末、19世纪初，在埃及的广场、街头出现了一批民间马路艺人，他们以社会生活中的真人真事为内容，演出一些情节简单、逗人发笑的滑稽剧目。

1848年，叙利亚人马龙·尼卡什（1817~1885年）在贝鲁特首次用阿拉伯语演出他从莫里哀的《吝啬人》那里移植而来的戏剧《小气鬼》，这是现代阿拉伯戏剧发轫的标志。在他的影响下，一些欧洲剧目和名著陆续被介绍到阿拉伯国家来，并由阿拉伯艺术家登台用阿拉伯语来表演。1870年，埃及第一个剧团成立，雅各布·塞努尔（1839~1912年）编写了30多本以反映埃及现实生活为主要题材的剧本，受到观众热烈的欢迎。不久，许多歌唱演员组建剧团，主要演出歌剧。

与此同时，埃及其他省区也相继成立话剧团，并开始建造剧场。

第一次世界大战后，阿拉伯戏剧发展迅速，一批有声望的作家编写出较高水平的剧本，促进了戏剧艺术的进一步繁荣。穆罕默德·台木尔兄弟俩的作品，深刻地反映了埃及的现实生活，他们的作品代表了阿拉伯戏剧的一个转折点，即开始重视戏剧的思想性、社会意义与教育作用。邵基的剧作《莱拉的痴情人》和《克里奥巴特拉之死》，一部被誉为阿拉伯的罗密欧与朱丽叶，是对纯洁爱情和爱情力量的讴歌，一部是古代埃及史中重要片段的艺术再现。

戏剧艺术发展较快的阿拉伯国家是黎巴嫩、叙利亚和埃及等国。这些国家中较为优秀的剧作家都不同程度地受到西方文化和戏剧艺术的影响。在埃及，现代作家与诗人大部分写过剧本，创造出一大批历史剧目、现实剧目、童话剧目、哲理剧目，其中既有喜剧，也有悲剧，从而促进了戏剧事业的发展。许多阿拉伯国家非常重视戏剧艺术，创办高等戏剧艺术学校，培养戏剧人才，从而提高了戏剧在社会中的地位。

第二节　阿拉伯艺术

阿拉伯伊斯兰艺术表现形式多样，包括建筑艺术、绘画艺术、雕刻艺术和音乐艺术等。

阿拉伯伊斯兰艺术特色鲜明，别具一格。伊斯兰教吸收了早期阿拉伯人的审美观念、态度和情趣，并从理性上深化，以全新的世界观和人生观支配着穆斯林的审美心理，在世界范围内形成了别具风格的阿拉伯伊斯兰艺术，具有以下特点：

第一，阿拉伯伊斯兰艺术的宗教统一性——伊斯兰精神。阿拉伯伊斯兰艺术的生存环境使它不可能脱离伊斯兰教的影响，使得产生于不同地区的、原来具有明显地方色彩的各种艺术形态不断趋于同化，都具有伊斯兰精神。从安达卢西亚的阿拉伯西方到巴格达的阿拉伯东方，作为伊斯兰艺术集大成者的清真寺，一定包括高耸入云、显示伊斯兰至高无上的宣礼塔，供宗教仪式浴身的水池（"蓄水池"），供世俗和宗教权力的代表们专用的小房间，甚至包括一个专门隔开的、有单独入口仅供女人用的厅。在清真寺的礼拜殿里，一定要有"米哈拉卜"——给虔诚的穆斯林指明麦加方向的一个装饰华丽的壁龛，还要有"讲经坛"——宣读判决书和国务命令的讲台。

第二，阿拉伯伊斯兰图案装饰艺术——阿拉伯风格。阿拉伯图案艺术是以阿拉伯半岛的本土艺术为起源，并随着 6 世纪伊斯兰教在阿拉伯半岛的兴起而发展至今。经过历代艺术家们的继承和发扬，同时吸收外来艺术加以创造，从而形成了独特的装饰艺术。其代表性的纹样主要有：植物花卉纹、抽象的几何纹样、阿拉伯文字纹样三大类。阿拉伯图案艺术以其辉煌的成就，在世界艺术史上占有重要的地位。她是阿拉伯民族审美理想和审美趣味的反映，是广大穆斯林内心情感的生动展现。它那优美的图形、绚丽的色彩所具有的装饰性和实用性，远远超出了它令人赏心悦目的审美价值本身。

第三，阿拉伯伊斯兰艺术不注重对人物、动物的写实造型。据说先知穆罕默德在世时，曾有一位画家画了穆圣的肖像。画像中的穆圣形态逼真，惟妙惟肖。圣门弟子竞相观赏，爱不释手。这幅画像传到穆圣手里，他看后感到震惊，立即命令烧毁画像，并说："画人像是魔鬼的行为。"后来，穆圣又说："造型者必将在末日审判时遭受严厉的处罚。"因此，当欧洲中世纪的艺术家把《圣经》故事中的人物大量反映在宗教艺术中的时候，伊斯兰艺术却恪守教规，没有人物、动物的画像和雕塑。即使在倭马亚王朝时期，哈里发追求奢侈，在沙漠中兴建快乐宫，过着纸醉金迷的生活，但他们仍遵守禁律，只请基督教徒、希腊人及其他穆斯林工匠为宫殿作画。

第三节　阿拉伯建筑

阿拉伯建筑是世界建筑领域中的重要组成部分，在世界建筑发展史中，阿拉伯建筑艺术占有重要篇章。阿拉伯建筑发展大致经历了伊斯兰教出现以前、阿拉伯—伊斯兰帝国时期和近现代时期等阶段。

有关伊斯兰教出现以前的阿拉伯建筑记载史料较为稀少，有图片为证的更少。根据历史记载，伊斯兰教出现以前阿拉伯著名的水坝建筑是马里卜水坝，堡垒与宫殿相结合的著名建筑是雾木丹堡宫，还有一些是记载不全的建造在沙漠深处的宫殿。

马里卜水坝遗址在今天的也门境内，至今人们依然能看到大坝的部分残迹，巨大的石块与石块镶嵌得十分紧密，石块之间几乎看不见任何黏结物。当时的水坝高约 15 米，长达 600 米，将大量的雨水和洪水拦截在山谷之中，形成一个巨大的天然水库。大坝的下方建造了引水渠，可将水库里的水引入农田进行灌溉。这个水坝对也门农业发展产生过重大影响，因此马里卜这个地方成了阿拉伯半岛乃至西亚地区农业发达、物产丰富、经济发达的地带。也门人曾经自豪地将马里卜水坝建筑与埃及的金字塔建筑相提并论。水坝崩溃后，这一地区的经济迅速萧条，导致人口迁徙，田园荒芜。

公元前 115 年前后，阿拉伯半岛上的赛伯伊王朝陷于动荡之中，部落混战。为了有效地保护自己，同时又要抢占地盘，享受生活，人们的建筑思想发生了变化，一种既有防御功能，又有享受生活功能的建筑应运而生，这种建筑人们称其为"堡宫建筑"。这种建筑主要采用石头与木料，以后又发展到大理石、花岗岩等石料，其中以希提在《阿拉伯通史》中提到的雾木丹宫最具代表性。雾木丹宫有20 层，每层高约 180 至 220 英寸，尤其在顶层覆盖着透明的薄石片，在屋里可以看清顶上飞过的是何种鸟类，它被阿拉伯人誉为有史以来的第一座摩天大楼。

阿拉伯人还习惯在沙漠深处建造堡宫。据史料记载，莱赫米王国有一位国王叫努尔曼一世（400~418 年在位），他曾经为波斯皇帝的公子在沙漠中建造了著名的赫维尔奈格堡宫，相传，这座堡宫是建筑艺术上的奇迹。建造与设计者在堡宫落成后被处死，其原因是国王害怕这位建筑师为他人再"建筑同样壮丽辉煌的堡宫"。与这一堡宫同样著名的还有赛迪尔堡宫等。这些建筑受到波斯建筑风格的影响，大量使用了柱子。在今天约旦一带的佩特拉宫殿、佩特拉修道院等建筑深深受到罗马建筑风格的影响，是在岩石山上开凿而成的，建筑风格辉煌大气。

阿拉伯帝国建立后，随着帝国不断向外扩张，阿拉伯建筑渐渐进入鼎盛时期，阿拉伯建筑师们广泛吸收被征服地区的建筑风格和精髓，将罗马拜占庭和波斯萨珊建筑艺术融入伊斯兰阿拉伯建筑，使得这时期的阿拉伯建筑具有伊斯兰文化与多种文化融为一体的建筑艺术。清真寺、城市建筑与宫殿建筑是这一时期的代表建筑。

清真寺是伊斯兰教的标志性建筑物，它是伊斯兰精神与文化、思想与政治、社会与生活的中心场所。穆罕默德从麦加迁徙到麦地那做的重要事情之一就是建造清真寺。清真寺主要建筑有庭院、礼拜堂、正向墙、壁龛、讲坛、宣礼塔等。礼拜堂是穆斯林做礼拜的地方，是清真寺的主要建筑部分，这一部分比较高大，上部是高高的拱顶，四周是不同形状的支柱，支柱与墙壁形成了柱廊。正向墙的作用是引导穆斯林做礼拜时面向麦加方向。伊斯兰教规定，穆斯林礼拜时应该面向麦加圣寺。壁龛在阿拉伯语中念"米哈拉布"，它是伊玛姆率领穆斯林礼拜的地方。讲坛在阿拉伯语中念"敏巴尔"，讲坛一般为木制的，下设阶梯。据说，最早的阶梯只有 3 级，后来增加到 7 级、11 级。宣礼塔是伊斯兰建筑的特征之一，是宣礼员召唤穆斯林来礼拜的建筑。宣礼塔外形不一，有圆柱体、圆锥体、方柱体等，一般来说，宣礼塔都很高，它由塔基、塔身、顶阁三部分组成。由于建造的时间不同，所以使用的建筑材料也不同。

早期的清真寺建筑朴素简洁，采用土木结构，建筑面积也有限。麦地那清真寺、阿慕尔清真寺等最早时都用椰枣树树干作为建材。进入倭马亚王朝后，清真寺的建筑材料、建筑面积、建筑风格都发生了很大变化。位于耶路撒冷的圆顶清真寺，地基是一个巨大的岩石，传说，当年穆罕默德从麦加乘天马到达耶路撒冷时，就是在这块岩石上登上了七重天。这座清真寺外形是八角形，廊柱也是八角形，顶部为半圆形的拱顶，显得非常庄重、宏伟，与其他清真寺造型大不一样。

倭马亚清真寺位于叙利亚首都大马士革老城中央，是世界著名的清真寺之一，又名大马士革清真寺。705 年，由倭马亚王朝哈里发一世瓦立德·伊本·阿布杜·马利克主持建造，这座大寺的原址是罗马主神朱庇特的神庙，后改作圣约翰教堂。在倭马亚王朝中兴时代，哈里发瓦立德调集了埃及、拜占庭、波斯、印度等地的工匠，对原来的建筑进行改建和扩建，其建材则从埃及等地运来。清真寺用水磨大理石取代原来的砖材地面，四方体的大理石柱被广泛运用至扩建部分，改建后的清真寺拥有三个大厅、三个拱顶、三座宣礼塔，三个拱顶分别叫作纳斯尔拱顶、麦勒拱顶和塞阿拱顶。三座宣礼塔分别为东塔（又叫作白塔）、西塔和北塔，后者又叫新娘塔。这座清真寺在阿拉伯建筑史上具有重要的地位，被誉为是"伊斯兰国家建筑的奇迹，而且是全世界人民永恒的艺术宝藏"。

伊斯兰阿拉伯帝国时期，城市建筑和宫殿、公馆建筑发展迅速，建筑师们博采众长，根据哈里发的意愿，规划设计出许多流芳百世的名城，埃及的开罗、伊拉克的巴格达、西班牙的科尔多瓦等城市至今为人们所熟悉，其中巴格达的城市建筑最具代表性。巴格达是在一个小村庄的基础上建造起来的，经历了选址、规划、建设、扩建等阶段。它由阿拔斯王朝第二任哈里发曼苏尔亲自选址，其中一个重要的理由是交通方便，能够直接与遥远的中国相联系。城市最早规划成圆形，将哈里发的宫殿置于城市的中心位置，意为天下中心。大臣和宫廷办公建筑围绕王宫而建，构成城中之城，又称内城。内城边建有内城墙，内城墙外是百姓住房和商业集市，再外边是外城墙，墙外有护城河，宽达 6 米。内外墙的四个方向分别开设了四扇城门，便于城内外的人直接进出城。历史上，巴格达又有"团城"之称。把都城设计成圆形，反映了当时统治者的王权思想。

进入现代以来，阿拉伯国家建筑领域发生了巨大变化，现代化的建筑物层出不穷，各种新型建筑物千姿百态，争奇斗妍。现代科技与新型建材将清真寺建筑推向了一个高峰。1993 年竣工的摩洛哥哈桑二世清真寺位于摩洛哥的著名城市卡萨布兰卡，清真寺占地面积约 2 万平方米，拱顶面积达 3400 平方米，可张可合。该寺礼拜堂分为上下两层，上层供女性穆斯林使用，下层为男性穆斯林使用。该寺高约 60 米，宣礼塔则高达 200 米，塔顶上装上了激光器，远在 30 千米外也能看见光束。该寺共耗资 6 亿美元，共使用了 22 公顷的大理石和 30 万吨的水泥。

在阿拉伯半岛上，有些城市成了新型建筑博览会。阿拉伯联合酋长国迪拜，人们称这里是设计师的天堂，各种建筑无奇不有。2010 年 1 月刚建成的"哈里发塔"摘得了世界第一高楼的桂冠，该楼高达 828 米，有 160 多层，使用了世界最快电梯，每秒速度为 17.5 米。闻名遐迩的七星级酒店——帆船酒店，其造型美不胜收，宛如大船上张开的巨大风帆，漂荡在一望无际的大海上。迪拜海边开发建造的棕榈岛上，各种风格别致的别墅，吸引了世界各地的名人和富豪来此度假。位于阿布扎比的酋长国宫殿，将阿拉伯圆顶建筑风格表现得淋漓尽致，据说该宫殿的圆顶是全球最大的，宫殿用的圆顶也是最多的，大小共有 114 个。最大的圆顶上镶嵌了许多纯金，遇有光线就闪闪发光。作为石油大国的沙特在建筑方面也不甘寂寞，早在 2008 年就有报道称：沙特阿拉伯亲王瓦利德·本·塔拉勒说，他打算耗资 200 多亿美元建造一个"王国城"。总体来说，阿拉伯建筑具有自己独特的风格，在全球化的背景下，它将会不断吸收各国建筑精华部分，推陈出新，给世界建筑献上更加辉煌的篇章。

第四节　阿拉伯教育

阿拉伯民族是世界上最重视教育的民族之一。阿拉伯地区是最早开设规范等级教育的区域之一。阿拉伯民族崇尚教育，尊重教师，很早就流传"谁教我一个字母，我就做他的奴仆"、"哪怕知识远在中国，也要求取"这样的教育格言，表达了阿拉伯人强烈的求知欲望。

早在阿拉伯帝国时期，类似小学教育的"库泰卜"和中学教育的"马德拉赛"就出现了。库泰卜招收儿童，主要进行小学教育，学习基本的书写与朗读和一些基本的语法、诗词、历史和基本算术。书写练习的内容以世俗散文、名人诗词为主，朗读的内容主要是《古兰经》。这一时期的库泰卜大部分挂靠在清真寺，受宗教机构管理。学习成绩优良的学生，会受到教师或者学校的表扬，有的学生还能享受骑上骆驼，沿街巡游的待遇，以示鼓励学生努力学习，认真阅读。进入马德拉赛，学生学习的内容就要增加很多，不仅要学习内容更深的语文和数学知识，而且要学习《古兰经》注释、伊斯兰教义、伊斯兰教法、"圣训"、哲学、逻辑等课程和知识。据史料记载，阿拔斯王朝哈里发麦蒙在830年创建的智慧馆，已经具有高等教育的性质，智慧馆内设置的公共图书馆、天文台、翻译中心等学术机构，与大学设置比较接近。这些学术机构对外开放，吸引了众多来自各地的学者前来讲学或求学。这一时期，清真寺对教育发展起到了重要的推动作用，清真寺不仅拥有履行宗教仪式的功能，还兼具教学功能，宗教人士和学者在这里传播宗教和文化知识。有些清真寺后来渐渐发展成为著名的大学，如埃及的爱兹哈尔大学、摩洛哥非斯的凯鲁万大学等。建立于1065年的尼采米亚大学是一所史料记载较多的学校，这所大学实行的教师助教制、教学互动制、学生寄宿制、奖学金制等规章制度，对后来欧洲大学的建立与发展产生过很大影响。阿拉伯帝国时期，仅在大马士革和巴格达地区就有各类学校超过50所，出现了神学教育和世俗教育同时并举的景象。

阿拉伯国家获得独立后，各国政府都优先发展教育，促进教育事业快速发展。埃及、叙利亚、阿尔及利亚、沙特阿拉伯等国在这方面都取得了显著的成效。埃及是阿拉伯国家中的教育大国，早在穆罕默德·阿里时期，为了重振埃及的辉煌，埃及就尝试兴办新型学校，学校实行寄宿制，学费、伙食和校服均免费供给，另外，学生每月还有少量的津贴。学生要学习《古兰经》、阿拉伯语、外语、几何、数学和一些军事课程，教师是从欧洲国家聘请来的。这类学校带有准军事性质。为了学习到世界上最先进的文化和知识，埃及还选派了40多名学生去法国留学。之后，埃及又大力推广小学、预科和高等教育，渐渐形成了中央直属和地方所属两种管理模式的学校。20世纪40年代开始，埃及实行小学教育义务制，在读书期间，学生午餐由学校提供。在高等教育方面，政府在推动现代化教育的同时，投入巨资兴建新的大学，目前埃及拥有公立、私立大学共28所，其中政府创办的公立大学有17所。2007年埃及接受高等教育的学生人数约37.69万人。开罗大学、爱兹哈尔大学等成为阿拉伯世界著名的大学。

阿拉伯马格里布地区曾经长期遭受外来殖民者的占领，欧洲侨民人数较多。殖民者在这些国家也开办了许多学校，不少学校是以本国语言进行教学的，很少使用阿拉伯语。但是，在阿尔及利亚，阿拉伯人坚持使用阿拉伯语对学生进行教育，宣扬"伊斯兰教是我们的宗教信仰，阿拉伯语是我们的语言"的爱国主义教育理念。独立后的阿尔及利亚政府十分注重发展教育事业，小学生入学率高达 95%。

沙特阿拉伯是阿拉伯国家中教育经费投入多、教育发展步伐较快的国家。在 20 世纪 30 年代，沙特阿拉伯只有 7 所小学，1 所中学；40 年代，政府分别在吉达和麦加建立了一所工业学校和伊斯兰教法学院，1952 年时建立了一所师范学院。1957 年时，沙特第一所国立大学——利雅得大学建立。沙特现已拥有 19 所不同类别的大学与学院，其中 11 所是大学，以沙特国王大学（前身是利雅得大学）最为著名。沙特政府对高等教育实行免费政策，除向大学生提供食宿外，每月还向学生发放津贴。

总体来说，近二三十年以来，阿拉伯国家各类学校，尤其是各类高等院校发展很快，有近 1/4 的高校是 20 世纪 90 年代以后建立的。为了满足日益增多的年轻人和求知者的读书需求，阿拉伯国家中私立高校、开放大学、虚拟大学纷纷出现，给更多求知者提供了接受高等教育的机会。但是，阿拉伯国家地域广阔，经济发展十分不均衡，因此教育发展差距也很明显。海湾国家、马格里布地区国家、埃及、利比亚、约旦、叙利亚等国发展较快，小学初级教育基本普及，入学率也比较高。但是一些经济发展较为缓慢的国家，如毛里塔尼亚、索马里、也门等国教育发展的速度则比较缓慢，国民中的文盲比例较高，子女受教育的比例较低。

第七章　阿拉伯国家社会与习俗概况

第一节　宗教与信仰

阿拉伯地区是世界上主要宗教的发源地之一。伊斯兰教、基督教、犹太教都在这里留下了许多宗教古迹、宗教故事和神秘的传说，在这里重点讲述伊斯兰教。伊斯兰一词在阿拉伯语中意为"顺从"、"服从"与"和平"。

一、伊斯兰教产生背景及基本知识

公元6世纪末、7世纪初，阿拉伯半岛正处在原始氏族部落解体、阶级社会形成的大变革时期。外来的侵略和传统商道的改变，加剧了半岛的经济危机和社会矛盾。日益加剧的社会危机，外族的不断入侵，促进了阿拉伯民族的觉醒，社会各阶级都在寻求出路。在这样的情况下，伊斯兰教应运而生，成了一股号召和团结民众的强大的精神力量。

伊斯兰教信奉真主，又称"安拉"。安拉原是麦加地区统治者古莱氏部落的部落神。穆罕默德传播伊斯兰教后，即奉安拉为独一的主宰。"你说：他是真主，是独一的主；真主是万物所仰赖的；他没有生产，也没有被生产；没有任何物可以做他的匹敌。"（《古兰经》忠诚章）。

伊斯兰教的经典是《古兰经》，"古兰"一词，在阿拉伯语中意为"诵读、朗读"。《古兰经》共有114章。其中90章主要宣传、赞扬安拉的德行，篇幅短小，感情激昂。另24章主要宣讲宗教的信条、典礼、规章、法律，包括礼拜、斋戒、戒酒、戒赌、天课、圣战等，其篇幅较长。《古兰经》不仅是宗教经典，也可视为政治纲领。穆斯林认为，伊斯兰教经典《古兰经》是真主颁降给他的使者——穆罕默德的，由于颁降地点不同，也把《古兰经》中的章节分别称为"麦加章"和

"麦地那章"。从第一节经文颁降（公元610年"盖德尔"之夜）至最后一节经文颁降（穆罕默德去世前三个月），共历时约22年。

《古兰经》的编辑成册，经历了漫长而又曲折的过程。据历史记载，穆罕默德本人不谙书写，他以真主名义得到启示后，主要是通过"口授"方法，传授给他的弟子们，弟子们再相互传授。因此，《古兰经》最早的传播方式是口口相授，大多数人是把经文记在脑子里的。但是，也有一些知文识字的人把经文记录在椰枣树叶、白色岩石片或者骨片上。能够通篇熟背《古兰经》的人，被称为"哈菲兹"，即"诵读者"。穆罕默德去世后，半岛上发生了一些部落拒绝向伊斯兰麦地那政权缴贡纳税甚至背离伊斯兰教的活动，有的公然宣称脱离伊斯兰政权管辖。为巩固新生的伊斯兰政权，第一任哈里发宣布开始讨伐背叛伊斯兰教的部落。在激烈的讨伐战争中，许多卡里乌战死沙场。

第一任哈里发艾卜·伯克尔感到，随着卡里乌相继去世，《古兰经》大有失传之虞，便令穆罕默德的圣门弟子，广泛收集经文，以免佚失。最先担任收集编辑工作的是曾经在穆罕默德身边工作的宰德·伊本·萨比特，他对收集到的文字经文和口头经文进行了仔细地考证和核对，整理编辑出第一本《古兰经》初稿。艾卜·伯克尔去世后，这本《古兰经》初稿存放在第二任哈里发欧麦尔那里。欧麦尔去世后，又转给了他的女儿——穆罕默德生前的一个妻子哈芙赛，由她负责保存。岁月流逝，在世的卡里乌相继离开人间，但是，穆斯林大规模的对外扩张行动没有停止，越来越多的土地被征服，越来越多的人皈依了伊斯兰教。此时，各地都有一些《古兰经》手抄本，由于阿拉伯语是根据其语法来诵读的，同样意思的单词，因为其语法和所处的格位不同，读音也不一样，因而在诵读《古兰经》时，时常发生分歧，甚至争执。

第三任哈里发奥斯曼决定组织编辑班子，以哈芙赛处的《古兰经》为蓝本，重新校订。校订工作完成后，奥斯曼下令精心抄写了7本，分别保存在麦地那、麦加、大马士革、也门、巴林、巴士拉和库法的清真寺。同时下令销毁各地流行的手抄本。今天在人们手中流传的《古兰经》就是这一版本，所以人们又称其为"奥斯曼版本"。以后，虽有人做标注词尾音符的工作，但都未改动经文。7本手抄本《古兰经》乃是伊斯兰文化中的无价之宝，相传，珍藏在麦地那的一部，后来被土耳其人弄去，转赠给了德国皇帝。

"圣训"在伊斯兰教义中具有重要地位。穆斯林学者认为，"圣训"的重要性仅次于《古兰经》。"圣训"详细诠释了《古兰经》中精练的、原则性的内容。因而，人们认为"圣训"与《古兰经》是伊斯兰教义和法律的基础。

　　穆斯林身份的认定：①信仰真主和真主的使者——穆罕默德。伊斯兰教界定穆斯林身份的唯一条件就是口头念诵"清真言"，即"万物非主，唯有真主，穆罕默德是真主的使者"，这是每个穆斯林必须心口承信的一句话，也是每个穆斯林平生诵念最多的言辞，它是穆斯林信仰的表白。②穆斯林必须遵循和履行五项宗教义务，即念、拜、课、斋、朝。念，是念"作证词"，表示自己信仰真主和他的使者，在宗教活动中，每个穆斯林都必须要首先履行这项义务。拜，穆斯林每天要做五次礼拜，即晨礼、晌礼、哺礼、昏礼、宵礼，星期五到清真寺举行聚礼。礼拜前须沐浴，以示纯洁。课，是指纳天课，这是一种表示慈善的行为，可以自愿施舍给贫困人，也可捐献给慈善机构或有关部门。斋，即斋戒，是表示自己的虔诚和毅力，每年伊历 9 月为斋月，穆斯林在斋月期间从黎明至日落不得吃喝。朝，是去麦加天房朝觐，《古兰经》规定，穆斯林"凡能旅行到天房的人都有为真主而朝觐天房的义务"。去过麦加朝觐的穆斯林都可在自己的名字前加称"哈吉"。

　　清真寺是穆斯林做礼拜和举行宗教仪式的地方，伊斯兰教很重视清真寺的建造。阿拉伯帝国向外扩张时，每到一处都要修建清真寺，清真寺的建筑规模、造型艺术日趋发展。清真寺是独特的伊斯兰建筑艺术中最重要的组成部分之一。在阿拉伯世界，著名的清真寺有：

　　（1）麦加禁寺。这是伊斯兰世界最有名的清真寺，寺院内有"克尔白"，亦即"天房"。相传，天房由先知易卜拉欣父子所建，呈立方体。伊斯兰教出现以前，天房是阿拉伯半岛腹地的宗教中心，供奉在天房内外的大小偶像有 360 尊左右。公元 630 年，穆罕默德率军攻入麦加后，清除了所有的偶像崇拜物体，规定天房为穆斯林朝拜的方向和朝觐的圣地。天房东南角有一块不规则椭圆形的石头，表面光滑，黑中透红，相传是易卜拉欣建造天房时安放的，它是人们凭吊的圣物。历代哈里发都十分重视维护天房和周围的环境。四任哈里发在位期间，天房周围建起了围墙。倭马亚王朝时期再度扩大周围面积，增建了许多新的建筑物。阿拔斯王朝哈里发不但为天房镶嵌金门，还为朝觐者修建了通向天房的道路。至近现代，圣寺被修建得更加庄严宏伟，每年要接待来自世界各地的数以百万计的来此朝觐的穆斯林。

　　（2）麦地那圣寺。伊斯兰历史上最古老的清真寺之一。相传，在 622 年由穆罕默德生前亲自参加建造。穆罕默德的陵墓即位于此，因此被称为伊斯兰圣地。麦地那清真寺经过后人的不断修缮、扩建，至今更显壮观，是朝觐者必去瞻仰之地。

（3）巴士拉清真寺和库法清真寺。这两座清真寺建于阿拉伯帝国征服两河流域地区之后，是伊拉克地区最早的清真寺。在伊斯兰教向东传播过程中，这两座清真寺一度成为这一地区的伊斯兰宗教中心。第三任哈里发奥斯曼时期成文的 7 部《古兰经》，其中两部分别存放在这两座清真寺里。

（4）阿慕尔清真寺。这是阿拉伯帝国在非洲大陆上建立的第一座清真寺。642 年，遵照哈里发的命令，阿拉伯大将阿慕尔·本·阿绥率军攻入埃及，在开罗兴建了清真寺，称阿慕尔清真寺。该寺早期建筑较为简陋，既没有壁龛，也没有宣礼塔，地上铺的是卵石，寺顶用泥和椰枣叶杆建成。法蒂玛王朝时，阿慕尔清真寺被修葺一新，以后又多次扩建，迄今保存完好。

（5）科尔多瓦大清真寺。这座清真寺位于西班牙南部的科尔多瓦，后倭马亚王朝哈里发阿卜杜·拉赫曼一世奠基，历时 7 年建成。清真寺气魄非凡，顶部有西班牙式的尖塔，内有 1293 根巨大柱子支撑寺顶。

除上述清真寺外，闻名阿拉伯世界的还有埃及的爱资哈尔清真寺。叙利亚的倭马亚清真寺，耶路撒冷的阿克萨清真寺、萨赫莱清真寺等。有的清真寺发展成为高等学府，有的成为名胜古迹或宗教圣地。

二、伊斯兰教教派与学派的出现

在穆罕默德去世后，围绕由谁来担任哈里发问题，伊斯兰教内部产生了不同观点。穆罕默德创建伊斯兰政权时，他既是宗教领袖，又是国家首脑。在传播伊斯兰教和巩固国家政权的过程中，他主要依靠四股力量。分别是：①迁士。他们在穆罕默德传教初期就信奉了伊斯兰教，是最早的穆斯林。他们经历过艰难岁月，遭受过异教徒的种种迫害，许多人被迫流亡海外，甚至献出了生命，最后才追随穆罕默德迁居麦地那。他们对伊斯兰教和阿拉伯帝国政权的形成有着巨大贡献。②辅士。他们中大多数是麦地那人。在穆罕默德迁徙到麦地那后，皈依伊斯兰教，他们对伊斯兰教的发展和阿拉伯帝国的兴起予以极大的支持，尤其是给了从麦加迁徙而来的穆斯林在经济和生活方面巨大的帮助。③穆罕默德的血缘亲属。他们也是最早信奉伊斯兰教的穆斯林，他们人数虽少，但和穆罕默德生死与共，从各方面给穆罕默德以很大的帮助。④倭马亚家族。他们是古莱氏部落的分支，在穆罕默德光复麦加后即皈依伊斯兰教，对稳定阿拉伯半岛的局势起了重要作用。

632 年穆罕默德去世时，围绕究竟该由谁来继承穆罕默德开创的事业，上述几种力量展开激烈争夺，尤其是前三股力量，各执己见，相持不下。经过激烈、复杂、曲折的斗争，最终，总算通过协商方式推举了艾布·伯克尔为首任哈里发，避免了穆斯林队伍的分裂。但这未能统一伊斯兰教内部的不同观点，裂痕就此生成。

第三任哈里发奥斯曼执政期间，穆斯林内部矛盾日趋复杂和尖锐。穆罕默德是哈希姆家族成员，而奥斯曼则出身于倭马亚家族。他执政后，采取任人唯亲的做法，把一批倭马亚家族成员相继提拔到阿拉伯帝国的重要岗位，引起民众不满，导致矛盾激化，从而爆发了两个家族之间的权位之争。一批反对奥斯曼统治，支持阿里的穆斯林集结起来，他们包围了奥斯曼住宅，最后杀死了奥斯曼。

奥斯曼遇刺后，阿里被推举为阿拉伯帝国第四任哈里发。但是，他立刻遇到麦地那各种势力的反对，其政权危机四伏。阿里见麦地那政治局势不稳，只得迁都库法。此时，身为叙利亚总督、手中握有军权的穆阿威叶趁机向阿里发难。

穆阿威叶是倭马亚家族人，在阿拉伯对外扩张的战争中屡建战功，被提拔担任了叙利亚地区的最高职务。阿里继任哈里发后，穆阿威叶为逼阿里让位提出缉捕杀害奥斯曼的真正凶手。不久，双方矛盾激化，在绥芬战役中兵戎相见。当穆阿威叶军队渐感不支时，他的谋臣阿慕尔献计，在巧妙地避免了全军覆没时，又分化了阿里军队。阿里遇刺身亡后，穆阿威叶即凭借实际控制的权力，在耶路撒冷宣布继任哈里发，定都大马士革，史称倭马亚王朝。

680年，穆阿威叶之子叶齐德继位。阿里的次子侯赛因被拥立为首领。应信徒们的邀请，侯赛因前往伊拉克。叶齐德知道后，派兵在卡尔巴拉剿杀了侯赛因。这一屠杀举动，在支持阿里的穆斯林心中激起强烈反响，他们纷纷称自己为阿里同派人，"什叶派"便由此出现。

（一）最主要的两个派别为逊尼派和什叶派

什叶派只承认阿里及其后裔才是穆罕默德的合法继任者。该派领袖称为"伊玛目"。后因内部主张分歧，又相继分化出凯萨尼派、十二伊玛目派、宰德派、易司马仪派等支派和许多支系。

逊尼派又被称为"主流派"或"正统派"。在伊斯兰世界里人数众多，分布广泛，逊尼派认为，艾布·伯克尔、欧麦尔、奥斯曼、阿里四位哈里发，都是穆罕默德的合法继任者。这一派还认为，除了经典《古兰经》外，还可根据"逊奈"施政。阿拉伯帝国主要朝代的哈里发，大都属于逊尼派。因法律的制定和执行，逊尼派中也出现不同派系。在教法学派中，逊尼派内有四大学派，它们既有共同点，又有不同点。共同之处是都以《古兰经》和"圣训"作为立法和判案的根本依据。但怎样把教义运用到法律中去解释和实际施行，各派又互不相同。逊尼派的四大教法学派是：哈乃斐派、马立克派、沙菲仪派和罕百里派。随着教法学派的发展、变化，逊尼派中还形成了宗教派系，主要有瓦哈比派、萨努西教团等。

（二）支系派别的介绍

萨努西教团瓦哈比派教义传到利比亚后，遂发展成为萨努西教团，从这一点看，萨努西教团也是逊尼派的一个分支。萨努西教团实质上是一个政教合一的行动组织。萨努西教团的创始人是穆罕默德·本·阿里·萨努西（1791~1889 年），他生于阿尔及利亚，是一名虔诚的穆斯林。他主张恢复伊斯兰教本来精神，反对追求物质享受，不承认土耳其国王的哈里发地位。萨努西外出讲道，经突尼斯、利比亚、埃及来到麦加，接受了瓦哈比派教义。

什叶派与逊尼派的一些观点不同，但什叶派本身又在发展中不断分裂出新的派系。

（1）哈瓦利吉派。这是什叶派中最早分裂出来的派别。657 年，阿里继任阿拉伯帝国第四任哈里发，叙利亚总督穆阿威叶不服，向阿里发难，双方发生战争。穆阿威叶在面临失败的情况下，提出"以《古兰经》裁判"的停战和谈的要求。当时阿里营垒内分为主战和主和两派，主战派占少数，大部分人主张媾和，阿里本人也倾向和解，遂接受穆阿威叶的要求，因此引起主战派的极端不满。当时约有 12000 人离开阿里的队伍出走，被称为哈瓦利吉派。阿布杜拉·本·瓦海布·拉西比为该派的第一任哈里发，宣布不承认阿里与穆阿威叶在伊斯兰社会中的领袖地位。

（2）宰德派。739 年，什叶派中出现一个支派，称为宰德派。首创人宰德是阿里的孙子。该派教义带有浓厚的部族色彩，宰德承认阿里是合法的继承人，也承认前两任哈里发即艾布·伯克尔和欧麦尔是合法的，但不承认第三任哈里发奥斯曼的合法性。因为三人都是哈希姆家族成员，而奥斯曼是倭马亚家族人。此外，宰德否定了什叶派的政教领袖绝不会犯错误的论断。宰德派的观点较温和，他们反对神化宗教领袖，认为伊玛目应选举产生，每个虔诚的信徒都有成为伊玛目的可能。

（3）十二伊玛目派。8~9 世纪，什叶派中产生了十二伊玛目派。"伊玛目"，这里是"政教领袖"的意思。这一派的观点是只承认 12 位政教领袖，他们是阿里及其嫡系子孙，即阿里、哈桑、侯赛因、阿里·本·侯赛因、穆罕默德·巴奎尔、加法尔·沙迪克、穆沙、阿里·里达、穆罕默德·塔吉、阿里·纳吉、哈桑·阿斯卡里、伊玛目马赫迪。该派相信第 12 传的伊玛目年轻时就隐遁了，将来一定会再现，以拯救世人。信仰伊玛目是该派的主要观点之一，信徒们认为，伊玛目不是凡人，是圣人，他们具有安拉所赋予的神慧，不会犯错误。

十二伊玛目派是什叶派中人数最多，影响最大的一个派系，在西亚什叶派穆斯林中，该派人数约占一半。从1502年起，十二伊玛目派在伊朗成为主流派系，该派系还分布在巴基斯坦和印度等地。由于什叶派的圣地（如阿里的墓和侯赛因的墓等）在伊拉克，所以在伊拉克也有一定数量的信徒。十二伊玛目教派内有艾赫巴尔和乌苏勒两大教法学派，前者主张立法只能以《古兰经》和"圣训"作为依据。后者强调"圣训"中的一些内容，不能盲从，教法权威根据《古兰经》的启示精神，对新出现的案例可以作出判断。由于十二伊玛目派拥有自己的一套教义和教法，拥有完整的伊玛目世系，因此，该派被认为是什叶派中的主流派。

（4）易司马仪派。739年，易司马仪派从十二伊玛目派中分裂出来，主要原因是政治斗争。易司马仪派只信奉政教领袖7人，易司马仪派认为，易司马仪是加法尔·沙迪克的长子，应该由他任第七代伊玛目。这种看法的实质，是坚持不与阿拔斯王朝和解，要继续与阿拔斯人战斗下去，所以这一派又称"战斗派"。易司马仪派曾盛行于突尼斯、利比亚、埃及和叙利亚等地。今天，该派只在叙利亚有信徒。

（5）德鲁兹派。德鲁兹派源于易司马仪派。形成于公元11世纪初，德鲁兹的基本教义包括，相信灵魂转世之说，信奉哈基姆是安拉在人世间的代理人，是"活主"，绝对服从哈基姆及其代理人传达的旨意等。但是，德鲁兹派有一些特殊教规，如只准在本教派内择偶婚配，不准和外教派人联姻。又如，他们只过宰牲节和哀悼日，不受斋月约束，不过开斋节。主麻日是在星期四晚上集体在清真寺礼拜。这一教派在叙利亚、黎巴嫩的山区中人数众多，很有力量。

除了上述的这些教派以外，伊斯兰教内还存在其他派系，如卡尔玛特派、尼扎尔派、穆斯塔里派、阿拉维派、艾赫勒·哈格派、谢赫学派、巴布教派、艾巴德派、苏菲派等，在此不一一赘述。

（三）伊斯兰教学术派别的介绍

（1）哈乃斐派。创始人是伊拉克库法人阿布·哈乃斐（699~767年），祖籍波斯。他弃商从文后，潜心钻研《古兰经》和法律学，终于成为巴格达地区著名的教法学权威。他著有《阿布·哈乃斐之法证》和《大法学》等书。阿布·哈乃斐在世时正值阿拔斯王朝第二任哈里发曼苏尔执政，由尚武逐渐转入文治，他的学说正适应国家发展的需要，受到王室的重视。该派一些较著名的学者纷纷被委以司法要职，哈乃斐派的声势渐盛。他们在制定法律（教法和民法）时，主张具体问题具体解决。如一个人的衣服脏了，可以用任何干净的液体洗涤，并不一定局限于水。该派主张，立法引用"圣训"时应十分慎重，如无"圣训"可依，则着重运用类比推理。哈乃斐派的这些观点受到伊拉克、叙利亚、土耳其、印度、阿富汗、中国、马来西亚等国的广大穆斯林的赞同。

（2）马立克派。创始人是麦地那人马立克（715~795 年）教长。他在阿拉伯半岛上享有较高声誉，受到阿拔斯王朝哈里发的重视。著有《圣训易读》，列举了 1700 条关于审判上的惯例。朝觐时期，马立克常收到哈里发馈赠的礼物。该派主张，在制定法律时主要依据《古兰经》，其次是"圣训"。马立克派禁忌较多，正统思想浓厚，信奉者甚众，现盛行于阿拉伯北非地区、叙利亚、埃及等国，在科威特、卡塔尔、巴林等海湾阿拉伯国家中也占优势。

（3）沙菲仪派。创始人是巴勒斯坦人沙菲仪（767~820 年），曾在也门做官，后从事教育和司法工作，逐渐成名，受到阿拔斯王朝哈里发赏识，召他进京讲学。814 年，他迁居埃及，从事立法工作，很受欢迎。沙菲仪派在制订教法时，吸收了哈乃斐派和马立克派的特点，注重"圣训"和"类比"，正视现实，能考虑历史演变、思想状况、风土人情等因素。这一派在埃及和西亚一些国家较为流行。

（4）罕百里派。创始人是伊拉克巴格达人罕百里（780~855 年）。这一学派一度盛行于巴格达周围地区，被认为是逊尼派中的保守派。该派认为，立法一定要在经典中找到明文规定才能成立，应严格遵守《古兰经》的字面意思，坚持伊斯兰的传统，反对一切革新。这一派系盛行于阿拉伯国家的民间。

随着教法学派的发展、变化，逊尼派中还形成了宗教派系，主要有瓦哈比派、萨努西教团等。

（5）瓦哈比派。该派可以说是逊尼派罕百里学派的一个分支，18 世纪中叶由瓦哈卜（1703~1787 年）创立。该派自称"认主独一者"，是近代伊斯兰教复兴思潮和运动的先驱。瓦哈卜的宗教思想是吸取逊尼派罕百里学派的教法学说和伊本·泰米叶（1263~1328 年）的复古主义思想，并针对时弊，提出了瓦哈比派的宗教复兴的主张。他所著的《认主独一论》、《信仰基要》、《疑难揭示》等，奠定了该派教义学说的基础。主要传播于阿拉伯半岛，以及埃及、苏丹、利比亚、尼日利亚、印度、印度尼西亚等地，并在世界不少地区都有影响。

第二节 阿拉伯民俗

阿拉伯民族是一个勤劳智慧、热爱生活、崇尚礼节的民族。几千年来，阿拉伯人民渐渐形成了自己独特的风俗习惯，这些文明习俗是人类文明发展中的重要部分。

阿拉伯人见面时非常注重礼节。一般情况下，人们喜欢握手、拥抱，以表示友好和尊重对方。如果双方相互亲吻对方左右脸颊，则表示很亲热。同一性别之间，且彼此又很熟悉的，双方握手时，往往用力拍击对方的手掌，再使劲相握。如果属于初次见面，双方只要伸出自己的右手，相握以后把右手放在左胸上方，身体微微前倾，以表示对对方的尊重。但是，男女相见时，一般情况下男士不主动与女性握手或与女性合影，应等女性主动伸出手后再与其相握，以免尴尬。因为在一些阿拉伯国家，尤其是海湾阿拉伯国家，女性一般不与男性握手。如果使用拥抱礼节，则是表示热情和尊重。拥抱时，双方互相亲吻对方左右脸颊，如果一方是长辈，那么拥抱后，晚辈还要亲吻长辈的手，以示敬重。

除了上述见面礼节以外，阿拉伯各国还有自己的特殊表达方法和习俗。如科威特某些地方的人见面时，喜欢亲吻对方的额头和鼻子。因为阿拉伯人在做祷告时，额头和鼻子是头部最先着地的部位，亲吻这个部位，一方面是尊重对方，另一方面表示吉祥。而苏丹一些地方的人见面时更加"热情"，相互问候前往往需要一段"长时间的寒暄和问候"。

阿拉伯人的饮料与食品花色繁多。饮料主要有咖啡、茶、酸牛奶、驼奶等。用咖啡招待客人是阿拉伯人的传统待客之道。在阿拉伯联合酋长国，主人通常要客人连喝3杯，以表示热情欢迎。阿拉伯人饮用的茶分为红茶和绿茶，阿拉伯半岛上的人们喜欢喝加糖的红茶，而北非的阿拉伯人，尤其是马格里布地区的人喜欢饮用绿茶。在毛里塔尼亚，有一些部落在招待贵宾时习惯用大瓢取来新鲜骆驼奶，让客人轮流喝，以示热情。面粉和大米是阿拉伯人的主食。面包、大饼、油煎饼、鸡蛋饼是人们经常食用的主食。阿拉伯习惯在米饭中拌入羊油、葡萄干、杏仁等食品，一些地方仍习惯用手抓饭吃。阿拉伯菜也有冷热之分，他们喜欢生吃蔬菜。热菜一般以炖煮、熏烤为主，烤全羊、烤牛羊肉、烤鸡、烤鱼等很受阿拉伯人欢迎。但是，因为宗教和民俗等原因，阿拉伯人严禁吃猪肉、喝酒。

阿拉伯人的服饰特点鲜明。在阿拉伯世界，在繁华的城市、偏僻的乡村甚至空旷的沙漠或半沙漠地区都有身着长袍的阿拉伯人。即便是在炎热的夏天，他们也是身着长袍。一些阿拉伯国家的高级官员，甚至首脑，在工作之余也喜欢脱下西装礼服，换上一件阿拉伯长袍。阿拉伯人穿着长袍已有千年历史，久盛不衰，有其合理性：长袍不仅制作简便，且在沙漠高温下还能有效通风散热。

阿拉伯服饰的另一个特点是头裹缠头巾。一般阿拉伯头巾颜色为白色、花格子和彩条的。在海湾阿拉伯国家，男子在白色头巾上要套上一个黑圈。在约旦、巴勒斯坦等地的阿拉伯人喜欢缠黑白或红白格子的头巾。在也门，男子头巾缠好后，习惯将头巾一角披挂在头的一边。

阿拉伯妇女的服饰千姿百态。既有风靡世界的时髦时装，又有裹住全身只露出双眼的"黑大袍"。黑大袍是由黑纱头巾、黑色披肩和黑色裙子三部分组成的，它将妇女的身体遮盖得严严实实。

阿拉伯人喜爱各类体育活动，除了世界流行的足球、篮球等球类项目外，还喜欢许多民间运动，如赛驼、赛马等。骆驼是生活在辽阔沙漠中阿拉伯人的亲密伙伴，逢年过节时，许多地方要举行各类赛驼活动。在阿曼，每年国庆节时会举办骆驼速跑比赛，决出当年的骆驼冠军。参赛的骆驼一旦获得名次，主人可以得到数千美元的奖励，骆驼本身也身价倍增，高的可达数万美元。经过特殊训练的良种骆驼，时速可超过 50 千米。在阿拉伯联合酋长国，人们喜欢在婚礼之日举行赛驼活动，这天参赛的骑手都要穿上节日盛装，一声令下，几十头骆驼飞驰而去，场面甚是壮观。除了在婚庆和喜庆的日子里要举行赛驼活动以外，阿拉伯联合酋长国有时还要举行跨国骆驼大赛。参赛的骆驼和骑手都是经过严格、艰苦训练的，尤其是骑手从小就受到专门训练，体重受到严格控制。不过，最有趣的还是斗驼比赛。骆驼是一种本性温顺的动物，一般情况下不会发怒打斗，只是在交配时期，骆驼的性格异常，易动肝火，雄性骆驼好争风吃醋。人们就利用这一时期，上演斗驼剧目。他们把两只雄性骆驼拉进斗场，再把一头雌性骆驼拉在一边，两个"情敌"见状，立刻就会进行"决斗"。

赛马活动是阿拉伯民族的传统活动之一，阿拉伯人认为，赛马是一项培养人的意志和胆略的运动。摩洛哥的青年人非常喜欢这一体育项目。在摩洛哥，每逢全国性活动，均有马队参加，届时骑手们表演各种骑术。每年 9 月，梅克内斯城要举行全国最盛大的赛马节，历时 5 天。其间，各地优秀骑手云集，参赛骑手身穿白长袍，脚蹬皮靴，肩扛旧式火枪，每赛完一批，观众们都要为之欢呼雀跃，鸣放火枪，向骑士们表示敬意。

阿拉伯民族能歌善舞，在长期的社会生活和生产劳动中创作了许多优秀歌曲和优美舞蹈。每逢节假日，阿拉伯人喜欢相聚在一起，载歌载舞，欢度佳节。阿拉伯舞蹈，往往腿脚动作多而复杂，双手动作相对较少。在埃及，较为流行的是女子肚皮舞和男子的旋转舞。肚皮舞一般是女子独舞，腰部、臀部、腿部动作很多，难度也很高，双臂只是较简单地伸张和弯曲，手指上戴有金属片，互相拍击，发出不同节奏、变化多端的打击声响。旋转舞是男子身穿多层长裙，手中也有一片圆形彩布，随着舞蹈节奏的变化，舞者身上的长裙纷纷展开，手中的彩布上下飞转，变化莫测，给人一种如痴如醉的感觉。在阿拉伯半岛，人们更喜欢能显示男子刚健气概的大刀舞和剑舞，这类舞蹈生活气息非常浓厚。

第三节　两大节日

在阿拉伯国家，主要节日与宗教节日相关，其中最大的两个节日是开斋节和宰牲节。

一、开斋节

开斋节在伊历 10 月 1 日。伊斯兰教规定，伊历 9 月是斋月，又称拉"莱麦丹"月。斋月中，每个健康的穆斯林都必须斋戒，因为生病或旅行在外而无法斋戒的穆斯林，以后要补上所缺的天数。穆斯林在斋月里，要在黎明前吃好封斋饭，从黎明至日落，禁止吃喝和房事，直至日落后才能开怀饮食。但是，每天的祷告照常进行，晚间由伊玛目带领穆斯林进行夜间祷告。斋月期间，阿拉伯国家政府机构照常工作，但是，工作时间大大缩短。因此，上午街上行人稀少，店铺一般也不开门，很多商铺是在吃了开斋饭后才门户大开，大街上也渐渐热闹起来，人来人往，车水马龙，一直持续到凌晨。

开斋节是阿拉伯国家的国定假日，一般为 3 天。这时，人们恢复了白天吃喝的习惯，节日期间，穆斯林要举行各种庆祝活动，进行集体礼拜，人们相互之间要走亲访友，小孩身穿新衣服，成人则衣着整洁。一些富裕的穆斯林还会向贫苦人进行施舍。

二、宰牲节

宰牲节在伊历 12 月 10 日。在《古兰经的故事》中记载着这样一个故事：有一夜，先知易卜拉欣做了一个梦，梦见真主命他将儿子易司马仪杀掉供献祭。易司马仪是易卜拉欣的亲生儿子，但是，易卜拉欣决心服从真主的意志。他对儿子说："我的孩子呀，真主在梦中命令我把你杀了献祭给他，不知你是否愿意？"儿子顺从地对父亲说："父亲啊，你奉命行事吧！若是真主的旨意，你将会看到我能忍受下来。"于是，父亲捆住儿子双臂，用刀对准儿子的咽喉砍去，但却砍不动。易卜拉欣不知所措，便向真主祈求。真主默示："易卜拉欣啊！你已经按梦境里的启示办了，我就是这样犒赏一切为善的人。"接着，真主从天园里送来一只绵羊，易卜拉欣宰了羊，这头羊就是易司马仪的替身。穆斯林为了纪念这件事，表示感谢真主，每年都在这天宰牲献祭。这就是宰牲节的由来。宰牲节中，穆斯林除了宰牲以外，也要举行各种庆祝活动。在中国，宰牲节又称"古尔邦节"。

在阿拉伯国家除了上述两大节日外，还有"圣纪"、"盖得尔之夜"、"阿舒拉日"、"登霄日"、"法蒂玛祭日"等宗教节日。每个阿拉伯国家都有自己的国庆日、革命节、独立日等节日，有一些国家还规定了教师节、母亲节等节日，届时，政府要举行不同规模的庆祝活动。

第四节　著名城市与景观

一、阿拉伯国家的著名城市

阿拉伯世界地域辽阔，各国都有极具地方特色的城市，这些城市文化底蕴深厚，有的是历史名城，有的是旅游名城，有的是宗教圣地。较为著名的城市有：

（一）千塔之城——开罗

开罗是阿拉伯埃及共和国的首都，开罗面积 3085.12 平方千米，占埃及国土面积的 0.34%。尼罗河从开罗城中穿越而过，城市气势宏伟，景色优美。

开罗是一座历史古城，在 7 世纪中叶，兴起于阿拉伯半岛的阿拉伯帝国向非洲扩张，著名将领阿慕尔·本·阿绥率领军队踏上了埃及，在今天开罗南郊福斯塔特安营扎寨，之后又把该营地定为埃及首府，并赶走了拜占庭的军队。公元 10 世纪时，历史上著名的什叶派王朝——法蒂玛王朝迁都开罗后，开始大兴土木。该王朝一心要让新建的城市在规模和气势上超过阿拔斯王朝都城——巴格达，开罗因此而快速发展。法蒂玛王朝后，历代统治者都把首都定在开罗，直至今日。埃及人更把开罗称为"城市之母"。

开罗是古今建筑之都、古今文化之城、古今旅游之城。埃及是人类文明发祥地之一。尼罗河文明创造的金字塔、狮身人面像等古埃及文化震撼了世界，被誉为地中海七大奇迹的金字塔等建筑就位于开罗西南方向。阿拉伯人进入开罗的同时，带来了伊斯兰文化和伊斯兰建筑。伊斯兰在非洲建造的第一座清真寺——阿慕尔清真寺就建在开罗，伊斯兰世界的最高学府——爱兹哈尔大学也建立在开罗。另外，不同时期兴建的，造型不一的，数以千计的清真寺和宣礼塔在开罗比比皆是，因而开罗又有"千塔之城"的美誉。

埃及地跨亚非两大洲，开罗成了世界文化的汇聚地和交流地，欧洲国家在统治埃及的时候修建了众多风格迥异的欧洲式建筑、宫殿和别墅。埃及独立后，开罗进入发展时期，一座座现代化的建筑拔地而起，为古老的开罗注入了现代元素，吸引了来自世界各地的游客。

今天的开罗是阿拉伯世界最大的城市，也是埃及政治、经济和文化的中心，中东地区的政治、经济和商业中心。开罗的纺织业、制造业、汽车业、机械业、钢铁业、石油化工业等在全国占有重要地位。国家银行、外资银行、金融财团、经济中心等都把总部设在开罗。开罗是将历史与现实结合得非常完美的城市，在那里你可以探寻几千年来的人类发展历史，也可以尽情享受五光十色的现代生活。

（二）千年古城——巴格达

巴格达是伊拉克的首都，位于伊拉克中部地区，面积 860 平方千米，人口约 560 万，举世闻名的底格里斯河是巴格达的母亲河，河上架有多座桥梁把巴格达东西两部分紧紧地连在一起。

巴格达历史悠久。750 年，阿拉伯帝国历史上最辉煌的阿拔斯王朝建立，第二任哈里发曼苏尔即位后，亲自勘探选址，决定在底格里斯河西岸兴建巴格达为都城。巴格达原来是底格里斯河畔的一个小村落，意为"天赐"，曼苏尔之所以圈定这个地方，是他认为"这是一个优良的营地，这里有底格里斯河，可以把我们和遥远的中国联系起来，可以把各种海产和美索不达米亚、亚美尼亚及其四周的粮食运来给我们"。曼苏尔是个思想比较开放、很有作为的哈里发，开创了非阿拉伯人担任阿拉伯帝国宰相的先例。他调集了帝国境内不同民族的著名建筑家和建筑工程人员逾 10 万人，历时 4 年，大建新都，762 年巴格达初具规模。据历史记载，早期的巴格达呈圆形，故又称团城。整个城市以哈里发的宫殿为中心，层层向外扩展，最外圈是百姓住宅、市场和街道。团城建有三道城墙，四扇城门，四条大道。历史学家认为，这是按哈里发"众星拱月"、"以我为中心"的思想理念设计的。巴格达建成后，适逢阿拉伯帝国逐渐走向辉煌与顶峰时期，帝国的工农业生产和科学文化技术都达到了世界先进水平，巴格达随之成为阿拔斯王朝的政治、经济、商业、文化宗教的中心。那时的巴格达已经成为蜚声世界的名城。名著《一千零一夜》中的许多故事，便是以巴格达为舞台背景的。

1258 年随着阿拔斯王朝的灭亡，巴格达遭遇了蒙古军的洗劫，城中的许多著名建筑和宫殿被毁。1534 年时，巴格达被奥斯曼帝国占领，1917 年英国又占领了巴格达。1921 年伊拉克宣布独立，巴格达成为了现代伊拉克的首都。

在两伊战争爆发前，经过伊拉克人民长期的精心修缮、装点和扩建，巴格达迈入了现代化城市的行列，市内高速公路、高架立交路四通八达，花园别墅、高层建筑、共和国宫、国际会议中心大厦、巴比伦饭店等现代建筑比比皆是，形成了古老建筑与现代建筑并存相容、交相辉映的奇妙景色。海湾战争后，伊拉克受到联合国的严厉制裁。2003 年，美国攻打伊拉克，推翻了萨达姆政权，巴格达在战火中一些文明古迹被毁，许多博物馆的珍贵文物、史料被劫，城市建设停止，基础设施毁坏严重。

（三）古迹之都——大马士革

大马士革是叙利亚首都，位于叙利亚的西南部，面积 100 平方千米，人口约 143 万人。巴拉达河是马士革的城中河，河水由北向南穿城而过。

史载，大马士革城市有 4000 多年古老悠久的历史，最早在此建城的是闪米特人的后裔。由于大马士革地处东西交通要道，该地手工产品数量多，质量好，故被希腊人称为"手工作坊"。波斯帝国强盛时期，大马士革被波斯人占领，后又被希腊和罗马、拜占庭人所控制。阿拉伯帝国兴起后，大马士革成了阿拉伯人对外扩张的首选目标之一，阿拉伯人经过多次攻城、围困，最终通过谈判占领了大马士革。661 年，穆阿威叶登上哈里发宝座，创建倭马亚王朝，定大马士革为首都。1187 年，阿拉伯民族英雄——阿尤布王朝创始人萨拉丁率领阿拉伯军队与十字军进行圣战，争夺巴勒斯坦，萨拉丁依靠阿拉伯人自己的力量夺回了被西方人占领了几十年的耶路撒冷，由此赢得了阿拉伯人的千年颂扬。萨拉丁去世后就安葬在大马士革。16 世纪，大马士革被奥斯曼帝国攻占，400 多年后又被法国人占领。1946 年，叙利亚宣布独立，大马士革成为新生叙利亚的首都。

大马士革是多种文化汇集、古迹文物荟萃的城市。在长达 4000 多年的历史进程中，闪米特人后裔、希腊文明、罗马文明、拜占庭文明、基督教文明、阿拉伯伊斯兰文明在大马士革留下了众多的遗迹，有的被保留下来了，有的和其他文明融为一体了，有的则消失在历史长河之中了，大马士革东部的恺撒之门和附近的圣保罗教堂是基督教文明的典型代表作。阿拉伯人到来后，带来了阿拉伯伊斯兰文化，名闻遐迩的倭马亚清真寺实际上是在一座基督教教堂基础上兴建的，建造这座清真寺共耗时 15 年，先后动用了 1 万多名工匠，采用石料工艺，精美绝伦，时至今日，这座清真寺依然巍然耸立在大马士革。1980 年联合国教科文组织将大马士革收入《世界文化与自然遗产保护名录》。

（四）高楼之母——萨那

萨那是也门共和国首都，是也门政治、经济、文化中心。萨那位于也门中部高原地区，海拔 2300 米左右，东西长约 4 千米，南北宽约 1 千米，人口约 100 万。人们习惯把萨那分为老城和新城，老城区在东面，新城区在西面。之所以称为"萨那"，是因为该城的手工艺人工艺精湛，产品精良。"萨那"一词在阿拉伯语中意为"工艺"。

萨那历史悠久。相传，萨那是先知诺亚全家幸免洪水之难后建造的第一座城市，也是方舟到达的地方。公元前 2000 年左右，也门这里相继出现了马因王国、赛伯伊王国、希木叶尔王国等奴隶国家，希木叶尔王国在公元 1 世纪的时候，把都城迁往萨那。早期的基督教和犹太教都非常看重萨那这块宝地，派出传教士四处活动。但是，这些活动都未能使萨那基督教化或者犹太化。波斯与拜占庭两大帝国也为也门进行过激烈地争斗。伊斯兰教出现后，极为重视萨那。相传，穆罕默德派出了弟子穆厄尼远赴萨那传播伊斯兰教，并获得成功。从那以后，也门萨那就成为了阿拉伯帝国的重要组成部分。1990 年 5 月 22 日，南北也门宣布统一，萨那再次成为也门首都。

萨那是人类城市建筑、高楼建筑的先驱。如前所述，萨那是宗教故事所讲的洪水灾难后建造的第一座城市。另有史书记载，人类建造的第一座摩天大楼——雾木丹宫也在萨那。也门老城区是典型的古阿拉伯建筑群集聚区域。"也门之门"据说是穆罕默德弟子穆厄尼在也门传教的地方，是唯一幸存的老城门，也是老城区的主要入口处。老城内的大清真寺，据说是在穆罕默德在世时开始建造的，距今已有 1300 多年的历史，它是伊斯兰历史上最古老的清真寺之一，寺内的图书馆藏有许多稀世珍品。1986 年，萨那被联合国教科文组织列入《世界遗产名录》。

（五）圣城——麦加和麦地那

麦加和麦地那都在沙特阿拉伯境内。麦加面积约 26 平方千米，人口 40 万人左右。麦地那面积约 50 平方千米，人口约 50 万人。这两座城市都充满了伊斯兰教的气氛，建筑物均具伊斯兰色彩。麦加位于沙特阿拉伯的西部。麦加自古以来就是阿拉伯半岛上的宗教中心，是穆罕默德的出生地和他开始传播伊斯兰教的地方。麦地那位于沙特阿拉伯西部，在麦加的东南方向，麦地那是伊斯兰教的先知穆罕默德建立政教合一政权的地方，是初期伊斯兰政权的政治中心，也是穆罕默德的陵墓所在地。麦地那集聚了早期伊斯兰教的许多历史古迹，有被誉为世界上第一座清真寺的库巴清真寺，有穆罕默德亲自参加建造的先知清真寺，有第一任哈里发的墓地、伍侯德战役阵亡烈士陵园等。在麦地那郊外，有穆罕默德亲自参加的白得尔战役、伍侯德战役的古战场遗迹。麦加和麦地那这两座城市是伊斯兰教的圣城，是穆斯林的向往之地。这里每年要接待数以百万计的穆斯林朝觐者，禁止非穆斯林入内。20 世纪 70 年代以来，每年来朝觐的人数约 200 万。

（六）水塔之城——科威特城

科威特城是科威特的首都，面积 80 多平方千米，人口约 70 万（包括郊区人数在内）。"科威特"一词的意思是"小要塞"，由印地语"科特"意为"要塞"一词变化而来。

科威特城是科威特政治、经济、文化中心，也是世界上建设速度最快、发展最快的城市之一。18 世纪时，科威特是一个渔村小港。1961 年 6 月科威特独立，政府宣布科威特城为首都，那时候的科威特城，人口不足 8 万人，面积也不足 8 平方千米，贫困、落后，人们以采珠、捕鱼和经商为生。但是，仅仅过了 20 多年，科威特城的面貌就发生了天翻地覆般的变化，进入了世界现代化城市的行列。科威特城最具特色的是它的城市标志物——3 个大水塔，又称科威特塔，最高的一座高达 187 米，塔身采用圆柱形状，圆球置于圆柱上，圆柱上部呈长矛形状，穿过圆球，直插云端。科威特是个"淡水贵如油"的国家，没有江河水资源，大部分淡水是从海水淡化而来，因此在科威特全国还有类似的三五成群的水塔建筑，向高层建筑提供淡水。远远看去，塔身像巨大的蘑菇，塔尖像宣礼塔。除了城市有大水塔以外，百姓家屋顶上几乎都有自己的储水塔，这也是科威特城的另一个特点，大大小小、形状奇特、圆的方的，构成了科威特城的另一个"奇观"。

（七）古都与鲜花之城——突尼斯城

突尼斯城是突尼斯的首都，位于突尼斯的北部，面积 1500 平方千米（包括市郊），人口约 225 万人。突尼斯城是一个港口城市，城中有突尼斯运河缓缓流过。突尼斯城具有深厚的历史文化积淀。历史上著名的迦太基与今天的突尼斯有着千丝万缕的关系。突尼斯城分为老城和新城。老城麦地那城依然保持着古朴的阿拉伯伊斯兰风格。

（八）绿洲古城——的黎波里

的黎波里是利比亚的首都，位于利比亚的西北部，人口约 200 万人。由于的黎波里位于撒哈拉大沙漠的北部延伸区域，靠近地中海的南岸，受地中海气流影响，气候宜人，满城花香草绿，植物茂盛。人们习惯将这座城市称为"绿洲古城"，或称其为"沙漠中的旅游城"。

事实上，在阿拉伯世界有两个名为的黎波里的城市，一个在今天的黎巴嫩，一个在今天的利比亚。这两座城市都是腓尼基人所建造，前者称东的黎波里，后者称西的黎波里，因而这两座城市都具有古老的历史与多元文化的遗迹。的黎波里城内外有着不同时代遗留下来的文明古迹，有古罗马的斗技场，有古城堡、古宫殿，有阿拉伯古建筑和古清真寺。今天的的黎波里分为旧城区和新城区。旧城区又称"红堡"，这里凸显着阿拉伯伊斯兰传统文化，保留着浓厚的古阿拉伯集市贸易特色。

（九）印度洋畔的白色明珠——摩加迪沙

摩加迪沙是索马里共和国的首都，位于索马里的东南部，面积 20 多平方千米，人口约 150 万人。摩加迪沙还拥有索马里的著名河流谢贝利河。摩加迪沙虽然紧靠地球赤道，属于气候炎热地区，但是，由于摩加迪沙绿色植物茂盛，且频频受到印度洋气流的影响，这里的气候并不十分炎热，成为了人们旅游度假的胜地。摩加迪沙一带土地呈棕红色，当地人称这块地方叫"哈马"，意为红色，这个词与阿拉伯语"红色"也很接近。"摩加迪沙"一词据说来自波斯语，意为"国王所在地"，因为 10 世纪前后，波斯人和阿拉伯人经常在此进行贸易活动，使得这一块地方成为了商业活动中心。

摩加迪沙是一座千年古城，也是较早接受伊斯兰教的城市之一。城内的建筑物颜色大部分是白色，因而有"白色明珠"之称。摩加迪沙是我国较早了解并有往来的外国城市之一，中国明朝大航海家郑和曾经两次远航抵达此地，在我国历史书中有不少关于摩加迪沙风土人情的记载。

（十）地上的伊甸园——贝鲁特

贝鲁特是黎巴嫩的首都，位于黎巴嫩的中部，面积 67 平方千米，人口约 180 万。贝鲁特东依黎巴嫩山脉，西临地中海，气候宜人，城市秀美，素有"阿拉伯的瑞士"、"东方的日内瓦"等美称。贝鲁特曾经是中东的金融中心、文化中心、出版业中心、世界情报中心。据说"贝鲁特"一词源于古代腓尼基语，意为"多井之城"，或许是因为贝鲁特地下水资源丰富，水井较多的缘故。今天的贝鲁特依然是中东地区赫赫有名的旅游胜地。城市内外数不胜数的腓尼基人的村落、神庙、古城遗迹，罗马人的城堡、城墙、剧场、庙宇、澡堂，十字军的军事堡垒，伊斯兰教各个时代的清真寺等见证着贝鲁特的悠久历史与文化。

值得一提的是，在贝鲁特城郊有一堵"留言崖"，上面留下了珍贵的已经消失的古文字和正在使用的现代文字，文字记载了贝鲁特的历史变迁。贝鲁特以其独特建筑风格与气候环境吸引了世界各地的游客。

（十一）西亚历史名城——安曼

安曼是约旦王国的首都，位于约旦北部地区，人口约 200 万。安曼是一座具有 3000 多年历史的古城，曾经多次被外来民族占领。当埃及法老王强大时，安曼被古埃及人占领，当两河流域强国兴起时，安曼先后被亚述、巴比伦人统治，当希腊亚历山大和罗马帝国东扩时，安曼成了帝国东扩交通上的重要堡垒。7 世纪阿拉伯帝国向外扩张时，安曼成了阿拉伯人最早北扩的区域之一，之后，安曼渐渐被阿拉伯化。约旦王国建立后，安曼成为其首都。

安曼城市最大的特点是依山建城。住房别墅、商场旅店、王宫庭院等建筑都依山而建，因而整个城市建筑都不高，三四层的楼房居多，道路多呈狭窄、曲折、起伏不定的形状。安曼城遍布名胜古迹，古今建筑融为一体、新老习俗和睦相处为一大特色。

（十二）地中海畔的珍珠——阿尔及尔

阿尔及尔是阿尔及利亚的首都，位于阿尔及利亚北部沿海地区、地中海畔，是一座山城，人口约 280 万人。"阿尔及尔"一词在阿拉伯语中是"岛屿"的意思，相传，早年有阿拉伯人来到这里，看到地中海畔有许多小岛，在海水的冲刷中显得美丽，故而惊呼"阿尔及尔"，以后便将此地称为"阿尔及尔"。事实上，阿尔及利亚国名和阿尔及尔在阿拉伯语中是同一个单词。阿尔及尔城市具有 1000 多年的历史，由阿拉伯人和当地土著柏柏尔人共同建造的。1830 年，法国依靠强大的军事力量征服阿尔及利亚，但没能改变阿尔及尔的阿拉伯属性。1962 年 7 月，阿尔及利亚独立，阿尔及尔成为其首都。阿尔及尔分为老城和新区。老城依山而建，坐落在北非著名的阿特拉斯山脉的北麓，又称"妊喀士巴"。阿尔及尔人喜欢白色，城市建筑物大都选用白色石料，服装与头巾也选择了白色，就是国家的旗帜也选择了白和绿的颜色。因而阿尔及尔被人们称为"地中海畔的一颗珍珠"。

（十三）世界三大宗教共同的圣城——耶路撒冷

耶路撒冷是举世闻名的城市，位于地中海东岸、巴勒斯坦中部地区，面积158 平方千米，人口约 75 万人。耶路撒冷，犹太人称其为"尤罗萨利姆"，传承了当地古老的叫法，阿拉伯人称其为"古德斯"，意为"圣城"。

1947 年以前，耶路撒冷由英国人托管。1947 年 11 月联合国召开巴勒斯坦问题会议，把耶路撒冷定为国际共管地区，引起阿拉伯人的不满。在第一次中东战争中，耶路撒冷西区被以色列占领，东区被约旦控制。在第三次中东战争中，以色列发动闪电战，控制了整个耶路撒冷。1980 年，以色列议会通过了耶路撒冷是以色列"永久和不可分割的首都"的决议。1988 年巴勒斯坦通过《独立宣言》，宣布耶路撒冷是巴勒斯坦国的首都。

耶路撒冷是犹太教、基督教、伊斯兰教三大宗教的共同圣城。公元前 10 世纪时，犹太人在这里建造了所罗门圣殿，耶路撒冷成了犹太人向往的神圣地方，今天，圣殿早已不复存在，但是那历尽沧桑遗留下来的"哭墙"成了犹太教最神圣的地方。每天都有虔诚教徒来此做宗教仪式。耶路撒冷也是基督教的圣地，相传，耶稣诞生在离耶路撒冷 17 千米的伯利恒，那里有座马赫德教堂，就是为纪念耶稣而建造的。基督教中关于耶稣受难、埋葬、复活、升天等事情都发生在耶路撒冷。在耶稣墓地上，后人盖起了一座复活教堂，又称圣墓教堂。因而这里也是基督教的圣地。耶路撒冷圣殿山上的圆顶清真寺和阿克萨清真寺告诉世人，这里是伊斯兰教的圣地。公元 7 世纪，穆罕默德传播伊斯兰教，有一天夜晚，他在天使的陪伴下骑上一匹飞马从麦加来到耶路撒冷，再从这里上了七重天。"登宵之夜"的故事，让耶路撒冷成了伊斯兰教的第三大圣地。两座清真寺在伊斯兰教中具有十分神圣的地位。

耶路撒冷是世界三大宗教、多个民族、多元文化的集合地。1860 年以前，耶路撒冷建有围墙，城内分成了穆斯林居住区、犹太教徒居住区、基督教徒居住区和亚美尼亚人居住区。三大宗教的圣殿遗址、教堂、清真寺都分布在城里。随着人口的增多和城市发展，耶路撒冷发展成为了东西两大城区，东区以阿拉伯人居多，西区以犹太人为主。其城市风格大不相同，东区古朴，西区现代。

（十四）古港新城——马斯喀特

马斯喀特是阿曼苏丹国的首都，位于阿拉伯半岛东南部、波斯湾进出口处，是波斯湾与印度洋通道上的重要港口，市区面积约 50 平方千米，人口约 50 万人。阿曼人有时候把马斯喀特周边城镇都划入马斯喀特市，并用"首都地区"或"大马斯喀特"称呼。大马斯喀特的面积要远远大于马斯喀特市区的面积。

马斯喀特与中国交往的历史非常悠久。古时候，中国在对外交往经商中，开辟了海上"香料之路"，中国的商船远航至西亚和非洲等地，马斯喀特就是香料之路上的重要停靠港口。

二、阿拉伯国家的著名景观

（一）卡塔尔

卡塔尔近年大力发展旅游业，兴建不少景点，著名的有伊斯兰艺术博物馆和珍珠岛。

1. 伊斯兰艺术博物馆

伊斯兰艺术博物馆由著名建筑师 I.M.Pei（贝聿铭）设计，占地 4 万多平方米，简洁的白色石灰石，以几何式的方式叠加成伊斯兰的风格建筑，中央的穹顶连接起不同的空间，古朴且自然。博物馆内收集并保存了来自世界各地的各种伊斯兰艺术品，横跨 7 世纪到 19 世纪的时间长河，其中最为珍稀的是一张制于 14 或 15 世纪红色丝织地毯，被称为帖木儿棋盘花园地毯，是伊斯兰统治者铁木尔所钟爱的物品，此外还有来自 1696 年印度莫卧儿王朝的宫廷翡翠护身符。

2. 珍珠岛

珍珠岛是多哈填海造出来的岛屿，耗资数亿元，因酷似珍珠而得名，岛上是一片大型的豪华住宅区，有豪华购物店、露天咖啡屋，甚至还有高温下的街头表演，你还能看到五颜六色的私人游艇停泊场。

（二）埃及

埃及是阿拉伯的旅游胜地，其著名景观有埃及金字塔、卢克索古城、埃及博物馆、开罗塔。

埃及金字塔是古埃及法老（即国王）和王后的陵墓，呈方锥形，始建于公元前 2600 年，共 70 多座，大部分位于开罗西南部吉萨高原的沙漠中，为世界公认的"古代世界八大奇迹"之一。金字塔内有甬道、石阶、墓室、木乃伊等。

埃及金字塔是古埃及文明最具有影响力和持久力的象征。最大、最有名的是祖孙三代金字塔——胡夫金字塔、哈夫拉金字塔和门卡乌拉金字塔（孟卡拉金字塔），其中尤以胡夫金字塔最为出名。

卢克索古城位于南部尼罗河东岸，南距阿斯旺约 200 千米，因埃及古都底比斯遗址在此而著称，是古底比斯文物集中地。由于历经兵乱，多已破坏湮没，现在保存较完好的是著名的卢克索神庙，其中尤以卡尔纳克神庙最完整，规模最大。神庙修于 4000 多年前，完成于新王朝的拉姆西斯二世和拉姆西斯三世，经历代修缮扩建，占地达 33 公顷。神庙之间有巨大的柱廊相连，每根柱高达 21米，上有精美浮雕和彩绘。

埃及博物馆坐落于开罗市中心解放广场，1902 年建成开馆，是世界上最著名、规模最大的古埃及文物博物馆。馆藏 5000 年前古埃及法老时代至公元 6 世纪的历史文物 25 万件，其中大多数展品年代超过 3000 年。博物馆分为二层，展品按年代顺序分别陈列在几十间展室中。馆藏多种文物，如巨大的法老王石像、纯金制作的宫廷御用珍品，大量的木乃伊、重 242 磅的图坦卡蒙纯金面具和棺椁，其做工之精细令人赞叹。

埃及博物馆藏品在 10 万件以上，在介绍埃及文化特别是在介绍法老时期和希腊—罗马时期的古物方面，是无与伦比的。进入大门，映入眼帘的是数不胜数、种类繁多的石头：石人、石棺、石碑、石柱等。

开罗塔坐落在尼罗河中的扎马利克岛上，仿照埃及的象征物——莲花所建，整个塔身镶有 250 万块米黄色的瓷砖，如莲花般绽放，于 1961 年 4 月 1 日建成开放。在入口处上方镶有埃及共和国的标志—— 一只高 8 米，宽 5 米的铜鹰，在塔的第 14 层是旋转餐厅，埃及政府常在此设宴招待外宾。开罗塔就像巴黎的埃菲尔铁塔一样，是埃及人心中的骄傲。

（三）摩洛哥——卡萨布兰卡

卡萨布兰卡是摩洛哥的第一大城市，东北距首都拉巴特 88 千米，濒临大西洋，树木常青，气候宜人。从海上眺望这座城市，上下是碧蓝无垠的天空和海水，中间夹着一条高高低低的白色轮廓线。有时候大西洋上海浪滔天，港内却水波不兴。南北绵延几十千米的细沙海滩，是最好的天然游泳场。沿岸的旅馆、饭店和各种娱乐设施掩映在一排排整齐而高大的棕榈树和橘子树下，有它绮丽独特的引人之处。卡萨布兰卡，习惯上被称为卡萨，早在摩洛哥作为法国保护国时，法国便将其建设成为一个庞大的现代化大都市。现存的摩洛哥传统元素，包括现代宗教建筑奇迹——巨大的哈桑二世清真寺，毫无疑问仍在提醒着世人辉煌的往昔。而那部著名的同名电影和歌曲，给这座城市烙上了永恒爱情的商标。

(四) 沙特阿拉伯——麦加禁寺

麦加城中最著名的清真寺是伊斯兰教第一大圣寺。据《古兰经》称，此地禁止凶杀、抢劫、械斗，故又称禁寺。它是一个由上下两层长廊环绕的露天大院，经过几个世纪的扩建和修缮，面积现为 16 万平方米，可容 30 万穆斯林同时做礼拜。圣寺有 25 道大门，6 道小门。6 座高耸入云的尖塔分别耸立在 3 座大门两侧。围墙、台阶和整个地面，都用白色大理石铺砌，日中，艳阳之下，光华闪烁。入夜，华灯齐放，宛如白昼。圣寺广场中央稍南，屹立着巍峨的圣殿克尔白（意即方形房屋），又称天房（真主之房）。这座灰色岩石构成的圣殿长 12 米，宽10 米，高 15 米。圣殿外面，从上而下，终年用黑色锦幔覆盖，下有钢环固定于圣殿底座，锦幔中间围绕一条长 61 米的阔带，阔带和门帘上用镀金银线绣着《古兰经》。锦幔每年更换一次，据说这个传统已持续 1300 余年。圣殿内，3 根高柱巍然屹立，一盏盏金银吊灯相映生辉，气氛庄严。圣殿外的东南墙角，镶嵌着一块高 1.5 米，长 30 厘米带微红的褐色陨石，它就是有名的黑石，又称玄石。据传黑石是天使递交给易卜拉欣而被遗留下来的圣物。黑石因有裂缝，1844 年以银框把它镶入墙内。每年朝觐者口念"我们来了，安拉啊！我们遵命来了……"涌进禁寺，逆时针方向游转天房。人流走过此石时，争先与之亲吻或举双手以示敬意。

(五) 约旦——佩特拉古城

佩特拉古城（公元前 9 年~40 年），是约旦历史古城、神秘古城之一、最负盛名的古迹区之一。2007 年 7 月 8 日被评选为世界新七大奇迹。佩特拉古城位于约旦南部沙漠，距首都安曼约 260 千米、海拔 1000 米的高山峡谷中，它几乎是全在岩石上雕琢而成，佩特拉遗址的岩石带有珊瑚宝石般的微红色调，在阳光照射下熠熠发亮。特殊的地貌使它呈现出绝美的颜色，故又被称为"玫瑰古城"。佩特拉为纳巴泰人（古代阿拉伯部落）的王国首都，公元前 1 世纪时极其繁荣，106 年被罗马帝国军队攻陷，沦为罗马帝国的一个行省，所以现在还能看到很多在古罗马文化中常有的建筑。3 世纪起，因红海贸易兴起代替陆上商路，佩特拉开始衰落，7 世纪被阿拉伯军队征服时，已是一座废弃的空城。直到 1812 年为瑞士旅行家重新发现而重见天日。

(六) 阿拉伯联合酋长国——哈利发塔

哈利发塔，原名迪拜塔，又称迪拜大厦或比斯迪拜塔，是世界第一高楼与人工构造物，始建于 2004 年，当地时间 2010 年 1 月 4 日晚，迪拜酋长穆罕默德·本·拉希德·阿勒马克图姆揭开被称为"世界第一高楼"的"迪拜塔"纪念碑上的帷幕，宣告这座建筑正式落成，并将其更名为"哈利发塔"。哈利发塔高828米，楼层总数162层，造价15亿美元，大厦本身的修建耗资至少10亿美元，还不包括其内部大型购物中心、湖泊和稍矮的塔楼群的修筑费用。哈利发塔总共使用33万立方米混凝土、6.2万吨强化钢筋，14.2万平方米玻璃。为了修建哈利发塔，共调用了大约4000名工人和100台起重机，把混凝土垂直泵上逾606米的地方，打破上海环球金融中心大厦建造时的492米纪录。大厦内设有56部升降机，速度最高达17.4米/秒，另外还有双层的观光升降机，每次最多可载42人。

第八章 主要阿拉伯国家概况

第一节 埃及概况

一、国情综述

阿拉伯埃及共和国（The Arab Republic of Egypt，简称埃及）地跨亚、非两洲，隔地中海与欧洲相望，大部分位于非洲东北部，只有苏伊士运河以东的西奈半岛位于亚洲西南部，西与利比亚为邻，南与苏丹交界，东临红海并与巴勒斯坦、以色列接壤，北临地中海。海岸线总长 2936 千米，国土面积 100.145 万平方千米，94% 为沙漠。首都是开罗。官方语言为阿拉伯语，大多数国民亦视其做母语，科普特语在埃及的科普特人基督教教堂中使用。英语及法语在大城市及旅游区通用。货币为埃镑。

埃及全境干燥少雨，尼罗河三角洲和北部沿海地区属亚热带地中海型气候，其余大部分地区属热带沙漠气候。埃及的矿产资源有石油、天然气、铁、磷酸盐等。

根据埃及中央机构公众动员和统计局的数据显示，截至 2014 年底，埃及人口 8700 万，约有 96% 的人口密居在尼罗河谷和三角洲地区。埃及的主要民族有东方哈姆族（埃及阿拉伯人、科普特人、贝都因人、柏柏尔人），占总人口的 99%，努比亚人、希腊人、亚美尼亚人、意大利人后裔和法国人后裔占 1%。埃及是全民信教的国家，伊斯兰教为国教，埃及约 90% 的人口信仰伊斯兰教逊尼派，约 10% 的人口信仰基督教的科普特正教、科普特天主教和希腊正教等教派。

二、经济发展

（一）宏观经济

埃及属开放型市场经济，其主要外汇收入来自于石油天然气、旅游、侨汇和苏伊士运河。2011 年以来的埃及动荡局势对国民经济造成严重冲击。埃及政府采取措施恢复生产，增收节支，吸收投资，改善民生，多方寻求国际支持与援助，但收效有限。2014 年 6 月，埃及塞西政府上台以来，得到海湾阿拉伯国家大量财政支持，经济情况有所好转。至 2015 年，埃及 GDP 为 3307.7 亿美元，经济增长率达 4.19%，人均 GDP 为 3740.25 美元，国民储蓄率为 10.87%，通胀率和失业率分别为 11.38% 和 12.88%。此外，2015 年 3 月，埃及政府公布了《四年发展和投资规划》，包括改善财政、推动经济增长、吸引外国投资、改革福利制度等一揽子政策投资建设经济适用项目，旨在实现国家经济的包容性和可持续发展。

不过补贴制度依然阻碍埃及的经济发展，此制度不仅给埃及政府带来巨大的财政赤字，且也没有使最需要补贴的穷人受益，反倒使富人投机性地恶用了此政策。目前，埃及政府正在着手改革补贴制度：一是削减财政预算；二是提高能源价格，提价幅度为 12%~80% 不等。

（二）支柱产业

埃及的支柱产业有油气产业、农业、旅游业等。埃及的石油和天然气储量在非洲国家中分别排在第五位和第四位。但从 2009 年起，埃及成为石油净进口来源国；已探明天然气储量达 2.2 万亿立方米，潜在的天然气资源预计为 5.6 万亿立方米，且品质较高。埃及的炼油技术在非洲大陆居首位。作为传统的农业国，埃及的农业产值占 GDP 的 18% 左右，可耕地面积约占全国总面积的 3.5%。棉花是埃及最重要的经济农作物，主要生产中长绒棉和超长绒棉，因其绒长、光洁、韧性好，被称为"国宝"。埃及的旅游业对 GDP 的贡献率也很大，约占 GDP 总额的 11%，约每 10 个就业人口中就有一人从事旅游业相关工作。主要旅游景点有金字塔、狮身人面像、卢克索神庙、阿斯旺大坝等。

这里不得不提埃及的债务情况，根据埃及中央银行的统计，2014~2015 财年（2014 年 7 月 1 日至 2015 年 6 月 30 日）第二季度，埃及的外债余额降至 412 亿美元。截至 2015 年 4 月，埃及接受了来自海湾国家 60 亿美元的援助，外汇储备增加至 200 亿美元。不过，从 2018 年起，埃及每年要向海湾国家支付 20 亿美元的分期付款。

（三）对外贸易

埃及主要出口商品集中于资源类型，包括石油、天然气、焦炭及其制成品、农产品、棉花及其他纺织原料、石材等；主要进口商品则是以工业制成品、耐用消费品和食品等为主，包括机械设备、电器设备、运输机械、矿物燃料、塑料及其制成品、钢铁及其制成品、谷物、木及木制品、动物饲料等。埃及同120多个国家和地区有贸易关系。出口目的国主要有意大利、沙特、土耳其、美国等；进口来源国主要包括中国、美国、德国、科威特、意大利等。此外，由于外贸连年逆差，埃及实施限进增出和国产品替代等政策。埃及的进出口情况如表8-1所示。

表8-1 埃及进出口情况（2008~2014年）

单位：亿美元

年份 \ 指标	进出口总额	出口额	进口额	贸易差额
2008	787.18	259.67	527.51	-267.84
2009	690.95	241.82	449.13	-207.31
2010	793.35	263.32	530.03	-266.71
2011	938.64	315.82	622.82	-307.00
2012	992.83	294.17	698.66	-371.97
2013	954.46	287.79	666.67	-378.88
2014	981.50	268.12	713.38	-455.26

资料来源：联合国数据库网站。

（四）吸引外资与对外投资

据金融时报发布报告显示，2014年，非洲是世界上吸引外商直接投资（FDI）增长最快的地方，而埃及是非洲第一大资本投资目的国，2014年外商直接投资项目达到51个，同比增加42%。随着埃及投资环境和国家经济状况的改善，埃及将成为非洲大陆最有发展潜力的国家。

埃及政局2011年1月发生剧变后持续动荡，经济环境不断恶化，外资对埃及的信心受到重挫，加之欧洲主权债务危机不断扩散，"阿拉伯之春"蔓延至部分海湾阿拉伯国家，使得埃及吸收外资不断下滑。2012~2013年埃及吸引外资略有恢复，达到30亿美元。2013年塞西政府执政后，埃及局势趋稳。表8-2说明了埃及2005~2015年吸引外国直接投资的存量情况，表8-3说明了埃及2005~2015年向外国进行直接投资的存量情况。

表 8-2　埃及吸引外国直接投资存量统计（2005~2015 年）

单位：百万美元

指标＼年份	2005	2006	2007	2008	2009	2010	2011	2012	2013	2014	2015
FDI 存量	28882	38925	50503	59997	66709	73095	72612	79493	85046	87882	94266

资料来源：《世界投资报告》（2016）。

表 8-3　埃及向外国进行直接投资存量统计（2005~2015 年）

单位：百万美元

指标＼年份	2005	2006	2007	2008	2009	2010	2011	2012	2013	2014	2015
OFDI 存量	967	1116	1781	3701	4273	5448	6074	6285	6586	6839	7731

资料来源：《世界投资报告》（2016）。

三、产能状况

（一）自然资源

主要资源是石油、天然气、磷酸盐、铁等，已探明的储量为：石油 44.5 亿桶，天然气 2.186 万亿立方米，磷酸盐约 70 亿吨，铁矿 6000 万吨。此外还有锰、煤、金、锌、铬、银、钼、铜和滑石等。原油日产量 71.15 万桶，天然气日产量 1.68 亿立方米，30% 的天然气用于出口。电力供应以火电为主，占 86.9%。全国电网覆盖率达 99.3%，世界排名第 28 位。阿斯旺水坝是世界七大水坝之一，全年发电量超过 100 亿度。2007 年埃及正式启动核电站计划，2010 年宣布将于2025 年前建立 4 个核电站。

（二）产业结构

埃及属开放型市场经济，拥有相对完整的工业、农业和服务业体系。服务业约占国内生产总值的 50%。工业以纺织、食品加工等轻工业为主。农村人口占总人口的 55%，农业占国内生产总值的 14%。石油天然气、旅游、侨汇和苏伊士运河是四大外汇收入来源。

穆巴拉克政权倒台以来，持续的政局动荡和社会动乱给经济带来巨大影响，导致物价高涨，失业率大增，外国投资萎缩，财政赤字飙升，旅游业遭受重创，外汇储备锐减。穆尔西总统上台后提出了"百日计划"，并提议将埃及打造成全球制造业的中心，采取措施恢复生产，增收节支，吸引外资，改善民生，多方寻求国际支持与援助，但收效甚微。2014 年 6 月塞西政府成立后，采取了包括增加税收、降低燃油电力补贴、开挖苏伊士运河新河道和吸引外国投资能源等新举措。

四、投资状况

（一）外来投资状况

根据商务部发布的《对外投资合作国别（地区）指南（2014 年版）》中的资料显示，从 2007~2008 财年到 2011~2012 财年，埃及吸收外资总额分别为 132 亿、81 亿、68 亿、22 亿和 21 亿美元，连续五个财年持续下滑。这主要是由于埃及政局 2011 年 1 月发生剧变后，经济环境不断恶化，外资对埃及的信心受到重挫。

2013 年临时政府成立后，埃及局势趋稳，但国际市场仍未对埃及恢复信心，2012~2013 财年埃及投资额同比下降 3.7%，外国投资净投资额 30 亿美元，同比减少 24.6%。欧盟、美国、阿拉伯国家为埃及的主要投资方。根据联合国发布的 2014 年《世界投资报告》，埃及 2013 年吸收外资流量为 55.5 亿美元；截至 2013 年底，埃及吸收外资存量为 850.5 亿美元。

根据埃及中央银行的统计，截至 2011~2012 财年底，埃及吸收外资排名靠前的是：石油和天然气，吸收外资额 71.01 亿美元；通信和信息技术，吸收外资 13.91 亿美元；工业，吸收外资 7.33 亿美元。此外，服务业、金融业、建筑业、房地产、农业和旅游业也是外资投资的领域。

从外资来源看，欧盟和阿拉伯国家一直是埃及的主要外资来源地。根据埃及投资和自由区总局统计，截至 2012 年底，前三大外资来源国分别是沙特阿拉伯、阿拉伯联合酋长国和英国，投资额分别是 58 亿美元、52 亿美元和 43 亿美元。

（二）投资环境

1. 投资政策

1974 年 6 月，埃及政府颁布第一部投资法，1989 年颁布新投资法。1997 年，埃及政府为进一步吸引外资，颁布了《投资鼓励与保障法》及实施条例，并于 1998 年、2000 年对其实施条例进行了修改和补充。2002 年颁布了经济特区法和实施细则。2004 年以来，埃及一直大力实施私有化改革，推动工业现代化发展，使诸多行业都有投资潜力，特别是电信、石油、旅游、纺织等领域。通过投资法修正案，逐步建立健全投资法律法规，同时推出一系列包括政府层面、行业层面和基于地区的外商投资优惠和激励政策。自 20 世纪 90 年代中期以来，埃及吸引外国直接投资的速度加快。2011 年初和 2013 年 6 月底 7 月初的动荡局势导致外国在埃投资额持续下降。

2014 年 7 月塞西总统上台后，为了改善埃及的投资环境，吸引外国投资，表示将成立由总统直接领导的"最高投资委员会"。

2. 金融体系

埃及的法定货币为埃镑（L. E.）。埃及于 1994 年颁布的《外汇法》规定，投资公司可以在银行开设美元账户，外汇可以自由兑换。但人民币与当地货币不能直接结算。

自 2003 年开始，埃及对出口企业实施强制结售汇制度，旅行社和宾馆等可直接向游客收取外汇；出口商、旅游收汇单位等必须将外汇收入的 75% 卖给银行。埃及政府允许旅客携带外汇进出海关，但超过 1 万美元时，则须填报携带声明。

埃及的银行体系主要分为商业银行、投资银行和专业银行三种类型，这是埃及于 1975 年颁布的《银行法》对银行业务范围、操作模式进行的界定。商业银行经营一般性的存储业务，并为各种交易提供资金。投资银行可以接受存款，为外贸业务提供融资，但主要是投资中长期业务，如扶持新兴产业、对固定资产投资提供融资等。专业银行主要服务于国家的特定行业，为房地产、工业、农业发展提供长期的资金支持。

埃及的银行业管理机构是直属内阁的中央银行。埃及国民银行是埃及最大的商业银行，此外还有埃及商业国际银行、亚历山大银行和埃及国民兴业银行。目前，埃及中央银行不批准外资银行在埃及设立分行，只可以设立代表处。在融资条件方面，外国投资企业享有同等待遇。信用卡在当地使用率不高。

埃及股市有两个证交所，即 1883 年成立的亚历山大证交所和 1903 年成立的开罗证交所，由埃及证交所管理。2005 年，埃及加入了全球证券市场联盟。目前，埃及股市拥有 300 多家上市公司。外国公司和实体可自由买卖股票。

3. 税收体系

埃及有健全的税收体系和制度，税率简单。主要税种有：公司所得税（征收对象是埃及境内的常驻法人单位以及非常驻单位在埃及境内的分支机构、车间、工厂或其他单位）；营业税（服务业和制造业经营机构年营业额超过 15 万埃镑的，进口商不论营业额多少均须注册缴纳营业税）；房地产税（年租金低于 6000 埃镑的免征房地产税）；个人所得税（年收入 5000 埃镑以内免税、5001~20000 埃镑税率 10%、20001~40000 埃镑税率 15%、40000 埃镑以上税率 20%），此外还有开发税、关税、销售税、印花税和社会保险费等。有四个独立的税务局隶属于财政部，分别负责管理所得税、销售税、海关关税和房地产税。

五、政治体制

埃及的永久宪法规定：埃及是以劳动人民力量联盟为基础的民主和社会主义制度的国家；总统是国家元首兼武装部队最高统帅，由人民议会提名，公民投票选出，任期 4 年。2013 年 7 月 4 日，埃及军方宣布进行政治过渡，罢黜前总统穆尔西，由最高宪法法院院长曼苏尔担任临时总统。2014 年 6 月 3 日，前军方领导人阿卜杜勒·法塔赫·塞西以 96.91% 的得票率赢得总统大选。

埃及的最高立法机关是人民议会，议会的主要职能是：提名总统候选人；主持制定和修改宪法；决定国家总政策；批准经济和社会发展计划及国家预算、决算，并对政府工作进行监督。

根据宪法规定，埃及政府是埃及最高执行及管理组织，由总理和部长组成。负责经济的部门主要有财政部、工贸部、投资部、通信与信息部、国际合作部等。

埃及自 1952 年革命后，曾宣布解散一切政党。1976 年，萨达特宣布实行多党制。2011 年颁布新政党法，现有政党及政治组织近百个，其中经国家政党委员会批准成立的政党共 60 个。主要政党有萨拉菲光明党、新华夫脱党、埃及社会民主党和自由埃及人党。

(一) 政治体制

1. 宪法

原宪法于 1971 年 9 月 11 日经公民投票通过。宪法规定埃及是"以劳动人民力量联盟为基础的民主和社会主义制度的国家"，经济上有"国家所有制、合作社所有制和私人所有制"三种形式。该宪法于 1980 年、2005 年和 2007 年三次修订，2011 年穆巴拉克下台后被废止。2012 年 12 月，埃及采取全民公投通过了新宪法。2013 年 7 月 3 日，埃及军方宣布中止 2012 年宪法。2014 年 1 月 18 日，埃及最高选举委员会召开新闻发布会，宣布新宪法以 98.1% 的支持率（投票率 38.6%）通过全民公投。

2. 议会

人民议会是埃及最高立法机关。2011 年初埃及政局发生重大变化，武装部队最高委员会宣布解散人民议会。2012 年 1 月新一届人民议会成立，共设 508 席。6 月 14 日，最高宪法法院裁定人民议会选举法部分条款违宪并予以解散。

穆尔西总统就任后发布了要求人民议会恢复工作的总统令，最高宪法法院裁定停止执行总统令并予以解散。2012 年宪法将人民议会更名为众议院，并规定在众议院选举产生前，由协商会议行使立法权。2013 年 7 月初埃及政局再次剧变后，根据 2014 年 1 月通过的新宪法，取消了协商会议，将"两院制"改为"一院制"，统称议会。

3. 政府

1971 年 9 月 11 日经过全民投票通过的埃及永久宪法规定：埃及是以劳动人民力量联盟为基础的民主和社会主义制度的国家；总统是国家元首兼武装部队最高统帅，由人民议会提名，公民投票选出，任期 6 年，可以任命副总统、总理及内阁部长以及解散人民议会，在特殊时期可采取紧急措施。2014 年 1 月通过的新宪法规定：总统有权任命最高宪法法院院长；总统只可连任一届；总统只能在与国防委员会协商并得到议会批准后才能宣战和对外派兵。现任总统为前军方领导人阿卜杜勒·法塔赫·塞西。本届政府于 2014 年 6 月成立。

4. 司法

法院包括最高法院、上诉法院、中央法院和初级法院以及行政法院，开罗还设有最高宪法法院。检察机构包括总检察院和地方检察分院。总检察长希沙姆·巴拉卡特。

5. 政党

1952 年革命后，埃及曾禁止政党活动。阿拉伯社会主义联盟于 1962 年 10 月成立，为埃及唯一合法政党，纳赛尔任主席。1977 年开始实行多党制。2011 年颁布新政党法，现有政党及政治组织近百个，其中经国家政党委员会批准成立的政党约 60 个。目前埃及主要政党有以下几个：

（1）萨拉菲光明党（2011 年 6 月 12 日成立）。主张以正宗的伊斯兰教义、教规作为基本指南规范国家的政治架构。反对女性参政。主张禁酒，要求女性包头巾。

（2）新华夫脱党（1978 年 2 月成立）。要求加快政治、经济和社会改革，保障基本自由和人权，密切同阿拉伯和伊斯兰国家的关系，重点发展与非洲国家的关系。

（3）埃及社会民主党（2011 年 7 月 3 日成立）。主张建立现代化、世俗的法治国家。主张公民享有平等权利，履行同等义务。

（4）自由埃及人党（2011 年 7 月 3 日成立）。主张建立世俗国家，实现司法独立，全体公民拥有信仰自由及民主、自由权利，妇女应参与各领域建设。

（二）政局现状

1. 最新的选举

自从 1953 年埃及成立共和国以来，埃及长期以来一直有军方专政的情况，纳赛尔、萨达特和穆巴拉克三位总统以前都是军人，他们跟军方有着密切的关系。军方过去执政 60 年，虽然把国家推向世俗主义，但贪污腐败严重，持不同政见者、自由主义世俗派、伊斯兰组织对政府都有批评意见。穆斯林兄弟会在埃及有数百万支持者，他们遍布社会各个阶层，尤以社会下层人士为主。

2011 年 2 月 11 日，执掌政权 30 年的穆巴拉克迫于民众反对示威而下台。在 2012 年埃及总统选举中，穆斯林兄弟会的穆尔西击败了世俗人物艾哈迈德·沙菲克，当选埃及总统。2012 年 8 月 12 日，穆尔西对军队高层做出重大的人事调整，同时宣布武装部队最高委员会通过的限制总统权力的宪法修正案无效。2012 年 11 月穆尔西再次发表宪法声明，引起反对派的不满，反对派指责穆尔西赋予自身巨大权力。埃及社会开始出现分裂。2013 年 7 月 3 日，就在穆尔西执政刚满一周年之际，这位埃及历史上首位民选总统被埃及军方宣布解除总统职务。9 月 1 日，埃及检方将穆尔西及其他 14 名穆斯林兄弟会领导人涉嫌煽动暴力、谋杀一案移交法院审理。2014 年 4 月 15 日，埃及亚历山大紧急事务法院做出裁决，禁止穆斯林兄弟会成员参与埃及总统和议会选举。2014 年 5 月 29 日，前军方领袖塞西以压倒性优势获胜，6 月 8 日宣誓就任总统。

2. 执政党与在野党力量对比

世界上的不少转型国家，主要政治力量基本上是集权势力与民主势力（自由派）的较量，但很多伊斯兰国家，因为有伊斯兰的宗教势力，所以呈现三足鼎立的态势，即集权派（包括军方）、自由派和宗教保守派。不过，就埃及的情况而言，自 1952 年"自由军官组织"发动"七月革命"成功以来，军队在埃及的政局中占据绝对主导地位，成为埃及政坛的实力派。

2011 年，自由派上街示威引发流血冲突之际，长期处于被压制状态的伊斯兰势力（穆斯林兄弟会）因为担心穆巴拉克借打击"极端势力"之名进行血腥镇压而没有积极参与。待穆巴拉克被迫下台后，军方虽然不愿拱手交出政权，但在内外施压下，只能进行民主选举。这是自由派对集权势力的胜利。可是，代表伊斯兰势力穆斯林兄弟会的自由正义党，在民选中击败穆巴拉克军方阵营中的竞争对手，这一结果在自由派看来，是伊斯兰势力"窃取"了他们的革命成果；在军方看来，埃及又落入了宗教势力手中。所以，在穆尔西执政的一年内，自由派示威不已，军方亦伺机而动。终于，在 2014 年 5 月举行的大选中，埃及前军方领导人塞西以压倒性优势获胜，埃及政权又回归军方手中。

（三）国际关系

1. 外交原则

埃及奉行独立自主、不结盟政策，主张在相互尊重和不干涉内政的基础上建立国际政治和经济新秩序，加强南北对话和南南合作。突出阿拉伯和伊斯兰属性，积极开展和平外交，致力于加强阿拉伯国家团结合作，推动中东和平进程，关注叙利亚等地区热点问题。反对国际恐怖主义。倡议在中东和非洲地区建立无核武器和大规模杀伤性武器区。重视大国外交，积极发展同新兴国家关系。目前，埃及已与165个国家建立了外交关系。

2. 大国关系

同美国的关系：1974年2月两国恢复外交关系。自1979年，美国每年向埃及提供21亿美元的援助（其中军援13亿美元）。1998年美埃签署协议，商定减少对埃及政府的经援规模。2011年，穆尔西当选总统后，美埃关系更为密切，美国政要多次访问埃及，并以提供紧急援助、免除债务、建立投资基金等方式帮助埃及恢复经济和完成民主过渡。2013年7月埃及政局剧变后，美国对埃及军方强力镇压穆兄会持批评态度，并暂停部分援助。2014年6月塞西就任总统后，美国国务卿克里于2014年6月、7月两次访埃，并恢复对埃及部分援助，美埃关系有所缓和。

同俄罗斯的关系：纳赛尔时期，埃苏关系密切。萨达特执政时期，埃苏关系恶化。穆巴拉克总统执政后两国关系逐步改善。1991年苏联解体后，埃及承认各国独立，并与大多数独联体国家建立了外交关系。2013年11月和2014年2月，埃及与俄罗斯先后在开罗和莫斯科举行两次国防部长和外长"2+2"对话会。2014年8月，埃及总统塞西访俄。2015年2月，俄罗斯总统普京访问埃及。

3. 邻国关系

同沙特阿拉伯的关系：1987年11月埃及与沙特恢复外交关系，沙特阿拉伯开始对埃及提供经济援助。2012年7月，埃及总统穆尔西对沙特进行国事访问。2013年7月埃及再次发生剧变后，沙特表示在政治经济上大力支持埃及新政府。2014年6月20日沙特国王访问埃及。2015年3月1日，埃及总统塞西对沙特阿拉伯进行国事访问。

同叙利亚的关系：2013年6月，埃及宣布断绝同叙利亚政权的所有外交关系，召回驻叙大使，关闭叙驻埃及使馆。7月初埃及政局再次剧变后，埃及表示将重新审视埃叙关系。埃及强调应维护叙利亚国家统一和领土完整，支持政治解决，反对外部军事干涉。

同约旦的关系：约旦政府曾因反对埃以签订戴维营协议，于 1979 年 4 月 1 日与埃断绝外交关系。1984 年 9 月 25 日，约旦宣布与埃及复交。2013 年 7 月埃及政局再次剧变后，约旦在政治上大力支持埃及新政权。2014 年 12 月，塞西访问约旦。2015 年 2 月，约旦国王访问埃及。

同苏丹的关系：苏丹是埃及在非洲的最大邻国，历史联系密切。埃以和约签订后，苏丹是三个未同埃及断交的阿拉伯国家之一。1995 年 6 月，穆巴拉克总统在埃塞俄比亚参加非统首脑会议途中遇刺脱险后，指责苏丹为幕后策划者。1999 年后埃苏关系逐渐缓和。2014 年 6 月，埃及总统塞西访问苏丹。

同利比亚的关系：2013 年 7 月埃及政局剧变后，利比亚发表声明，接受埃及人民选择。2015 年 2 月，埃及出动战机对利比亚境内的"伊斯兰国"目标进行空袭。埃及正在推动安理会通过利比亚问题新决议，呼吁国际社会支持利比亚政府维护国家安全、打击恐怖主义、开展重建等努力。

同土耳其的关系：埃土两国在中东、海湾等重大地区问题上有共同利益，两国经济、贸易和军事关系比较密切。2013 年 7 月埃及政局剧变后，土耳其指责埃及军方发动政变，要求国际社会介入。埃土关系恶化，两国均已召回驻对方国大使。

六、社会文化

在埃及，不同的宗教节日有不同的节日食品。斋月里白天禁止饮食、禁止夫妻同房等直到日落；平时吃饭时不与人谈话，喝热汤及饮料时禁止发出声响，食物入口后不可复出，而且忌讳用左手触摸食具和食品。埃及人的交往礼仪既有民族传统的习俗，又通行西方人的做法，上层人士更倾向于欧美礼仪。一般情况下，互致问候语。如果是老朋友，则拥抱行贴面礼。埃及人不忌讳外国人家访，甚至很欢迎外国人的访问，并引以为荣。但对与异性独处有所避讳，即使在埃及人之间，男女同学、同事也不能相互家访。埃及人对外国人比较宽容。

（一）风俗习惯

每星期五是"主麻日——聚礼"，当清真寺内传出悠扬的唤礼声，穆斯林便纷纷涌向附近的清真寺，做集体礼拜。为数众多的教徒仍然虔诚地信守每日 5 次礼拜的教规：即晨礼、晌礼、晡礼、昏礼、宵礼。每逢宗教节日，电视还播放总统及政府首脑去清真寺礼拜的镜头。

（二）饮食习惯

埃及人喜吃甜食，正式宴会或富有家庭正餐的最后一道菜都是上甜食。著名甜食有"库纳法"和"盖塔伊夫"。"锦葵汤"、"基食颗"是埃及人日常生活中的最佳食品。"盖麦尔丁"是埃及人在斋月里的必备食品。"蚕豆"是必不可少的一种食品。其制造方法多种多样，制成的食品也花样百出。例如，切烂蚕豆、油炸蚕豆饼、炖蚕豆、干炒蚕豆和生吃青蚕豆等。

（三）婚嫁习惯

每一位埃及成年男子到了婚配年龄，首先要向意中人的父亲提亲或者在母系亲属及邻居中择偶。提亲后，男女双方开始商讨女方的陪嫁数额，一般是男方把陪嫁款项的 2/3 作为聘礼送给女方。然后，在村长、地方长老、社区领袖、族长的主持下订立婚约。埃及农村的婚礼场面热闹奢侈。迎亲前，男方大摆宴席，并有歌舞相伴，有时宴庆数日。迎亲时，新郎的母亲带领多辆装点漂亮的马车到女方家接新娘，新娘要坐在其中一辆用昂贵克什米尔毛绸、玫瑰花等装饰的花车上。晚餐后，新郎要由乐队引路去清真寺行跪拜礼，最后回到新房，与新娘共饮一杯清泉水，以示同享甘甜幸福。这样的婚礼大约要持续 30 天左右，耗资千余埃镑。在埃及西部沙漠的锡瓦绿洲，有独特的婚俗。姑娘 8 岁定亲，14 岁完婚。其间，小伙子要不断地向女方家赠送礼物。新娘头上要编结很多发辫。其一半由娘家梳编，另一半需婆家人来完成。姑娘的嫁妆是 100 件袍裙。所以，锡瓦人家一有女儿出生，母亲就要开始忙着为其缝制陪嫁的袍裙。

（四）丧礼习惯

在开罗市的东南部，有一座数百年历史的墓地。它本是安葬爱资哈尔大学毕业生及显赫人物的地方。后来，渐渐成为周围地区的公共墓地。人们生前来这里为自己建造死后的住所，于是一栋栋排列整齐的平房纷纷筑起，俨然一座"死者之城"。每逢伊斯兰教的重大节日，死者的亲友都来此聚集，怀念死者，形成了埃及的独特葬俗。

（五）特别习惯

在生活细节上有如下特点：埃及人对绿色和白色都有很深的感情。一般人都厚爱这两种颜色。有把绿色喻为吉祥之色，把白色视为快乐之色的说法。他们对生活中经常遇到的数字也有喜厌之分。一般人都比较喜欢"5"和"7"。认为"5"会给人们带来"吉祥"，认为"7"是个受人崇敬的完整数字。因为"安拉"创造世界用了 6 天的时间，在第 7 天休息，所以人们办一些重要的事情总习惯采用"7"，例如：有很多祷告内容要说 7 遍；朝觐者回来后，第 7 天请客；婴儿出生后，第 7 天宴请；还有纪念婚后 7 日，纪念去世后 7 日等。他们有把葱视为真理标志的习惯。他们非常喜爱仙鹤。认为仙鹤是一种吉祥鸟，它美丽又华贵，象征着喜庆和长寿。

针是缝衣的工具，几乎是家家必备的日常用品，但在埃及人的心目中却有几分神秘的色彩。每天下午 3~5 点，埃及人决不买卖针，这已成为他们生活中的一条不成文的戒律。

妇女的禁忌。按伊斯兰教义，妇女的"迷人之处"是不能让丈夫以外的人窥见的。即使是同性之间，也不应相互观看对方的私处，因此，短、薄、透、露的服装是禁止的。哪怕是婴儿的身体也不应无掩无盖，街上也不见公共澡堂。虽然埃及人对外国人是宽容的，不像某些伊斯兰国家那么严厉，但必须提醒一点：在埃及穿背心、短裤和超短裙是严禁到清真寺去的。

通常在埃及人面前尽量不要打哈欠或打喷嚏，如果实在控制不住，应转脸捂嘴，并说声"对不起"。而打喷嚏认为不一定是坏事，一个人如果在众人面前打喷嚏，则说："我作证：一切非主，唯有真主。"而旁边的人说："真主怜爱你。"他接着说："真主宽恕我和大家。"

七、埃及与中国的关系

（一）政治关系

1956 年 5 月，埃及与中国建交，成为第一个承认新中国的阿拉伯国家和非洲国家。1999 年，两国建立面向 21 世纪的战略合作关系，双边关系的发展进入到一个新阶段。两国就国际和地区问题密切磋商，在人权、联合国改革等重大问题上保持协调，共同维护发展中国家利益。近年来，两国领导人互访频繁，穆巴拉克自任副总统起 9 次访华。2012 年 8 月 28 日，新当选总统穆尔西访华。2014 年 9 月，埃及投资部长率团访华，参加达沃斯论坛。2014 年 12 月，塞西总统访华，两国关系提升至全面战略伙伴关系。2015 年 3 月，商务部部长高虎城以习近平主席特使身份率团访埃，参加埃及经济发展大会，并得到埃及总统塞西的会见。

（二）经济关系

1. 中埃贸易

2006 年 11 月，埃及宣布承认中国完全市场经济地位。近年来，两国政府积极推动双方企业扩大经贸合作，双边贸易额持续保持增长态势。中埃双边贸易情况如表 8-4 所示。

表 8-4　中埃双边贸易统计（2008~2015 年）

年份	进出口贸易总额		中国对埃出口		中国自埃进口	
	金额（亿美元）	同比变化（%）	金额（亿美元）	同比变化（%）	金额（亿美元）	同比变化（%）
2008	63.03		58.74		4.29	
2009	58.60	−7.03	51.07	−13.06	7.53	75.44
2010	69.59	18.75	60.41	18.28	9.18	21.98
2011	88.02	26.48	72.83	20.56	15.18	65.41
2012	95.45	8.44	82.24	12.92	13.20	−13.01
2013	102.14	7.02	83.63	1.69	18.52	40.19
2014	116.20	13.76	104.61	25.09	11.59	−37.39
2015	128.79	10.83	119.63	14.36	9.16	−20.99

资料来源：联合国数据库网站。

中国对埃及出口商品主要类别包括：①针织或钩编的服装及衣着附件；②锅炉、机械器具及零件；③电机、电气、音像设备及其零附件；④塑料及其制品；⑤车辆及其零附件，但铁道车辆除外；⑥化学纤维长丝；⑦钢铁制品；⑧化学纤维短纤；⑨非针织或非钩编的服装及衣着附件；⑩光学、照相、医疗等设备及零附件。

中国从埃及进口商品主要类别包括：①矿物燃料、矿物油及其产品，沥青等；②盐、硫黄、土及石料，石灰及水泥等；③矿砂、矿渣及矿灰；④棉花；⑤塑料及其制品；⑥铜及其制品；⑦洗涤剂、润滑剂、人造蜡、塑型膏等；⑧地毯及纺织材料的其他铺地制品；⑨无机化学品，贵金属等的化合物；⑩生皮（毛皮除外）及皮革。

2. 中埃投资

据驻埃及使馆经商参处统计，截至 2015 年 1 月，中国对埃及直接投资存量累计 40 亿美元（按注册资本计），累计各类实际投资额 54 亿美元，解决直接就业人口近 1 万人，中国就业人员约 2000 人。

据埃及投资总局统计，截至 2014 年 6 月，在埃及参与投资的中国公司及项目总数达到 1192 个，投资领域集中在工业、建筑业、金融业、信息技术产业以及服务业。中石油、国家电网、埃及泰达公司、埃及发展服务公司、中埃钻井公司、华晨汽车公司、中国港湾、巨石集团等都投入了大量的资金。

3. 中埃劳务合作

中埃工程承包合作发展势头良好，合作领域不断拓宽，规模不断扩大，中埃承包工程合作前景广阔。据中国商务部统计，2014 年中国企业在埃及新签承包工程合同 46 份，新签合同额 13.93 亿美元，完成营业额 9.24 亿美元；当年派出各类劳务人员 159 人，年末在埃及劳务人员 185 人。新签大型工程承包项目包括华为技术有限公司承建埃及电信，成都建筑材料工业设计研究院有限公司承建埃及 GOE，中国石油集团两部钻探工程有限公司承建埃及钻井项目等。

第二节　沙特阿拉伯概况

一、国情综述

沙特阿拉伯王国（Kingdom of Saudi Arabia，简称沙特阿拉伯或沙特）位于阿拉伯半岛，东濒波斯湾，西临红海，同约旦、伊拉克、科威特、阿拉伯联合酋长国、阿曼、也门等国接壤。海岸线 2437 千米，国土面积 225 万平方千米。首都利雅得是沙特第一大城市和政治、文化中心及政府机关所在地，位于沙特中部。官方语言为阿拉伯语，商界通行英语。货币为沙特里亚尔。

沙特地势西高东低，西部高原属地中海气候，其他地区属亚热带沙漠气候，夏季炎热干燥，冬季气候温和，年平均降雨量不超过 200 毫米。沙特石油剩余可采储量 363 亿吨，占世界储量的 26%，居世界首位；天然气剩余可采储量 8.2 万亿立方米，占世界储量的 4.1%，居世界第四位，还有金、铜、铁、锡、铝、锌等矿藏。沙特还是世界上最大的海水淡化生产国，其海水淡化量占世界总量的 20% 左右。

截至 2014 年底，沙特总人口 2920 万人。主要民族为阿拉伯族，此外，还有少量贝都因人。伊斯兰教为国教，其中逊尼派穆斯林占人口大多数，分布在全国各地，什叶派人数极少，约占全国人口的 10%，主要居住在东部地区。

（一）地理概述

沙特阿拉伯王国位于亚洲西南部的阿拉伯半岛，东濒波斯湾，西临红海，同约旦、伊拉克、科威特、阿拉伯联合酋长国、阿曼、也门等国接壤。海岸线长 2437 千米，领土面积 224 万平方千米，居世界第十四位。沙特阿拉伯地势西高东低，全境大部分为高原，西部红海沿岸为狭长平原，以东为赛拉特山；山地以东地势逐渐下降，直至东部平原；沙漠广布，其北部有大内夫得沙漠，南部有鲁卜哈利沙漠。沙特阿拉伯西部高原属地中海气候，其他地区属热带沙漠气候，夏季炎热干燥，最高气温可达50℃以上；冬季气候温和。年平均降雨不超过200毫米。

（二）人口和民族

2013年沙特阿拉伯总人口2838万人，其中沙特阿拉伯公民1941万人，约占70%。沙特男性974万人；沙特女性966万人；外籍人约7万人。沙特阿拉伯主体民族为阿拉伯人，逊尼派穆斯林占人口大多数，分布在全国各地。什叶派人数极少，约占全国人口的10%，主要居住在东部地区；另有很少的黑人、印度裔以及突厥人等其他居民，他们全部是穆斯林。阿拉伯人属于闪米特人（Semite，旧译闪族），讲闪米特—含米特语系的阿拉伯语，阿拉伯半岛是他们的故乡、摇篮和文明发祥地。据史料记载，公元前853年在亚述人的碑文中首先出现"阿拉伯"这一名词。公元前530年左右，在波斯的楔形文字中出现了"阿拉比亚"一词，因此历史著作上用"阿拉伯人"或"阿拉比亚人"指称整个半岛上的居民。至公元元年前后，阿拉伯半岛的居民开始以"阿拉伯人"自称。

二、政治体制

沙特是君主制王国，禁止政党活动，因此沙特无任何党派，无宪法。《古兰经》和穆罕默德的《圣训》是国家执法的依据。1992年3月1日，法赫德国王颁布《治国基本法》，规定由沙特国王的子孙中的优秀者出任国王，王储在国王去世后有权继承王位。国王行使最高行政权和司法权，有权任命、解散或改组内阁，解散协商会议，有权批准和否决内阁会议决议及与外国签订的条约、协议。2007年，沙王室确立了由国王和效忠委员会共同确定王储人选的制度。

沙特协商会议于1993年12月29日正式成立，是国家政治咨询机构，下设12个专门委员会。协商会议由主席和150名委员组成，由国王任命，任期4年，可连任。现任主席阿卜杜拉·本·穆罕默德·阿勒谢赫为协商会议主席，2009年2月就任。

（一）政体简介

1. 宪法

沙特阿拉伯王国没有现代意义的宪法，沙特王国以《古兰经》为国家的立法依据，以《古兰经》中的相关法则为准绳规范着人们的生活，《古兰经》既博大精深，涉及政治、经济、宗教、法律等领域，也细致入微，关乎人们的婚丧嫁娶、衣食住行、言谈举止等日常生活，它决定了伊斯兰教不仅是一种信仰体系和意识形态，也是一种生活方式和社会制度，从各个方面支配着穆斯林的世界观和价值观，塑造着穆斯林的政治、经济、道德和文化传统，影响着穆斯林的全部社会生活。

2. 议会

沙特阿拉伯政府内阁称为大臣会议，是国家最高行政和立法机构。大臣会议成立于 1953 年，作为沙特阿拉伯最高政府权力机构，大臣会议的各项权力由国王授予。大臣会议必须服从政府基本法和协商会议法的各项规定，负责制定、监督和实施内政、外交、金融、经济、教育、国防，以及与国家宏观事务相关的各项政策，并检查协商会议通过的各项决议，对政府所有财政和行政事务拥有执行权和决定权。协商会议既是沙特阿拉伯王国的咨议性机关，也是沙特阿拉伯政治制度的必要组成部分。协商会议制度的产生与发展，反映了 20 世纪后期沙特阿拉伯政治力量和政治结构的多元化发展趋势，协商会议在沙特王室成功应对现代化带来的挑战和维护国内政治稳定方面发挥了重要作用。

3. 政府

国王是国家元首和政府首脑，独自拥有挑选大臣并监督其工作的权力。具体讲，国王负责指导制定国家的宏观政策，保证政府各部门之间的协调与合作，推动大臣会议各项活动顺利、连续和协调开展，指导大臣会议与其他政府部门的工作，监督法律实施、各种议事程序和决议是否合法等。沙特阿拉伯实行地区、省（市）、县三级地方行政区划制度，全国有 13 个地区，地区最高行政长官为总督，与大臣平级，向国王负责，但地区内部的具体事务则由内政部领导。

4. 司法

沙特阿拉伯没有专门独立的立法机构，沙特阿拉伯王国的立法活动遵循伊斯兰教法的各项基本原则，立法活动由国王、大臣会议、协商会议、宗教等部门共同完成。其中，大臣会议处于立法活动的核心地位。依照《大臣会议条法》，大臣会议负责制定、修改除沙里亚（伊斯兰教法）涵盖领域之外的所有法律、规章和国王敕令，并负责对其所制定、修改的法律，以及福利、交通、商业、运输等领域的章程进行系统阐述。从 2007 年起，阿卜杜拉国王开始着手建立新的司法体系，设立三级法院，最高法院院长由国王任命。

5. 政党

沙特阿拉伯王国禁止政党和党派活动，国家一切生活都在以国王为中心的中央政府领导下顺利运转。沙特阿拉伯国内严禁组织党派和党派活动，但是沙特阿拉伯政府不能阻止社会利益和社会结构出现分化，因此也不能阻止基于这些分化而出现的各种反对派势力的崛起。1953 年第一个反政府组织"沙特阿拉伯民族改革阵线"成立，该组织由青年军人、文官和石油公司低级职员组成，秘密从事反政府活动，1956 年该组织被镇压取缔。当前对沙特阿拉伯政治影响较大的反对派势力，主要是体制内的现代改革派、宗教反对派和体制外的极端主义势力。

（二）政局现状

沙特王室家族在沙特阿拉伯国家的政治生活和权力分配中占据绝对优势，沙特家族的重要成员控制着大臣会议各个关键部门，他们在国王直接领导下行使最高行政权力和部分立法权力。沙特家族全面控制着军队、国民卫队等武装力量，以此来维护国家主权，确保王室的统治地位。其中，国民卫队为维护王权发挥着重要而特殊的作用，它战时配合正规军作战，平时还负责维持国内治安，保护王室和重要石油产区的安全。此外，警察和情报系统的最高权力也牢牢控制在沙特家族手中。为确保王室的绝对控制，沙特王室在一些关键部门实行双亲王负责制，比如国防部和内政部等部门的执行机构首脑总是由一些年轻亲王充任。

2005 年 8 月 1 日，法赫德国王因病逝世，阿卜杜拉亲王继承王位，成为沙特阿拉伯王国的最高领导人、武装部队最高司令、政府首相兼国民卫队司令，执掌着王室和国家的最高权力。面对国内不容乐观的经济形势，阿卜杜拉采取了一系列大胆的改革措施，他设立最高经济委员会统筹管理社会经济，制定政策鼓励外来投资，对一些企业实行私有化，同时努力设法创造就业机会，降低失业率。2015 年 1 月 23 日，沙特国王阿卜杜勒·本·阿卜杜勒—阿齐兹去世，萨勒曼·本·阿卜杜勒·阿齐兹·阿勒沙特随即继任为国王，萨勒曼生于 1935 年，自幼接受伊斯兰正统教育，多年担任利雅得省长，2011 年 11 月被任命为国防大臣，2012 年 6 月 18 日任王储兼副首相和国防大臣，曾于 1999 年 4 月、2014 年 3 月访华。

沙特开国国王阿卜杜勒·阿齐兹由于妻儿较多，为了避免王国陷入内耗，煞费苦心地设立了"兄终弟及"的王位传承制度，在无法执行"兄终弟及"的情况下，王位方可由国王之子继承。迄今为止，沙特王位还都是在开国国王的儿子们之间传承，只传到了第二代。"兄终弟及"加上国王往往长寿，王储普遍高龄也成了困扰王室的一大问题。在沙特王室中，最有权势的是"苏德里七兄弟"，即开国国王最宠爱的妻子西萨·苏德里所生的 7 个儿子。"苏德里七兄弟"中的老大法赫德执政 23 年，老二苏尔坦和老三纳伊夫都曾是王储，在阿卜杜拉国王去世后，"苏德里七兄弟"中最小的萨勒曼接任，成为沙特的现任国王。沙特前国王阿卜杜拉自 2005 年上任后，也曾经通过拉拢其他同父异母兄弟和王室成员，限制过"苏德里七兄弟"阵营的势力，比如撤销"苏德里七兄弟"之一的拉曼的王储地位。但总体而言，成效不大。

现任萨勒曼国王虽然任命了阿卜杜拉指定的穆克林为副首相兼王储，但很快就任命了纳伊夫王子为副王储兼第二副首相和内政大臣，同时还任命自己的亲儿子穆罕默德·本·萨勒曼接替此前由他担任的国防大臣一职。2015 年 4 月 30 日现任国王萨勒曼宣布废除其同父异母弟弟穆克林的王储及副首相职务，指定其侄子、原副王储纳伊夫王子为新王储，而 30 岁的穆罕默德·本·萨勒曼亲王则被任命为副王储。

（三）国际关系

1. 外交原则

沙特阿拉伯奉行独立自主、温和务实、不结盟的外交政策，主张国与国之间相互尊重、和平共处、互不干涉内政。将发展与美关系放在外交首位。重视发展与阿拉伯、伊斯兰国家的关系，致力于阿拉伯团结和海湾合作委员会的一体化建设，积极参与地区热点问题。大力开展多元化外交，加强与中国、欧盟、俄罗斯和日本等大国的关系。沙能源和伊斯兰大国地位为各方看重。

2. 大国关系

沙特阿拉伯与美国关系密切，美国是沙特阿拉伯最重要的战略合作伙伴，最主要的武器供应者。美国是沙特阿拉伯第一大贸易伙伴，沙特阿拉伯是美国重要的石油来源国，两国有着共同的战略利益。多年来沙特阿拉伯奉行"以石油换安全"的石油外交理念，即以石油换取与美国密切的盟友关系。根据非正式协议，沙特阿拉伯提供廉价原油，换取美国提供的安全保障。海湾危机之后，以沙特阿拉伯为首的海合会国家有意识地发展与欧盟和日本的关系，以此来增强在对美国关系中的分量，沙特阿拉伯实施全方位外交，与英国、法国、德国和日本均建立了战略合作关系。作为经济大国的日本，每年从海湾地区进口的原油占其总进口量的70%左右，仅从沙特阿拉伯进口的原油就占 35%，因此发展与沙特阿拉伯的关系对日本来说非常重要；迄今日、沙的合作关系只局限在经贸领域，沙特阿拉伯打算在发展日、沙两国经贸关系的基础上，调整其外交政策，进一步发展与日本在其他领域的关系。海湾危机爆发后，沙特阿拉伯需要苏联的合作，1990 年 9 月双方恢复外交关系。2007 年俄罗斯总统普京访问沙特阿拉伯，这是俄方最高领导人首访沙特阿拉伯。但是沙、俄同为世界石油大国，2009 年俄罗斯石油产量超过沙特阿拉伯，成为世界最大产油国，未来两国争夺世界石油大国地位的斗争不可避免。

3. 邻国关系

沙特阿拉伯较注意发挥自己地区大国的作用，重视与其他阿拉伯国家之间的关系。沙特阿拉伯注重同埃及的关系，两国都是中东地区大国，在反对西方新殖民主义政策、维护阿拉伯民族权益以及在阿以冲突问题上，双方有着共同利益。但双方在政治制度、意识形态以及价值观上存在很大分歧。在政治上，两国共同反对美国在中东倡导的民主化改革，支持巴勒斯坦民族解放运动，共同打击恐怖主义。沙特阿拉伯和伊拉克同为海湾地区大国，两国有很长的边境线，伊拉克是一个对沙特阿拉伯国家安全至关重要的国家，但边界与民族宗教问题是沙伊关系中的主要问题。沙特阿拉伯与伊朗同为海湾石油大国，两国之间隔着狭窄的霍尔木兹海峡，彼此在对方的军事力量打击范围之内，从地理角度看，两国在国家安全上互为威胁。沙特阿拉伯对以色列持非常谨慎的立场，既谴责巴勒斯坦的自杀性暴力事件，也反对以色列的"定点清除"政策、"单边撤离"计划以及犹太人定居点政策。

三、社会文化

沙特对国内穆斯林民众的信仰遵守要求较为严格，妇女始终保持着伊斯兰教的传统习惯，不接触陌生男人，外出活动穿黑袍、蒙面纱。沙特男子则习惯于穿白色长袍，头戴各种披巾，用黑色弧圈固定在上面。社会地位高的人士，在白袍外边穿一件黑色或金黄色镶金边的纱袍，王室成员和大酋长们都穿这种纱袍。在沙特，严禁崇拜偶像。不允许商店出售小孩玩的洋娃娃，不得携带裸露的人物雕塑进入公共场所，在他们看来这有失宗教体统。沙特人尊重现行的国际礼节，对外宾一律以礼相待，对贵客更是关怀备至。沙特人重义气，到沙特人家做客，如果客人不肯喝主人提供的茶或咖啡，主人可能会认为这是客人对他的不信任。伊斯兰教伊历 12 月 10 日是宰牲节，也是朝觐的日子，12 月 9~12 日，数百万世界各国的穆斯林涌向沙特，到圣城麦加和麦地那朝觐。

1. 新闻媒体

《乌姆·古拉》周刊是沙特官方刊物。此外，全国还发行 13 种报纸、23 种杂志。阿拉伯文报纸主要有《国家报》、《欧卡兹报》、《座谈报》、《利雅得报》、《半岛报》、《中东报》（在伦敦出版）等，英文报刊主要有《阿拉伯新闻》、《沙特报》、《沙特商业》、《沙特经济概览》等。沙特通讯社简称沙通社，1971 年 1 月成立。用阿、英、法文发稿。在华盛顿、伦敦、突尼斯、贝鲁特、开罗等地设有分社。利雅得广播电台 1965 年建成，1962 年在麦加建成《伊斯兰召唤》电台，1972 年建成《古兰经》广播电台。以上电台除用阿拉伯语广播外，每天还用英、法、乌尔都、斯瓦希里、波斯和班加利亚语对外广播。沙特 1964 年建立电视网，现有 5 家电视台。1965 年开始播放黑白节目，1976 年开始彩色播映。1983 年开始播放英、法语节目。电视网已覆盖全国 98%的地区。

沙特通讯社简称沙通社，1971 年 1 月 23 日成立，直接受新闻部领导。用阿、英、法文发稿。在华盛顿、伦敦、突尼斯、贝鲁特、开罗等地设有分社。

广播电台主要有 3 家，分别是 1962 年在麦加建成的《伊斯兰召唤》电台，1965 年建成的利雅得广播电台和 1972 年建成的《古兰经》广播电台。以上电台除用阿拉伯语广播外，每天还用英、法、乌尔都、斯瓦希里、波斯和班加利亚语对外广播。

2. 商务礼俗

沙特阿拉伯各地由于人文和地理位置的原因，他们的风俗习惯有许多共同之处。尤其了解当地一些交往禁忌和与宗教有关的传统习俗，无疑会在与当地人的商务交流中提供很大的帮助。

按照沙特人的商务礼俗，冬日宜穿保守式样的西装。会见前须先预约，但由于沙漠地区遗留下来较为松散的生活习惯，沙特人往往会"不守时"。因此，即使是约定的时间去拜会，最好仍需在日程上留一点余地。对方晚到 15~30 分钟是常有的事。依公司类别而定，上班时间千差万别，夜间上班的公司也很多。最好约对方到咖啡店单独谈判。在洽谈业务时，沙特人员常被来往人员打断。阿拉伯人认为这是"家庭"的延伸，不认为是失礼。遇到这种情况，一是耐心等待，二是预约到外面单独洽谈。当地商人多通晓英文，名片和说明宜用阿文和英文两种文字。来往信件人名前冠以职衔，如果来函用阿文，回函也亦以阿文为宜。

一般人在外多以握手问候为礼。如果双方（指男子）信仰一致或比较友好，双方左右贴面三次。有时候主人为表示亲切，会用左手拉着对方右手边走边说。交换物品时，用右手或用双手，忌用左手。按穆斯林的习俗，该国以牛、羊为上品，忌食猪肉。以前阿拉伯人多用右手抓饭，现在招待客人多用西餐具。

阿拉伯人热情好客，应邀去主人家做客时可以带些小礼品，如糖果、工艺品等。禁酒最为严格，别送酒类礼品，不能单独给女主人送礼，也别送什么东西给已婚女子。忌送妇女图片及妇女形象的雕塑品。与阿拉伯人初次见面就送礼，可能被认为是行贿，切勿把用旧的东西送给他们。

3. 饮食习俗

沙特阿拉伯人每日习惯两餐。早餐主要是"弗瓦勒"（一种高粱糊糊）蘸奶油，晚餐为正餐，通常吃烙饼，食用时抹上奶油、蜂蜜等，这是沙特人最爱吃的主食。"泡馍"也是他们常吃的主食，即是将高粱面饼用手掰碎，浇上鲜牛奶或再加上奶油、糖，一起进食。在沙特阿拉伯，"羊眼"被视为极其珍贵的食品，就像中国的"熊掌"一样，属难得的一种珍品。沙特阿拉伯阿西尔人以小麦、奶油为主要食品，高粱面也是他们常用的粮食，肉食一般都在节假日或宴请宾客时使用。沙特阿拉伯贝都因人常把饮红茶或咖啡当成是娱乐，每天必饮。主食以驼奶和椰枣为主，有时也宰羊，把肉和米煮在一起抓食。沙特阿拉伯国家虽严格禁酒，但不乏有些男子极喜欢喝酒，而且嗜酒如命。他们用餐惯于用右手取食。他们爱品尝中国菜肴。

沙特阿拉伯人在饮食上有以下喜好：①注重讲究菜肴要色彩悦目，食品要保持鲜嫩。②口味一般喜清淡。③主食普遍喜欢米饭，面食爱吃大饼、面条，也乐于品尝烧卖、锅烙及蒸饺。④副食爱吃牛肉、羊肉、鸡、鸭等，也喜欢黄瓜、土豆、洋葱、西红柿等蔬菜，调料爱用番茄酱、胡椒粉、盐等。⑤制法对烤、炸、煎等烹调方法制作的菜肴偏爱。⑥中餐喜爱中国的川菜、清真菜和素菜。⑦菜谱，很欣赏口蘑烩羊眼、香酥鸭子、手抓羊肉、番茄牛肉片、砂锅羊头、扒牛肉、烩二样、干炒牛肉丝、香酥鸡、清炖牛肉、清炖鸡、烤全羊等风味菜肴。⑧饮料普遍都喜欢喝红茶、咖啡、矿泉水等。

综上所述，沙特人始终保持着游牧民族古朴殷勤好客的美德。沙特人尊重现行的国际礼节，对外宾一律以礼相待，对贵客更是关怀备至。沙特富有家庭迎客和送客，喜欢用熏香和喷洒香水这种阿拉伯人的传统待客方式，以示对客人的尊重和友好。

四、经济发展

（一）宏观经济

沙特阿拉伯宏观经济情况如表 8-5 所示。

表 8-5　沙特阿拉伯宏观经济信息表（2008~2015 年）

指标 年份	GDP （十亿美元）	经济增长率 （%）	人均 GDP （美元）	国民储蓄 （%GDP）	政府净债务 （%GDP）	通胀率 （%）	失业率 （%）
2008	519.80	6.25	20157.30	52.75	-41.93	6.10	9.98
2009	429.10	-2.01	16094.68	36.60	-44.05	4.15	10.46
2010	526.81	4.76	19112.69	43.41	-42.58	3.80	10.00

续表

指标 年份	GDP (十亿美元)	经济增长率 (%)	人均GDP (美元)	国民储蓄 (%GDP)	政府净债务 (%GDP)	通胀率 (%)	失业率 (%)
2011	669.51	9.96	23593.83	50.47	−42.54	3.75	—
2012	733.96	5.38	25139.00	48.79	−52.73	2.86	—
2013	744.34	2.67	24815.93	44.44	−61.00	3.51	—
2014	753.83	3.64	24498.62	38.30	—	5.78	5.55
2015	653.22	3.35	20812.59	21.49	—	2.27	—

资料来源：经济观察网站。

（二）支柱产业

石油和化工业是沙特的支柱产业，70%以上的财政收入来自石油收入。此外，沙特利用丰富的石油、天然气资源，积极引进国外先进的技术设备，还大力发展钢铁、炼铝、水泥、海水淡化、电力工业、农业和服务业等非石油产业。

（三）对外贸易

沙特实行自由贸易和低关税政策，由于大量出口石油，沙特对外贸易长期顺差。沙特阿拉伯出口以石油和石油产品为主，约占出口总额的90%，石化及部分工业产品的出口量也在逐渐增加。主要进口机械设备、食品、纺织等消费品和化工产品等。沙特阿拉伯主要贸易伙伴是美国、日本、中国、英国、德国、意大利、法国、韩国等。沙特阿拉伯的进出口情况如表8-6所示。

表8-6　沙特阿拉伯进出口情况（2008~2015年）

单位：亿美元

指标 年份	进出口总额	出口额	进口额	贸易差额
2008	4285.96	3134.62	1151.34	1983.28
2009	2878.66	1923.14	955.52	967.62
2010	3580.06	2511.43	1068.63	1442.80
2011	4962.85	3646.98	1315.87	2331.11
2012	5439.94	3884.01	1555.93	2328.08
2013	5395.86	3758.73	1637.13	2121.60
2014	5101.87	3419.47	1682.40	1737.08
2015	3653.12	2014.92	1638.20	376.71

资料来源：联合国贸易数据库网站。

(四) 吸引外资与对外投资

表 8-7 说明了沙特阿拉伯 2005~2015 年吸引外国直接投资的存量情况，表 8-8 说明了沙特阿拉伯 2005~2015 年向外国进行直接投资的存量情况。

表 8-7　沙特吸引外国直接投资存量统计 (2005~2015 年)

单位：百万美元

指标＼年份	2005	2006	2007	2008	2009	2010	2011	2012	2013	2014	2015
FDI 存量	33535	50659	73480	111632	147145	170450	186850	199032	208330	215909	224050

资料来源：《世界投资报告》(2016)。

表 8-8　沙特向外国进行直接投资存量统计 (2005~2015 年)

单位：百万美元

指标＼年份	2005	2006	2007	2008	2009	2010	2011	2012	2013	2014	2015
OFDI 存量	7552	17205	17048	20444	22621	26528	29958	34360	39303	44699	63251

资料来源：《世界投资报告》(2016)。

五、沙特与中国的关系

(一) 政治关系

沙特与中国自 1990 年 7 月 21 日建立外交关系以来，双边关系得到两国领导人的高度重视，高层互访频繁，政治关系不断深化，经贸合作日益加强，在教育、文化、卫生和体育等方面签署多项合作文件。

(二) 经济关系

1. 中沙贸易

中沙两国自 1990 年建立外交关系以来，在两国高层领导的关心和支持下，双边经贸关系发展迅速。特别是进入新的历史时期，依托战略性友好关系不断深化，双边经贸合作实现了跨越式发展。2013 年，中国是沙特第二大贸易伙伴；2014 年沙特继续保持为中国在西亚非洲地区最大的贸易伙伴。沙特阿拉伯主要产品为原油和石化产品。2014 年中国自沙特进口原油 4967 万吨，占中国原油进进总量 16.1%。中沙双边贸易情况如表 8-9 所示。

表 8-9　中沙双边贸易统计（2008~2015 年）

指标\年份	进出口贸易总额		中国对沙出口		中国自沙进口	
	金额（亿美元）	同比变化（%）	金额（亿美元）	同比变化（%）	金额（亿美元）	同比变化（%）
2008	418.47	64.75	108.24	38.06	310.23	76.66
2009	325.98	-22.10	89.78	-17.06	236.20	-23.86
2010	431.96	32.51	103.67	15.47	328.29	38.99
2011	643.18	48.90	148.50	43.24	494.68	50.68
2012	733.13	13.99	184.52	24.26	548.61	10.90
2013	721.91	-1.53	187.40	1.56	534.51	-2.57
2014	690.84	-4.30	205.76	9.80	485.08	-9.25
2015	518.34	-24.97	216.84	5.38	301.51	-37.84

资料来源：联合国贸易数据库网站。

中国对沙特阿拉伯出口商品主要类别包括：①机械器具及零件；②电机、电气、音像设备及其零附件；③针织或钩编的服装及衣着附件；④钢铁制品；⑤橡胶及其制品；⑥陶瓷产品；⑦非针织或非钩编的服装及衣着附件；⑧皮革制品，旅行箱包，动物肠线制品；⑨化学纤维长丝；⑩家具、寝具、灯具等。

中国从沙特阿拉伯进口商品主要类别包括：①原油及其产品，沥青等；②有机化学品；③铜及其制品；④塑料及其制品；⑤盐、硫黄、土及石料、石灰及水泥等；⑥鞣料、着色料、涂料、油灰、墨水等；⑦钢铁；⑧生皮（毛皮除外）及皮革；⑨无机化学品，贵金属等的化合物；⑩絮胎、毡呢及无纺织物，线绳制品等。

2. 中沙投资

2014 年当年中国对沙特阿拉伯直接投资流量 1.84 亿美元。截至 2014 年末，中国对沙特阿拉伯直接投资存量 19.87 亿美元。截至 2014 年底，沙特阿拉伯对华累计投资达 12.4 亿美元。

3. 中沙劳务合作

在两国政府基础设施建设领域合作协议的助力下，沙特已经成为当前中国最具增长潜力的海外工程承包市场之一。2014 年中国企业在沙特阿拉伯新签承包工程合同 152 份，新签合同额 94.7 亿美元，完成营业额 59.5 亿美元；当年派出各类劳务人员 1.93 万人，年末在沙特阿拉伯劳务人员 3.25 万人。

新签大型工程承包项目包括中国铁建股份有限公司承建沙特国王阿卜杜拉·

本·阿卜杜勒·阿齐兹开发内政部安全总部（第五期），军营项目，山东电力基本建设总公司承建沙特阿拉伯吉赞 2400 兆瓦煤气化联合循环电站项目电站包与公用包的 EPC 总承包，山东电力基本建设总公司承建沙特阿美 3 号和 5 号燃气增压站项目等。

六、沙特产能状况

（一）经济概况

1. 自然资源

沙特阿拉伯有金、银、铜、铁、铝土、磷等矿藏。沙特阿拉伯以石油王国著称，石油天然气资源丰富。沙特阿拉伯是世界上石油储量最丰富的国家，沙特阿拉伯石油剩余可采储量 363 亿吨，占世界储量的 19.8%，居世界首位；天然气剩余可采储量 8.2 万亿立方米，占世界储量的 4.1%，居世界第四位。水资源以地下水为主，地下水总储量为 36 万亿立方米，沙特阿拉伯是世界上最大的海水淡化生产国，其海水淡化量占世界总量的 21%左右。

2. 产业结构

近年来沙特阿拉伯产业结构变化较大，其中农业从 1995 年占 GDP 的 5. 92%下降到 2013 年的 1.84%，工业从 1995 年占 GDP 的 48. 85%上升到 2013 年的 60.57%，服务业从 1995 年占 GDP 的 45.23%下降到 2013 年的 37.59%。

工业是沙特阿拉伯第一大产业，石油和石化工业是沙特阿拉伯经济的主要支柱，长期以来一直占 GDP 的 50%左右，石油出口收入是沙特阿拉伯政府财政收入的主要部分，占其总出口收入的 90%，石油在国民经济中占主导地位。石油工业的发展是其经济多样化发展战略的重要基础，对石化、钢铁、建筑材料、食品加工、机械、化学和金属制造等工业部门，以及对农业和服务业的发展都具有至关重要的作用。沙特阿拉伯重视农业的发展，政府对农业实行优惠政策，鼓励农作物特别是小麦的种植，调动农民积极性，小麦已实现自给自足并出口，粮食自给率为 98%。沙特阿拉伯服务业发达，在国内生产总值中占重要地位，其中旅游业是服务业的重要部门。

表 8-10 沙特阿拉伯国内生产总值（GDP）

年份	GDP 总量（亿美元）	GDP 增长率（%）	人均 CDP（美元）
2000	2586.10	4.86	12837.67
2001	2600.25	0.55	12446.41

年份	GDP 总量（亿美元）	GDP 增长率（%）	人均 CDP（美元）
2002	2603.58	0.13	11929.24
2003	2802.99	7.66	12265.68
2004	3062.39	9.25	12846.00
2005	3284.60	7.26	13303.31
2006	3467.77	5.58	13667.74
2007	3675.57	5.99	14182.83
2008	3985.31	8.43	15115.15
2009	4058.21	1.83	15144.64
2010	4359.92	7.43	15994.78
2011	4733.56	8.57	17050.67
2012	5008.72	5.81	17706.24
2013	5206.56	3.95	18060.23

资料来源：世界银行 WDI 数据库。

（二）近期经济运行状况

1. 宏观经济

21 世纪以来，沙特经济持续稳定增长，2000 年沙特国内生产总值为 2586 亿美元，年增长率高达 4.86%，人均 GDP 为 12838 美元；2008 年沙特国内生产总值为 3985 亿美元，年增长率高达 8.43%，人均 GDP 为 15115 美元；随后受金融危机及国际原油价格下跌的影响，2009 年沙特经济增长率跌至 1.83%，但紧接着的 2010 年经济增长率恢复到了 7.43%，2011~2013 年的经济增长率分别为 8.57%、5.81%、3.95%。2013 年沙特国内生产总值达到 5207 亿美元，人均 GDP 为 18060.23 美元（见表 8-10）。

2. 国际收支

2005~2013 年，沙特阿拉伯的进出口贸易不断扩大，进出口贸易占 GDP 的比例从 2005 年的 82% 上升到 2008 年的 96%，金融危机之后比例有所下降，到 2013 年下降到 82.4%。2005 年沙特阿拉伯商品服务出口额为 1921 亿美元，商品服务进口额为 877 亿美元，经常账户余额达到 900 亿美元，经常账户余额占 GDP 的比例为 27.4%。2013 年沙特阿拉伯商品服务出口额为 3876 亿美元，商品服务进口额为 2299 亿美元，经常账户余额达到 1326 亿美元，经常账户余额占 GDP 的比例为 17.7%，如表 8-11 所示。

表 8-11 沙特阿拉伯经常项目收支平衡表（2005~2013 年）

单位：亿美元

年份	经常账户余额	经常账户余额占GDP 的比例（%）	商品服务出口	商品服务进口	商品出口	商品进口
2005	900.60	27.4	1921.22	877.16	1807.12	545.95
2006	990.66	26.3	2255.07	1134.95	2113.05	639.14
2007	933.79	22.5	2497.15	1456.89	2333.11	825.95
2008	1323.22	25.5	3228.54	1766.85	3134.81	1014.54
2009	209.55	4.9	2020.57	1620.69	1923.07	870.78
2010	667.51	12.7	2618.31	1742.03	2511.43	974.31
2011	1585.45	23.7	3762.24	1979.77	3647.35	1199.61
2012	1647.64	22.4	3994.19	2152.06	3883.70	1417.99
2013	1326.4	17.7	3876.44	2299.01	3759.61	1532.47

资料来源：世界银行 WDI 数据库。

3. 外债

沙特阿拉伯 2010 年外债总额为 952 亿美元，到 2013 年上升到 1556.5 亿美元，EIU 报告估计到 2016 年会上升到 1827 亿美元。从偿债数额来看，2010 年偿还债务 66.5 亿美元，其中偿还本金 26.4 亿美元，偿还利息 40.2 亿美元；2013 年偿还债务 112 亿美元，其中偿还本金 50.6 亿美元，偿还利息 61.5 亿美元。

4. 财政收支

沙特阿拉伯的偿债资金主要来自于石油出口收入以及海外资产收入，得益于沙特丰富的石油矿产资源，沙特政府有着持续而优厚的财政收入来源。2010 年沙特中央政府财政收入预算占当年国内生产总值之比为 37.5%，支出预算占当年国内生产总值之比为 33.1%，预算平衡盈余占当年国内生产总值之比为 4.4%。沙特阿拉伯政府致力于降低外债规模，财政预算中划拨专项基金支付债务，2013 年沙特政府财政收入 3016 亿美元，财政支出 2467 亿美元，财政盈余 549 亿美元，创历史新高；2013 年沙特中央政府财政收入预算占当年国内生产总值之比为 41.4%，支出预算占当年国内生产总值之比为 35%，预算平衡盈余占当年国内生产总值之比升高到 6.5%。截至 2013 年底，沙特外汇储备高达 7395 亿美元，位居世界第三，沙特政府正是依靠其强大财力支撑其国内的高福利保障制度。

第三节　约旦概况

一、国情综述

约旦哈希姆王国（The Hashemite Kingdom of Jordan，简称约旦）位于亚洲西部，阿拉伯半岛西北部，东南及南部与沙特阿拉伯相接；西南一角临红海亚喀巴湾；西邻以色列和巴勒斯坦，北接叙利亚，东北与伊拉克接壤。海岸线全长40千米，亚喀巴港是约旦唯一的出海口。国土面积9.189万平方千米。首都为安曼，是全国最大城市和经济、文化中心。官方语言为阿拉伯语，货币为约旦第纳尔。

约旦西部山区属亚热带地中海气候，季节反差明显，夏季气候炎热干燥，而在一些高地地区，冬季时地面温度可降至零度，并有降雪。全国夏季平均气温为32℃，冬季平均气温为13℃。约旦资源相对匮乏。除了少量的地热资源，约旦尚未发现具有商业开采价值的煤矿资源或其他有色金属矿藏。到目前为止，约旦唯一已知的主要化石能源是油页岩，储量非常丰富。此外，钾盐、磷酸盐、石材等也是约旦具有出口优势的资源型产品。

据CIA统计，截至2015年7月，约旦人口为811.76万人。主要民族是阿拉伯人，占全国人口的98%，其他2%主要是切尔克斯人、车臣人和亚美尼亚人，此外还有库尔德人、土库曼人、德鲁兹人、波斯人和希腊人。居民主要信仰伊斯兰教，逊尼派教徒占人口的92%。基督教徒占人口的6%，主要信仰希腊东正教，另有2%的信教人士主要是伊斯兰教什叶派和其他别的宗教信仰者。

二、政治体制

约旦宪法规定，约旦是一个世袭的阿拉伯君主立宪制国家，立法权属议会和国王。国王是国家元首，有权审批和颁布法律、任命首相、批准和解散议会，统率军队。2013年3月，约旦首次以国王同议会协商的方式推选首相。

约旦的国民议会，由参众两院组成。众议院议员以普选方式产生，任期4年，共有110个席位，凡年满19岁的约旦公民均可参加选举，议长由议员秘密选举产生。参议院议员由国王在40岁以上知名人士中任命产生，人数不超过众议院议员人数的一半，任期 4 年。

内阁由大臣会议组成，代理国王行使国家最高行政和管理权力。2013 年 1 月 23 日，约旦进行首次议会选举。

1991 年 6 月 9 日侯赛因国王正式宣布解除长达 33 年的党禁，实行多党制，1992 年 9 月议会通过《政党法》。《政党法》规定，约旦实行多党制，强调政党必须尊重宪法，不得在军队和安全机构中发展，各政党须经内政部批准为合法政党后方可开展活动。约旦内政部正式批准成立的政党共 20 个，包括：伊斯兰行动阵线党、约旦阿拉伯社会复兴党、约旦共产党、约旦人民民主党、阿拉伯进步复兴党、约旦民主人民统一党、自由人士党、民族行动党、未来党、阿拉伯民主伊斯兰运动党、约旦阿拉伯救援者党、人民民族民主运动党、约旦工党等。

三、社会文化

约旦是伊斯兰国家，因此，约旦的风俗习惯带有浓厚的伊斯兰色彩。约旦饮食以牛、羊、鸡肉、谷物、蔬菜为主。正式宴请不上酒，私人宴请不劝酒，饭店有酒供应。约旦人穿衣比较讲究，正式场合男士一般穿西装，有的戴头巾或穿阿拉伯长袍加戴头巾；女士一般穿套装，有的戴头巾或穿阿拉伯长袍加戴头巾，但不蒙面。女士一般可同男士一起参加各种社交活动，男士可以与女士握手寒暄，女士互相行握手或贴面礼。

（一）人文状况

约旦虽然 80% 的国土为沙漠所覆盖，却是一块人类文明的沃土。古代迦南人、埃及人、亚述人、西伯莱人、柏柏尔人、波斯人、希腊人、罗马人、拜占庭人、十字军、土耳其人等都在不同的时期居住或占领、统治过这一地区。而这一地区在世界上是犹太教、基督教、伊斯兰教三大宗教的发源地，是宗教圣地最集中的地方，布遍了以上三教先知、使者、圣徒的足迹。近代历史学者把这一地区称为"世界历史的博物馆"。到约旦旅行务必做好几门功课：一是古罗马建筑艺术，古罗马帝国在约旦历史中虽然只占据 300 年的篇章，但由于罗马人喜欢建造公共建筑的天性，这个时期在约旦留下了不可磨灭的痕迹；二是基督教文化（顺便了解一下犹太教和基督教的传承关系与区别也是非常有趣的），《圣经》中曾屡次出现约旦的地名，在这里发生了无数故事，令约旦的不少地方都成为基督徒朝圣之地，也成为十字军东征的重要目标，因此启程前读一读《圣经》（尤其是《旧约》）和中世纪基督教历史会非常有收获的；三是伊斯兰教文化，这是理所当然的，约旦毕竟是以伊斯兰教立国的国家。总之，对历史的了解越多，约旦之旅越充满趣味。

贝都因人也在约旦文化中打上了深深的烙印。贝都因人是阿拉伯人的一支，几千年来生活在地球上最酷热、最干旱和环境最恶劣的地区之一——阿拉伯沙漠中，练就了超强的适应力和耐力，也形成了坚韧、英勇、慷慨、高傲、热爱自由的民族性格。

（二）教育状况

国家重视教育事业，公民从小学到高中享受免费教育。高等教育前分为基础教育和高中教育。基础教育为 10 年一贯制；高中教育是建立在一般文化基础上的非义务性专业学习，学制为两年。全国有各类学校 5348 所（2004 年），教师近 5.9 万人（2006 年），学生 153 万人（2004 年）。学龄儿童入学率为 95%。有 8 所公立大学：约旦大学、雅尔穆克大学、约旦科技大学、哈希姆大学、穆塔大学、艾勒·贝塔大学、侯赛因大学、拜勒加应用大学，另有 12 所私立大学，在校生 70546 名，其中包括 7914 名外国留学生。另有 52 所社区学院（相当于中专），有学生 22471 名。全国有学士 20 万名，硕士 1.8 万名，博士 8000 名。教育经费约为 2.11 亿约旦第纳尔，全国文盲率约为 8.7%（2005 年）。约在全国设立了 114 个知识站（Knowledge Station），向 13 万居民提供 ICT（Information and Communication Technology）技术教育。

（三）新闻出版

主要报刊：《宪章报》，阿文日报，日发行量 9 万份左右；《言论报》，阿文日报，日发行量 10 万份左右；《市场报》，阿文日报；《今日阿拉伯人》，阿文日报；《约旦时报》，英文日报，日发行量 7000 份；《星报》，英文周报。2006 年 7 月，约内阁通过《媒体和出版法》，不再允许逮捕或监禁犯有与其职业相关的罪行的记者。（数据为 2006 年）

佩特拉通讯社：官方通讯社，1969 年成立。每天用阿、英文发稿，在贝鲁特设有分社，在开罗、大马士革、波恩、巴黎、哥本哈根、纽约有兼职记者。1995 年起通过卫星向除南非、南美以外的世界各地发送阿、英文消息。

约旦广播电台与电视台均系官方机构，1985 年 9 月，电台同电视台合并，成立广播电视总局。约旦广播电台，1959 年创建。约旦电视台，1968 年建立，设有彩色电视系统，1972 年起通过卫星转播世界新闻。

四、经济发展

(一) 宏观经济

约旦系发展中国家，经济基础薄弱，资源贫乏，可耕地少，依赖进口。21世纪初，约旦 GDP 呈现较快的增长速度，连续数年实现 6% 以上增长，随后受国际金融危机、"阿拉伯之春"、叙利亚危机等一系列负面因素影响，约旦经济大幅度回落。约旦宏观经济情况如表 8-12 所示。

表 8-12　约旦宏观经济信息表（2008~2015 年）

年份 \ 指标	GDP（十亿美元）	经济增长率（%）	人均 GDP（美元）	国民储蓄（%GDP）	政府净债务（%GDP）	通胀率（%）	失业率（%）
2008	21.96	7.23	3754.28	16.40	20.55	13.97	12.65
2009	23.82	5.48	3983.28	21.07	57.124	−0.74	12.94
2010	26.43	2.31	4322.82	18.38	61.096	4.85	12.50
2011	28.84	2.59	4615.17	12.59	65.444	4.16	12.90
2012	30.98	2.65	4849.88	6.47	0.749	4.52	12.20
2013	33.64	2.83	5151.71	10.45	0.796	4.83	12.60
2014	35.88	3.10	5374.59	14.68	—	2.90	11.88
2015	37.62	2.50	5513.01	11.42	—	−0.88	11.00

资料来源：经济观察网站。

(二) 支柱产业

约旦的支柱产业为农业、工矿业和旅游业。其生产的蔬菜多出口至周边国家，是约旦主要出口商品之一。约旦规模较大的工业企业主要集中在磷酸盐、钾盐、炼油、水泥、化肥生产和制药几个方面，其他多属轻工业和小型加工工业，涉及的主要领域有采矿、炼油、食品加工、玻璃、纺织、塑料制品、卷烟、皮革、制鞋、造纸等。旅游业也为约旦经济做出了重要贡献，其发展带动了航空业、房地产、宾馆、医院以及其他行业的发展，是约旦的主要就业领域。

(三) 对外贸易

随着约旦劳动生产率提高和与相关国家自由贸易协定的逐步实施，约旦进出口呈现连年增长态势，但出口增长乏力，贸易逆差巨大。约旦的进出口情况如表 8-13 所示。

表 8-13　约旦进出口情况（2008~2014 年）

单位：亿美元

年份 ＼ 指标	进出口总额	出口额	进口额	贸易差额
2008	246.54	77.82	168.72	-90.90
2009	204.41	63.66	140.75	-77.09
2010	222.85	70.23	152.62	-82.39
2011	262.65	79.64	183.01	-103.37
2012	285.68	78.77	206.91	-128.14
2013	294.69	79.20	215.49	-136.29
2014	311.26	83.85	227.40	-143.55

资料来源：联合国数据库网站。

2014 年，约旦主要贸易伙伴为沙特、美国、中国、伊拉克和印度等。伊拉克、美国和沙特分别是约旦前三大出口市场，沙特、中国和美国是约旦前三大进口来源地。中国是约旦第三大贸易伙伴、除石油产品外第一大进口来源地。约旦主要进口产品包括石油制品、汽车、摩托车及零配件、钢材、粮食、设备和工具、电子产品；主要出口产品包括服装、钾肥、蔬菜和水果、药品以及化肥等。

(四) 吸引外资与对外投资

约旦政府积极致力于改善投资环境，制订和完善投资法规，积极吸引外资，尤其鼓励外商在约旦工业区投资办厂，并于 1995 年出台《投资促进法》，给予投资者优惠待遇，在吸收外资方面取得良好成绩。表 8-14 说明了约旦 2005~2015 年吸引外国直接投资的存量情况，表 8-15 说明了约旦 2005~2015 年向外国进行直接投资的存量情况。

表 8-14　约旦吸引外国直接投资存量统计（2005~2015 年）

单位：百万美元

指标 ＼ 年份	2005	2006	2007	2008	2009	2010	2011	2012	2013	2014	2015
FDI 存量	13229	12713	19013	20406	20761	21899	23372	24869	26668	28734	29958

资料来源：《世界投资报告》（2016）。

表 8-15　约旦向外国进行直接投资存量统计（2005~2015 年）

单位：百万美元

指标＼年份	2005	2006	2007	2008	2009	2010	2011	2012	2013	2014	2015
OFDI 存量	450	312	360	372	444	473	504	509	525	608	609

资料来源：《世界投资报告》（2016）。

五、约旦与中国的关系

（一）政治关系

中约两国于 1977 年 4 月 7 日建交。此后，两国在政治、经济、军事、文化等各方面的关系稳步发展，友好往来不断增加。2013 年 9 月，约旦国王阿卜杜拉二世参加宁夏中阿博览会并对中国进行国事访问。2014 年 10 月，时任全国政协主席俞正声率团访问约旦。2015 年 9 月，约旦国王阿卜杜拉二世作为本届博览会元首再次参加宁夏中阿博览会。

（二）经济关系

1. 中约贸易

中约双边经贸合作发展势头良好。据中国海关统计，近年来，中国对约旦出口商品主要类别包括机械设备、机电产品、纺织品、服装和鞋类；中国从约旦进口商品主要类别包括钾肥、有机化学品、铜及其制品等。中约双边贸易情况如表 8-16 所示。

表 8-16　中约双边贸易情况（2008~2015 年）

年份＼指标	进出口贸易总额 金额（亿美元）	进出口贸易总额 同比变化（%）	中国对约出口 金额（亿美元）	中国对约出口 同比变化（%）	中国自约进口 金额（亿美元）	中国自约进口 同比变化（%）
2008	19.49	63.10	18.26	64.06	1.23	50
2009	20.78	6.62	19.66	7.67	1.12	−8.94
2010	20.54	−1.16	18.89	−3.92	1.65	47.32
2011	27.70	34.86	25.13	33.03	2.57	55.76
2012	32.56	17.55	29.59	17.75	2.97	15.56
2013	36.05	10.72	34.35	16.09	1.70	−42.76
2014	36.28	0.65	33.65	−2.03	2.63	54.94
2015	37.19	2.50	34.31	1.98	2.87	9.23

资料来源：联合国贸易数据库网站。

2. 中约投资

2014 年当年中国对约旦直接投资流量 674 万美元。截至 2014 年末，中国对约旦直接投资存量 3098 万美元。中国在约旦主要投资项目有约旦业晖制衣有限公司、上海双钱（约旦）销售公司等。此外，在约旦亚喀巴经济特区还有 54 家中国个体经营公司，以对外贸易为主。

2014 年，约旦对华投资约 116 万美元，同比下降 7.2%，新设立项目（企业）数 15 个，同比增加 50%，涉及纺织、建材等领域，除个别几家生产企业外，大部分是在中国负责订货、采购的贸易公司或办事处。

3. 中约劳务合作

承包工程和劳务合作在两国经贸合作中占有重要地位。中约承包工程合作始于 1980 年。据中国商务部统计，2014 年中国企业在约旦新签承包工程合同 2 份，新签合同额 1620 万美元，完成营业额 1661 万美元；当年派出各类劳务人员 168 人，年末在约旦劳务人员 1130 人。新签大型工程承包项目包括中国大连国际经济技术合作集团有限公司承建约旦严整喀巴 LPG 储藏终端项目等。

第四节　阿拉伯联合酋长国概况

一、国情综述

阿拉伯联合酋长国（The United Arab Emirate，简称阿联酋）是由阿布扎比、迪拜、沙迦、阿治曼、乌姆盖万、哈伊马角和富查伊拉 7 个酋长国组成的联邦国家。位于阿拉伯半岛东南端，东与阿曼毗邻，西北与卡塔尔为邻，南部和西南与沙特阿拉伯王国交界，北临波斯湾（又名阿拉伯湾），与伊朗隔海相望，是扼波斯湾进入印度洋的海上交通要冲。国土面积约为 83600 平方千米。首都为阿布扎比。官方语言为阿拉伯语，通用英语。货币为迪拉姆。

阿拉伯联合酋长国气候属热带沙漠气候，全年分为两季，年平均降雨量约为 100 毫米，多集中于 1~2 月。近年来，雨量有渐增之势。阿拉伯联合酋长国最重要的资源是石油和天然气，目前已探明的石油和天然气储量分别为 978 亿桶和 6.43 万亿立方米，分别位居世界第六和第七；其他矿产资源还有硫黄、镁、石灰岩等；主要经济作物为椰枣，年产椰枣上百万吨。

截至 2014 年，阿拉伯联合酋长国人口 826.4 万人，其中：本国人口 94.8 万，占人口总数的 11.5%，外籍人口 731.6 万，占 88.5%。全国总人口中阿拉伯人占 87%，其他民族占 13%，外籍人口主要来自印度、巴基斯坦、埃及、巴勒斯坦、黎巴嫩等国。伊斯兰教是国教，居民大多信奉伊斯兰教，其中多数（80%）属逊尼派，什叶派在迪拜占多数。

（一）地理概述

阿拉伯联合酋长国（简称阿联酋）位于亚洲西南部阿拉伯半岛东南端，东与阿曼毗邻，西北与卡塔尔接壤，南部和西南部与沙特阿拉伯王国交界，北濒波斯湾，与伊朗隔海相望。在地理上和历史上，阿拉伯联合酋长国是指阿拉伯半岛海湾南岸沿海及其内陆地带的诸酋长国。

（二）人口和民族

阿拉伯联合酋长国是阿拉伯伊斯兰国家，本国人口少，缺乏劳动力，外来移民多。目前人口总数为 826 万，外籍人占 88.5%，主要来自印度、巴基斯坦、埃及、叙利亚、约旦、巴勒斯坦、也门、伊拉克等国。居民包括"哈德尔人"和"贝都因人"。哈德尔人大多定居在沿海城镇，分布在东部山区和北部沿海及内地绿洲的城镇和林泽地区，人口数量日益增加，居住区域逐渐扩大。贝都因人分布在广阔沙漠地区，逐水草游牧为生。

阿拉伯联合酋长国人口增长率在世界各国中属最高的一类国家。其中，外来人口增速是本土人口增速的近两倍。人口性别结构历来是男高女低，近年来男性比例一直占 65% 以上。按地区分布，人口主要集中在阿布扎比、迪拜和沙迦。居民大多信奉伊斯兰教，多数属逊尼派。阿拉伯语为官方语言，通用英语。民族结构比较单纯，主体是阿拉伯半岛的闪族后代阿拉伯民族，主要来自阿拉伯半岛西南部的古国也门。

二、政治体制

阿拉伯联合酋长国的最高权力机关为联邦最高委员会，由 7 个酋长国的酋长组成，国内外重大政策问题均由该委员会讨论决定。总统和副总统亦从中选举产生，任期 5 年。2004 年 11 月 3 日，哈利发·本·扎耶德·阿勒纳哈扬被联邦最高委员会推选为新任总统，2009 年连任。

联邦国民议会是联邦的咨询机构，每届任期 2 年。议会职权是审议联邦政府提出的法律、法规草案，并有权提出修改意见或予以否决。

阿拉伯联合酋长国联邦政府是联邦最高委员会的执行机构，在联邦最高委员会的监督下，具体实施宪法和法律规定的权限范围内的内外大政方针，根据各酋长国的政治影响和经济实力分配部长职位，阿布扎比、迪拜两酋长国则占主要职位。

（一）政体简介

1. 宪法

1971年7月18日，联邦最高委员会通过临时宪法，同年12月2日宣布临时宪法生效。至1991年10月，该临时宪法修订5次。1996年12月，联邦最高委员会通过决议，临时宪法确定为正式宪法，并确定阿布扎比市为阿拉伯联合酋长国永久首都。

最高机构由联邦最高委员会、联邦政府、联邦国民议会以及联邦最高法院组成。伊斯兰教是阿拉伯联合酋长国国教。除外交和国防相对统一外，各酋长国具有相当的独立性和自主权。

2. 议会

联邦国民议会成立于1972年，是全国协商性咨询机构，而非立法机关。每届任期4年，负责讨论内阁会议提出的法案，并提出修改建议。2006年8月，阿拉伯联合酋长国颁布新的议会选举法，规定联邦国民议会成员为40名，其中20名由各酋长国酋长提名，总统任命，其余20名通过选举产生，议长和两名副议长均由议会选举产生。这被视为阿拉伯联合酋长国在民主改革道路上迈出的重要一步。2011年9月举行第十五届国民议会选举，11月选举穆罕默德·艾哈迈德·莫尔担任议长。

3. 政府

根据1971年临时宪法的规定，阿拉伯联合酋长国是一个君主立宪制国家，是在各酋长国基础上建立起来的联邦国家，实行总统负责制，7位酋长组成联邦最高委员会，是阿拉伯联合酋长国最高权力机构。联邦最高委员会成员，分别兼任其各自酋长国的酋长（或称统治者），重大内外政策制定、联邦预算审核、法律和条约批准均由该委员会讨论决定。阿布扎比酋长和迪拜酋长分别是总统和副总统的法定人选，任期5年。总统兼任武装部队总司令。除外交和国防相对统一外，各酋长国拥有相当的独立性和自主权。联邦经费基本上由阿布扎比和迪拜两个酋长国承担。

2006年2月组成第七届政府，曾进行多次部分改组，共有内阁成员24人。总统哈利发·本·扎耶德·阿勒纳哈扬（Khalifa Bin Zayed Al-Nahyan），2004年11月当选，2009年连任。

4. 司法

司法机构由两个基本组织构成，即设在阿布扎比、沙迦、阿治曼、乌姆盖万和富查伊拉 5 个酋长国的联邦司法机构和设在迪拜和哈伊马角两个酋长国的地方司法机构。司法机构有 6 个基本组成部分：法庭、检察总署、司法监察局、判决·律法·律师和技术局、法官团、财政行政事务局。司法机构要求法官"独立审判，只服从法律和自己的良心"。联邦高等法院是最高司法机构，也就是联邦最高法院。由首席法官和不超过 5 名成员的法官团组成，全部由总统任命。最高法院负责审理涉及宪法的案件，研讨关于联邦宪法的诉讼和普遍性的法律、法规，解释宪法等任务。

5. 政党

阿拉伯联合酋长国无合法政党，只有社会团体，主要有红新月会、妇女联合总会、集邮协会。

红新月会：阿拉伯联合酋长国红新月会（RCA）是阿拉伯联合酋长国国家对外从事慈善人道工作的一个渠道，1983 年 1 月成立。红新月会内设有一个妇女委员会，名誉主席是已故总统扎耶德的夫人法蒂玛（Fatima Bint Mubarak）。

妇女联合总会：建国后不久，阿布扎比妇女新兴协会于 1972 年初率先成立，之后迪拜妇女新兴协会、沙迦妇女联合协会、阿治曼母亲协会、哈伊马角妇女新兴协会和乌姆盖万妇女协会等纷纷建立。1975 年 8 月 27 日，阿拉伯联合酋长国妇女联合总会（GWU）成立，法蒂玛任主席，另设两位副主席。

集邮协会：根据阿交通部 1996 年 6 月 24 日决定，成立阿拉伯联合酋长国集邮协会，拥有来自 120 多个国家的会员。协会鼓励和开展集邮活动，加强与阿拉伯国家和其他国家的类似协会或俱乐部的合作关系。

此外，阿拉伯联合酋长国持续保持政局稳定，对内积极推动经济发展和国家现代化建设，对外交往活跃，注重加强与海湾地区国家及大国关系，在地区和国际事务中发挥独特作用。

（二）国际关系

1. 外交原则

外交方针和基本原则为：实现国家最高利益，体现与海湾阿拉伯国家之间的历史联系，建立同阿拉伯兄弟国家之间最强有力的密切关系，维护阿拉伯民族的利益，巩固同伊斯兰世界的兄弟情结，为加强世界和平做出积极贡献，向世界开放，在睦邻、相互尊重、互不干涉内政的基础上，建立与一切国家和人民的友好合作关系。外交政策具体表现为：奉行温和、平衡、睦邻友好和不结盟的外交政策；主张通过和平协商解决争端，维护世界和平；致力于加强海湾合作委员会国家间的团结与合作，重视发展同美国等西方国家的关系。近年来，推行"东向"政策，发展与中国、日本等亚洲国家的关系，目前已同183个国家建立了外交关系。

2. 大国关系

阿拉伯联合酋长国与美国：阿拉伯联合酋长国丰富的石油资源和所处的战略位置，颇受美国重视。美国每年从阿拉伯联合酋长国进口石油，并同英、法、荷等国一道在阿拉伯联合酋长国开采石油。美国的军事、经济、科技水平和实力，特别是在解决中东问题上的重大作用，得到阿拉伯联合酋长国的特别关注。两国关系比较密切，双方军政要员经常互访，就两国关系、中东与海湾地区局势等问题进行磋商。2009年1月，两国签订和平使用核能协议。

美国商务部统计中心发布数据显示，2014年阿拉伯联合酋长国与美国贸易规模为248.9亿美元，较2013年的266.6亿美元有所下降，占海合会国家与美国贸易规模的21.2%。阿拉伯联合酋长国自美国进口220.8亿美元，同比下降9.3%，阿拉伯联合酋长国向美国出口27.8亿美元，同比增长22%。

阿拉伯联合酋长国与英国：历史上，英国曾经是阿拉伯联合酋长国的宗主国。阿拉伯联合酋长国独立后，仍与英国保持着密切关系。英国极其重视其在海湾地区的政治和经济利益，经常派军政要员访阿，参加历届迪拜国际航空展及阿布扎比防务展。

阿拉伯联合酋长国与法国：两国尤其在军事上合作较密切。法国参加历届迪拜国际航空展及阿布扎比防务展，是阿拉伯联合酋长国主要的武器供应国。2008年1月，两国签订和平使用核能协议。2015年3月，阿拉伯联合酋长国、埃及和法国签署了三方经济谅解备忘录（MOU）。根据备忘录，三方将致力于促进民营资本投资于埃及优先发展的能源、基础设施、交通运输、信息技术、通信等重点领域。该谅解备忘录还包括了阿拉伯联合酋长国和法国联合在埃及开发可再生能源的计划，以实现埃及2020年可再生能源占比20%的发展目标。

阿拉伯联合酋长国与德国：近年来两国关系发展迅速，两国均视对方为地区的重要合作伙伴，两国高层往来增多。

阿拉伯联合酋长国与俄罗斯：1985年11月，阿拉伯联合酋长国与苏联建交。苏联解体后，阿拉伯联合酋长国继续与俄罗斯保持友好合作关系。曾向俄罗斯提供紧急财政援助，帮助俄新政府渡过经济难关。阿重视俄罗斯的大国地位，希望俄保持稳定，并在国际事务中继续发挥应有的作用。

3. 邻国关系

阿拉伯联合酋长国和沙特阿拉伯：两国政府和人民之间在历史上和文化上和宗教信仰上关系密切，曾经有历史遗留的边界问题和相互认同问题。阿拉伯联合酋长国成立时，由于两国边界争端和布赖米绿洲问题等原因，沙特阿拉伯未予承认。1974 年 8 月，阿拉伯联合酋长国总统扎耶德主动访问沙特，积极亲善，双方就边界问题达成协议，并建立了外交关系。此后，两国关系发展较快，并在中东问题、石油问题、海湾安全与合作和其他对外关系问题上频繁进行协调和磋商。1982 年，两国与海湾其他阿拉伯四国协商成立了六国海湾合作委员会。1982 年 2 月 12 日，两国签订双边安全协定，规定双方在交换治安情报、提供补给和装备、提供训练、引渡逃犯和共同维护边界安全等方面进行合作。阿拉伯联合酋长国公民凭身份证即可赴沙。2009 年阿宣布，从 8 月 23 日起，阿公民去沙改用护照。

阿拉伯联合酋长国与伊朗：两国关系正常，在历史、经济和宗教等领域有广泛的联系。但两国存在"三岛"领土争议，阿拉伯联合酋长国注重发展与伊朗周边国家的关系。2013 年两国双边贸易额达 157 亿美元。2015 年 1 月 8 日，阿伊签署了加强两国航空运输和航空安全的协议。

三、经济发展

（一）宏观经济

阿拉伯联合酋长国有着丰富的石油、天然气资源，储量分别居世界第六位和第七位，巨额稳定的石油收入是阿拉伯联合酋长国经济发展的主要动力，实现可持续增长，阿拉伯联合酋长国一直致力于实施经济多元化政策，着力推其成为世界上最富有的国家之一。为减少对石油的依赖对石化冶金、加工制造、新能源、金融、旅游等产业的发展，非石油产业在经济增长中的比重不断提高。阿拉伯联合酋长国宏观经济情况如表 8–17 所示。

表 8–17　阿拉伯联合酋长国宏观经济信息表（2008~2015 年）

年份＼指标	GDP（十亿美元）	经济增长率（%）	人均 GDP（美元）	国民储蓄（%GDP）	政府净债务（%GDP）	通胀率（%）	失业率（%）
2008	315.480	3.19	65991.78	30.12	−100.93	6.60	—
2009	259.730	−5.24	51269.91	24.15	−1.07	0.01	—
2010	286.049	1.64	54411.12	25.03	−96.99	0.88	—
2011	347.454	4.89	63625.69	31.49	−86.14	0.77	—
2012	373.430	7.22	64840.28	32.65	−93.49	1.13	—

续表

年份 \ 指标	GDP (十亿美元)	经济增长率 (%)	人均GDP (美元)	国民储蓄 (%GDP)	政府净债务 (%GDP)	通胀率 (%)	失业率 (%)
2013	387.190	4.32	64779.94	31.52	-101.48	0.02	—
2014	399.450	4.57	42943.78	25.00	4.98	3.22	—
2015	345.480	3.93	36060.02	27.76	-4.88	3.63	—

资料来源：经济观察网站。

2014年，国内生产总值4197亿美元，人均GDP 7.2万美元，GDP增长率4.6%，外汇储备759亿美元。货币名称为迪拉姆（Dirham），汇率为1美元兑换3.67迪拉姆。总体来说，近期阿拉伯联合酋长国宏观经济保持平稳。

2014年，按用途分类，GDP构成为：居民消费占52.4%，政府消费占6.9%，固定资产投资占22.9%，存货投资占0.7%。从各产业占GDP的比重来看，农业为0.6%，工业为58.9%，服务业为40.5%。农产品主要有蔬菜、家禽、蛋类、西瓜、乳制品、鱼类等。工业产品主要有石油石化产品、渔具、铝制品、水泥、化肥、建筑材料、工艺品、纺织品等，工业增长率为3.5%。

2014年，阿拉伯联合酋长国劳动力为489.1万人，其中外籍人士占85%。从劳动力的产业比重来看，农业占7%，工业占15%，服务业78%（2000年数据），失业率为2.4%（2001年数据）。处于贫困线以下的人口占总人口的19.5%（2003年数据）。

国际货币基金组织（IMF）预计未来7年阿经济增速仍将保持在4%~5%。此外，2014年非石油经济占阿GDP将达69%，其中工业部门占15%。中小企业对总收入贡献60%，政府将继续对其予以支持，到2021年使其贡献率达到70%。

（二）支柱产业

珍珠（采珠业）曾经是阿拉伯联合酋长国的支柱产业，这一情形一直延续到1960年。自从1966年在阿拉伯联合酋长国发现石油以来，原来荒芜的沙漠一下子变成了富庶的油田，使这个国家在经济上发生了巨大的变化。非石油产业在经济增长中的比重也在不断提高。炼铝业是阿拉伯联合酋长国主要的非石油产业之一，酋长国全球铝业公司是全球第五大铝业公司。房地产业、水泥工业、金融产业、制药产业、塑料工业、转口贸易也在阿拉伯联合酋长国经济中扮演着重要角色。阿拉伯联合酋长国迪拜港是继新加坡与中国香港之后全球第三大转口中心。近年来，阿拉伯联合酋长国还发展了民航产业，如阿布扎比王室投资的阿提哈德航空（Etihad）与迪拜王室投资的阿拉伯联合酋长国航空（Emirates），在短期内达到急速发展。

（三）对外贸易

阿拉伯联合酋长国服务贸易的类型比较单一，以旅游服务和运输服务为主。根据世贸组织发布的统计数据，2013 年阿拉伯联合酋长国服务贸易总额约为 864 亿美元，服务出口额约为 164 亿美元，其中旅游服务占比 70.5%，运输服务占比 29.5%，服务进口额约为 700 亿美元，其中运输服务约占 64.5%，旅游服务约占 25.5%。阿拉伯联合酋长国的主要出口商品有：石油及炼制品、天然气、宝石、贵金属、贱金属、矿产品、石化产品；主要进口商品有：机械、电机、电子设备、汽车与飞机等交通工具、宝石、贵金属、贱金属、纺织品、化学品。阿拉伯联合酋长国出口目的国主要是伊朗、沙特、伊拉克、印度等，其中，印度是阿拉伯联合酋长国非石油贸易第一大出口目的国；阿拉伯联合酋长国进口来源国主要是中国、美国、印度和德国。阿拉伯联合酋长国进出口情况如表 8-18 所示。

表 8-18　阿拉伯联合酋长国进出口情况（2008~2014 年）

单位：亿美元

年份＼指标	进出口总额	出口额	进口额	贸易差额
2008	3854.86	2100.00	1754.86	345.14
2009	3389.76	1747.25	1642.51	104.74
2010	—	—	—	—
2011	4635.01	2525.56	2109.45	416.11
2012	6111.44	3501.23	2610.21	891.02
2013	6744.56	3794.89	2949.67	845.22
2014	6369.51	3383.40	2986.11	397.29

资料来源：联合国数据库。

（四）吸引外资与对外投资

阿拉伯联合酋长国政治经济稳定，地理位置优越，基础设施发达，社会治安良好，商业环境宽松，金融资源丰富，是中东地区最具投资吸引力的国家之一。2000~2010 年，阿拉伯联合酋长国累计吸引外商直接投资 750 亿美元，成为继沙特之后阿拉伯国家第二大外国资本流入国。自国际金融危机和地区动荡爆发以来，阿拉伯联合酋长国已经成为地区资金流、物流的避风港，其地区性贸易、金融、物流枢纽的地位进一步加强。

世界经济论坛《全球竞争力报告（2012~2013 年）》显示，阿拉伯联合酋长国在全球最具竞争力的 144 个国家和地区中，排第 24 位。表 8-19 说明了阿拉伯联合酋长国 2005~2015 年吸引外国直接投资的存量情况，表 8-20 说明了阿拉伯联合酋长国 2005~2015 年向外国进行直接投资的存量情况。

表 8-19 阿拉伯联合酋长国吸引外国直接投资存量统计（2005~2015 年）

单位：百万美元

指标＼年份	2005	2006	2007	2008	2009	2010	2011	2012	2013	2014	2015
FDI 存量	27508	40314	54500	68224	72227	77727	85406	95008	105496	115561	111139

资料来源：《世界投资报告》（2016）。

表 8-20 阿拉伯联合酋长国向外国进行直接投资存量统计（2005~2015 年）

单位：百万美元

指标＼年份	2005	2006	2007	2008	2009	2010	2011	2012	2013	2014	2015
OFDI 存量	9542	20434	35002	50822	53545	55560	57738	60274	63179	66298	87386

资料来源：《世界投资报告》（2016）。

贸易（主要是外贸和转口贸易）产值占第三大类服务业的约 30%，外贸在经济中占有重要位置。对外贸易主要集中在迪拜和阿布扎比两个经济实力最强的酋长国。阿拉伯联合酋长国重视发展对外经贸关系，积极参与世界贸易组织活动。进入21 世纪，阿拉伯联合酋长国更加强了与欧盟、美、日、中、韩等国家的贸易关系。

出口商品主要是石油，此外有天然气、石油化工产品、铝锭、干鱼、椰枣、金属废料、制革原料等；主要出口对象是日本、英国、法国、美国、德国和其他西方国家以及印度、伊朗、中国、沙特、巴林、伊拉克、科威特等亚洲国家。进口商品主要是生活用品和生产资料，如粮食、石油设备、机电设备、机械、军品、汽车及其零部件、飞机、金银珠宝、化学制品、药品、纺织品、五金工具、办公用品、食品等。进口来源地主要有日本、美国和英国，其次是德国、法国、韩国、意大利、瑞士、中国、北欧国家、印度、沙特和新加坡等。2014 年，进出口总额为 6369.51 亿美元，其中进口额为 2986.11 亿美元，出口额为 3383.04 亿美元。

四、阿拉伯联合酋长国与中国的关系

（一）政治关系

阿拉伯联合酋长国与中国自 1984 年建交以来，关系友好，高层互访频繁。2007 年 1 月 30 日，时任国家主席胡锦涛过境迪拜，与迪拜酋长穆罕默德会面。

2008 年 3 月，阿拉伯联合酋长国副总统兼总理迪拜酋长穆罕默德·本·拉希德·马克图姆访华；同年，阿拉伯联合酋长国政府向中国四川地震灾区捐款 5000 万美元用于灾后重建。2009 年 8 月，阿布扎比酋长国王储穆罕默德·本·扎耶德·阿勒纳哈扬访华。2012 年 1 月，时任国务院总理温家宝率团访问阿拉伯联合酋长国。2012 年 3 月，阿布扎比酋长国王储穆罕默德·本·扎耶德·阿勒纳哈扬访华。

（二）经济关系

1. 中阿贸易

近年来，中阿双边贸易发展迅速，阿拉伯联合酋长国是中国在中东地区的第二大贸易伙伴；中国是阿拉伯联合酋长国全球第二大非石油贸易伙伴，双边贸易额占其全球非石油贸易总额的 8% 左右。中阿双边贸易情况如表 8-21 所示。

表 8-21　中阿双边贸易统计（2010~2015 年）

类项　　年份	进出口贸易总额		中国向阿出口		中国自阿进口	
	金额（亿美元）	同比变化（%）	金额（亿美元）	同比变化（%）	金额（亿美元）	同比变化（%）
2010	256.87	21.01	212.35	13.97	445.16	71.53
2011	351.19	36.72	268.13	26.26	830.66	86.60
2012	404.20	15.09	295.68	10.28	108.52	30.64
2013	462.35	14.39	334.11	13.00	128.24	18.17
2014	547.97	18.52	390.34	16.83	157.63	22.92
2015	486.01	−11.31	370.69	−5.03	115.32	−26.84

资料来源：联合国贸易数据库网站。

中国对阿拉伯联合酋长国出口商品主要类别包括：①机械器具及零件；②电机、电气、音像设备及其零附件；③针织或钩编的服装及衣着附件；④家具、寝具等、灯具、活动房；⑤非针织或非钩编的服装及衣着附件；⑥钢铁制品；⑦鞋靴、护腿和类似品及其零件；⑧塑料及其制品；⑨化学纤维长丝；⑩车辆机器零附件，但铁道车辆除外。

中国从阿拉伯联合酋长国进口商品主要类别包括：①矿物燃料、矿物油及其产品；沥青等；②塑料及其制品；③铜及其制品；④动植物油、脂，蜡，精制食用油脂；⑤有机化学品；⑥盐、硫黄、土及石料；石灰、水泥；⑦矿砂、矿渣及矿灰；⑧珠宝、贵金属及制品、仿首饰、硬币；⑨铝及其制品；⑩虫胶、树胶、树脂及其他植物液、汁。

2. 中阿投资

在"走出去"战略的推动下，中国企业赴阿拉伯联合酋长国投资步伐加快。2014 年中国对阿拉伯联合酋长国直接投资流量 7.05 亿美元，对阿拉伯联合酋长国直接投资存量 23.33 亿美元。

目前，超过 3000 家中国公司在阿拉伯联合酋长国开办了公司或办事处，中国对阿拉伯联合酋长国投资主要领域为能源、钢铁、建材、建筑机械、五金、化工等；其中主要投资项目包括 Adnoc 和中石油合资成立 Al Yasat 石油作业公司，中石油占股 40%；天津钢管厂投资 15 亿元（近 2 亿美元）在迪拜杰布阿里自由区设立分公司；中化公司累计投资约 1 亿美元开发阿拉伯联合酋长国油气田项目。

3. 中阿劳务合作

2014 年中国企业在阿拉伯联合酋长国新签承包工程合同 62 份，新签合同额 18.94 亿美元，完成营业额 11.50 亿美元；当年派出各类劳务人员 2771 人，年末在阿拉伯联合酋长国劳务人员 11648 人。新签大型工程承包项目包括中国建筑工程总公司承建棕榈岛度假酒店 PJTRH02-03。中国石油工程建设公司承建阿布扎比原油管线项目，华为技术有限公司承建阿拉伯联合酋长国电信等。

2012 年 1 月 17 日，中阿签署双边货币互换协议，规模为 350 亿元人民币/200 亿迪拉姆，有效期 3 年，2015 年两国续签货币互换协议。

五、产能状况

1. 自然资源

阿拉伯联合酋长国矿产资源非常丰富，主要是石油和天然气。已探明的石油储量达 981 亿桶（约合 130 亿吨），约占世界总储量的 9.5%，天然气储量 6.1 万亿立方米，分别居世界第六位、第七位。油、气资源主要分布在阿布扎比酋长国，其储量分别占阿拉伯联合酋长国总储量的约 94.3% 和 92.5%。其次是迪拜、沙迦和哈伊马角 3 个酋长国。

其他矿产资源还有锰矿，分布在阿拉伯联合酋长国北部地区；铜矿分布在富查伊拉和哈伊马角；铬矿分布在沙迦、阿治曼、富查伊拉和哈伊马角；石膏矿分布在艾因地区；石灰岩分布在哈伊马角，特别是哈贾尔山脉地区；云母矿分布在富查伊拉；岩盐分布在阿拉伯联合酋长国东部和西部。

植物资源主要有椰枣树，超过 4000 万棵，每年产椰枣上百万吨，种类有120 多种。阿拉伯联合酋长国海域内水产资源丰富，沿海有珊瑚，生产珍珠，有着丰富的渔业资源，已发现鱼类和海洋生物 3000 多种。

2. 产业结构

阿拉伯联合酋长国经济具有明显的"双重结构"。在整个经济领域，阿拉伯联合酋长国既发展现代市场经济，也保持传统生产方式。前者在石油天然气业、工业、金融业、交通运输业、建筑业、大商业、外贸和服务行业中已占统治地位，大量采用现代科学技术和工艺。后者在农业、牧业、渔业、传统食品、手工艺品等领域仍然占主流。

阿拉伯联合酋长国经济对石油和外贸的依赖性非常大，为典型的石油经济（包括原油及固化物、天然气等碳氢化合物），并带动国民经济多样化全面发展。工业以石油化工为主，此外还有天然气液化、炼铝、塑料制品、建筑材料、服装和食品加工等工业。农业不发达。全国可耕地面积 32 万公顷，已耕地面积 27 万公顷。主要农产品有椰枣、玉米、蔬菜、柠檬等。目前粮食依赖进口，渔产品和椰枣可满足国内需求。畜牧业规模很小，主要肉类产品依赖进口。近年来，政府采取鼓励务农的政策，向农民免费提供种子、化肥和无息贷款，并对农产品全部实行包购包销，以确保农民收入，农业得到一定发展。近期以来，持续发展非石油生产和服务性行业的多样化的财经政策取得成效，改善了投资环境，货币稳定增加，做到了经济的多样化综合平衡发展。自 2004 年起，非石油工业（主要为纺织、食品、工业制品及机械、化工等）的项目数、投资额和工人数发展迅速。此后，经济结构中石油与非石油的比例倒转，石油约占 1/3，非石油的其他产业约占 2/3。

六、投资状况

1. 投资政策

限制外商投资行业范围：商业机构、房地产服务、汽车租赁、农业、狩猎和林业、渔业、人力资源服务、证券、公路运输、开设旅行社和提供导游、药品、药剂仓库、疾病控制中心。

允许外商投资兴业范围：WTO 服务贸易领域中的娱乐、文化、体育服务和视听服务中仅下列行业允许外商投资，例如艺术、电影工作室、剧团、电影院、剧场、艺术品展览馆、体育活动。

外商对自然资源领域的投资规定由各酋长国制定。阿拉伯联合酋长国的石化工业完全由各酋长国自行所有和控制外商投资，该领域必须采取合资企业的形式，合资企业基本上由阿拉伯联合酋长国国家控制。电力、水、气等资源领域也均由国家垄断，但近年来阿布扎比已经开始将一些水电项目部分私有化。

投资方式的规定如下：

根据阿拉伯联合酋长国《商业公司法》，在阿成立的所有公司 51% 以上的股份必须由阿拉伯联合酋长国籍公民所有，以下情况除外：①自由区内的公司可由外商 100% 所有；②海合会成员国 100% 控股企业的商业活动；③海合会成员国 100% 控股企业与阿拉伯联合酋长国籍公民合作；④专业型公司可由外商 100% 所有。

2015 年初颁布了最新的联邦商业公司法（2015 年第 2 号法案）。该法涉及面广泛，包括 378 项条款，并且包含专门适用于阿境内外国企业及其分支机构和代表处的管理规定。根据新法条款，本国资本在阿拉伯联合酋长国境内设立的公司中不得低于 51%，但在相关部长与部门协商并报请内阁批准后，可做例外处理。此外，对于拟在证券市场进行公开募股的公司，其对个人投资者的募股不得低于 20%，对合格投资者的募股不得低于 60%。

就外商投资来说，目前在阿拉伯联合酋长国自由区以外的企业中，外资占比不超过 49%。2015 年 3 月 30 日，阿拉伯联合酋长国经济部长苏尔坦-曼苏里称，新国直接投资法将允许自由区以外的外资企业在部分行业领域实现 100% 投资。科学、技术和研究领域的投资是阿拉伯联合酋长国的最优先考虑，这与"阿联 2021 愿景"以及联邦政府实现可持续增长、提高竞争力的战略相符合。始草案已经由联邦司法部下属委员会和联邦内阁通过，司法部正对草案进一步修订，随后将提交联邦国民议会和内阁审议通过。

据预测，教育、医疗等社会基础设施可能是允许外资独资的重点领域。新外资法或将要求外资企业在某些对阿拉伯联合酋长国具有战略意义的领域进行技术转让。

2. 外来投资状况

政府发展经济主要依靠本国充足的石油美元收入，但在高新技术领域和服务领域仍然欢迎外国资金、技术和人才的投入与参与，鼓励外商直接投资（FDI）。在阿拉伯联合酋长国的外国公司中，外国法人资本一般只能占到 40%（在各自由区内投资则不受此限），其余的由本国资本占有，以取得控股权。此外，中介必须由阿拉伯联合酋长国本国的自然人充任。

外国直接投资对阿拉伯联合酋长国 GDP 的贡献已达 5%。2008 年全球金融危机发生后，外商对阿拉伯联合酋长国直接投资急剧下降，之后逐渐恢复，2014 年阿吸引外商投资 130 亿美元，同比增长 24%，截至 2013 年底，阿拉伯联合酋长国吸收外资存量为 1055 亿美元。外商投资的增长大大促进了阿拉伯联合酋长国石化等行业，也对旅游、航空等起到了助推作用。

3. 金融体系

金融体系比较完善，从事金融业务的机构有银行、证券公司、财务投资公司、金融咨询公司、金融中介公司等。

1980 年 12 月，阿拉伯联合酋长国中央银行成立。根据 1980 年颁布的《银行法》，其主要职能是：制定并执行信贷政策；促进国民经济的平衡发展；向政府提供货币和金融问题的咨询；控制货币投放、黄金和外汇储备，以及管理其他银行。阿拉伯联合酋长国中央银行是联邦国家的主要金融管理机构，负责审批"直接货币、信贷和银行政策，并根据国家总体政策监督其执行情况，保障国家经济和货币稳定"。1981 年，中央银行颁布一项法令，对外国银行的活动做了新的限制，鼓励本国银行进行合并，以加强竞争力。

除阿拉伯联合酋长国中央银行外，各酋长国均设有银行，大多是商业银行，主要有阿拉伯联合酋长国开发银行、阿布扎比银行、阿拉伯投资与外贸银行、阿曼银行、迪拜商业银行、迪拜伊斯兰银行、酋长国国际银行、贸易金融投资银行、中东银行、阿布扎比国民银行、迪拜国民银行、沙迦国民银行、阿布扎比阿拉伯联合银行等。此外，还有工业银行，如阿拉伯联合酋长国工业银行、阿拉伯联合酋长国房地产银行等。

在世界金融银行业中，阿拉伯联合酋长国银行业资金充足，信誉较好。2003 年，迪拜承办世界银行和国际货币基金组织年会，是阿拉伯世界近半个世纪以来首次举办。外资银行主要有美国花旗银行、英国中东银行、东方银行、阿拉伯银行等。

1998 年，根据联邦计划部的决定建立了阿拉伯联合酋长国自己的证券市场。随着财政收入的增加，证券市场也日益活跃。随着其国内外工商贸易的发展，阿拉伯联合酋长国出现了保险业，后经 1984 年关于保险公司及其代理的第九号联邦法和 1995 年两次有关修改法的贯彻执行，保险业得到规范管理。

2013 年，迪拜金融中心区内有企业 1039 家，其中金融企业 327 家。迪拜已成为位列伦敦、纽约、新加坡、中国香港、法兰克福之后的全球第六大金融中心。

4. 税收体系

阿拉伯联合酋长国是一个低税国家，境内无企业所得税和个人所得税、增值税、印花税等。阿没有联邦税收体系，税收制度由各酋长国自行规定，目前有税法的包括阿布扎比、迪拜、沙迦。阿拉伯联合酋长国于 2003 年 1 月 1 日正式实施海湾合作委员会国家关税联盟规定，除 53 种免税商品外，其余 1236 种商品统一征收 5% 的关税。

除 5% 的进口关税外，阿拉伯联合酋长国基本上不征收其他税种，无营业税、消费税、所得税。但外国银行汇出利润时要按照利润的 20% 交税。在特许区占有股份的外国公司须支付特许权使用费和其他捐税（油气领域）。

各酋长国税法大多规定年净收入在 100 万迪拉姆以上的经营实体需要缴纳 10%~55% 不等的税。但在实践中，仅有油气及石化类公司以及外资银行分支机构需要纳税。对某些商品及服务业也征收一些"间接税"，其中包括房租、诊所、旅馆和娱乐场所。房租征收标准为：私人出租房年租金纳税率为 5%，商品房出租年租金纳税率为 10%，旅馆和娱乐场所年租金纳税率为 5%。

对国民实行低税和免所得税政策，日常商品进口一般不收关税，或只收 1%~4% 的过境手续费。对居民收入一般也不收直接所得税，但烟酒税率非常高。

第五节　阿尔及利亚概况

一、国情综述

阿尔及利亚民主人民共和国（Democratic and People's Republic of Algeria）位于非洲西北部，北濒地中海，东与突尼斯、利比亚毗邻，西与摩洛哥接壤，南部与马里、尼日尔、毛里塔尼亚、西撒哈拉相连。国土面积 238 万平方千米。北部沿海地区属地中海气候，高原地区属大陆性气候，撒哈拉地区为热带沙漠气候。首都是位于地中海沿岸的阿尔及尔。官方语言为阿拉伯语，塔马兹特语（柏柏尔人方言）从 2002 年起定为国语，法语是通用语言。通用货币为第纳尔。

据阿尔及利亚国家统计局最新统计数据显示，截至 2014 年，阿尔及利亚人口约为 3950 万，年均增长率为 1.72%，人口密度达每平方千米 245 人，其中：阿拉伯人约占阿尔及利亚总人口的 80%，其次是柏柏尔人（约 700 万）、图瓦雷格人和姆扎布人（30 万）。伊斯兰教是阿尔及利亚的国教，居民中穆斯林约占 99%，属逊尼派，此外还有少量天主教徒。

二、政治体制

阿尔及利亚为统一的民主人民共和国。总统每届任期5年，可连选连任，总统在国家政治生活中居主导地位。现任总统为阿卜杜勒·阿齐兹·布特弗利卡。

阿尔及利亚实行两院制，由国民议会（众议院）和民族院（参议院）组成。两院共同行使立法权，对政府行使监督权，并有权弹劾政府。

政府由总理、各部部长、部长级代表和政府秘书长组成，总理主持内阁会议，制定施政纲领，并提请议会讨论通过。

阿尔及利亚实行多党制，现有30多个合法政党。民族主义派以"民族解放阵线"、"民族民主联盟"为代表，温和派伊斯兰主义以"争取和平社会运动"、"复兴运动"及"民族改革运动"为代表，社会民主派以"社会主义力量阵线"和"文化与民主联盟"为代表。

三、社会文化

阿尔及利亚是传统的伊斯兰国家，基本习俗与其他伊斯兰国家相仿。居民多以面包和大饼为主食，喜欢吃牛、羊、鸡、鱼肉和鸡蛋，喝咖啡和茶。伊斯兰教禁止饮酒，但阿尔及利亚一些星级宾馆或酒吧也会提供酒精饮料。阿尔及利亚初次见面通常行握手礼，同性好友之间多行贴面礼，男性一般不主动与妇女握手。传统男性一般穿长裤和长袖衬衫。在商务活动时穿西装、打领带。女性着装朴素，忌暴露。裙子须过膝盖，衬衫袖子须过肘。

据阿尔及利亚国家发展与人口统计局数字，2006年阿人口贫困率不到6%。2011年起，阿政府每年划拨3000亿第纳尔用作大宗消费品补贴。2012年，阿政府再次投入1.3万亿第纳尔用于家庭、退休、粮、油、电等各类补贴，并将国家最低工资标准提升至1.8万第纳尔/月。2009~2013年，阿共创造约300万个就业岗位，2013年阿失业人数为117.5万人，失业率从2000年的29.7%下滑至9.8%。

1. 教育

阿尔及利亚对6~16岁少年儿童实行九年一贯制义务教育，制定了教育民主化、阿尔及利亚化、阿拉伯语化、重视科学和为了国家发展四项原则。中、小学生教育免费，大学生享受助学金和伙食补贴。

2013年，共有中、小学校22626所，2013年有中小学生784.2万人，教师33.1万人。各类高等院校56所，2013年在校大学生61.5万名，教员18544人。

主要大学有阿尔及尔大学、胡阿里·布迈丁科技大学、君士坦丁大学等。阿文盲率为 28%，约 741.1 万人，其中有 463.1 万名妇女。

2. 医疗

阿尔及利亚实行免费医疗制度，看病只交少量挂号费，药品自行到药店购买，住院后费用全免。

2013 年，全国有 173 所医院，1238 个卫生中心、493 个诊所、59350 张病床。各类医务人员 17.7 万人。

1997 年药品自给率达 33%，进口费用为 3.37 亿美元。1998 年，儿童死亡率 44‰，平均预期寿命 68 岁（男子 67.5 岁，女子 70.3 岁），在非洲名列第五。

3. 新闻出版

1990 年前阿新闻出版由国家垄断，1990 年颁布新的新闻法，实行有条件的新闻自由，一些政党创了党报，也出现了一些独立地方报刊。2005 年，共有报社 250 家，记者上千人，其中日报 46 份（阿、法文），主要有《圣战者报》、《人民报》、《地平线报》、《晚报》、《祖国报》和《自由报》等；主要刊物有《阿尔及利亚时事周刊》和《非洲革命》等。

阿尔及利亚新闻通讯社：官方通讯社，创建于 1961 年，有工作人员 650 名，在国内 48 个省设有分社，在国外设有 15 个分社，用阿、法、英三种文字发稿，每年发稿 20 万条。

阿尔及利亚新闻社，21 世纪初唯一的私营通讯社，创建于 1999 年 1 月，有记者 20 余名，重点提供经济信息。

阿尔及利亚广播电台，国营电台，创建于 1956 年，前身为"战斗的阿尔及利亚之声"，有 4 套节目。阿尔及利亚电视台，国营电视台，创建于 1962 年。

民族阵线的机关报刊占主要地位，它有法文的《圣战者报》（日报）、阿拉伯文的《人民报》、法文刊物《非洲革命》、阿拉伯文刊物《圣战者周刊》。其他重要报刊有法文《地平线报》（晚报），阿拉伯文《晚报》，法文的《阿尔及利亚时事周刊》。阿尔及利亚新闻社为国营通讯社，创建于 1961 年，在 14 个国家有分社。阿尔及利亚广播电台为国营，1956 年创建，前身为"战斗的阿尔及利亚之声"。有 4 套节目，用阿、法、英、西、柏柏尔等语广播。阿尔及利亚电视台建于 1970 年。

4. 民俗文化

阿尔及利亚的舞蹈基本是按地区划分的，每个地区都有一种或几种具有代表性的民间舞蹈。

阿尔及尔地区流行最广泛的舞蹈是婚礼舞。舞蹈表现了该地区的婚礼习俗，是婚礼仪式中的集体舞蹈。该舞只有一个基本的步法，但队形复杂多变，加上人们不断发出"哟……"的喊叫声，气氛热烈并具有特殊的情调。阿尔及尔地区的舞蹈，一般都具有温柔含蓄、节奏舒缓、动作简单、队形多变的特点。

撒哈拉地区的舞蹈以撒哈拉骑士舞和马舞为代表。舞蹈表现了骑士驯马的情景。舞蹈时男子手握火枪，马则由女子代表，以男女对排的集体舞为主，中间插有单个"驯马"的双人舞，并展示每个女子胯部和脚下的不同技巧。这一地区的舞蹈脚下的动作较多，以脚步的停顿和行进来带动胯的动作，不同的节奏有不同的舞步，但上肢的动作较少。由于这里是牧区，所以表现骑士和马的舞蹈最多。

卡别里地区的舞蹈形式特别丰富，舞蹈语汇较多。以胯部的动作为主，动作较激烈、活跃。鸽子舞是该地区最常见的节目之一，这是一种游戏舞蹈，表现鸽子、猫头鹰和看守人相斗的情节。舞蹈中常有一只"鸽子"的单独表演，以抖胯、旁抖胯、快抖胯、圆抖胯等不同的技巧表现鸽子的不同神态。

阿尔及利亚的舞蹈，一般多带戏剧情节，但也有纯情绪的舞蹈，君士坦丁地区的让达利舞就是该地区的一种群众性情绪舞，表演时男女分别围成两个圆圈，随着音乐节拍来回错动。让达利舞有时也有独舞，多为女性。

边歌边舞是阿尔及利亚舞蹈的主要特点，伴奏以阿拉伯盆鼓和安达卢西亚音乐为主，歌词表达舞蹈的内容。舞蹈服装带有浓厚的阿拉伯色彩，和生活服装基本相似，只是更加华丽。

5. 礼仪文化

阿尔及利亚人非常注重礼节和礼貌。无论是见面还是分别时，一般都行握手礼，与挚友见面时，有的也行拥抱礼和贴面礼。见面时问候和祝愿中用的最多的话是："愿真主保佑你。"他们还喜欢别人称呼他们的头衔或职称加姓。若遇客人来访，主人总是热情款待。当客人坐定时，主人通常要先问一句："请问要喝咖啡还是喝茶？"而且在未喝之前，客人是不能匆忙起身告辞的。

在很多地方有见面送花的习惯。他们把花束扎得很精致悦目，花的朵数一般为双数，拜访朋友或客人时，鞠躬献花，同时祝福一番，这被视为是一种对待朋友和客人的热情而又高雅的举动。

6. 饮食文化

阿尔及利亚人在社交场合用餐是比较讲究的。喜欢餐桌陈设华丽和装饰美观。尤以对于现代服务中摆设餐巾和递送香巾等服务项目是比较欣赏的。他们对新鲜蔬菜很感兴趣。特别喜欢用咖喱作调料来制作菜肴。

阿尔及利亚杜勒格人是很少食肉的民族。他们主要的食品是骆驼奶和一些淀粉制品等。吃饭也不像其他伊斯兰国家的人那样用手抓饭，而是使用汤匙做餐具。他们饮茶时，习惯放两三片新鲜薄荷叶在绿茶汤里，并加入些冰糖。这样喝起来，他们感觉既解渴又解暑，味道甜美。他们习惯吃西餐，对中餐也很乐于品尝。

7. 习俗禁忌

阿尔及利亚信奉伊斯兰教的人占全国人口的绝大多数，故伊斯兰教也为国教。仅有 1% 的人信奉基督教和犹太教。伊斯兰教"斋月"在阿尔及利亚人眼里是十分重要的。按教规规定从日出至日落的整整一天时间里，水米是不能沾的。

阿尔及利亚虽是葡萄酒主要生产国之一，产品也畅销世界 80 多个国家和地区，可是，它们自己国家的商店里却不卖酒，家庭不饮酒，就连酿酒工人也没尝过酒的滋味。这主要是因为他们是伊斯兰国家，教规严禁教民饮酒。他们忌讳左手传递东西或食物。认为使用左手为失礼行为，他们不喜欢谈论政治和工业带来的问题。

8. 旅游资源

阿旅游资源丰富，全境有 7 处自然、文化景点被联合国教科文组织列为世界遗产。首都市内有著名的非洲圣母院、319 座清真寺和众多博物馆，北部有气候宜人的地中海金色沙滩，南部有浩瀚的撒哈拉沙漠，还有高原雪山和众多古罗马遗址。21 世纪初阿全国有旅游开发区 174 个，饭店 1004 家，床位约 10 万张。2004 年阿接待境外游客 160 万人次，2005 年旅游收入为 1.74 亿美元。至 2008 年止，阿尔及利亚共有 7 处世界遗产。

四、经济发展

(一) 宏观经济

2004 年以来，国际油价持续上升，阿尔及利亚国民经济快速发展，国内生产总值大幅增加。与此同时，在经历近 10 年的恐怖动乱后，阿尔及利亚人心稳定、社会和谐，这也为阿尔及利亚政府大规模的经济建设提供了较好的政治基础。阿尔及利亚总统布特弗利卡 1999 年上任后，先后推行了 2001~2004 年为期三年的经济振兴计划和 2005~2009 年的补充计划，以及高原、南部地区发展计划。2009 年金融危机后，阿尔及利亚加强对金融机构的监督和引导，加大对油气领域投资，加快实施能源多元化战略，积极开发核能、太阳能等新能源。阿尔及利亚宏观经济情况如表 8-22 所示。

表 8-22　阿尔及利亚宏观经济信息表（2008~2015 年）

年份\指标	GDP（十亿美元）	经济增长率（%）	人均 GDP（美元）	国民储蓄（%GDP）	外债（亿美元）	通胀率（%）	失业率（%）
2008	171.00	2.36	4943.50	57.49	—	4.86	11.33
2009	137.05	1.63	3886.06	47.26	—	5.74	10.17
2010	161.21	3.61	4567.18	49.18	37.00	3.57	9.96
2011	198.77	2.83	5528.35	46.08	44.05	5.16	9.97
2012	207.79	3.30	5693.98	42.41	34.80	9.04	9.67
2013	210.51	2.80	5683.16	47.68	35.00	1.15	9.31
2014	213.52	3.84	5458.87	43.41	37.35	5.25	10.6
2015	172.28	3.70	4318.14	34.62	—	4.36	11.27

资料来源：经济观察网站。

（二）支柱产业

阿尔及利亚拥有丰富的油气资源，支柱产业是碳化氢工业，其产值占 GDP 的 45%，税收占国家财政收入的 55%，出口占国家出口总额的 7%，占每年财政预算的 70%。阿尔及利亚拥有 5 家炼油厂、4 个液化天然气厂、2 个液化石油气分离厂、2 个烯醇石化厂，总炼化能力合计约为 2200 万吨/年。为满足阿尔及利亚国内能源消费需求，政府正在计划新建六座炼油厂，争取 5 年内将阿尔及利亚的石油加工能力翻倍，达到 140 万桶/日。

（三）对外贸易

阿尔及利亚经济结构单一。主要出口产品为石油、天然气及石油制品，占出口总额的 95.54%；阿尔及利亚主要进口商品为车辆及其零附件、电机电气设备及其零件、谷物、钢铁等。阿尔及利亚 5 大出口目的国分别为西班牙、意大利、法国、英国、荷兰。最大进口来源国为中国，从中国进口额约为 82 亿美元（2014 年）。第 2~第 6 位分别为法国、意大利、西班牙、德国、美国。阿尔及利亚的进出口情况如表 8-23 所示。

表 8-23　阿尔及利亚进出口情况（2008~2014 年）

单位：亿美元

年份\指标	进出口总额	出口额	进口额	贸易差额
2008	1187.72	792.98	394.74	398.24
2009	844.52	451.94	392.58	59.36
2010	980.51	570.51	410.00	160.51

年份＼指标	进出口总额	出口额	进口额	贸易差额
2011	1206.56	734.36	472.20	262.16
2012	1222.35	718.66	503.69	24.97
2013	1209.08	659.98	549.10	110.88
2014	1218.46	632.28	586.18	46.10

资料来源：联合国数据库网站。

（四）吸引外资与对外投资

自 2001 年以来，阿尔及利亚吸收的外商直接投资呈大幅增长态势。2002~2006 年吸引外资排非洲大陆前列。根据联合国贸发会议发布的《世界投资报告》（2016）数据显示，阿尔及利亚 2015 年吸收外资流量为 58700 万美元；截至 2015 年底，存量为 2623200 万美元。其外资来源国主要是欧洲地区和周边阿拉伯国家，包括法国、西班牙、意大利、德国、埃及、阿拉伯联合酋长国、沙特阿拉伯等国。表 8-24 说明了阿尔及利亚 2005~2015 年吸引外国直接投资的存量情况，表 8-25 说明了阿尔及利亚 2005~2015 年向外国进行直接投资的存量情况。

表 8-24　阿尔及利亚吸引外国直接投资存量统计（2005~2015 年）

单位：百万美元

指标＼年份	2005	2006	2007	2008	2009	2010	2011	2012	2013	2014	2015
FDI 存量	8217	10104	11847	14479	17226	19527	22108	23607	25298	26786	26232

资料来源：《世界投资报告》（2016）。

表 8-25　阿尔及利亚向外国进行直接投资存量统计（2005~2015 年）

单位：百万美元

指标＼年份	2005	2006	2007	2008	2009	2010	2011	2012	2013	2014	2015
OFDI 存量	574	608	759	1077	1292	1512	2046	2005	1737	1733	1822

资料来源：《世界投资报告》（2016）。

五、阿尔及利亚与中国的关系

（一）政治关系

阿尔及利亚与中国有着传统友好关系。阿尔及利亚独立前，中国坚定支持阿尔及利亚民族解放战争，并为之提供了大量援助。1958 年 9 月，阿尔及利亚临时政府在开罗成立，中国即予以承认，是阿拉伯世界之外第一个承认阿尔及利亚的国家；同年 12 月 20 日，中阿两国建交。1963 年，中国向阿尔及利亚派出首支医疗队，这是中国向非洲派遣医疗队的发端。20 世纪 70 年代，阿尔及利亚为恢复中国在联合国的合法席位做出重要贡献，是两阿提案国（阿尔及利亚、阿尔巴尼亚）之一。2004 年，两国宣布建立战略合作关系。2006 年 11 月，布特弗利卡总统出席中非合作论坛北京峰会并访华，中阿两国元首签署了《中阿关于发展两国战略合作关系的声明》。建交 50 余年来，两国战略合作关系深入发展，在政治、经济、军事、文化、卫生等各领域展开一系列交流合作。2014 年 2 月，两国发表《关于建立全面战略伙伴关系的联合宣言》。2014 年 6 月 6 日，外交部部长王毅会见阿尔及利亚外长拉马拉，并共同签署《中阿全面战略合作五年规划》。2014 年 11 月，全国政协主席俞正声对阿进行正式友好访问。2015 年 2 月，国务委员杨洁篪访阿。

（二）经济关系

1. 中阿贸易

中阿两国 1964 年 9 月签订第一个政府间贸易协定，1979 年 5 月、1999 年 10 月各签订新的贸易协定。1982 年 1 月，双方签订成立经贸合作委员会的协定，至今已召开 6 届经贸混委会。1997 年以来，双边贸易进入快速增长期。2014 年，中国为阿尔及利亚第五大贸易伙伴、第十大出口目的国、第一大进口来源国。中阿双边贸易情况具体如表 8-26 所示。

表 8-26　中阿双边贸易情况（2010~2015 年）

指标 年份	双边贸易总额		中国对阿出口		中国自阿进口	
	金额 （亿美元）	同比变化 （%）	金额 （亿美元）	同比变化 （%）	金额 （亿美元）	同比变化 （%）
2010	51.8	1	40	−4.3	11.8	24.3
2011	64.23	24.1	44.72	11.8	19.51	65.7
2012	77.37	20.53	54.17	21.1	23.19	19.18
2013	81.53	5.38	60.14	11.02	21.39	−7.79
2014	87.10	6.4	73.96	22.8	13.10	−39.3
2015	83.82	−3.76	76.00	2.76	7.82	−40.31

资料来源：联合国数据库。

中国对阿尔及利亚出口商品主要类别包括：①车辆及其零附件（铁道车辆除外）；②钢铁制品；③机械器具及零件；④塑料及其制品；⑤橡胶及其制品；⑥蔬菜、水果等或植物其他部分的制品；⑦生皮（毛皮除外）及皮革；⑧化学纤维短纤；⑨针织或钩编的服装及衣着附件；⑩其他纺织制品、成套物品、旧纺织品。

中国自阿尔及利亚进口商品主要类别包括：①矿物燃料、矿物油及其产品，沥青等；②有机化学品；③塑料及其制品；④车辆及其零附件（铁道车辆除外）；⑤盐、硫黄、土及石料，石灰及水泥等；⑥木及木制品，木炭；⑦纸及纸板，纸浆、纸或纸板制品；⑧絮胎、毡呢及无纺织物，线绳制品等；⑨铅及其制品；⑩机械器具及零件。

2. 中阿投资

2014 年当年中国对阿尔及利亚直接投资流量 6.66 亿美元，对阿尔及利亚直接投资存量 24.52 亿美元。

中国企业在阿尔及利亚的投资主要集中在油气和矿业领域。主要投资公司有中石油、中石化、中地、河南少林矿业、中联矿业、河北地矿等。主要项目有阿德拉尔油田上下游一体化项目、扎尔扎亭油田提高采收率项目、油气区块风险勘探项目以及矿业勘探开发项目。软木生产、饭店、纺织、贸易等方面也有少量私人投资。阿对华投资主要集中在纺织服装、文具制造和塑料制品领域。

3. 中阿劳务合作

2014 年中国企业在阿尔及利亚新签承包工程合同 207 份，新签合同额 97.51 亿美元，完成营业额 63.34 亿美元；当年派出各类劳务人员 35398 人，年末在阿尔及利亚劳务人员 71542 人。新签大型工程承包项目包括中国铁建股份有限公司承建贝贾亚港口到东西高速公路 100 千米连接线，中国建筑工程总公司承建体育场二期，中国建筑工程总公司承建南北高速希法段 53 千米项目等。

在阿尔及利亚从事工程承包的中资企业主要有中国中信集团公司、中铁建设集团、中国建筑工程总公司、中国石油天然气集团公司、中国石油化工集团公司中国土木工程集团有限公司、中国冶金科工集团有限公司、中地集团有限公司、中原集团、浙江建设投资集团有限公司、浙江省东阳第三建筑工程公司、中水建设集团、中国水利水电对外公司、中国港湾工程有限责任公司、中地海外建设集团有限公司、中航技国际工程公司、河南豫非农业水利物资公司、中鼎国际工程有限责任公司、中铁建工集团有限公司、华为技术有限公司、中兴通讯股份有限公司等。

已完成的大项目有"松树"五星级宾馆、军官俱乐部、阿尔及尔和奥兰喜来登饭店、阿尔及尔国际机场、斯基克达凝析油炼厂，以及数个水利水坝项目；在建的大项目有东西高速公路中、西标段、中国建筑工程总公司承建的外交部办公大楼、万套住宅项目等。

第六节　苏丹概况

一、国情综述

苏丹共和国（The Republic of Sudan，简称苏丹）位于非洲东北部，东临红海、厄立特里亚、埃塞俄比亚，南邻南苏丹、中非，西部与乍得、利比亚接壤，北邻埃及。国土面积 188.6 万平方千米。首都喀土穆是全国政治、经济、文化中心。官方语言为阿拉伯语，通用英语。2006 年 7 月，苏丹政府决定将苏丹货币第纳尔改为现行的货币苏丹镑，2007 年 7 月 1 日起苏丹镑在全国流通。

苏丹位于北纬 9 度和北回归线之间，全境受太阳直射，是世界上最热的国家之一，炎热干旱是这个国家气候的基本特点。全国可分为两个气候区：南部为夏季炎热少雨、冬季温暖干燥的热带草原气候区，北部则是高温少雨的热带沙漠气候区，气候干燥，多风沙。苏丹资源丰富，已探明的石油储量约 45 亿桶，还拥有金、银、铁、铬、铜、锰、铅、锌等矿产资源，已发现金矿矿床 50 多个，探明铁矿储量 12.5 亿吨，铬矿储量 1 亿多吨。苏丹拥有丰富的动物资源，在阿拉伯国家中名列第一位，在非洲国家中列第二位。

截至 2013 年底，苏丹约有人口 3438.2 万人。苏丹是多种族交汇的地区，主要人种包括阿拉伯人、贝贾人、富尔人、努巴人及黑人等，其中阿拉伯人占70%。国教为伊斯兰教，85%以上的居民信奉伊斯兰教，多属逊尼派，少数人信奉基督教。

二、政治体制

苏丹实行联邦制，总统是国家主权的最高代表、军队的最高统帅，拥有立法、司法、行政最高裁决权，由全民选举产生，任期 5 年，可连选连任一届。2002 年 4 月，全国大会党协商会议就修宪问题做出决定，取消总统连任两届的规定，可连选连任。2005 年 7 月，巴希尔总统签署了成立苏丹民族团结政府的过渡期宪法。过渡期为 6 年，过渡期内苏丹保持统一，实行"一国两制"，建立南北两套立法系统。南方成立自治政府，北方保持建立在伊斯兰法基础上的政府机构，过渡期后南方可行使民族自决权。2011 年 7 月 9 日，南苏丹共和国宣布成立，苏丹给予承认。2011 年以来，受西亚北非局势影响，苏丹政局受到一定冲击，巴希尔希望依靠全国大会党努力巩固执政地位，稳定了局势。2014 年以来，巴希尔总统倡议开展全国对话，积极推进国内和解。2015 年 4 月苏丹再次举行大选，巴希尔当选总统。

根据 1998 年颁布实施的宪法，国民议会为苏丹国家立法机构，5% 的议员由直选产生，25% 由社团、组织间接选举产生，议长由第一次议员大会选举产生，每届议会任期 4 年。2000 年 12 月，苏丹选举产生新一届议会，2001 年 2 月 5 日，艾哈迈德·易卜拉欣·塔希尔当选为议长。2010 年 4 月，苏丹进行了包括国民议会在内的全国大选，塔希尔再次连任。南苏丹独立后，原南苏丹籍议员自动离职。

苏丹的政府由总统直接主持，不设总理职务。2005 年 9 月 20 日，由北南双方联合执政、其他党派参政的民族团结政府成立，随后进行了 5 次改组。

苏丹实行多党制，目前全国有 30 余个政党进行了登记。主要包括：全国大会党（执政党）、人民大会党、乌玛党、人民民主联盟等。

三、社会文化

阿拉伯语为官方语言，使用者占总人口的 60%。通用语言为英语。70% 以上的居民信奉伊斯兰教，多属逊尼派，主要居住在北方，南方居民多信奉原始部落宗教及拜物教，仅有 5% 的人信奉基督教，多居住在南方和首都喀土穆。

苏丹是伊斯兰国家，有很多特殊的规则。苏丹人热情豪放，无论是否相识，都要相互问候。见面时行拍肩礼或拥抱，女士之间相互拥抱，男女之间一般没有身体接触。与大部分阿拉伯人相似，苏丹人时间观念较差，对迟到并不在意。

1. 教育和媒体

1988 年 6 月，教育部决定取消中等和高等教育免费的规定，小学仍为免费教育。各地区教育发展很不平衡，北方教育发展较快。全国人口的 64% 为文盲，25% 的学龄儿童不能入学。2003 年全国有中、小学校 13559 所，综合大学 5 所，专科院校 11 所，在校学生约 497 万人，其中大学生约 24 万人，教师约 13 万人。喀土穆大学建于 1902 年，是苏丹最早建立的高等学府。恩图曼伊斯兰大学建于 1912 年。

主要报刊有《今日新闻报》、《消息报》和《舆论报》，均为阿文日报。《新地平线》为英文报，《今日苏丹》为英文月刊。

苏丹通讯社是官方通讯社，1971 年 5 月成立，在内罗毕、摩加迪沙、恩贾梅纳、开罗、吉布提设有分社。现已同法国、德国、伊朗、伊拉克、利比亚、摩洛哥、叙利亚等国的通讯社以及中东通讯社、塔斯社、新华社等建立了交流和业务联系。每日出版阿、英文新闻电讯稿各 400 多份。在印度、美国和联合国派有记者。

苏丹国家广播电台，设在喀土穆以北的恩图曼镇，建于 1940 年，用阿、英、法、索马里等语言对国内外播音。在国内共有 9 个发射台，每日除用阿语播放 19 个小时的节目外，还用英、法等语言广播 3 个半小时。

2. 文化习俗

（1）咖啡文化。苏丹人特别喜欢喝咖啡，可以说上至达官贵人，下至平民布衣，无不饮用咖啡。无论你走到哪里，只要有人生存的地方或者路边，总有当地妇女摆着一个小摊，为人们准备着咖啡。三五个小摊连在一起，组成的一道道风景。司空见惯的咖啡摊实际上是苏丹人民工作生活中的一部分。

苏丹咖啡有两大特点：一是姜粉，使其味道别具一格；二是咖啡是当地人自己加工制作的。先将咖啡豆爆炒，炒至焦、脆、香味弥散时起灶，然后将其捣碎成粉末状，即成。

苏丹人的衣着比较朴素，男子多半头缠白巾，身穿阿拉伯式长袍；女子则披白色或其他色的，不戴面纱。苏丹人认为黄色是美的标志，因此妇女特加紧喜欢洒烟雾浴，使皮肤变成黄色。

（2）礼仪。苏丹盛行文面，作为区别教派和部族的标志。有手抓饭吃食的习惯，妇女不戴面纱。苏丹人民热情好客，注重礼节。友人相遇，特别是老朋友久别重逢，彼此握手拥抱，亲切问候。从个人问好一直到对方的家属、亲戚和朋友等，历数分钟之久。

按照苏丹的商务礼俗，冬天宜穿保守式样的西装。访问政府机关或大公司须先预约。持用英文、阿拉伯文对照之名片会有帮助。苏丹商人几乎都会说英语。销售姿态宜低。首次与苏丹人做生意，务必要求对方开出不可撤销信用证。报价最好用苏丹镑报 CIF 价，勿报 FOB 价。对方敬咖啡或邀请你至咖啡馆坐坐，不宜拒绝，否则，他会认为是有失体面的事。应邀至苏丹人家中参加晚宴，一定只有男性参加。切记带份礼物给对方，不要给他的太太带礼物。

当地每年的 11 月至次年 4 月天气较凉爽，宜前往。斋月生意冷淡，日历年随伊斯兰教历改变，出访前应查清楚。菜食用前需洗净。奶需先开再喝。法地进口医药品甚贵。

（3）婚俗。世界各国的婚礼在某种程度上都有一定的相似性，即大都带有较为浓厚的宗教色彩，在南、北美洲和欧洲都是如此。位于北非、夹在埃及和埃塞俄比亚之间的苏丹也不例外。苏丹是一个保守的阿拉伯伊斯兰国家，人人笃信伊斯兰教，其婚礼也有着较强的宗教色彩。

苏丹的主要民族为贝都因人的一支——拉沙德人。按照当地传统，小伙子要想娶亲，必须送给女方家庭一定数额的财产作为交换——它既可以是现金，也可以用牲畜来代替。同样，姑娘的父亲也会将家里的相当一部分财产给女儿当作嫁妆，包括牛羊、珠宝和衣服等。而当父母亡故时，女儿将没有权力继承遗产，只有儿子才可以继承。如果离婚，妻子则有权保留其珠宝，并从丈夫那里得到一笔现金作为补偿，而所有的牲畜将全归丈夫所有。

苏丹婚礼一般至少持续两天，主要在女方家中举行。双方亲朋齐聚一堂，举行盛大的宴会和热闹的庆祝活动，这与其他穆斯林国家的婚俗很相似。但它最大的特色是：婚礼成了年轻人之间公开竞赛和自我表现、特别是吸引异性的重要场合。婚礼第一天，小伙子们竞赛屠宰牲口的技术，看谁杀得又快又好；第二天，小伙子们赛骆驼、比唱歌，而姑娘们则比赛歌舞。

3. 法定节日

（1）惠风节。据传说是沿袭埃及法老名为"苏木"的节日，意思是善良战胜邪恶。传述"爱神"教导古埃及人怎么样保护大地、耕种作物、猎捕鱼类，但是爱神被其兄弟杀害，肢解并分散在埃及及其附近的海域，不能复生。"爱神"的遗孀费尽千辛万苦将其尸体收集一起，然后将其复活。也有人认为是春回大地的意思。"惠风节"后来成为人们向往美好、与人为善、希望五谷丰登、祈求和谐社会的愿望的纪念活动。惠风节苏丹放假 1 天。

（2）独立日。19 世纪初苏丹被埃及侵占，英国于 19 世纪 70 年代开始向苏丹扩张。1881 年，苏丹宗教领袖穆罕默德·艾哈迈德领导群众开展反英斗争，于 1885 年建立了马赫迪（即"救世主"）王国。1899 年苏丹沦为英、埃共管国。1953 年苏丹建立自治政府；1956 年 1 月 1 日，宣布独立，成立共和国。

1969 年 5 月 25 日，尼迈里上校发动军事政变夺取政权，改国名为"苏丹民主共和国"。1985 年 4 月 6 日，达哈卜将军发动军事政变推翻尼迈里政权，成立过渡军事委员会，后将国名改为"苏丹共和国"。1986 年，苏丹举行大选，萨迪克·马哈迪出任总统。苏丹政府规定独立日放假 1 天。

（3）劳动节。每年 5 月 1 日是"五一"国际劳动节，它是全世界无产阶级、劳动人民的共同节日。此节源于美国芝加哥城工人大罢工。1886 年 5 月 1 日，芝加哥的 21.6 万余名工人为争取实行 8 小时工作制而举行大罢工，经过艰苦的流血斗争，终于获得了胜利。

四、经济发展

（一）宏观经济

苏丹宏观经济情况如表 8-27 所示。

表 8-27　苏丹宏观经济信息表（2008~2015 年）

年份 \ 指标	GDP（十亿美元）	经济增长率（%）	人均 GDP（美元）	国民储蓄（%GDP）	政府净债务（%GDP）	通胀率（%）	失业率（%）
2008	54.53	3.04	1430.17	19.53	—	14.28	16.04
2009	53.15	4.68	1358.61	11.42	—	11.26	14.89
2010	65.62	3.01	1635.07	18.04	—	12.99	13.73
2011	67.22	−1.26	2058.09	18.64	—	18.09	12.03
2012	62.65	−3.41	1787.09	9.41	—	35.55	14.8
2013	33.59	3.93	1841.45	11.48	—	36.52	15.20
2014	74.36	3.27	1994.07	10.53	—	36.91	19.80
2015	83.61	3.50	2175.40	9.54	—	16.91	21.60

资料来源：联合国贸易数据库网站。

（二）支柱产业

苏丹是传统的农业国家，农作物主要有高粱、谷子、小麦和玉米。经济作物在农业生产中占重要地位，主要有棉花、花生、芝麻和阿拉伯胶等，大多数供出口，长绒棉产量居世界第二，仅次于埃及；花生产量居阿拉伯国家之首，在世界上仅次于美国、印度和阿根廷；芝麻产量在阿拉伯和非洲国家中占第一位，出口量占世界的一半左右；阿拉伯胶年均产量占世界总产量的80%左右。

（三）对外贸易

南北苏丹分裂后，由于苏丹石油收入锐减，苏进出口贸易受到影响。据苏丹央行统计，2014年苏进出口贸易额为135.62亿美元，同比下降7.8%。其中进口92.11亿美元，出口43.50亿美元，贸易逆差48.61亿美元。

苏丹工业基础薄弱，出口商品以石油、黄金和农产品为主，大部分工业品都需要从国外进口，主要进口商品包括工业制成品、机械设备、运输设备、粮食及食品等。2014年，苏丹黄金、石油、牲畜、芝麻的出口额分别为12.71亿、10.91亿、7.93亿、4.66亿美元，共占出口总额的83.25%；工业制成品、机械设备、石油制品、小麦面粉、交通运输设备、化工产品、糖的进口额分别为16.13亿、15.43亿、15.24亿、10.82亿、7.06亿、5.12亿、4.60亿美元，共占进口总额的64.24%。

据苏丹央行统计，2014年苏丹前5大贸易伙伴分别为中国、阿拉伯联合酋长国、沙特、印度、埃及。其中，苏丹与中国的贸易额为31.63亿美元，占贸易总额的23.32%，居第一位；与阿拉伯联合酋长国的贸易额为22.53亿美元，占贸易总额的16.62%，居第二位；与沙特的贸易额为10.51亿美元，居第三位；此外，与印度、埃及的贸易额分别为7.81亿、7.04亿美元。

（四）吸引外资与对外投资

苏丹政府采取了一系列优惠措施，改善投资环境，大力吸引外资。苏丹吸收外资情况在非洲国家中名列第六，名列尼日利亚、安哥拉、南非、加纳、埃及之后。主要外资来源国为中国、阿拉伯联合酋长国、沙特、利比亚、肯尼亚等，投资领域包括石油、矿产、农业等。表8-28说明了苏丹2005~2015年吸引外国直接投资的存量情况。

表8-28　苏丹吸引外国直接投资存量统计（2005~2015年）

单位：百万美元

指标＼年份	2005	2006	2007	2008	2009	2010	2011	2012	2013	2014	2015
FDI存量	7782	10372	12808	15408	17980	20874	23566	26054	29148	22693	24412

资料来源：《世界投资报告》（2016）。

五、苏丹与中国的关系

(一) 政治关系

1959 年 2 月，苏丹与中国建交。两国外交部于 1997 年建立定期政治磋商机制。多年来，两国高层互访频繁。2011 年 6 月，巴希尔总统对中国成功进行第四次国事访问；2011 年 8 月，外交部部长杨洁篪访苏；2012 年 1 月，中共中央政治局委员李源潮访苏；2012 年 2 月，苏丹外长库尔提访华，4 月苏全国大外事书记甘杜尔访华；2013 年，共有 3 名中国副部长级以上官员访苏，苏丹财政、石油、农业等多位部长和央行行长访华；2014 年 3 月，苏丹议长应邀对中国进行正式访问；2015 年 1 月，外交部部长王毅访苏，出席"支持伊加特南苏丹和平进程专门磋商"；1 月 28 日，第三届中国—苏丹执政党高层对话在北京召开。

(二) 经济关系

1. 中苏贸易

随着中苏两国经贸合作不断深入，两国贸易额不断增长，中国已连续多年成为苏第一大贸易伙伴，苏丹也已成为中国在非洲重要的贸易伙伴。中苏双边贸易情况如表 8-29 所示。

表 8-29　中苏双边贸易统计（2012~2015 年）

指标　　　年份	进出口贸易总额		中国对苏出口		中国自苏进口	
	金额（亿美元）	同比变化（%）	金额（亿美元）	同比变化（%）	金额（亿美元）	同比变化（%）
2012	37.33	—	21.79	—	15.55	—
2013	44.99	20.51	23.98	10.09	21.00	35.11
2014	34.50	−23.31	19.29	−19.59	15.21	−27.56
2015	56.1	62.63	25.55	32.47	30.56	100.87

资料来源：联合国贸易数据库网站。

据中国海关统计，近年来，中国对苏丹出口的商品主要类别包括：①机械器具及零件；②钢铁制品；③电机、电气、音像设备及其零附件；④鞋靴、护腿和类似品及其零件；⑤针织或钩编的服装及衣着附件；⑥皮革制品、旅行箱包、动物肠线制品；⑦光学、照相、医疗等设备及零附件；⑧铝及其制品；⑨化学纤维短纤；⑩玻璃及其制品。

据中国海关统计，近年来，中国从苏丹进口的商品主要类别包括：①石油及制品；②木浆等纤维状纤维素浆；③废纸及纸板，贱金属杂项制品；④可可及可可制品；⑤洗涤剂、润滑剂、人造蜡、塑型膏等；⑥油籽、籽仁，工业或药用植物、饲料；⑦鞋靴、护腿和类似品及其零件；⑧加工羽毛及制品，人造化、人发制品；⑨动、植物油、脂，蜡，精制食用油脂。

2. 中苏投资

据中国商务部统计，2014 年当年中国对苏丹直接投资流量 1.74 亿美元。截至 2014 年末，中国对苏丹直接投资存量 17.47 亿美元。中国在苏丹投资的主要领域是石油开发和基础设施建设，同时，中资企业以融资方式在苏丹港口、公路、桥梁、电力、水利等领域实施大型成套项目。

3. 中苏劳务合作

目前，在苏丹的中资企业共有 170 多家，参与了苏丹基础设施建设的各个领域，承包工程市场占有率在 50% 以上，截至 2014 年底，累计签订合同金额超过 300 亿美元，完成合同额 200 多亿美元。1 亿美元以上的合同超过 20 份。其中，麦罗维大坝对苏丹具有历史性意义，被誉为苏丹的"三峡"、"21 世纪的金字塔"。2012 年 12 月底竣工的罗赛雷斯大坝加高工程，使大坝长度从原来的 13.5 千米延长到 25 千米，创造了世界上最长土石坝的纪录。

据中国商务部统计，2014 年中国企业在苏丹新签承包工程合同 159 份，新签合同额 25.81 亿美元，完成营业额 18.18 亿美元；当年派出各类劳务人员 5295 人，年末在苏丹劳务人员 9808 人。新签大型工程承包项目包括中国土木工程集团有限公司承建苏丹东线铁路项目，中国石油集团长城钻探工程有限公司承建苏丹钻井修井泥浆服务，江苏省建筑工程集团有限公司承建苏丹小商品城项目等。2014 年 12 月 26 日，中国水利水电第七工程局与苏丹水资源与电力部在北京签订了 220KV NYALA–KASS–ZALINGI–GENEINA 输变电项目，合同采用 EPC 总承包模式，合同总价 2.1 亿美元。

第七节　黎巴嫩概况

一、基本国情

黎巴嫩共和国（The Republic of Lebanon，简称黎巴嫩）位于亚洲西南部，地中海东岸，北部和东部毗邻叙利亚，南部与以色列接壤，形态狭长。国土面积为 10452 平方千米，海岸线长 220 千米。首都贝鲁特是地中海东岸最大的港口城市。阿拉伯语是黎巴嫩的母语和官方语言。货币为黎巴嫩镑，也称里拉。

黎巴嫩属地中海型气候，年平均气温 21℃。黎巴嫩矿产极少，仅有铁、铅、铜、褐煤和沥青，储量少，开采也不多。制造业原料主要依赖进口。

据黎巴嫩统计局数据表明，截至 2013 年底，黎巴嫩全国人口约 588 万。黎巴嫩人口中，阿拉伯人占 95%，亚美尼亚人占 4%，其他民族占 1%。主要信奉两大宗教：基督教和伊斯兰教。目前，黎巴嫩各教派人口比例大致如下：基督教徒占人口总数的 40%，其中：马龙派 23%，希腊东正教 7%，希腊天主教 5%，其他基督教派 5%。穆斯林教徒占人口总数的 60%，其中：逊尼派 26%，什叶派 27%，德鲁兹派 7%。

（一）地理概述

黎巴嫩共和国位于亚洲西南部，地中海东岸，东、北部邻叙利亚，南界巴勒斯坦、以色列，西濒地中海。首都贝鲁特。国土面积 10452 平方千米，海岸线长 220 千米。全境按地形可分为沿海平原、沿海平原东侧的黎巴嫩山地、黎巴嫩山东侧的贝卡谷地和东部的安提黎巴嫩山。黎巴嫩山纵贯全境，库尔内特—萨乌达山海拔 3083 米，为黎最高峰。黎巴嫩境内河流众多，向西注入地中海。利塔尼河为全国最长河流。黎巴嫩属热带地中海型气候，沿海夏季炎热潮湿，冬季温暖。

（二）人口和民族划分

黎巴嫩人口约 458 万（2014 年）。绝大多数是阿拉伯人（95%，还有亚美尼亚人（4%）、土耳其人和希腊人（1%）等。阿拉伯语是母语和官方语言。阿拉伯语在阿拉伯各国均有标准语和方言之分，黎巴嫩方言同叙利亚、约旦方言比较接近。法语和英语为通用外语，也有部分居民讲亚美尼亚语。主要宗教有：伊斯兰教（59.7%）（包括什叶派、逊尼派、德鲁兹派）、基督教（包括马龙派天主教、希腊东正教、东仪天主教、亚美尼亚东正教、叙利亚天主教、亚美尼亚天主教、叙利亚东正教、罗马天主教、迦勒底基督教、科普特基督教和新教）（39%）、其他宗教（1.3%）。黎巴嫩人口出生率为 17.61%（2008 年统计），死亡率为 6.06%（2008 年统计）。教育普及率为 87.4%（2003 年统计）。

二、政治制度

黎巴嫩实行三权分立的议会民主制，总统是国家元首，武装部队最高司令。

总统由议会投票选举产生，任期 6 年，期满后不可连选连任，过 6 年方可再次参加竞选。米歇尔·苏莱曼于 2008 年 5 月当选为黎第十二任总统。

黎巴嫩议会为一院制，是行使立法权的唯一机构。议会每年举行两次例会。议员由普选产生，任期 4 年。从议员中选出议长和副议长，副议长由希腊东正教人士担任。议会主要职权是：制定法律；修改宪法；选举总统；讨论并确认有关国家财政、经济方面的协定以及有效期为一年以上的任何条约并经总统批准；批准国家预算等。

总理是政府首脑，主要职权是：领导内阁，并担任最高国防委员会副主席；在与议会协商后，组成政府；与总统共同签署除任命总理、接受内阁集体辞职或要求内阁解散以外的命令；监控国家机构的管理工作，协调各部委间关系。

黎巴嫩党派林立，各政党又多以教派为基础构成，但因力量分散，党派之间相互关系复杂多变，故目前无一党占绝对优势。2011 年叙利亚危机爆发，此后，黎巴嫩党派大致划分为两大派别——亲西方的"3·14"和亲叙利亚的"3·8"阵营。"3·14"阵营包括：未来阵线、黎巴嫩长枪党、黎巴嫩力量；"3·8"阵营包括：真主党、"阿迈勒"运动、自由国民阵线；中间党派主要有：社会进步党、黎巴嫩共产党。

（一）政体简介

1. 宪法

黎巴嫩宪法于 1926 年 5 月 23 日通过，其后经过数次修改（1927 年、1929 年、1943 年、1947 年、1948 年、1976 年、1990 年）。宪法规定政府建立在权力分立、制衡及合作的基础上（前言）。立法权属于众议院（第 16 条），行政权属于国务院，其根据宪法的规定行使权力（第 17 条）。众议院和国务院有权提出议案。法律仅在国务院批准之后方能公布（第 18 条）。

2. 议会

黎巴嫩议会是黎巴嫩的立法机构，成立于 1920 年 9 月。黎巴嫩是议会代议制民主共和国，其政治制度建立在三权分立、相互制衡、相互合作的原则基础上，为一院制。主要职能是制定法律、修改宪法、选举总统、批准总理和阁员人选及审议国家财政预算和对外条约及协定。议席按教派间协商后的比例分配，议员由普选产生，任期 4 年。议会原设 99 个议席，基督教派和伊斯兰教派按 6∶5 分配席位。根据"塔伊夫协议"，黎政府于 1991 年 6 月任命基督教和伊斯兰教各占一半的 108 名议员。1992 年 7 月议会通过选举法修正案，议席增至 128 个。

本届议会于 2009 年 6 月 7 日选举产生，以萨阿德·哈里里领导的未来阵线为首的"3 月 14 日联盟"获得 71 个席位，以真主党、阿迈勒运动为首的"3 月 8 日联盟"获得 43 席，以米歇尔·奥恩领导的自由爱国运动为首的"变革与改革联盟"获得 12 席，独立人士获得 2 席。

3. 政府

总理是政府首脑，主要职权是：领导内阁，并担任最高国防委员会副主席；在与协会协商后，组成政府；与总统共同签署除任命总理、接受内阁集体辞职或要求内阁解散以外的命令；签署要求召开特别会议和颁布法律及要求重新审议法律的命令；要求内阁召开会议并实现向总统公报会议内容和将要讨论的禁忌议题；监控国家机构的管理岗位工作，协调各部委间的关系。

政府是国家权力执行机构，军队归其领导，内阁权力如下：为国家制定各项方针政策、法律草案等，并采取必要的决议予以实施；监督法律、规章的执行，负责国家民事、军事、安全等所有机构的工作；负责讨论国家重大议题，并须 2/3 的内阁成员同意才具有法律效力。

4. 司法

法院分为初审法院、上诉法院、最高法院、行政法院和治安法院。此外还有处理婚丧、遗产继承等问题的宗教法庭。

5. 政党

黎党派林立，力量分散。主要政党有：①"未来阵线"伊斯兰教逊尼派政党；②黎巴嫩长枪党；③黎巴嫩力量；④自由国民党；⑤真主党；⑥自由国民阵线；⑦"阿迈勒"运动；⑧社会进步党；⑨黎巴嫩共产党。

（二）政局现状

1. 政府组成

2013 年 3 月 22 日，时任黎巴嫩总理纳吉布·米卡提（Najib Mikati）宣布辞去总理职务。同年 4 月 6 日，总统苏莱曼任命萨拉姆为候任总理，负责组建新政府。但是，以什叶派真主党为主的联盟和以逊尼派为主的联盟之间争执不下，导致萨拉姆无法组建内阁。之后，逊尼派联盟因真主党的坚决反对而放弃其提出的内政部长人选，双方才得以达成协议。在黎巴嫩总统苏莱曼任期结束后，该内阁将被下一届政府取代。

黎巴嫩总统苏莱曼于 2014 年 2 月 15 日发布总统令，宣布以塔马姆·萨拉姆为总理的黎巴嫩新政府成立。新政府由 24 名部长组成：总理塔马姆·萨拉姆（Tamam Salam），副总理兼国防部长萨米尔·穆格比勒（Samir Mokbel），外交和侨民事务部长纪伯伦·巴西勒（Gebran Bassil），内政和城镇部长努哈德·马什努克（Nouhad Machnouk），财政部长阿里·哈桑·哈利勒（Ali Hassan Khalil），经济与贸易部长阿兰·哈基姆（Alain Hakim），司法部长艾什拉夫·里菲（Ashraf Rifi）等。

2. 执政党与在野党力量对比

黎巴嫩从法国委任统治下取得独立后，建立了一套独特的教派分权政体。总统必须由基督教马龙派担任，总理由伊斯兰教逊尼派担任，议长由伊斯兰教什叶派担任。议会128个议席也由基督徒和穆斯林平分。

黎巴嫩国内教派繁多，政党复杂，不同教派和政党之间的力量对比在变动中不断寻求新的平衡点。最近的平衡点是2005年发生的反对叙利亚的"雪松革命"，黎国内按照亲叙和反叙划分组成了"3·8"阵营和"3·14"阵营两大政治力量。"3·8"阵营的主要政党有真主党、自由国民阵线和"阿迈勒"运动，支持者主要是什叶派穆斯林；"3·14"阵营的主要政党有哈里里领导的未来阵线、黎巴嫩长枪党和自由国民党。

2011年1月12日黎巴嫩爆发内阁危机，政府中的"3·8"阵营阁员提出辞职，而重新在议会中占据多数席位的"3·8"阵营授命逊尼派议员米卡提组阁。但是，"3·8"阵营内部对内阁部长席位的分配难以达成一致。自由国民阵线坚持要求取得内政部长职位，黎巴嫩总统苏莱曼总统授命前总理纳吉布·米卡提出任总理并组阁，6月新政府成立。2012年，苏莱曼总统主持召开了四次全国对话会议，黎各主要政治和宗教派别领导人与会。会议呼吁各派通过对话实现国家稳定与团结。2013年3月22日，因内阁未能就成立黎议会选举监督机构和延长黎治安部队司令任期达成一致，米卡提总理宣布辞职。4月6日，苏莱曼总统授命塔马姆·萨拉姆出任总理，2014年2月完成组建新内阁。苏莱曼总统任期于2014年5月25日结束。此后黎议会经多轮会议仍未选出总统，目前暂由内阁代行总统职权。

（三）国际关系

1. 外交原则

黎奉行中立不结盟政策，主张建立公正、合理、平等、均衡的国际政治、经济新秩序。对外强调其阿拉伯国家属性，调整与叙利亚关系，积极发展同埃及、沙特等阿拉伯大国的关系，重视同美国和法国等西方国家的关系。

2. 大国关系

同中国的关系：中、黎1971年11月9日建交，双边关系发展平稳。中国驻黎巴嫩大使：刘志明。黎巴嫩驻中国大使：苏莱曼·沙菲克·拉斯（Sleiman Chafic-El-Rassi）。

同美国的关系：黎、美于 1943 年建交。黎巴嫩重视发展同美国的关系，力求美在政治、经济、军事上的支持和援助。美支持黎独立、主权和领土完整，支持"塔伊夫协议"，敦促叙利亚军队撤出黎境内，要求黎政府解除真主党武装。2005 年 4 月、10 月、12 月，美联合法、英推动安理会通过有关哈里里遇害国际独立调查的 1595、1636、1644 号决议。2006 年，美在黎以冲突期间偏袒以方，在黎形象受损。冲突结束后，美承诺向黎提供 2.3 亿美元援助，其中 4000 万美元为军事援助。

同法国的关系：黎巴嫩在 1943 年独立前曾是法国委任统治地。法为谋求在黎的经济和政治优势，大力投入黎重建市场。1996 年，双方签订了两项财政协定，法向黎提供 10.5 亿法郎的赠款、优惠贷款和商业贷款。法支持黎哈里里政府主导的经济重建与改革计划，2002 年法在第二次国际援黎会议上承诺向黎提供 5 亿美元援助。2006 年黎以冲突后，法派兵 2000 人参加联黎部队。2007 年 1 月，法召开援助黎巴嫩国际会议，向黎提供 5 亿欧元低息贷款，共为黎募得逾 76 亿美元援款。

3. 邻国关系

同叙利亚的关系：黎叙在法国委任统治时期曾是同一个国家。黎独立后，叙未予承认。1976 年 5 月以来，叙军（最初约 2.8 万人）一直以"阿拉伯威慑部队"的名义驻扎在黎。1996 年 1 月，黎叙签订经济一体化、取消双重税、推进和保证投资、建立联合边界哨所和社会领域合作五项协定。2005 年 4 月，叙宣布撤回其驻黎全部军队、安全人员和军事装备。2006 年 5 月，安理会通过 1680 号决议，要求叙回应黎要求，与黎建立外交关系，划定边界。

同以色列的关系：黎巴嫩南部与以色列北部接壤。1982 年 6 月，以色列大规模入侵黎巴嫩。1985 年，以色列以保卫北部加利利地区为由在黎南部建立了约 850 平方千米的"安全区"，在"安全区"驻扎了千余人的部队，并扶植由 3000 名亲以基督徒组成的南黎军。2005 年，真主党武装与以军在黎南部边境地区频繁交火，并造成一定人员伤亡。2006 年 7 月 12 日，真主党武装越境袭击以色列并俘获两名以军士兵，以军随即对黎展开大规模军事行动。8 月 11 日，安理会通过 1701 号决议，要求双方全面停止敌对行动。14 日，双方停火。

三、社会文化

黎巴嫩各教派长期混居，各种文化相互并存。黎巴嫩人穿衣较讲究，正式场合男士穿西装，女士盛装打扮。与黎巴嫩人交流时要尊重对方的宗教信仰和习惯。什叶派穆斯林比较虔诚，黎逊尼派穆斯林受西方影响，西化程度较高。黎基督徒经济宽裕、生活西化开放。

1. 文化发展

7~15 世纪末，黎巴嫩隶属于阿拉伯帝国。16 世纪被土耳其征服，成为奥斯曼帝国的一部分，文学衰弱。19 世纪，黎巴嫩处于文艺复兴阶段。这一时期著名的作家有纳绥夫·雅齐吉（1800~1871 年），他著有玛卡梅韵文故事《两海集》。布特鲁斯·布斯塔尼（1819~1883 年）和尤素福·艾西尔（1815~1889 年）对散文的形成作出贡献。苏莱曼·布斯塔尼（1856~1925 年）翻译了荷马史诗《伊利昂纪》（1904 年）。艾哈迈德·法里斯·希德雅格（1804~1888 年）著有《希德雅格游记》，马龙·奈卡什（1817~1855 年）将《一千零一夜》中的故事改编为剧本，被认为是近代阿拉伯第一个剧作家。19 世纪 80 年代，著名作家杰尔吉·宰丹（1861~1914 年）在埃及创办《新月》等杂志，并创作《迦萨尼姑娘》、《卡尔巴拉的少女》等通俗历史小说 20 多部。

20 世纪初，黎巴嫩侨居美洲的一些作家，以"笔会"为中心，逐渐形成阿拉伯文学史上第一个重要的文学流派"叙利亚—美洲派"。主要代表人物黎巴嫩人艾敏·雷哈尼（1876~1940 年），著有《雷哈尼亚特》、《阿拉伯诸王》（1925）、《伊拉克的心脏》（1935）和《黎巴嫩的心脏》（1947）等诗歌散文集。1883~1931年），用阿拉伯文著有《叛逆的灵魂》（1908）、《折断的翅膀》（1911）等反对封建礼教和宗教僧侣的小说集，他后期用英文写作散文诗和寓言。他最著名的诗集是《先知》（1923）。米哈伊勒·努埃曼（1889~）有诗集《眼睑的私语》和小说集《往事》（1937）等。与他们同时的还有阿拉伯著名的女作家梅·齐娅黛（1886~1941年），主要作品有《梦之花》（1911）、《黑暗与光明》等。

1931 年纪伯伦在美国逝世，叙利亚—美洲派的作家星散，文学中心转入埃及。这时埃及出现一批描写现代生活的优秀作家，有人称之为埃及现代派。黎巴嫩女作家赛勒玛·萨伊格（1889~1953 年）属于这一派。她的主要作品有《气息》（1923）和《波斯姑娘》等，描写劳动妇女的悲惨生活。

第二次世界大战期间，叙利亚、黎巴嫩反法西斯同盟创办《道路》杂志，作家欧麦尔·法胡里（1895~1946 年）任主编，他的代表作有《上闩的大门》

（1937）、《四季》（1941）、《市场上的文学家》（1944）和《黎巴嫩的真理》（1945）等政论集。《道路》杂志团结了许多进步作家，他们被称为"道路派"。这些作家创作的主题多为反对帝国主义侵略，争取和平与民主。具有进步倾向的作家还有拉伊夫·胡里（1913~1967年），他著有《人权》（1937）、《法拉比》（1943）、《阿拉伯人的神话》（1944）等。这个时期的著名诗人有伊勒亚斯·艾布·舍白凯（1903~1948年），他的诗表现人们内心的痛苦和对未来的向往，主要诗集有《竖琴》（1936）、《天堂的蛇》（1938）、《心的呐喊》（1944）和《直至永远》（1945）等。

第二次世界大战后，黎巴嫩文学趋于繁荣。马龙·阿布德（1886~1962年）以描写农村日常生活的短篇小说见长，不少小说描写追求婚姻自由的青年。他的长篇小说《红色埃米尔》，描写19世纪初农民起义反对暴君巴什尔的残酷统治。他还著有文学史等文学研究专著。黎巴嫩著名诗人有安杜尼斯［即阿里·艾哈迈德·赛义德·艾斯贝尔（1930~）］，1957年开始担任《诗歌》杂志主编，是黎巴嫩自由体诗歌的开创者，70年代阿拉伯现代派诗歌的代表之一。他著有诗集《大地说话了》（1957）、《风中树叶》（1958）、《五首诗》（1980）等。布卢斯·塞拉迈（1902~1979年）的诗充满了浪漫主义色彩。他的三部反映古代阿拉伯人历史的史诗《盖第尔节》（1949）、《利雅得节》（1955）和《西提纳节》被认为是黎巴嫩当代的优秀作品。他的散文代表作有《受伤者的回忆》和《面包与盐》。赫利勒·哈维（1925~）在60年代崭露头角，以诗集《芦笛和风》闻名。阿里·绥迪格·阿卜杜·卡迪尔著有诗集《幻想与革命》（1958），它的主题是缅怀过去，反对帝国主义侵略。

2. 新闻媒体

黎以中东新闻中心著称。全国各类报刊有600余家，其中52家政治性日报。主要日报有《白天报》，发行量约4万份；《使节报》发行量5万份；《旗帜报》发行量6.2万份，其中在黎发行2.95万份；《家园报》发行量1.4万份；《安瓦尔报》发行量5.8万份。主要刊物有《事件周刊》、《阿拉伯周刊》、《狩猎者》、《杂志周刊》、《黎巴嫩评论》、《星期一早晨》等。

通讯社：黎巴嫩国家通讯社是唯一官方通讯社，成立于1962年，属新闻部领导。每日发阿、英、法3种文字的新闻稿，只报道官方的黎国内消息。中央通讯社为私人通讯社，创立于1982年9月。每日用阿文报道黎国内政治、经济、商业等方面消息。《中东报道》是私人通讯社，1977年创办。除周末外，每日发黎国内、外消息英文通讯稿。周末有综述和新闻分析内容的专刊。在开罗和华盛顿设有分社。

广播电台：黎全国现有 140 多家广播电台，其中大部分是私营娱乐性电台。其中，黎巴嫩广播电台为国家广播电台，属新闻部领导。其前身是"东方电台"，始建于 1938 年。1962 年开始增用阿、法、英、西和葡语对外广播。内战爆发后，由于经济困难，该台被迫停止对外广播。"祖国之声"电台为黎伊斯兰教逊尼派慈善基金会于 1984 年创办。每天广播 20 个小时，除英语新闻节目外，主要用阿语广播。"人民之声"电台为黎巴嫩共产党于 1987 年创办，每天广播 18 小时，每隔半小时有一次新闻节目。在开罗、巴黎、伦敦和莫斯科派有常驻记者。

电视台：黎巴嫩国家电视台，成立于 1978 年。属黎巴嫩电视公司所有，政府仅有一半资本，但公司的董事长和董事会成员均由政府任命。每天有两套节目，每套播放 10 小时，用阿、法和英语播放新闻节目，教育、卫生、文化娱乐等节目则以阿语为主。未来电视台，创办于 1992 年，由已故前总理哈里里创建，是黎目前第二大电视台，2001 年 5 月与沙特的 MBC 电视台合并。黎巴嫩广播公司电视台成立于 1985 年，该台系私营电视台，有两套节目，其中一套称为"C33"，以法语节目为主，除播放本国编制的新闻节目外，还转播法国"TV5"电视台的法语新闻节目。灯塔电视台，由黎真主党开办，创办于 1991 年，是该党的宣传喉舌，节目的政治性和宗教性很强。

3. 音乐时装

黎巴嫩高度发达的通俗文化也极富特色。黎巴嫩音乐家在阿拉伯世界几乎占据半壁江山，其中，女歌唱家费鲁丝更是当代阿拉伯世界家喻户晓、雅俗共赏的艺术家，其地位无人匹敌，被阿拉伯人自豪地称为"阿拉伯人派往星球的使者"。阿拉伯世界的年青一代更喜欢那些美貌、妩媚、火辣的歌星、舞星及影视明星，也大多来自黎巴嫩，虽然这些明星在黎巴嫩国内也不无非议。黎巴嫩的时装在中东久负盛名，近年来，黎裔时装设计师更是火爆欧美，有多人跻身世界一流时装设计师的行列。伊利·萨阿卜的时装为众多好莱坞明星青睐，2002 年奥斯卡最佳女主角哈里·贝瑞领奖时身着的那套艳压群芳的晚装，即出自萨阿卜之手，他还曾荣获黎巴嫩总统颁发的共和国勋章。黎巴嫩还以美女闻名遐迩，来自黎巴嫩的美女曾多次戴上世界小姐的桂冠。在贝鲁特等都市的街头漫步，到处可见明眸皓齿、婀娜窈窕的美女，打扮既入时又开放。所有这些令外来游客流连忘返，难以相信自己身处一个阿拉伯的都市。贝鲁特还拥有阿拉伯世界较为少见的众多夜总会、酒馆、赌场、跑马场，这些主要集中在东部基督徒聚集区的游乐场所，为贝鲁特带来了繁华与喧嚣，也与城市西部穆斯林聚集区传统、保守而宁静的氛围形成巨大反差。

4. 习俗禁忌

黎巴嫩受欧美文化的影响较深，与其他阿拉伯国家相比，其风俗习惯比较开放。但有些部落仍保留传统的社会习惯。尤其是西贝鲁特及南黎巴嫩等地区。黎巴嫩有许多奇特的婚俗，其中有一种叫"当面灌水"。

黎巴嫩人见面一般喜欢握手。在大庭广众之下要避免吃猪肉和喝酒；妇女忌裸露肌肤；禁止侮辱公务员，国旗和宗教信仰；忌给妇女拍照。

黎巴嫩穆斯林的婚俗与埃及、叙利亚等国大体相同。人们普遍主张早婚，黎巴嫩允许近亲婚姻，此俗盛行至今。传统的婚礼长达 7 天，在巴加，人们举行婚礼时，为了将欢乐送遍全区，往往鸣枪助兴。商务活动要约会，但黎巴嫩人不太注重准时。饭后是谈公事的合适时机，鲜花和糖果是比较好的礼物，不要送酒和香烟。黎巴嫩人喜欢别人赞美他们的家庭。可以谈论买卖、孩子、教育和旅行。他们爱听笑话。避免谈论政治、宗教和男女关系。

5. 教育和医疗

黎巴嫩国家科学研究委员会受总理直接领导，宗旨是把科学与研究策略纳入国家政策范畴之内。科委下设国家地球物理中心、国家海洋科学中心、国家遥感中心和原子能委员会 4 个科研机构和一个文献中心。

黎全国有中小学 2535 所，在校学生 100 万人，教师 6 万余名。公立学校约1300 所。其他还有私人免费和私人收费学校。综合大学 4 所，相当于大学和大学预科的学院 20 多所。黎巴嫩大学是唯一国立综合大学，1953 年创建。贝鲁特阿拉伯大学创办于 1960 年，贝鲁特美国大学由美国教会创建于 1866 年，用英语讲课。贝鲁特圣·约瑟大学 1881 年建立，用法语讲课，设有孔子学院。

1992 年教育经费预算为 2069.95 亿黎镑，占国家财政总预算的 12.96%。1989 年全国有中小学 2305 所，学生 71.9 万人，教师 52017 名。公立学校 1271所，教师占全国中小学教师总人数的 51.72%，学生占 32.94%。其他还有私人免费和私人收费学校。

全国文盲率为城市男性占 22%，女性占 42%；农村男性占 26%，女性占53%。

黎巴嫩卫生医疗服务系统以私营医院、诊所、药房为主体（90%），国家医疗单位为补充。目前，黎有医院 161 所，床位 9710 张，注册医生 3865 人，医护人员约 20000 人。

黎巴嫩的医疗保险可通过两条渠道购买：

（1）社会保险。社会保险涵盖医疗保险，由雇主为其雇员购买。被保险人为雇员，受益人为被保险人本人及其配偶、子女和由其承担赡养义务的家庭成员。社会保险的保险费分三种情况。第一种，每个被保险人每年交纳 3000 美元。享受最高级医疗待遇，例如住院可享受套间。这类投保人通常为高收入的自由职业者。第二种，每个被保险人每年交纳 1000 美元，但必须由行业公会组织集体投保。这种保险的受益人可享受与上述受益人同样的待遇。第三种，每个被保险人每年交纳 300 美元。这种保险以社会基层人员为主要对象，可享受的医疗待遇比前者要低，住院通常为 3 人间病房。

（2）医疗保险。这是一种自愿保险。保险费根据被保险人的年龄及身体状况而有所不同。通常规定 60 岁以下身体健康者保险费为每年 300 美元，60 岁以上者为每年 600 美元。常年有病者视具体情况而定。已投保社会保险者无须再投保医疗保险。社会保险和医疗保险的受益人均可凭医院或药店的正式发票向保险公司报销 90%医药费，自负 10%。

四、经济发展

（一）宏观经济

黎巴嫩宏观经济情况如表 8-30 所示。

表 8-30　黎巴嫩宏观经济信息表（2008~2015 年）

指标 年份	GDP （十亿美元）	经济增长率 （%）	人均 GDP （美元）	国民储蓄 （%GDP）	政府净债务 （%GDP）	通胀率 （%）	失业率 （%）
2008	29.68	0.09	7795.33	20.87	1.47	0.064	—
2009	34.65	0.09	8982.83	24.40	133.99	0.034	—
2010	37.12	0.07	9500.76	23.56	132.10	5.083	—
2011	39.01	0.015	9856.02	14.13	1.32	0.031	—
2012	41.35	0.015	10310.96	8.60	134.18	10.12	—
2013	43.84	0.02	10793.47	7.94	1.36	0.028	—
2014	49.94	2.00	11073.37	-2.99	—	-0.71	—
2015	51.17	1.00	11236.79	-3.68	—	-3.75	—

资料来源：经济观察网站。

（二）支柱产业

黎巴嫩的四大经济支柱产业分别为金融、侨汇、旅游和贸易，金融业对国民经济的贡献尤为突出。黎巴嫩是中东地区银行业务的金融中心，具有中东最完善的银行业。黎巴嫩严格执行银行保密制度，并为其制定相关法律。黎巴嫩金融机构的主要形式是商业银行，在流通金融资产中，银行资产约占80%。

（三）对外贸易

黎巴嫩的主要进口商品是矿物、车辆、机器、机械器具及零件、药品、宝石、贵金属等；主要出口商品是珍珠、宝石、贵金属、塑料及其制品、蔬菜、水果、坚果或植物其他部分的制品等。黎巴嫩的主要贸易伙伴是美国、意大利、中国、法国、德国、土耳其、瑞士、埃及和希腊等。2014年黎巴嫩前五位进口来源国是中国、法国、意大利、德国、美国；前五位出口目的国是沙特、阿拉伯联合酋长国、南非、伊拉克、叙利亚。黎巴嫩的进出口情况如表8-31所示。

表 8-31　黎巴嫩进出口情况（2008~2014 年）

单位：亿美元

年份 指标	进出口总额	出口额	进口额	贸易差额
2008	196.15	34.78	161.37	−126.59
2009	187.16	34.84	162.32	−127.48
2010	222.24	42.54	179.70	−137.16
2011	244.30	42.67	201.63	−158.96
2012	255.93	44.46	211.47	−167.01
2013	251.71	39.37	212.34	−172.97
2014	238.00	33.12	204.87	−171.16

资料来源：联合国贸易数据库网站。

（四）吸引外资与对外投资

表8-32说明了黎巴嫩2005~2015年吸引外国直接投资的存量情况，表8-33说明了黎巴嫩2005~2015年向外国进行直接投资的存量情况。

表 8–32　黎巴嫩吸引外国直接投资存量统计（2005~2015 年）

单位：百万美元

指标 \ 年份	2005	2006	2007	2008	2009	2010	2011	2012	2013	2014	2015
FDI 存量	25688	28820	32196	36529	41332	45612	49097	52771	55604	56834	58608

资料来源：《世界投资报告》（2016）。

表 8–33　黎巴嫩向外国进行直接投资存量统计（2005~2015 年）

单位：百万美元

指标 \ 年份	2005	2006	2007	2008	2009	2010	2011	2012	2013	2014	2015
OFDI 存量	2509	3384	4232	5219	6344	6831	7586	8159	8849	12629	12599

资料来源：《世界投资报告》（2016）。

五、黎巴嫩与中国的关系

（一）政治关系

1971 年 11 月 9 日，黎中两国正式建立外交关系。建交 40 多年来，两国关系友好，中国一贯支持黎巴嫩维护主权、独立和反对外国入侵、外来势力干涉内政的斗争；黎巴嫩在国际上一贯坚持"一个中国"的立场，承认台湾是中国领土不可分割的一部分。近年来，中黎两国在政治、经济和军事等各个领域的关系不断深化。

（二）经济关系

1. 中黎贸易

中黎双边经贸合作关系始于 20 世纪 50 年代。1955 年 12 月 31 日中黎签订两国贸易协定。1972 年 11 月，中黎政府签订新的贸易协定，该协定于 1974 年 12 月 20 日起生效。根据该协定，双方给予最惠国待遇，两国之间的贸易以双方同意的任何一种可兑换的货币支付，协议还有互相在贸易、会展方面提供便利的相关条款。1994 年 10 月，草签了《中黎两国政府经济、贸易和技术合作协定》；1995 年 5 月，签署了《两国发展纺织领域经济、技术和贸易合作谅解备忘录》；1995 年 5 月，签署了《中黎海运协定》；1996 年 6 月，签署了中黎《两国政府经济、贸易和技术合作协定》、《两国政府鼓励和相互保护投资协定》、《民用航空运输协定》和《经济技术合作协定》；2002 年 4 月，签署了《中黎两国经济技术和贸易合作委员会第一次会议纪要》。两国政府间还多次签署《经济技术合作协定》。近年来，中黎双边贸易情况进展平稳、良好并呈现逐年上升趋势。中黎双边贸易情况如表 8-34 所示。

表 8-34 中黎双边贸易统计（2008~2015 年）

指标 年份	进出口贸易总额		中国对黎出口		中国自黎进口	
	金额 （亿美元）	同比变化 （%）	金额 （亿美元）	同比变化 （%）	金额 （亿美元）	同比变化 （%）
2008	10.97	50.69	10.84	52.89	0.13	−31.58
2009	10.66	−2.83	10.57	−2.49	0.09	−30.77
2010	13.47	26.36	13.20	24.88	0.27	200.00
2011	14.84	10.17	14.58	10.46	0.26	−3.70
2012	17.12	15.36	16.92	16.05	0.20	−23.08
2013	25.37	48.19	24.91	47.22	0.46	130.00
2014	26.31	3.71	26.05	4.59	25.39	−44.30
2015	23.08	−12.25	22.91	−12.06	17.38	−31.55

资料来源：联合国贸易数据库网站。

中国对黎巴嫩出口商品主要类别包括：①机械器具及零件；②电机、电气、音像设备及其零附件；③家具、寝具、褥垫、弹簧床垫；④非针织或非钩编的服装及衣着附件；⑤塑料及其制品；⑥钢铁制品；⑦针织或钩编的服装及衣着附件；⑧玩具、游戏品、运动用品；⑨陶瓷产品；⑩鞋靴、护腿和类似品。

中国从黎巴嫩进口商品主要类别包括：①铜及其制品；②铝及其制品；③塑料及其制品；④盐、硫黄、土及石料、石灰及水泥等；⑤机器、机械器具及零件；⑥钢铁制品；⑦钢铁；⑧石料、石膏、水泥、石棉、云母制品；⑨化学纤维短纤；⑩生皮（毛皮除外）及皮革。

2. 中黎投资

2014 年，中国对黎巴嫩直接投资流量 9 万美元，对黎巴嫩直接投资存量 378 万美元。2014 年，黎巴嫩在华投资新设企业 12 家，实际投资 91 万美元，同比下降 54.27%。

目前在黎巴嫩的中资公司有华为技术有限公司、中兴通讯股份有限公司和安福贸易公司（合资）。黎巴嫩在华投资主要集中在化学原料及制品、小型机械、纺织、服装、家具等制造企业、批发和零售业、房地产业、租赁以及咨询服务业等行业。

3. 中黎劳务合作

2014 年中国企业在黎巴嫩新签承包工程合同 3 份，新签合同额 2365 万美元，完成营业额 935 万美元；当年派出各类劳务人员 1 人，年末在黎巴嫩劳务人员 11 人。

六、其他

（一）经济概况

1. 自然资源

黎巴嫩水资源较充足，积雪融水是黎优质水源的来源之一。黎巴嫩矿产极少。仅有铁、铅、铜、褐煤和沥青，储量少，开采不多。制造业原料主要依赖进口。当地曾报道黎巴嫩与塞浦路斯间海域或有石油，储量不明。黎巴嫩雪松是优质建筑材料。

黎巴嫩境内果树品种繁多，有香蕉、橄榄、葡萄、柠檬、樱桃、杏、苹果、椰枣树等。黎巴嫩东部的贝卡谷地是黎巴嫩的粮仓。

黎电力由国家电力公司（EDL）垄断，黎实际发电功率 160 万千瓦，实际需求功率 230 万千瓦，社会用电短缺。

2. 产业结构

工业：黎工业以加工业为主。主要行业有非金属制造、金属制造、家具、服装、木材加工、纺织等。

农业：农业欠发达。2005 年农业总产值占国内生产总值的 13%。黎粮食生产主要靠进口。

旅游业：黎原为中东旅游胜地。内战前，旅游收入占国民收入的 20% 以上。战后黎政府将振兴旅游业作为重建计划的重要组成部分。

金融：贝鲁特曾是中东金融中心。截至 2001 年上半年，全国有 72 家银行。黎的第一大银行是黎巴嫩中央银行，由政府控制。黎银行多为私人所有，2001 年黎银行业收入占 GDP 的 9%。

贸易：黎政府实行对外开放与保护民族经济相协调的外贸政策。出口商品主要有蔬菜、水果、金属制品、纺织品、化工产品、玻璃制品和水泥等。主要贸易对象是意大利、美国、法国、沙特阿拉伯、阿拉伯联合酋长国、叙利亚和中国。

各产业对 GDP 的贡献率分别为：农业 6.3%，工业 21.1%，服务业 72.6%（2014 年）。

(二) 近期经济运行状况

黎实行自由、开放的市场经济，私营经济占主导地位。黎内战前曾享有中、近东金融、贸易、交通和旅游中心的盛名，但 16 年内战加之以色列入侵，造成直接和间接经济损失约 1650 亿美元。1991 年中东和平进程启动后，黎预期经济利好，大兴土木，后由于地区形势持续动荡，其经济复苏计划受挫，背上了沉重的债务包袱。20 世纪 90 年代后期，黎经济形势渐入困境，财政赤字居高不下，债务攀升。2006 年的黎以冲突造成黎大量基础设施被毁，直接经济损失达 32 亿美元，间接损失超过 70 亿美元，黎经济发展陷入停顿，债务负担加重，第二次世界大战战后重建任务艰巨。冲突结束后，黎获得逾 100 亿美元援助承诺。

黎巴嫩央行表示 2015 年将发布 10 亿美元经济刺激计划，主要由住房、可再生能源和环境等领域项目贴息贷款组成。黎央行已经通过经济刺激计划向教育领域投放了 10000 笔贴息贷款，向住房领域投放了 100000 笔贴息贷款，而环境领域的贷款总额已经超过了 1000 万美元。

尽管受中东地区政治危机，特别是叙利亚战争，以及其对黎巴嫩政治经济的消极影响，但国际货币基金组织预测黎巴嫩经济仍向好的方面发展。国际货币基金组织 （IMF） 近期发布的一份报告预测，黎巴嫩 2015 年实际 GDP 增幅为 2.5%。随着经济发展向好，特别是受油价下跌因素影响以及对通胀调控，预计 2015 年黎通胀率为 1.1%，而 2014 年为 1.9%，2013 年为 4.8%。

据黎巴嫩《使节报》2015 年 4 月 18 日报道，为满足国家融资需求，黎巴嫩央行日前发行期限 7 年、利率为 7% 的黎巴嫩镑债券。受叙利亚危机和大量叙难民涌入的影响，目前黎巴嫩就业形势严峻，投资机会降低。而此次债券发行受到社会特别是当地银行业的欢迎。黎巴嫩目前面临的最大问题还是难民问题。目前进入黎巴嫩的叙利亚难民已达 100 多万人，占黎巴嫩人口的近 1/4，这对经济本不景气的黎巴嫩来说是雪上加霜。据世界银行估计，叙利亚危机给黎巴嫩造成的损失已超过 75 亿美元。

黎经济发展主要受到国内政治纷争和安全形势恶化的制约。受邻国叙利亚危机影响，黎国内形成了支持叙利亚政府的什叶派穆斯林和支持叙反对派的逊尼派穆斯林的对立。

第八节　也门概况

一、国情综述

也门（The Yemen）位于亚洲西南部，阿拉伯半岛南端，东邻阿曼苏丹国，南濒阿拉伯海和亚丁湾，西临红海，扼曼德海峡，北与沙特阿拉伯王国接壤。国土面积 55.5 万平方千米，海岸线 2200 千米。首都萨那市是全国政治、经济、文化中心和国内交通枢纽。官方语言为阿拉伯语，英语仅在涉外政府部门和其他领域小范围应用。货币为也门里亚尔。

也门一年有两个雨季：3~5 月是小雨季，7~9 月为大雨季。也门是一个典型的资源型国家，石油和天然气是其最主要的自然资源。也门的金属矿产资源主要有金、银、铅、锌。

据世界货币基金组织发布的数据显示，截至 2013 年底，也门总人口约为 2666 万。居民绝大多数是阿拉伯人，99%信奉伊斯兰教，什叶派的宰德教派和逊尼派的沙斐仪教派各占 50%。

（一）地理概述

也门位于阿拉伯半岛西南端，东邻阿曼，北接沙特阿拉伯，西临红海，南濒亚丁湾、阿拉伯海，隔曼德海峡与厄立特里亚和吉布提相望，扼红海通往印度洋的出口。也门海岸线长约 2000 千米。也门自古以来为东西方交通要道，曾是著名的古代海上丝绸之路的中转站和香料之路的起始点。自从苏伊士运河开通后，欧亚两洲的重要航线，差不多都经过这里。由于地理位置重要，历史上也门屡遭外敌入侵。也门首都是萨那（Sana'a）。

（二）人口和民族划分

也门人口约为 2360 万，其人口增长很快，20 世纪 90 年代人口年增长率在 3.5%以上。2000~2006 年由于政府控制人口的政策，年均增长率略有下降，约为 3.1%。人口结构中青壮年比例高，使社会问题凸显，就业压力大、对社会服务的需求大。人口分布不均衡，人口生育和生命健康质量低劣。人口中绝大多数是阿拉伯人，其始祖为阿拉伯半岛的早期居民盖哈坦人。也门官方语言为阿拉伯语。伊斯兰教为其国教，什叶派的宰德教派和逊尼派的沙斐仪教派各占 50%。

二、政治体制

2014 年 2 月 10 日，也门宣布将国家由共和制变为联邦制。

总统是国家元首和武装部队最高长官，由人民直接投票选举产生，任期 7 年，可连任一届。总统的主要职权包括：制定国家总体政策，并监督政府执行；任命总理并责成其组成内阁；批准内阁部长提名；在需要时与政府举行联席会议；依法任命或罢免国家及军队高级官员；举行大选；批准法律；解散议会；批准对外条约等。现任总统是阿卜杜拉布·曼苏尔·哈迪。

国民议会是也门的立法机构。负责制定财政预、决算和经济社会发展大纲等国家大政方针以及对政府工作进行指导和监督。也门统一后，萨利赫总统于 1997 年 5 月 19 日颁布总统令，宣布成立也门协商会议，并任命了 59 名委员。协商会议负责研究和讨论同国家最高利益有关的国内外重大问题，无立法权。

政府是国家的最高执行机构和行政机关，由总统任命的总理组成内阁。自 2011 年初起，因受突尼斯、埃及政局剧变影响，也门爆发大规模反政府示威，要求萨利赫总统下台。2011 年 3 月 20 日，总统萨利赫宣布解散现政府，成立看守内阁。2011 年 11 月 27 日，哈迪副总统发布总统令，授权巴森巴瓦负责组建也门全国和解政府。本届政府是也门统一后的第 10 届政府，于 2011 年 12 月 9 日宣布成立，现任总理为穆罕默德·萨利姆·巴森杜瓦。

也门现有 22 个注册政党，主要有全国人民大会、伊斯兰改革集团、也门社会党。其他政党还有也门人联盟、也门统一集团、自由人宪政党、阿拉伯复兴社会党等。

(一) 政体简介

1. 宪法

1989 年 11 月 30 日，原北方领导人萨利赫和南方领导人比德在亚丁签署了统一宪法草案。1991 年 5 月，全国就统一宪法举行公民投票，98.3% 的选民赞成宪法。修改后的宪法规定，伊斯兰法是也门共和国一切立法之本。2001 年 2 月，也门举行全民公决，通过了宪法修正案，将总统的任期由 5 年延长至 7 年，并赋予总统解散议会的权力。

2. 议会

议会是国家立法机构，负责制定财政预、决算和经济社会发展大纲等国家大政方针；对政府工作进行指导和监督，议员可以向正副总理、各部正副部长提出质询；经 1/3 议员署名，议会可对政府提出不信任案，如获多数通过，总理须向总统提出政府辞呈；总统作出的解散议会的决定，须在 30 日内举行全民公决，多数赞成才能生效。现议会于 2003 年 4 月 27 日经选举产生，2009 年议会选举因各派分歧严重而延期。受局势动荡影响，2011 年的议会选举未能如期举行。议会共有 301 名议员，其中全国人民大会 174 席、伊斯兰改革集团 46 席、也社党 7 席、复兴党 2 席、纳赛尔主义党 3 席、独立人士 14 席。现任议长叶海亚·阿里·拉依（Yahia Ali Al-Ra'ai），2008 年 2 月当选。目前，也门各派正就立法机构问题进行磋商。

协商会议负责研究和讨论同国家最高利益有关的国内外重大问题，无立法权。也门统一后，萨利赫总统于 1997 年 5 月 19 日颁布总统令，宣布成立也门协商会议，并任命了 59 名委员，2001 年协商会议扩大为 111 人。2011 年 10 月 9 日，阿卜杜拉赫曼·穆罕默德·阿里·奥斯曼（Abdulrahman Mohammed Ali Othman）当选为协商会议主席。

3. 政府

2011 年 11 月 27 日，哈迪任命反对派"全国委员会"主席穆罕默德·萨利姆·巴桑杜为新任总理。2011 年 12 月 7 日，全国和解政府成立，穆罕默德·萨利姆·巴桑杜（Mohammed Salem Basindawa）任总理。2014 年 9 月，总理巴森杜瓦辞职。10 月 13 日，哈迪任命哈立德·巴哈赫为新总理。2014 年 11 月 7 日哈迪宣布成立新政府，宣布也门总理哈立德·马赫福兹·巴哈已经组建新的专家型政府。也门新政府包括 36 个部门，部分看守内阁成员未能入阁，其中包括国防部、内政部、财政部和外交部部长。2015 年 1 月，巴哈赫因对胡塞组织不满提交辞呈。

4. 司法

1991 年 7 月，也门总统委员会宣布成立最高司法委员会，由 1 名主席和 9 名委员组成，主席由总统委员会主席担任。总统委员会宣布成立最高法院，设最高法院院长、第一副院长和副院长各 1 名，委员 45 名。最高法院院长为阿萨姆·阿卜杜瓦哈比·穆罕默德·萨马维（2006 年 2 月任命），总检察长为穆罕默德·巴德利（Mohammed Bsdri）。

5. 政党

（1）全国人民大会（General People's Congress）：1982 年 8 月成立，曾长期担任执政党，2011 年也门政局动荡后同其他党派联合执政。萨利赫任党主席。

（2）伊斯兰改革集团（Islamic Gathering for Reform）：成立于 1990 年 9 月，是也门统一后成立的最大反对党。2011 年也门政局动荡后，伊斯兰改革集团同也门社会党等反对党组成共同会晤政党联盟。12 月，反对党联盟与全人大共同组建全国和解政府联合执政。现任党主席为穆罕默德·阿卜杜拉·亚杜米。

（3）也门社会党（The Yemeni Socialist Party）：1978年10月成立。1990年5月，也社党同全国人民大会合作实现了也门统一。1994年5月，两党矛盾激化，爆发内战，也社党败北，成为在野党。2011年也门政局动荡后，也社党同伊斯兰改革集团等反对党组成共同会晤政党联盟，参与联合执政。现任总书记为亚辛·赛义德·努曼。其他政党还有也门人联盟、也门统一集团、自由人宪政党、阿拉伯复兴社会党等。

（二）政局现状

1. 最新的选举

也门是实行总统制的共和国。立法机构实现两院制，也门议会有301个席位，由全民选举产生；协商会议有111个席位，由任命产生。两院每6年选举一次。参与总统选举的候选人至少有两位，每人必须至少获得15名国会议员的支持，由全民投票产生，任期7年，一人最多可连任一次。萨利赫是1999年也门重新统一后实行总统全民选举以来的首位民选总统，2006年连任，2011年11月将政权移交给副总统哈迪。2012年2月21日，也门举行萨利赫下台后的首次总统选举投票，候选人只有时任副总统的哈迪一人。根据萨利赫2011年11月签署的海湾国家合作委员会调解协议，这次选举相当于"补缺"，新总统将完成萨利赫余下的两年任期。

2. 执政党与在野党力量对比

全国人民大会党（General People's Congress）是也门的第一大党，其党主席萨利赫曾长期执政，2011年也门政局动荡后同其他党派联合执政。接替萨利赫任也门总统的哈迪也是该党成员，2014年11月被从该党领导层中开除。2014年，全国人民大会党在也门议会中拥有全部301个席位中的225个，占绝对优势。

伊斯兰改革集团（Islamic Gathering for Reform）是也门统一后成立的最大反对党。也门社会党（The Yemeni Socialist Party）在1990年同全国人民大会合作实现了也门统一。1994年5月，两党矛盾激化，爆发内战，也门社会党败北，成为在野党。2011年也门政局动荡后，也社党同伊斯兰改革集团等反对党组成共同会晤政党联盟，参与联合执政。哈迪上任之后，这些党派开始相互争夺权力，哈迪没能有效平衡各派之间的关系，导致也门国内政治力量无法在关键时刻形成统一战线，维持国家稳定。

（三）国际关系

1. 外交原则

也门对外关系围绕反对殖民主义和实现国家统一两个目标展开。统一后，政府制定了符合国家发展的外交政策。首先，外交政策的制定基于以下五个方面的现实情况：①也门是阿拉伯半岛的一部分；②也门是阿拉伯世界不可分割的一部分；③也门与伊斯兰世界通过宗教和历史联系在一起；④也门是第三世界国家；⑤也门是联合国成员国，恪守联合国宪章。统一后，政府在国家政治重组和经济改革的过程中，对外交政策做出相应调整，总的原则是建立广泛和全面的对外关系。其次，外交政策的基础是维护国家主权和领土完整、维护国家统一。

也门政府重申恪守过去南北双方分别同各国签署的一切协议和国际条约，遵守联合国宪章和阿拉伯国家联盟宪章；奉行和平、不结盟政策；坚持睦邻友好、和平共处、不干涉内政，主张以和平方式解决国与国之间的争端与分歧。统一后的也门外交政策比较温和，遵循全方位发展对外关系的原则，努力改善与阿拉伯半岛周边国家的关系，争取通过和平手段解决历史遗留下来的问题；保持和发展同所有阿拉伯国家的关系，积极参与阿拉伯国家共同事务，促进阿拉伯国家一体化进程；在国际事务中，主张建立公正、平等的国际政治经济新秩序，加强南北对话和南南合作，共同为消除世界贫困和创造和平与发展的国际环境作贡献。近年来，也美关系成为也门的外交重点，双边互访增多，美对也经济、军事援助增加。

也门是联合国、阿拉伯联盟、伊斯兰会议组织和环印度洋地区合作联盟等国际和地区组织成员国，加入了海湾合作委员会下属的部分非政治性组织，目前已同 100 多个国家建立了外交关系。

2. 大国关系

北也门 1948 年与美国建立公使级外交关系，1962 年 12 月，美国承认阿拉伯也门共和国政权，1963 年两国关系升为大使级。1967 年"6·5"战争期间，北也门宣布同美国断交，1972 年两国复交。英国占领南也门期间，美国在亚丁设领事馆。1967 年 11 月南也门独立，12 月美国承认南也门人民共和国政权（1970年 11 月改名为也门民主人民共和国），并建立大使级关系。由于冷战时期南也门与苏联关系密切，因而与美国关系一直较冷淡。1969 年 10 月，南也门指责美国干涉内政，与美国断绝了外交关系，1990 年两国复交。

1990 年也门统一，美国表示支持。海湾危机时，由于也门反对外国军队在海湾的存在，举行了声势浩大的游行示威支持伊拉克，两国关系转冷，美国因此大量削减了对也门的援助。海湾危机过后，两国关系恢复，也门支持美国的中东和平建议，美国增加了对也门的援助。1994 年也门发生内战，美国支持也门统一和民主进程。也门内战结束后，两国关系进一步发展。1995 年 5 月，美国免除了也门所欠 1700 万美元债务。1998 年 3 月，两国举行首次联合军事演习，也门同意为美国过往舰只提供军事便利。2001 年 11 月，两国签订了《安全合作谅解备忘录》，根据协议，美国向也门提供情报及装备，协助也门打击国内恐怖分子。美国把也门当成了国际反恐的新战场，同也门的反恐合作进一步加强，并取得了一定成果。美国支持也门的民主进程，也门成为唯一被美纳入"千年发展计划"的阿拉伯国家。

也门同美国有多方面的经济往来。美国公司从 20 世纪 50 年代就开始在也门勘探石油。近年来美国与也门经济合作项目不断增加。也门同美国的贸易也有所发展。

海湾战争时期，由于也门坚决反对外国武力干涉伊科冲突，欧盟国家与也门关系疏远。海湾战争后，也门主动与欧盟国家缓和关系。

3. 邻国关系

也门内战结束后，政府主动改善了同阿拉伯国家的关系，发展政治和经济合作关系，倡导阿拉伯的团结和联合。在政治合作方面，萨利赫多次表示阿拉伯国家必须加强互访，以便解决他们之间的问题，修补因海湾危机而受到损害的相互关系，并重申也门将继续支持阿拉伯国家联盟的工作，呼吁阿拉伯国家领导人捐弃前嫌，努力弥合裂痕，通过对话和谅解解决分歧，努力促进阿拉伯民族的团结。在中东和平进程问题上，也门采取了较前更为积极、务实的立场，表示支持国际社会和阿拉伯国家为在中东地区实现公正、持久和平所做出的一切努力。

三、社会文化

也门人迎宾待客习惯给客人熏香和喷香水。主要把檀香木点燃，放进香笼里，然后请客人站起来，解开上衣下部的纽扣，把香笼放在腹部，主人再用嘴吹檀香，使清香扑鼻的烟气熏蒸客人的身体。辞体前，主人还要用香水喷洒客人，用芳香味来表达友谊。也门北部最大的部落哈希德人迎客方式更为特殊，每当贵客来临，酋长总要组织队伍夹道迎接客人。欢迎人群打着手鼓，吹着喇叭，唱着民歌，举着腰刀翩翩起舞，欢迎仪式达到高潮的时候，他们还要朝天鸣枪。也门男子都穿着宽松肥大的长袍；女子通常要穿长裤，出门时把身体裹起来，头上要戴面纱，也门妇女地位低下，没有读书认字的权利，没有与人交往的机会，也没有领略自然风光之美的福分。也门属禁酒国家。在宴会中从不备酒，他们惯以凉开水代酒。

1. 婚姻习俗

也门位于阿拉伯半岛东南端，濒临浩瀚的印度洋，是一个典型的阿拉伯社会和伊斯兰国家。同世界大部分地区一样，也门人把婚礼当作欢乐的庆典和重要的社交活动，但也门的婚俗至今保留着许多古老的阿拉伯传统和特有的习惯。

"男大当婚，女大当嫁。"在也门，小伙子们到了十七八岁，父母就开始为儿子张罗婚事了。首先，母亲会在亲友和邻居的子女中留心（如果是表兄妹，亲上作亲也是允许的）。在也门，妇女们也有自己的社交活动，她们在闲谈、煮饭、做礼拜、编织毛毯之类的集体活动中互相交流，增进了解，母亲大多通过这种方式来物色未来的儿媳妇。如果相中了某位姑娘，母亲会与父亲商量，而父亲对女孩家的男性成员一般则比较熟悉。如果不太熟悉，找个朋友打听打听。或者到女家附近作一实地考察，看看房子的外表就大致知道这家过得怎么样了。父母都同意了，才会征求儿子的意见。而关于那位姑娘，如果两家是亲戚的话，小伙子还会知道一点，如果不是这样则一无所知了。

在也门，订婚是婚礼的一部分。结婚典礼一般持续三天，从星期三至星期五。星期三的下午是双方正式签署婚约的时间；星期四双方做准备，招待近亲；星期五是当地人的休息日，新郎新娘正式成婚。定婚仪式在女方家中进行。在一位阿訇的主持下，新娘与新娘的父亲面对面地坐下。新郎恳请未来的岳丈："以真主安拉的名义，您愿意将您的女儿嫁给我吗？"岳丈回答："以真主安拉的名义，我愿意将我的女儿嫁你为妻。"阿訇问新娘的父亲："女儿是否同意这桩婚事？"回答当然是肯定的。接着，新郎与岳丈都伸出右手，紧紧握住对方。阿訇手捧一条白布，将其放在他们的手上，开始念诵《古兰经》第一章，为新人祈福。

星期五是婚礼中最重要、最热闹的一天，新郎新娘在这一天正式成婚。厨师一大早就带着厨具赶来，杀羊宰牛，烹菜煮饭，为中午的丰盛婚宴做准备。这一天要来上百的宾客，甚至更多。邻近的妇女们会随身带来自家的餐具，并帮女主人做些准备工作。事先收拾几间净室，甚至是好几座房子，午宴之前新郎在全家男子和来宾的陪同下在这里做礼拜和祈祷。出来时，乐手们奏起欢快的鼓乐，一群青年男子载歌载舞，拥簇着身穿崭新的阿拉伯长袍、手拿金色宝剑的新郎进入洞房。客人们席地而坐，盛大的婚宴在欢呼声中开始了。

2. 社交习俗

也门人社交习俗总的特点可以用这样几句话来概括：也门友人会交道，极其热情又礼貌；迎宾总要夹道迎，击鼓鸣枪舞腰刀；待客礼节更特殊，熏香喷香服务到；国民多为穆斯林，笃守信仰重宗教，忌用左手禁饮酒。

（1）佩带弯刀。也门历史悠久，至今还保存的传统的手工业是也门古代文明的印证。很久以前，也门人就掌握了如何用手工制作一些现代文物的方法，譬如，也门手工业的重要代表——也门腰刀的制作技术便可以溯源到几千年前，是也门古代文化的象征。

也门人过去常常佩刀以自卫，而今腰刀不再用作武器，而和一些手上佩带的小饰物一样，成为也门男子特征装饰的一重要部分。也门腰刀的英文名称"jambiyya"据说是从英文字根"jamb"（"近旁"的意思）演变而来，由于也门男子无论到哪儿，都会有腰刀如影随形，所以渐渐地英文里也就有了"jambiyya"这个单词。

通过对伊卜扎法尔博物馆藏的一些古老的饰有雕刻的也门腰刀的研究表明，第一把也门腰刀是在公元前 3000 年出现的，此推论可从也门哈达拉毛地区发现的古尸边有明显存在的腰刀遗迹得以证实。另一些研究表明，腰刀源于公元前 7 世纪，此类研究是基于腰刀形状的马阿德卡里卜雕像。世界上第一把腰刀和剑的形状很相似，然而，随着时间的推移，腰刀便渐渐地演化成了现在的模样。

腰刀是也门古代文化的象征，同时作为一种特产，和著名的也门咖啡一样，现在也常常被也门人用作礼品馈赠好友，此外，也门成年男人每逢婚宴或其他一些重要的喜庆场合，就会挥起腰刀，有的甚而还挎着枪支，聚众行歌，应节而舞，是也门独有的一道风景。

（2）咖啡文化。几百年来，咖啡一直是也门的传统出口产品，现在也仍然是也门最重要的经济作物和出口产品之一，统计资料表明，2000 年也门出口前 30 位商品中，熟咖啡豆、生咖啡豆和咖啡壳的出口分别列第二、第八和第二十一位，总价值约合 1750 万美元，其中生咖啡约 1225 万美元。咖啡的种植面积由 1995 年的 2.7 万公顷增加到 2000 年的 3.3 万公顷；产量从 1995 年的约 9000 吨增加到 2000 年的约 1.2 万吨，平均每公顷咖啡种植地产咖啡 0.34 吨，2000 年咖啡产值 30 亿里亚尔，约合美元 1900 万。

也门咖啡源自几百年前的阿拉伯咖啡树，均产于海拔 3000 英尺以上地区，几百年来，也门咖啡特有的种植和制作方式几乎一直没变，咖啡树的幼苗先在苗圃培育后再移植到高海拔地带，种植过程中不使用任何农药和化肥，成熟后的咖啡豆在咖啡树上自然风干，用石磨去壳后再经人工反复选粒洗净，得到的咖啡豆形状规则，大小均匀，颜色可从浅绿色到黄褐色，香味馥郁而持久，制成的优质咖啡无论是单独还是混合饮用，都意趣隽永，令人神清气爽，给人以无穷回味。近年来，由于自然条件恶化以及人为的一些原因，如缺水和卡特种植的资源占用等，也门咖啡业发展较为缓慢，如何进一步巩固和发展咖啡种植业，重塑也门咖啡在历史上曾有的辉煌，是也门农业发展面临的一个重要课题。

（3）嚼卡特习俗。也门的男子，上至国家和政府高官，下至平民百姓甚至军人，大多数人都有咀嚼卡特的习惯。平时，一边咀嚼卡特，一边工作或闲谈，消磨时光，这已成为也门男子的普遍生活方式。漫步也门街头，随处可见嚼"卡特"的人，或是在悠闲地与人聊天时，或是在驾车等过交通灯时，抑或干脆街头席地就座开嚼，诸生食相，不一而足。嚼食卡特的一般是男子，但也有少数是妇女儿童，其大多是富人家成员。嚼卡特不仅浪费大量的时间，其费用也甚是惊人。据统计，也门家庭用于购买卡特的费用几乎占家庭平均总收入的50%或更多。

卡特作为也门人生活的一个重要组成部分，是也门人进行社交活动的主要方式，其作为也门社会和文化中的一种特殊现象，也已经具有了一定的社会和文化职能，每日下午1点后的卡特聚会（Qat Session）就是卡特这一职能的主要表现，大多数也门家庭都将自己家里最好的房间辟为卡特屋，以供议事或喜庆时聚会用。聚会时众多亲朋好友来自社会各阶层，一边咀嚼卡特，一边讨论各种普遍关心的问题。据说嚼食卡特可以帮助也门人思考和决策，所以甚至连政府的许多重大决定，也是在这种卡特聚会上酝酿或作出的。

但是，由于卡特种植非但不能创汇，而且还耗费也门大量的水、可耕地和其他宝贵的农业资源，严重冲击也门咖啡和其他粮食作物生产，给也门经济的发展带来了严重消极的影响。譬如，因卡特"经济效益"明显，远远高于种植咖啡等农作物，许多种植咖啡的农民改种卡特，使名闻遐迩的也门咖啡产量大幅下降，出口逐年锐减。与此同时，卡特也给也门带来了严重的社会问题：众多的瘾君子们工作上马马虎虎，懒惰涣散，为了支付高额开销，常入不敷出，从而贪污、受贿盛行，谋财害命等犯罪案件明显上升。每天上午人们忙于采购当天所需的卡特，一般从下午1点开始咀嚼卡特，一直持续到深夜，大量的宝贵时间在这种无所事事中被浪费。

近年来，也门政府曾数次做出努力，颁布决定，试图阻止卡特现象的进一步发展，但均因遇到强大的社会阻力而不了了之，以致卡特现象愈演愈烈，卡特现象已成为也门社会的严重弊病。在充分认识到卡特现象的危害性后，也门政府也正决心和民间有关机构，通过开研讨会等方式积极探讨抑制卡特消费的有效途径，以赢得社会各界的支持，从而达到杜绝卡特现象对也门社会经济等各方面的消极影响的目的。

（4）饮食习俗。也门人最爱吃的佳肴要属烤全羊了，其最为珍贵的部分是羊头。主食是阿拉伯大饼，用餐惯以右手取食，他们习惯喝茶，也乐于喝咖啡，在喝茶时总在茶水里加入咖啡豆壳，而喝咖啡要放大量的香料和姜。

也门人在饮食嗜好特点：①注重讲究菜肴色、香、味。②口味一般不喜太咸，爱辛辣味道。③主食以面为主，习惯吃玉米饼，也吃米饭。④副食爱吃羊肉、牛肉、鸡、鸭、鱼、鱿鱼等，也喜欢西红柿、黄瓜、辣椒、卷心菜、洋葱等蔬菜；调料爱用姜、胡椒粉、辣椒粉等。⑤制法对炒、烧、烤等烹调方法制作的菜肴偏爱。⑥中餐喜爱中国的川菜、清真菜。⑦菜谱很欣赏爆炒羊肉、烤肉、辣子鸡丁、清蒸牛肉、香酥鸡、番茄牛肉片、清炖鸡加洋葱、炸八块、烤全羊等风味菜肴。⑧水酒喜欢喝咖啡、红茶，也喜欢酸牛奶、橘子汁、矿泉水等。⑨水果爱吃葡萄、桃、荔枝、石榴、哈密瓜、西瓜、香蕉等，干果喜欢葡萄干、榛子、松子等。

3. 新闻出版

也门统一后，报纸杂志出版量迅速增长，已达 90 种，其中政府发行 17 种，各党派组织 13 种，独立的报刊 39 种，还有一些专业性报纸或期刊。在 90 种报刊中除《也门时报》以英文出版外，其余均为阿拉伯文出版。主要报纸有《革命报》、《共和国报》、《十月十四日报》、《九月二十六日报》。

也门通讯社（简称萨巴社）为官方通讯社。1990 年 5 月 22 日南北也门统一后，由原北也门萨巴通讯社（创建于 1968 年）和原南也门亚丁通讯社（创建于 1970 年 2 月）合并而成。每日用阿拉伯文和英文对外发稿。

萨那广播电台（国营）建于 1948 年，用阿拉伯语、英语广播，每天播音 19 小时。亚丁广播电台（国营）创建于 1954 年 8 月，用阿拉伯语广播，每天播音 15 小时，星期五 19 小时。

萨那电视台（国营），建于 1975 年。每日播放 15 小时。亚丁电视台（国营）于 1964 年 9 月建成，每日播放 7~8 小时。

4. 海陆通运

也门全国无铁路，根据也门 2025 年规划，拟建连接阿曼与沙特的沿海铁路。据也门《国家报》2012 年 6 月 25 日报道，也门宣布将启动 35 亿美元的高速路项目。该高速路将连接也门南部港口城市亚丁及沙特阿拉伯，全长 710 千米，是也门有史以来最大的基础设施项目之一，预计在三个月内动工。世界银行为该项目提供了 1.34 亿美元的资金，沙特发展基金也为该项目的南部亚丁段提供了 3.2 亿美元的资金。

也门共有 6 个国际机场，分别位于萨那、亚丁、塔兹、荷台达、穆卡拉和赛永，最主要的机场为萨那机场和亚丁机场。机场设施普遍落后。

也门航空（YEMENIA）是也门唯一的国有航空公司，直接通航的国际航线不多，主要集中在阿拉伯半岛和欧洲、非洲以及亚洲的部分国家。2008 年，也门航空与沙特投资者合资组建了 FELIX 航空公司，主要经营也门的国内航空运输，可达国内主要省会城市。FELIX 现已开通多条国际航线，可达周边几个国家的城市。FELIX 航空公司召开董事会，研讨也门航空公司 2015~2020 年发展战略规划。未来 5 年间，也门航空公司拟扩增客机 5 架，机队将扩大至 13 架，届时，也门航空公司客运能力将翻番，由 2012 年的 120 万人次增加至 260 万人次。

也门海岸线长达 2200 多千米，有 7 个港口。主要港口包括亚丁湾、荷台达和穆卡拉。亚丁港是世界闻名的天然良港，有 30 个泊位，可停靠万吨级货轮；除了普通货物码头，还有油轮码头和集装箱码头，是也门货物吞吐量最大的港口。荷台达港年吞吐量 150 万吨；穆卡拉港年吞吐量 35 万吨。

5. 文化古迹

萨那清真寺，也门著名清真古寺，位于首都萨那古城。约于 630 年由也门行政长官、圣门弟子瓦卜勒奉穆罕默德之命创建。后经伍麦叶王朝第六代哈里发瓦利德（705~715 年在位）扩建及其后历代的不断重修，得以保存至今。是也门的重要古迹之一。大寺占地 1 万多平方米，为一组多座圆顶式的阿拉伯古建筑群。在大寺的 12 扇大门中，有一扇还刻有希木叶尔文字。该寺曾设有宗教学校，为也门地区什叶派支系宰德派的宗教教育中心。1972 年，在维修大寺西墙时发现了有 3 万页的《古兰经》手抄稿，分别写在羊皮或古纸上，堪称伊斯兰教最珍贵的文物之一。清真大寺附有多种设施，其中所设图书馆，是阿拉伯世界伊斯兰教典籍收藏最多的图书馆之一，馆藏多种珍本书籍和手稿，为其他图书馆所罕见。萨那有近百座清真寺，已列入也门文物古迹的清真寺中，该寺名列前茅。

亚丁清真寺，也门现存最古老的清真寺叫法克拉德亚丁清真寺，至今已有七八百年的历史。位于摩加迪沙。清真寺是伊斯兰教穆斯林礼拜的地方，词根为"拜倒"的意思，因为穆斯林礼拜时需要拜倒叩拜。

希巴姆老城，1982 年被认定为世界遗产，在阿拉伯半岛的沙漠中央拔地而起的一片高层建筑群给人一种海市蜃楼般不可思议的感觉。那简练的外观，雷同的造型不由让人联想到纽约的摩天大楼。这些用土坯为建材的建筑群高达 30 米，在中世纪来说的确堪称高层建筑。

据考证，这种高层建筑的由来是传统家族制度的产物。当时家族分家后一般不在外面新盖房屋另起炉灶，而是在原来的房屋顶上加层扩建，从而逐渐形成了这种高层建筑。每栋建筑为 5 层或 8 层结构，总共有 500 多座，居住有 7000 人左右。高楼的 1、2 层房间大多没有窗户（1 层养家畜，2 层做仓库），3 层以上供人居住。屋顶和顶楼都涂有雪花石膏。

这种涂白实际上对建筑物起到了保护作用。如果没有每年一度的涂白，300年前建造的房屋可能早已被侵蚀掉了。现存的建筑多为 100 年前或 300 年前建造的，最古老的还可追溯到 10 世纪。

宰比德历史古城，宰比德位于沿着红海的狭长、炎热的提哈迈平原。离海岸25 千米，而且距上高原较近，它在连接荷台达港与塔伊兹城海拔较高的道路边。在更大范围内说，它过去坐落于亚丁—麦加的路线上，是印度与麦加间通道的一部分。宰比德在公元 7 世纪就已存在，拥有著名的伊斯兰教大学，并且是政治和贸易中心。

四、经济发展

（一）宏观经济

也门经济发展水平较低，长期以来一直是世界最贫穷的国家之一。1991 年的海湾战争和 1994 年的也门内战重创也门经济。1995 年起也门开始经济、财政、行政改革，并得到了国际社会的支持和资助。1996~2000 年，GDP 年均增长5.5%，财政收入逐年增加。2001 年财政首次实现盈余。2005 年，也门政府进一步出台削减燃油补贴、降低进口关税等经济改革措施，力求调整经济结构，改善投资环境，减轻政府财政负担，取得了一定成效，也门经济运行基本平稳，主要经济指标良好。2010 年受国际金融危机、油价下跌影响，石油出口收益锐减，外汇储备有所减少，失业率上升，经济增速放缓。2011 年政局动荡后，经济困难进一步加剧。2012 年哈迪当选总统后，多方寻求国际社会援助和对也门经济重建的支持。

也门经济发展主要依赖石油出口收入。目前已探明的石油可采储量约 40 亿桶，已探明天然气储量 18.5 万亿立方英尺。也门未参加任何石油组织，因而不受国际石油组织配额限制，在生产上较具自主性。政府极为重视石油的勘探和开采，通过出口石油、天然气和开放矿产资源克服经济困难。

也门宏观经济情况如表 8-35 所示。

表8-35　也门宏观经济信息（2008~2015年）

指标 年份	GDP （十亿美元）	经济增长率 （%）	人均GDP （美元）	国民储蓄 （%GDP）	政府净债务 （%GDP）	通胀率 （%）	失业率 （%）
2008	26.91	0.037	1171.10	10.77	—	0.11	—
2009	25.13	3.87	1060.93	3.49	—	3.68	—
2010	30.91	7.70	1266.79	8.25	—	11.18	—
2011	32.73	-12.72	1302.30	2.50	—	19.54	—
2012	35.40	2.39	1367.72	6.99	—	9.89	—
2013	40.42	4.82	1515.95	5.03	—	10.97	—
2014	43.23	-0.19	1574.25	6.18	—	8.16	—
2015	36.85	-28.10	1302.94	-3.88	—	30.02	—

资料来源：经济观察网站。

（二）支柱产业

石油和天然气是也门最重要的产业，占GDP的比重达到25%以上，对国家财政收入的贡献率超过70%。

因此，这导致国际收支由经常项目和资本项目组成。1996~2000年，也门的国际收支从1995年赤字101.03亿里亚尔变为2000年盈余2318.24亿里亚尔（占GDP的16.9%），主要是经常项目中的石油收入增加，国际社会重审债务使资本项目状况得到改善。2001~2006年，国际收支保持顺差，2003年顺差1.76亿美元，2004年5.25亿美元，2005年5.84亿美元（占GDP的3.5%），2006年为14.47亿美元（占GDP的7.6%）。国际货币基金组织2012年估算也门的国际收支为逆差3.29亿美元，列全球第94位。据CIA统计，2007年也门国际收支为1.78亿美元，列全球第57位。

1. 财政收支

也门统一之初，振兴国民经济的任务繁重。1994年内战后，国家财政状况非常恶劣，财政赤字数额巨大，外援基本停止。为减少财政赤字，在国际货币基金组织的帮助和监督下，政府从1995年开始实行财政和行政改革计划，并将改革纳入了1996~2000年第一个五年计划。改革取得明显效果，经济形势好转，各项财政指标趋于正常。2001~2005年第二个五年计划期间，石油收入使外贸连年顺差，外汇储备增加，财政收入来源稳定，各项经济指标显示正常。第三个五年计划期间，石油出口量下降，石油收入减少，财政由盈余变为赤字，但是各项财政主要指标变化基本保持在安全范围内。2007年1月底，外债为54.4亿美元。

其中，国际投资组织贷款达到 27.6 亿美元，巴黎俱乐部成员国贷款达到 17.22 亿美元，非巴黎俱乐部成员国贷款达到 9.75 亿美元。2012 年底，也门外债为 67.26 亿美元，列全球第 102 位，占 GDP 的 23%。

2. 外债

也门在经济困难时期财政状况恶劣。财政支出扩大，财政赤字增加，通货膨胀严重，债务负担非常沉重，国外基本停止了对也门的借贷。到 1994 年底财政赤字占 GDP 的 14.3%，通货膨胀率为 49.4%；1995 年通货膨胀率增长到 54.5%，外债占 GDP 的 164%。1996 年政府采取的各项措施取得成效，财政逐渐摆脱了危机，在石油收入的支持下，1999~2001 年财政连续 3 年出现顺差，顺差分别占 GDP 的 1.5%、6.2% 和 2.3%，通货膨胀率下降到了 10% 以下。2001~2007 年期间，石油生产和出口量增加，财政收入状况良好，各项财政指标也趋于正常。在财政预算方面，2004 年和 2005 年财政赤字占 GDP 的 2.2% 和 1.8%，2006 年财政顺差占 GDP 的 1.5%；2007 年由于石油生产和出口量下降，石油收入减少，同时工资补贴和资本投资增加，财政赤字增加，占 GDP 的比例增长到 5.8%。在债务方面，各债权国减免债务使也门外债从 1995 年的 105.3 亿美元减少到 2004 年的 53.35 亿美元，减少了 49%，从占 GDP 的 164% 下降到 39%，债务率从 42% 下降到了 6.7%；2007 年外债 57.7 亿美元，占 GDP 的 28.35%。据统计，至 2012 年底，也门外债为 67.26 亿美元，占其 GDP 的 23%。

（三）对外贸易

近年来，也门进出口贸易稳步增长。也门主要进口商品为运输工具、机械设备等国内建设所需物资以及大量轻工产品；主要出口商品有石油、棉花、咖啡、烟叶、香料和海产品等。也门的主要贸易伙伴是中国、印度、阿拉伯联合酋长国、泰国、瑞士、沙特、科威特、日本、美国、德国等。其中：中国自 2005 年起，连续多年位居也门十大贸易伙伴之首。也门的进出口情况如表 8-36 所示。

表 8-36　也门进出口情况（2008~2014 年）

单位：亿美元

年份 \ 指标	进出口总额	出口额	进口额	贸易差额
2008	181.30	75.84	105.46	−29.62
2009	154.44	62.59	91.85	−29.26
2010	156.93	64.38	92.55	−28.17
2011	169.82	69.48	100.34	−30.86

指标 年份	进出口总额	出口额	进口额	贸易差额
2012	183.22	70.62	112.60	−41.98
2013	204.03	71.30	132.73	−61.43
2014	144.58	120.42	24.17	−96.25

资料来源：联合国贸易数据库网站。

（四）吸引外资与对外投资

随着石油生产及价格的周期波动对国民经济的负面影响逐渐显现，也门政府开始清醒地认识到，推动国民经济持续稳定发展和扭转产业畸形发展的被动局面在很大程度上将依赖于引资。为规范和鼓励投资，也门政府于1991年颁布了《投资法》，并不断修订，将引资纳入法制轨道；1992年，组建了投资总局，全面负责引资政策和投资管理。此外，也门政府还先后与荷兰、约旦、伊朗、埃及、叙利亚、摩洛哥、马来西亚、中国、印度尼西亚、阿曼、巴基斯坦、苏丹、罗马尼亚、黎巴嫩、突尼斯、科威特、卡塔尔、土耳其、阿拉伯联合酋长国、比利时、印度、俄罗斯、巴林、南非、意大利、德国、韩国、西班牙等国签订了鼓励和保护投资协定。表8-37说明了也门2005~2015年吸引外国直接投资的存量情况，表8-38说明了也门2002~2015年向外国进行直接投资的存量情况。

表8-37 也门吸引外国直接投资存量统计（2005~2015年）

单位：百万美元

指标 \ 年份	2005	2006	2007	2008	2009	2010	2011	2012	2013	2014	2015
FDI存量	803	1924	2985	4540	4669	4858	4339	3808	3675	3097	697

资料来源：《世界投资报告》（2016）。

表8-38 也门向外国进行直接投资存量统计（2002~2015年）

单位：百万美元

指标 \ 年份	2002	2003	2004	2005	2006	2007	2008	2009	2010	2011	2012	2013	2014	2015
OFDI存量	52	114	135	200	256	310	376	442	513	589	660	733	806	605

资料来源：《世界投资报告》（2016）。

五、也门与中国的关系

(一) 政治关系

也门始终高度重视对华关系，是中国传统友好国家和阿拉伯半岛重要的合作伙伴。1956 年 9 月 24 日，也门穆塔瓦基利亚王国与中国建立公使级外交关系。1963 年 2 月 13 日升格为大使级外交关系（当时也门已是阿拉伯也门共和国，即北也门）。1968 年 1 月 31 日，中国与也门民主人民共和国（即南也门）建立大使级外交关系。1990 年也门统一后，也中两国建交日期定为 1956 年 9 月 24 日。2008 年 6 月，时任中国国家副主席习近平访问也门，并和也门副总统哈迪共同出席了两国政府经济技术合作以及卫生、教育等双边合作文件签字仪式。2013 年 1 月 6 日中国援也最大项目——国家图书馆项目的破土动工以及 2013 年 6 月也中友谊医院的竣工，成为也中友谊和双方经济、文化交流的新标志。2013 年 11 月，也门哈迪总统访华期间两国政府签署了数个经济技术合作协定，中也表示共同推动两国友好往来与各领域的合作。

(二) 经济关系

1. 中也贸易

1996 年 6 月 24 日，中、也两国政府在萨那签订《经济技术和贸易合作协定》，鼓励两国间开展多层次的经济、技术和贸易合作，并互相承诺给予贸易最惠国待遇。1998 年 2 月 16 日，两国政府在北京签署《关于鼓励和相互保护投资协定》，承诺鼓励和促进双向投资并相互给予不低于最惠国的投资待遇。2006 年，为进一步促进也门对华出口，中国政府单方面承诺向也门对华出口的 278 类产品提供零关税待遇。2010 年 5 月，中也两国政府就给予出口至中国的原产于也门的 95% 产品免关税待遇换文确认。2010 年内，中国首先对也门出口至中国 60% 的产品实施免关税。中、也两国政府间建立有贸易、经济和技术联合委员会机制。2013 年 4 月双边在北京举行了第 9 届双边经贸联委会，在加大对也经济技术援助、促进双边贸易投资和开展油气、渔业等资源开发等主要经贸合作领域达成广泛共识，为进一步促进双边经贸关系发展奠定了良好基础。

中也双边贸易发展迅速，中国已成为也门最大的贸易伙伴国。中也双边贸易具有很强的互补性。中也双边贸易情况如表 8-39 所示。

表 8-39　中也双边贸易情况（2008~2015 年）

指标 年份	进出口贸易总额		中国对也出口		中国自也进口	
	金额 （亿美元）	同比变化 （%）	金额 （亿美元）	同比变化 （%）	金额 （亿美元）	同比变化 （%）
2008	43.95	60.23	11.85	1.87	32.10	45.64
2009	24.06	−45.26	11.68	−1.44	12.38	−61.43
2010	40.03	66.38	12.24	4.80	27.79	124.48
2011	42.40	5.92	11.04	−9.80	31.36	12.85
2012	55.59	31.11	19.55	77.08	36.04	14.92
2013	52.00	−6.46	21.39	9.41	30.61	−5.43
2014	51.34	−1.27	22.01	2.92	29.33	−4.20
2015	23.28	−54.66	14.36	−34.75	8.91	−69.60

资料来源：联合国贸易数据库网站。

据中国海关统计，中国对也门出口商品主要类别包括：①电机、电气、音像设备及其零附件；②机械器具及零件；③钢铁制品；④橡胶及其制品；⑤化学纤维长丝；⑥洗涤剂、润滑剂、人造蜡、塑型膏等；⑦食用蔬菜、根及块茎；⑧针织或钩编的服装及衣着附件；⑨其他纺织制品，成套物品，旧纺织品；⑩蔬菜、水果等或植物其他部分的制品。

据中国海关统计，中国从也门进口商品主要类别包括：①矿物燃料、矿物油及其产品，沥青等；②矿砂、矿渣及矿灰；③塑料及其制品；④电机、电气、音像设备及其零附件；⑤铜及其制品；⑥鱼及其他水生无脊椎动物；⑦橡胶及其制品；⑧铝及其制品；⑨生皮（毛皮除外）及皮革；⑩皮革及其制品。

2. 中也投资

2014 年当年中国对也门直接投资流量 596 万美元。截至 2014 年末，中国对也门直接投资存量 5.55 亿美元。投资领域主要是资源开发、餐饮、建筑工程和渔业捕捞等，其中，中资企业在也门油气和矿产资源开发领域的风险性投资较为活跃。截至 2014 年第一季度末，中石化国勘公司也门分公司已经拥有 2 个作业风险勘探区块和 1 个参股年产区块；中化勘探开发公司参股也 10 区块经营；中水产公司在也开展捕捞和加工合作项目。2011 年 2 月以来，由于也门的安全局势越来越差，经济持续恶化，投资环境较差，大多数中资机构已撤离也门。2012年 2 月，也局势有所好转，至 2014 年 4 月，共 16 家中资公司返回也门开展经营活动。

3. 中也劳务合作

2014 年中国企业在也门新签承包工程合同 17 份，新签合同额 8.34 亿美元，完成营业额 1.05 亿美元；当年派出各类劳务人员 1027 人，年末在也门劳务人员 503 人。新签大型工程承包项目包括中国港湾工程有限责任公司承建也门亚丁港集装箱码头扩建项目，重庆市公路工程（集团）股份有限公司承建阿姆兰—亚丁高速公路项目 A 标段塔伊兹—多瑞，中石化中原石油工程有限公司承建也门钻修井项目等。

（三）经济形势

1. 自然资源

也门的自然资源主要有三部分：石油和天然气、矿产资源以及渔业资源。也门石油的工业化生产和出口始于 20 世纪 80 年代，是其国民经济的支柱产业。天然气开发近年来也形成工业生产和出口能力。也门境内已探明的可开采石油储量为 40 亿桶，官方估计石油地质总储量为 104 亿桶，以轻质油为主。也门政府公布的天然气地质总储量约为 27 万亿立方英尺，已探明天然气储量有 18.5 万亿立方英尺。也门的非石油矿产资源也比较丰富，金属矿主要有金、银、铅、锌；非金属矿主要有石灰石、石膏和无水石膏、建筑和装饰用石材、岩盐等。也门的非石油矿产资源开发基本处于起步阶段。也门有 2000 多千米海岸线，近海水产品种 300 多种，蕴藏量约 160 万吨，现在每年的总捕捞量约为 10 万吨。

2. 产业结构

也门从 20 世纪 80 年代中期起开发石油，进入 90 年代，石油已经成为国民经济的主要产业，2000 年以后石油出口额占总出口额的 90% 以上。石油在国民经济中的比重也不断增加，1991~1994 年石油产值年均占 GDP 的 6.94%，2000~2004 年已增长到 31.36%。非石油产业也有所变化，农营业产值的比例下降，非石油工业产值比例稍有增加；制造业也呈增加趋势，服务业约占 GDP 的 53%~59%。2005~2007 年由于石油资源减少，石油产值开始下降，石油产值占 GDP 的比例分别为 35.6%、35.1% 和 28.3%；同期政府实行的多元化经济政策生效，非石油领域产值相应增加，分别占 GDP 的 64.4%、64.9% 和 71.7%，其中批发和零售业 2005 年和 2006 年分别占 7% 和 7.3%，交通运输和通信占 13% 和 13.8%，制造业占 14.5%，农副业（农、畜、林）占 10.6%。

（四）投资状况

也门的外国投资主要集中在石油领域，原因是资源丰富，政府也重视石油开发，为吸引外资进入提供优惠政策。也门的石油开发商业化以来，1983~2000

年，外国石油公司在也门石油、天然气领域的投资额达 72 亿多美元。在非石油领域的投资中，一半左右的项目为工业项目，其余为服务业、农业、渔业、旅游业及通信业。投资的大部分外国公司来自阿拉伯国家。阿拉伯国家中以黎巴嫩和约旦商人投资较多。非阿拉伯国家占 1/3 左右，其中 1/3 是欧洲国家，主要来自英国、意大利和德国。

1. 投资政策

也门政府采取了一系列措施改善投资环境，以期吸引外资以改变国民经济过度依赖石油生产的局面。其吸引外资的重点是石油和天然气领域，但更注重在非石油领域的投资。也门政府今后的发展方向基本上是：加强和巩固经济稳定，改善财政状况，鼓励私方和外资投资，加快私有化进程，发展公共服务。也门石油业是一个独立的领域，法律法规比较健全，自成一体，故吸引了一些外国石油公司，通过与也门政府签订有关《石油分成协议》对该领域进行投资并取得实效。而在非石油领域，外国投资较少。为规范和鼓励投资，也门政府于 1991 年颁布实施了《投资法》，并于 1995 年、1997 年和 2001 年先后进行了修改。1993 年，也门政府颁布了《自由区法》，力图以优惠政策吸引外资重建亚丁等自由区来推动也门经济的发展。

也门工贸部推荐的投资机会主要集中在卫生医疗、电力及水资源、农业渔业、住宅及房屋建设项目、交通、工业园、石油、天然气及矿产、旅游投资机会等。

2. 金融体系

也门的国营商业银行——国民银行，是最大的商业银行，目前正在执行私有化改革计划。政府批准国家保留该银行 40% 的股份，60% 向有资格的战略投资商开放。国营的工业发展银行由于不良债务问题，已于 1999 年进行了重组，国家拥有大多数股份。两个专业银行是住房银行和农业信贷银行，国家分别拥有 97% 和 86.7% 的股份。私人在银行业投资比较活跃，不仅是国内私人投资，也有伊拉克、约旦、法国和巴基斯坦等外资进入。银行系统调整和私有化改革是金融服务发展的重要步骤，改革受到国际货币基金组织帮助和监督。

中央银行采取措施努力避免硬通货与本国货币产生矛盾，保持里亚尔的正常运作。从 2000 年 7 月开始，政府对银行业务进行整顿，限制里亚尔存款利率，规定最高利率为 13%，超过外币利率，并始终高于通货膨胀率；第二个五年计划期间制定了完全放开利率限制的政策。由于进口需求不断增长，美元需要量很大，因此汇率受到影响。多年来中央银行采取适时地购买和投放美元等调剂外汇市场的措施，减轻汇率上涨的压力。

也门通货膨胀的主要原因是高额的财政赤字和国内货币贬值，财政赤字从中央银行借债筹集资金中弥补，货币供应量急剧增加。2013 年 10 月，也门央行公布的通货膨胀率为 14.5%，达到 16 个月来的最高点。通货膨胀的压力也影响了货币的稳定性。

3. 税收体系

也门共和国主要税负包括以下几种。第一，销售税。销售税征收法案在 2005 年公布，规定对用于批发和零售的所有进口商品开征销售税，税率统一为 5%，对小麦等粮食免税，对香烟、武器弹药等征税 90%。2009 年正式开征。第二，消费税。也门税法规定一年之内商品或服务的销售额或进口额达到 5000 万里亚尔以上的销售企业要申报和缴纳消费税，申报之前要到当地税务机关注册。第三，海关关税。2005 年也门出台了第 41 号关税法，将包括汽车、农用机械、固定和移动通信设备、家用电器等主要进口商品在内的大多数商品的关税税率均下调至 5%，少量商品税率为 15% 或 25%，基本实现了与海合会国家税率的对接。第四，增值税、商业利润税等。也门对进口商品增收的增值税税率统一为 3%，商业利润税的税率统一为 1%。

第九节　利比亚概况

一、国情综述

利比亚国（State of Libya，简称利比亚）地处非洲北部，东接埃及和苏丹，西邻突尼斯和阿尔及利亚，南界尼日尔和乍得，北濒地中海。国土面积约 176 万平方千米。首都的黎波里市是全国最大的城市，也是政治、文化、商业中心和重要港口之一。阿拉伯语为官方语言，也有部分利比亚人说英语和意大利语等。货币为利比亚第纳尔。

利比亚北部沿海属亚热带地中海式气候，冬暖多雨，夏热干燥；内陆区属热带沙漠气候，干热少雨。利比亚石油储量 471 亿桶，居非洲第一位。天然气储量 1.54 万亿立方米。目前，利比亚石油生产已恢复到战前水平，日产 160 万桶。其他矿产有铁、钾、锰、磷酸盐、铜、锡、硫黄、铝矾土等。沿海水产主要有金枪鱼、沙丁鱼、海绵等。

据 CIA 发布的数据，2015 年 7 月利比亚全国人口为 641.2 万人，大部分居住在北部沿地中海狭长地带，其中，阿拉伯人占 87%，此外还有 8 万左右柏柏尔人和少数犹太人。伊斯兰教是国教，95%的居民是穆斯林，信奉伊斯兰教。

二、政治体制

利比亚《宪法宣言》规定，利比亚将建立多党制民主国家，实行法治，保障全体人民平等享有基本自由和人权。2012 年 10 月，利比亚国民大会选举阿里·扎伊丹为新政府总理；同年 11 月，新政府宣誓就职。2014 年 3 月 11 日，利比亚国民议会通过对扎伊丹的不信任案，解除其总理职务，任命国防部长阿卜杜拉·塞尼为临时总理。5 月 4 日，代表宗教势力的马蒂格当选总理，5 月 26 日宣誓就职。其后，塞尼以选举程序不合法为由拒绝让权。6 月 9 日，利比亚最高法院裁定马蒂格违反宪法，阿卜杜拉·塞尼继续留任。

2012 年 7 月 7 日，利比亚举行议会选举，产生 200 名议员；8 月 8 日，议员在最高法院院长埃德汉主持下宣誓就任。议会 200 个席位中，80 席按党派分配，120 席由无党派人士出任；8 月 10 日，利比亚国民议会在首都的黎波里召开第一次全体会议，穆罕默德·马格里夫当选为利比亚国民议会主席。利比亚国民议会目前是利比亚人民的唯一合法代表，负责利比亚的国家安全和领土完整。

卡扎菲时代禁止一切政党活动。利比亚革命成功后，各类党派如雨后春笋般出现，参与 2012 年 7 月 7 日国民议会选举的大小党派共 374 个。

三、社会文化

利比亚民风古朴，受伊斯兰教影响较深，社会阶级意识不强，见面时不分阶级皆以握手为礼。与官方机构往来函件必须使用阿拉伯文。利比亚人对时间的运用很灵活，并不受时间表安排约束。其烹饪融合了阿拉伯和地中海的烹饪风格，并深受意大利菜肴影响。

1. 人口和民族划分

利比亚也有外国基督徒的小社群。规模最大的是科普特正教会，在埃及的基督教教会，是利比亚历史最悠久的基督教教派。有超过 6 万埃及科普特人生活在利比亚，占利比亚的人口超过 1%。估计有 4 万名罗马天主教教徒，罗马天主教在利比亚有两位主教。还有一个小的圣公会社区，成员大多是的黎波里的非洲外劳，它是圣公会埃及教区的一部分。

人口 673 万（2012 年），以阿拉伯人为主，其他人口为柏柏尔人、犹太人等，男女比例为 1.05∶1。0~14 岁占总人口 32.8%，15~64 岁占总人口 62.7%，65 岁或以上占总人口 4.6%（2011 年）。全国之人口金字塔由现时的延展型正在转变，预计到 2050 年将转成均型。

利比亚的人口抚养比，即依赖人口（一般界定为 15 岁以下及 65 岁以上人口的总和）与生产人口（15~65 岁）之比例，是生产人口的 53.2%。美国中央情报局在 2012 年估计，利比亚总人口的预计寿命是 77.83 岁（男 75.5 岁，女 80.27 岁），世界卫生组织则估计男性预计寿命是 70 岁，女性为 75 岁。

总生育率是每位生育年龄女性平均诞下 2.9 个后代。5 岁以下死亡率为每 1000 活产 19 人死亡。牧民、半牧民占农业人口的 50% 以上。识字率 82.6%（15 岁以上可读写人口比例）：男性 92.4%，女性 72%。

相对而言，穆阿迈尔·卡扎菲领导下的利比亚拥有整个阿拉伯世界最好的女性境遇与政策。

2. 习俗禁忌

利比亚的商业风俗，冬季前往宜穿保守式样西装。拜会要先定好约会时间。商务活动多用阿拉伯语、意大利语和法语。阿拉伯人款待朋友的佳肴是一道现宰的生羊肝。客人来到后现宰肥羊一只，将生羊肝切成片，码放在瓷盘里，上面撒辣椒面和香料，端到桌上敬客，这便是最盛情的款待。

利比亚实行独特的伊斯兰教会主义，伊斯兰国家的宗教礼仪非常严格，同利比亚人谈判会见和打交道时，要遵循一般阿拉伯礼节和社会习惯。政府不鼓励收受小费，但受欢迎。应邀做客，只有男性参加，利比亚是一个开放的自由国家。

在利比亚安排会晤要尽量提前，并准时到达。但利比亚人对时间的运用很灵活，他们并不很遵守时间表上的安排。

邀请吃饭或参加招待会是一般的款待形式。制定有严厉的禁酒法律条文。如被邀请到利比亚人家吃饭，只有男人能够参加，而且要为男主人带礼物，不能为他的妻子带礼物。

利比亚人喜欢绿色，把绿色看成是革命的象征，表示胜利和吉祥，忌讳黑色。此外，猪、猫、女性人体均属禁忌图案。酒也在被禁之列。

3. 饮食文化

利比亚烹饪融合了阿拉伯和地中海的烹饪风格，并深受意大利影响。菜单上一般都备有意大利面食，特别是意大利通心面。当地一道著名的饭菜是 Cous-

cous，即用粗面粉、肉和马铃薯混合蒸成。肉食以羊肉、牛肉为主。Sherba 是一种很好喝的利比亚汤。Bazin 是一种当地的大饼，由大麦、盐和水混合制成。

当地盛产椰枣、橙子、西瓜、杏、无花果和橄榄等水果，每年进口大量苹果、香蕉等，市场上水果和蔬菜供应充足。

利比亚茶是一种加有薄荷叶的浓茶，有时还加有花生，深受当地人喜爱。美式和英式咖啡比较普遍。消毒牛奶、鲜牛奶等奶制品和鸡蛋等随处可以买到。超市、商店里的食品和饮料多来自欧洲和阿拉伯国家。

4. 文化古迹

至 2008 年止，利比亚共有 5 处古迹，被视为世界遗产。此外，利比亚景点包括古罗马遗址的拜谒，莱普提斯遗址，塞布拉塔古城等。参观这些撒哈拉沙漠上最吸引人的胜景可以徒步，也可以乘直升机俯瞰。在阿卡库斯山脉可以看到山崖上及洞穴中的塔德拉尔特·阿卡库斯岩画，被世界最大的沙漠和岩石隐藏了上千年的反映古代辉煌文明的优美壁画，最早的已经存在 12000 多年，向人们展示从公元前 12000 年至公元 1 世纪的生活演变。

四、经济发展

（一）宏观经济

利比亚是一个以石油业为主的单一经济体国家。利比亚宏观经济情况如表 8-40 所示。

表 8-40　利比亚宏观经济信息表（2008~2015 年）

年份 ＼ 指标	GDP（十亿美元）	经济增长率（%）	人均 GDP（美元）	国民储蓄（%GDP）	政府净债务（%GDP）	通胀率（%）	失业率（%）
2008	87.24	2.67	14185.66	77.66	−0.78	10.40	—
2009	63.03	−0.79	10070.57	54.05	−1.01	2.45	—
2010	74.77	5.02	11728.76	59.10	−0.96	3.325	—
2011	42.48	−62.08	5513.40	29.16	−202.55	15.90	—
2012	81.90	104.48	12777.78	52.39	−95.04	6.07	—
2013	66.04	−13.56	14760.80	46.54	−1.00	2.60	—
2014	44.42	−24.03	7096.50	—	—	7.66	—
2015	38.30	−6.83	6058.67	—	—	8.04	—

资料来源：经济观察网站。

（二）支柱产业

利比亚的工业总产值对其国内生产总值贡献较大。石油业是利比亚经济发展的主力，主要出口至意大利、德国、西班牙、法国等国。与此同时，利比亚的石化、建材、电力、采矿、纺织业、食品加工业也在不断发展。

（三）对外贸易

利比亚除石油和石油衍生品以及部分农产品外，绝大部分商品严重依赖进口。利比亚禁止与以色列进行商务往来。实行严格的商业保护政策，不允许外商在利比亚设立商业公司，也不允许雇佣外籍劳工从事商业活动，要进行货物进口就必须通过利比亚籍代理商。

利比亚的主要进口贸易伙伴有中国、俄罗斯、美国、瑞士、挪威等；主要出口贸易伙伴有美国、中国、瑞士、俄罗斯、土耳其等。利比亚的主要出口产品为原油、石油产品、天然气、化学品等；主要进口产品为机械设备、半成品、食物、交通设备、电器、服装等日用消费品。

2012 年，利比亚进出口贸易基本恢复正常，据 CIA 发布的数据，2014 年利比亚外贸进出口总额约为 281.7 亿美元，其中出口 174.9 亿美元，比 2013 年有大幅度下降，进口 106.8 亿美元，同比大幅减少。

（四）吸引外资与对外投资

表 8-41 说明了利比亚 2005~2015 年吸引外国直接投资的存量情况，表 8-42 说明了利比亚 2005~2015 年向外国进行直接投资的存量情况。

表 8-41　利比亚吸引外国直接投资存量统计（2005~2015 年）

单位：百万美元

指标 \ 年份	2005	2006	2007	2008	2009	2010	2011	2012	2013	2014	2015
FDI 存量	2022	4086	7935	11115	14425	16334	16334	17759	18461	18511	17762

资料来源：《世界投资报告》（2016）。

表 8-42　利比亚向外国进行直接投资存量统计（2005~2015 年）

单位：百万美元

指标 \ 年份	2005	2006	2007	2008	2009	2010	2011	2012	2013	2014	2015
OFDI 存量	2419	2893	6840	12728	13893	16615	16746	19255	19435	20375	20203

资料来源：《世界投资报告》（2016）。

五、利比亚与中国的关系

(一) 政治关系

中利于 1978 年 8 月正式建立外交关系。自建交以来，两国在各领域合作不断，在许多国际问题上达成共识。在台湾问题上，利比亚坚持"一个中国"的立场。利比亚革命成功后，利比亚全国过渡委员会和利比亚临时政府多次表示希望加强与中国的合作，并希望中国企业返回利比亚参与重建。利比亚外长海亚勒于 2012 年 6 月访华，并派外交部部长助理参加了 2012 年 7 月在北京举行的第 5 届中非合作论坛部长级会议。2015 年 2 月 18 日，联合国安理会当月轮值主席、中国常驻联合国代表刘结一在联合国总部应约会见了来纽约出席安理会会议的利比亚外交部部长达伊里，双方就中利双边关系等交换了想法。

(二) 经济关系

1. 中利贸易

自利比亚解禁以来，中利双边经贸关系发展迅速。中利双边贸易情况如表 8-43 所示。

表 8-43　中利双边贸易统计 (2008~2015 年)

年份	进出口贸易总额		中国对利出口		中国自利进口	
	金额 (亿美元)	同比变化 (%)	金额 (亿美元)	同比变化 (%)	金额 (亿美元)	同比变化 (%)
2008	42.30	74.87	16.41	88.40	25.89	67.25
2009	51.77	22.39	20.03	22.06	31.74	22.60
2010	65.77	25.10	20.61	2.90	45.16	42.28
2011	27.84	−57.67	7.20	−65.07	20.64	−54.30
2012	87.60	214.66	23.84	231.11	63.76	208.92
2013	48.74	−44.36	28.35	18.92	20.39	−68.02
2014	28.84	−40.82	21.58	−23.88	72.64	−64.37
2015	28.45	−1.34	18.96	−12.14	9.50	30.72

资料来源：联合国贸易数据库网站。

2. 中利投资

2014 年当年中国对利比亚直接投资流量 13 万美元，对利比亚直接投资存量 1.09 亿美元。

3. 中利劳务合作

2014 年中国企业在利比亚新签承包工程合同 16 份，新签合同额 1.04 亿美元，完成营业额 1.56 亿美元；当年派出各类劳务人员 783 人，年末在利比亚劳务人员 115 人。新签大型工程承包项目包括中兴通讯股份有限公司承建 LIBYANA GSMPHASEV PROJECT，抚顺对外建设经济合作（集团）股份有限公司承建利比亚 TIPO 分包项目，中兴通讯股份有限公司承建 Libyana Managed Service Phase Ⅲ 等。

2011 年 2 月，利比亚爆发革命，除通信企业外，其他所有中资企业全部撤离。2013 年，由于利比亚政治、安全环境不稳，大部分中资企业尚未实质性复工。2013 年 5 月中国对外工程承包商会与利比亚相关部门签订了中资企业返回利比亚复工《谅解备忘录》，中国建筑股份有限公司、中国交通股份有限公司与利比亚业主签订了部分工程项目复工协议。目前仅中建处于复工初期阶段，其余企业尚在观望。2014 年 6 月，利武装冲突爆发后，在利近 1700 名各类中方人员均已撤离。